新経済学ライブラリ―3

マクロ経済学
第2版

浅子和美
加納　悟　共著
倉澤資成

新世社

編者のことば

　経済学にも多くの分野があり，多数の大学で多くの講義が行われている。したがって，関連する教科書・参考書もすでに多くある。

　しかし現存する教科書・参考書はそれぞれ範囲もレベルもまちまちばらばらであり，経済学の全体についてまとまったビジョンを得ることは必ずしも容易でない。

　そこで何らかの統一的な観点と基準の下に，体系的な教科書・参考書のライブラリを刊行することは有意義であろう。

　経済学を体系化する場合に，おそらく二つの方向がある。一つは方法を中心とする体系化であり，もう一つは対象分野，あるいは課題を中心とする体系化である。前者はいわゆるマルクス経済学，近代経済学，あるいはケインズ派，マネタリスト派などというような，経済学の特定の立場に立った体系ということになる可能性が大きい。このライブラリはそうではなく対象分野を中心とした，体系化をめざしている。それは経済学の既成の理論はいずれにしても，経済学において，というよりも現実の社会経済の問題すべてを扱うのには不十分だからであり，また絶えず変化する経済の実態を分析し，理解するには固定した理論体系では間に合わないからである。

　そこでこのライブラリでは，学派を問わず，若い世代の研究者，学者に依頼して，今日的関心の下に，むやみに高度に「学問的」にするよりも，経済のいろいろな分野の問題を理解し，それを経済学的に分析する見方を明確にすることを目的とした教科書・参考書を計画した。学生やビジネスマンにとって，特別の予備知識なしで，経済のいろいろな問題を理解する手引として，また大学の各種の講義の教科書・参考書として有用なものになると思う。講義別，あるいは課題別であるから，体系といっても固定的なものではないし，全体の計画も確定していない。しかしこのライブラリ全体の中からおのずから「経済」という複雑怪奇なものの全貌が浮かび上がってくるであろうことを期待してよいと思う。

竹内　啓

第2版へのまえがき

　本書の初版が刊行されたのは1993年2月のことであり，爾来15年間に15回にわたって増刷されてきた。この事実自体をわれわれは自負するものであるが，長い年月をほとんどまったくといっても過言でないほどほったらかしにしてきた結果，流石に「古い教科書」との評判がたち出してしまった。今回，改訂を決めたのには，15年の間にマクロ経済学の分野にも，看過できない変化がみられ，それを取り入れる必要性を感じたからである。

　15年前の段階では，日本において当代の伝統的なマクロ経済学の教科書は，「アドホックな前提に基づいたケインズ経済学」が主流であった。当時，アメリカではすでに「合理的期待革命」が浸透し，マクロ経済学の教科書も，新しい潮流を反映したものが優勢になりつつあった。本書も，そうした時代の流れを反映したのであったが，必ずしも無定見に受け入れたわけではない。初版のまえがきでも明記したことであるが，本書では「ケインズ経済学と古典派経済学の体系を対照しながら解説することにつとめた」のであって，その姿勢は第2版でもまったく変わりない。

　15年間に起こったマクロ経済学の潮流というのは，単刀直入に表現するならば徹底した経済主体の合理性と資源配分の効率性の追求であり，理論研究の展開は目覚ましいものがあった。1970年代から80年代にかけてマクロ経済学を席巻した合理的期待形成仮説と経済主体の動学的最適化行動をともなったミクロ的基礎付けは，マクロ経済学の研究者や研究者を目指す大学院生（もちろん有為な学部生も含む）にとってはマスト（must）に近いものとなった。し

かし，理論的な成果や含意は必ずしも現実のデータによっては裏づけられず，そこから新しいアプローチが生まれることになった．思いつく例をあげるならば，景気変動の原因となるメカニズムとして貨幣供給量の変動に関する予測誤差（期待形成の誤り）から技術進歩などの実物的要因への注目度の変化，政策発動の基本スタンスに対する認識の変化，線形モデルから非線形モデルへの傾斜，実証分析においての定常性から非定常性へ，あるいはマクロデータからミクロ・パネルデータへのシフト，そして動学的一般均衡モデルとカリブレーションの興隆，等々である．

＊

1990年代から2000年代にかけては，日本ではバブル経済崩壊後の長期不況に見舞われることになったが，アメリカやイギリスをはじめとしたEU諸国などではむしろ好景気が長期間持続し，BRICs（ブラジル，ロシア，インド，中国）に代表される発展途上国や体制移行国の経済成長もおおむね軌道に乗りかけた．冷戦が終息し，全地球規模で市場経済が浸透したグローバル化によって，競争を促す規制緩和や民間活力の導入が進み，資源配分の効率性が高められた結果と主張されることもある．イギリスのサッチャー首相やアメリカのレーガン大統領が進めた「小さな政府」に象徴される新自由主義（ネオ・リベラリズム）が勢力を拡大した時代であり，その背景には，それまで優勢だったケインズ経済学からは距離をおき，新自由主義と馬が合う古典派経済学の勢いが増した潮流があった．

しかし，月の位置によって一日の間にも二度向きを変える潮の満ち引きと同様に，こうした潮流も長くない間隔で潮向きが変わりうるのであって，それが第2版の原稿の完成後からゲラの校正段階で起こったのだった．アメリカの不動産市場での住宅価格のバブル崩壊を背景に燻（くすぶ）っていたサブプライムローン問題が，大手証券会社の破綻を契機に2008年9月に一挙に顕在化し，世界金融危機とその後の世界同時不況を惹起したのであった．これに対して，1930年代の世界的大不況以来の危機との認識で，アメリカやヨーロッパを中心に新興国も巻き込んでの世界的な政策協調ともいうべき金融危機対策（協調利下げや

公的資金の注入）とケインジアン的な財政発動による景気対策が打ち出され，それまでの「市場経済への政策不介入」を標榜した新自由主義から 180 度舵を切ったのだった．

　こうしたパラダイムの転換が非常に短い期間に起こったのは，一面ではサブプライムローン問題の深刻さを物語るものであるが，もう一つの要因としてあげるべきなのは，過去の経験から学んだものの蓄積が重いということであろう．1930 年代の教訓があるからこそ，ニューディール政策にも匹敵する迅速な公的介入の発想がありえたのである．歴史は繰り返されるというべきか，それを踏まえた上での，繰り返しを回避する対応がなされるのは，1930 年代と比べてマクロ経済学の体系の理解が格段に進化した証ともいえよう．

　タイミングとしては，本書の第 2 版に向けての改訂過程では，このパラダイムの転換ともなる潮流の変化は意識していなかった．しかし，もともとケインズ経済学と古典派経済学の対照を心した教科書を目指していたこともあって，それによっても大幅に書き換えが必要となるということはなく，数か所で最小限の言及をしたにとどめた．もちろん，いまから自由に書き改めるとするならば，いくつかの章のトーンは多少異なったものになっただろうが，それは次の改訂の機会に委ねたいと思う．

*

　今回の改訂によって初版と大幅に変わったところをあげるならば，おおよそ以下の通りである．まず装丁や構成といった「外形標準」面に関しては，章立ては変わらないものの，全体の頁数が 80 頁近くと大幅に増えた（1 頁当たりの行数や 1 行当たりの文字数の変更もあり，実際はもっと増頁になっている）．各節にも，数パラグラフ単位で小見出しをつけたことで，独学の読者にとっても，初版に比べてはるかに読みやすくなったと期待している．二色刷の色も緑から青に変えた．内容的には，全般的に説明を加えた増補版的な位置づけも可能であるが，とりわけインフレーション，景気循環，経済成長，そしてマクロ安定化政策絡みの説明を充実させた．たとえば，景気循環論では，RBC モデルとニュー・ケインジアンのフィリップス曲線の考え方などを，数式モデルの

展開を避けずに導入した。

　こうした改訂によって，本書が単なる『マクロ経済学』の入門レベルの書から脱皮し，中級から上級レベルの読者にも満足していただけるのではないかと自負すると同時に，またそうなってほしいと祈念している。本書では，ごく一部を除いて意識して現実経済のデータに言及することを避けたが，その分を埋め合わせて，理論体系としてのマクロ経済学の全体像を理解する上では，少なくとも中級向けとしてはほぼ必要にして十分な内容を盛り込んだと考えている（時系列分析など計量経済学の手法は別）。初版に対して一部で囁かれた「経済学検定試験や大学院入試対策のベストの書」との評価が，第2版では輪をかけて，文字通り多くの人前でも人口に膾炙することを祈念するものである。

＊

　第2版の刊行に当たっては，共著者の加納悟元一橋大学教授を突然襲った不幸に言及せざるをえない。加納教授は2006年春，著書の『マクロ経済分析とサーベイデータ』の脱稿直後に難病を発症し，一年半近く患った後，2007年8月15日に鬼籍に入られた。多忙な中でも週末には夫婦でテニスを楽しむなど，健康には十分過ぎる程注意していた。にもかかわらず，よりによって人生の絶頂期に，結果的に不治の病に侵されてしまったのであった。

　加納教授は心根の優しい人だった。研究室の書棚には詩集や美術本が並び，音楽会や観劇・映画鑑賞と芸術を愛で，前任校の横浜国立大学や一橋大学のキャンパス内に棲みついている狸を可愛がった。旅行好きでもあり，学生時代のソ連旅行やイギリス長期滞在時のアフリカ旅行と若い頃は一人旅を好み，晩年は夫人との二人旅を楽しんでいた。独身時代には行きつけの喫茶店で毎日コーヒーを飲んでいたとか，パリでは必ずルーブル美術館を訪れる，といった拘りを大切にする面もあった。金沢，京都，ロンドン，サンディエゴと自分が住んだ土地・環境を愛し，機会がある度に再訪を楽しんでいた。

　加納教授との想い出は多いが，本書に関係したエピソードを一つ記して供養に代えたい。初版のまえがきにも記したが，初版の完成までには長い時間を要した。みんなでよく飲んでいたというのが理由の一つだが，ペースが余りにも

第2版へのまえがき

遅いのに業(ごう)を煮やした新世社の当時の担当者の小関清さんが，あるとき，浅子・加納・倉澤の3人を新横浜のホテルに缶詰にして原稿を書かせる，という手段に訴えた。はじめのうちはまじめに分担して原稿を書き出したが，小関さんが失敗したのは，夜になって自分は家に帰られてしまったことで，その後は「ちょっと夕食に」と外に出て生簀(いけす)のある店で飲みだし，いつの間にか，いつものように「続きは明日以降に…」となってしまったのだった。

*

第2版の完成に向けては，日頃から学会や研究会などで多くの学内外の研究者や一橋大学の大学院学生から刺激を受けてきており，それが大変役立った。マクロ経済学専攻の多くの研究者が，それぞれマクロ経済学の研究書や教科書を出版しており，それらのライバル書からも刺激を受けた。具体的な出版作業では，新世社編集部の御園生晴彦さんと校正を担当していただいた竹田直さんに大変お世話になった。特に，御園生さんには初版に対する小関さん同様，大変忍耐強く励ましていただいたうえに，第2版の構成にも有益なサゼスチョンをいただいた。第2版の長期間の改訂過程では，加納教授との共同の秘書でもあった歴代の秘書の谷本和代，椎村恵美子，村松麻里子，羽田幸恵の皆さんにも支えていただいた。第2版が初版同様多くの読者に恵まれるとするならば，ひとえにこれら多くの皆さんのおかげであり，記してお礼申し上げたい。

最後に，しかも最も森厳になるが，ここに「泰心」と刻まれた墓石の下鎌倉霊園に眠る釈悟道（戒名）に第2版の上梓を報告し，本書を加納真奈美さんに献呈するものである。

2008年師走国立にて

ようやく本格的に色づいてきた窓の外のイロハモミジを眺めながら。

著者を代表して　浅子　和美

初版へのまえがき

　われわれ3人が本書の執筆を開始してから脱稿に至るまで，数年の月日が流れた。その間，わが国は未曾有の好景気と，それに続く深刻な不況を経験し，マクロ経済理論に対する期待と失望がいやがおうにも高まった。景気の変動はなぜ生ずるのか，それに対する適切な対応はどのようなものか，などなどマクロ経済学の理解なくして語ることはおよそ不可能であろう。

　本書の目的は，マクロ経済の諸問題に対して，読者が自らの頭で考え，独自の処方箋を書けるようになるために必要となるマクロ経済理論の基礎知識を提供することである。時を同じくして，3人の著者のいずれもがおよそ一年ずつ渡米しており，アメリカのマクロ経済学の教育を目の当たりにし，マクロ経済学の教科書はどうあるべきか，についてそれぞれ考えるところがあった。本書はその経験を十分生かしたつもりである。

　執筆にあたり特に気を配った点は三つある。

　まずわかりやすくそしてできる限りおもしろい本たること。初学者が経済学の入り口で投げ出さないように気を配った。数式等も可能な限りシンプルなものにとどめ，精一杯わかりやすく書いたつもりであるが，部分的にミクロ経済学の初歩の知識を前提にしている箇所がある。その部分は読み飛ばして頂いても，特に支障はないはずだが，ミクロ経済学の初歩を勉強されていれば，理解がいっそう深まるのは否定できない事実であろう。第二に全編を通して理論的に整合的であり，さらに上級の勉強に進む際の礎となること。その意味では数多くあるハウツーものとは一線を画し，曖昧な表現はできる限り避け，論理的

な叙述を心がけた。そして最後に，マクロ経済学における二つの代表的な考え方である，ケインズ経済学と古典派経済学の体系を対照しながら解説することにつとめたこと。ケインズ経済学と古典派経済学はさまざまに形を変え，マクロ経済学のあらゆる側面で鋭く対立してきたし，現在も対立している。両者の比較対照がマクロ経済学に流れるストーリーを把握する上での近道である，と信ずる3人のメッセージが本書であり，他書にみられない特徴でもある。

　複数の人間が共同で本を著した場合，いくつかの箇所で説明のトーンが急に変わったり，文章の流れに淀みが生ずるのが常である。こうした状況を避けるため，われわれ3人は，それぞれが疑問点を出し合い，全編に渡り交互に手を入れあった。幾度もフィードバックを重ねるうちに，従来の教科書において曖昧にされている点に気付いたりもした。そもそもマクロ経済学の初歩的教科書については3人三様の思いがある。3人の意見を統一するために，行きつけの居酒屋の片隅を陣取り夜遅くまで議論をした。話がつきず（つかず？）終電を逃したことも一度や二度ではない。その意味で，文字どおりの共著であり，すべての箇所について3人が共同で責任を負っている。本書のどこかに，このようなわれわれの努力が隠し味として活かされているはずである。

　こうした努力にもかかわらず，まだまだ十分に調整されたとは言い切れない。わかりにくい箇所，独りよがりの箇所などが，数多く残っているだろう。思いもよらないミスが存在するかもしれない。読者から不明な点のご指摘やご批判がいただければ幸いである。

　多くの人のご尽力がなければ，本書はとても出版にこぎ着けなかったように思う。横浜国立大学の同僚たちからは細部にわたり数多くのコメントをいただいただけでなく，日頃の議論から多くのヒントを得ている。また，新世社の小関清さんには長期間にわたる執筆にもかかわらず辛抱強く激励をいただいた。約束の期日に大きく遅れたり，通常は許されないわがままを聞いてもらったりもした。3人の調整がつかず暗礁に乗り上げたこともある。小関さんがおられなかったならば，本書は日の目を見ずに終わっただろう。経済学部の学生諸君にはタイプや校正などをお願いした。なかでも，横浜国立大学経済学部の浦亮

治君には練習問題の解答を作成するにあたって多くのお手伝いをいただいている。これらすべての皆さんに心からお礼を申し上げたい。

1993 年 1 月

著 者

目　次

I　経済活動水準の決定（概説）

1　マクロ経済学とは何か？　　5

1.1　マクロ経済学の目的……………………………………5
1.2　経済活動水準の指標——GDPとは何か……………7
1.3　GDPの三面等価………………………………………10
1.4　物価指数………………………………………………13
1.5　経済の基本構造——市場……………………………15
1.6　経済の基本構造——経済主体………………………19
1.7　まとめと本書の特徴…………………………………25
練習問題……………………………………………………26

2　GDPの決定メカニズム　　31

2.1　総需要と総供給………………………………………31
2.2　GDPと物価水準………………………………………34
2.3　二つの考え方——ケインズ経済学と古典派経済学………36
2.4　なぜ物価上昇は総需要を減少させるのか…………40
2.5　右上がりの総供給曲線………………………………44
2.6　垂直な総供給曲線……………………………………46
2.7　総需要曲線と総供給曲線のシフト…………………48
2.8　まとめ…………………………………………………50

練習問題……………………………………………………………… 50

3 労働市場と完全雇用　53

3.1 労働供給……………………………………………………… 54
3.2 労働需要……………………………………………………… 60
3.3 労働市場の均衡……………………………………………… 65
3.4 完全雇用水準のシフト要因………………………………… 68
3.5 完全雇用 GDP とセイ法則………………………………… 71
3.6 まとめ………………………………………………………… 72
練習問題……………………………………………………………… 72

4 不完全雇用経済と有効需要原理　75

4.1 有効需要の原理……………………………………………… 75
4.2 GDP の決定…………………………………………………… 76
4.3 45°線の図……………………………………………………… 81
4.4 インフレギャップとデフレギャップ……………………… 84
4.5 貯蓄と投資…………………………………………………… 86
4.6 乗数と乗数過程……………………………………………… 90
4.7 まとめ………………………………………………………… 92
練習問題……………………………………………………………… 93

II　経済主体の行動

5 家計の消費・貯蓄行動　97

5.1 ライフサイクル仮説………………………………………… 98
5.2 恒常所得仮説…………………………………………………105
5.3 流動性制約下の消費・貯蓄…………………………………106

5.4　マクロの消費・貯蓄関数………………………………107
　　5.5　マクロ経済学と消費・貯蓄………………………………109
　　5.6　まとめ………………………………………………………113
　　練習問題…………………………………………………………113

6　企業の投資行動　　　　　　　　　　　　　　　　　　115

　　6.1　投資の2期間モデル………………………………………116
　　6.2　投資の調整コスト…………………………………………118
　　6.3　トービンの q 理論…………………………………………123
　　6.4　その他の投資関数…………………………………………129
　　6.5　まとめ………………………………………………………132
　　練習問題…………………………………………………………132

III　貨幣と経済活動

7　貨幣需要　　　　　　　　　　　　　　　　　　　　　137

　　7.1　貨幣のもつ三つの機能……………………………………137
　　7.2　貨幣の需要動機……………………………………………143
　　7.3　取引動機と貨幣需要………………………………………144
　　7.4　投機的動機と貨幣需要……………………………………148
　　7.5　資産保有としての貨幣需要………………………………155
　　7.6　まとめ………………………………………………………156
　　練習問題…………………………………………………………156

8　貨幣供給　　　　　　　　　　　　　　　　　　　　　159

　　8.1　マネーサプライからマネーストックへ…………………160
　　8.2　信用創造……………………………………………………163

8.3 ハイパワード・マネーと貨幣乗数……………………………166

8.4 貨幣供給のシーニョレッジ…………………………………169

8.5 まとめ…………………………………………………………170

練習問題……………………………………………………………170

IV　マクロ諸変数の同時決定

9　マクロ経済の一般均衡　　175

9.1 フロー市場とストック市場…………………………………176

9.2 労働市場と生産物市場………………………………………177

9.3 資産市場………………………………………………………180

9.4 マクロモデル…………………………………………………182

9.5 まとめ…………………………………………………………184

練習問題……………………………………………………………184

10　古典派経済学の体系　　187

10.1 完全雇用均衡…………………………………………………188

10.2 数量方程式と貨幣の中立性…………………………………192

10.3 貯蓄・投資と自然利子率……………………………………192

10.4 まとめ…………………………………………………………195

練習問題……………………………………………………………195

11　ケインズ経済学の体系　　197

11.1 名目賃金率の下方硬直性……………………………………197

11.2 不完全雇用均衡………………………………………………202

11.3 総需要・総供給分析…………………………………………206

11.4 IS–LM 分析……………………………………………………211

11.5	財政・金融政策の効果	214
11.6	まとめ	218
練習問題		219

12 マクロモデルの比較　　221

12.1	価格調整と数量調整	223
12.2	供給サイドと需要サイド	227
12.3	貨幣の中立性と貨幣錯覚	228
12.4	貸付資金説と流動性選好説	229
12.5	マクロ安定化政策	230
12.6	一般性と総合化	231
12.7	まとめ	233
練習問題		234

V　インフレーションと景気循環

13 インフレーション　　237

13.1	インフレの経済効果	238
13.2	インフレ期待と $IS\text{-}LM$ 分析	244
13.3	伝統的インフレ理論	245
13.4	フィリップス曲線	249
13.5	自然失業率仮説	254
13.6	インフレ過程	257
13.7	スタグフレーションとデフレ	264
13.8	資産インフレとバブル	268
13.9	まとめ	275
練習問題		276

14 景気循環　279

- 14.1 景気循環の特徴 … 280
- 14.2 景気循環理論 … 283
- 14.3 天井・床型景気循環論 … 289
- 14.4 均衡景気循環論 … 291
- 14.5 ニュー・ケインジアンの景気循環論 … 307
- 14.6 まとめ … 316
- 練習問題 … 316

VI　政府の経済活動とマクロ安定化政策

15 政府の経済活動　321

- 15.1 政府の役割 … 322
- 15.2 財政政策の目標と手段 … 323
- 15.3 金融政策の目標と手段 … 327
- 15.4 政策運営の一般理論 … 330
- 15.5 政策発動のアナウンスメント効果 … 332
- 15.6 中間目標と最終目標 … 335
- 15.7 まとめ … 336
- 練習問題 … 337

16 マクロ安定化政策　339

- 16.1 金融政策の伝播経路 … 340
- 16.2 マネタリスト・ケインジアン論争：相対的有効性 … 348
- 16.3 クラウディング・アウトと公債の中立命題 … 354
- 16.4 合理的期待革命：絶対的有効性 … 358

16.5 政策運営の積極主義 …………………………………… 362
16.6 まとめ ……………………………………………………… 371
練習問題 ……………………………………………………………… 372

VII 経済成長，国際マクロ経済学

17 資本蓄積と経済成長　377

17.1 新古典派成長モデル …………………………………… 378
17.2 技術進歩と経済成長 …………………………………… 381
17.3 非均斉的成長の可能性 ………………………………… 385
17.4 黄金律と最適成長 ……………………………………… 389
17.5 内生的成長モデル ……………………………………… 397
17.6 まとめ …………………………………………………… 401
練習問題 …………………………………………………………… 401

18 開放マクロ経済　403

18.1 国際収支 ………………………………………………… 403
18.2 為替相場制と資本移動 ………………………………… 405
18.3 利子裁定 ………………………………………………… 406
18.4 開放経済のマクロ・モデル …………………………… 410
18.5 国内バランスと対外バランス ………………………… 416
18.6 まとめ …………………………………………………… 420
練習問題 …………………………………………………………… 421

19 経常収支と為替レート　423

19.1 経常収支の調整 ………………………………………… 423

- **19.2** 為替レートの決定 ……………………………………… 427
- **19.3** マクロ経済の国際連動性 ……………………………… 429
- **19.4** 政策協調 ………………………………………………… 431
- **19.5** まとめ …………………………………………………… 433
- 練習問題 ……………………………………………………… 434

参考文献 ………………………………………………………… 435
練習問題解答 …………………………………………………… 438
索　　引 ………………………………………………………… 450

I
経済活動水準の決定（概説）

■マクロ経済学の目的

　景気のよい年もあれば，不況の年もある。物価が急激に上昇するときもあれば，きわめて安定しているときもあるだろう。高い経済成長を続けている国もあれば，低成長にあえいでいる国もある。何が原因でこうした差が生まれるのだろうか。

　マクロ経済学の目的は，こうした問題に適切な解答を与えることである。すなわち，マクロ経済学が関心をもつのは，第一に，一つの国の経済活動水準がどのように決定されるか，である。同時に物価水準，あるいは物価上昇率（インフレ率）はどのようなメカニズムで決まるのかを明らかにしなくてはならない。さらに，経済成長のメカニズムの分析にも大きな関心がある。これらはいずれもマクロ経済学の重要なテーマであるが，とりわけ経済全体の活動水準は最も大きな関心事といってよいだろう。

■経済活動水準はどのようにして決まるか

　経済活動水準が低下すれば失業者が増加し，私たちの所得水準も低下する。逆に，経済活動が活発になり好況が続けば，私たちの所得は増加する。マクロ経済政策の目指す経済は，失業者が存在せずインフレのない経済社会であるといっても，それほど大きな異議はないだろう。しかし，物価が安定し失業者の存在しない経済が常に達成されてきたわけではない。そうした状況のほうがむしろ例外といったほうがよいだろう。

　1980年代後半の日本経済はバブル経済期といわれ地価や株価といった資産価格の上昇があったが，さまざまな財・サービスの代表価格としての一般物価水準についてのインフレがなく失業者も少ないという意味ではこの例外的な状

況の一つである。もっとも，バブル経済が崩壊し資産価格が暴落すると，1990年代から21世紀にかけては「失われた10年」あるいは「失われた15年」とも呼ばれた，物価下落と失業者の増加，低経済成長といった経済停滞が長期間続いた長期デフレを経験した。

このエピソードだけではなく，経済の歴史をひもといてみればわかるように，日本でも街に失業者が溢れた時代もあったし，持続的な物価上昇に悩まされた時代もあった。いまでも多くの国々では，多数の失業者の存在やインフレの脅威に頭をかかえている。マクロ経済学の課題は，経済活動水準が何によって決まってくるのか，なぜ物価が持続的に上昇するのか，などの解明にある。私たちの経済をインフレと失業のない状況に導くためにはメカニズムの理解が欠かせないからである。

■第Ⅰ部の構成

マクロ経済体系の基本的枠組み　第Ⅰ部は，マクロ経済学の中心テーマである経済活動水準の決定についての概略の理解のために費される。第1章では，マクロ経済学の目的と考え方の特徴を展望し，経済活動水準の指標であるGDP（国内総生産）および物価水準の計測方法について解説する。マクロ経済学では，現実の経済を大胆に単純化して議論を展開する。どのような単純化のもとで議論が進められるのかを明らかにすること，いいかえるとマクロ経済体系の基本的枠組みを提示するのも第1章の役割といえよう。

古典派経済学とケインズ経済学　マクロ経済学にはさまざまな考え方があるが，大きく古典派経済学とケインズ経済学の二つに分けられるであろう。第2章では，この二つのマクロ経済学の相違を共通の枠組みの中で対比したい。大胆に単純化していえば，ケインズ経済学は，経済全体の需要が生産水準を決める，と考えるのに対して，古典派経済学では供給面が強調される。両者の帰結にみられる顕著な相違点の一つは，労働市場で非自発的失業（働きたいのに働き場所のない労働）が存在するか否かにある。労働サービスの価格である名目賃金率が需要と供給に応じて伸縮的に調整されるならば，労働市場では完全雇用が達成されるであろう。古典派経済学はそうした状況を想定しているし，現実もそれに近いという認識をもっている。これに対して，労働市場ではそうしたメカニズムがスムーズには働かないとの認識がケインズ経済学の前提である。この違いは小さいように思われるかもしれない。しかし，どちらを想定するか

によってマクロ経済学の体系は大きく異なり，そのため，導かれる経済政策に天と地ほどの差が生ずる．

古典派経済学と完全雇用均衡　第3章は，労働市場で完全雇用が実現される経済を考察の対象とする．これが，古典派経済学の想定する経済であり，古典派経済学の理解のためには労働市場の機能の検討が欠かせない．そのため，第3章では，家計の労働供給と企業の労働需要がどのような要因によって決まるかを考え，次いで労働市場での均衡を考察する．労働供給と労働需要が一致する労働雇用量が，完全雇用量にほかならない．

ケインズ経済学と有効需要　第4章では，ケインズ経済学の考え方のエッセンスを，きわめて単純な分析枠組みを用いて解説する．そこでは，古典派経済学の帰結とは異なり，必ずしも完全雇用均衡は達成されない．不完全雇用経済（完全雇用が達成されておらず，非自発的失業の存在する経済）では，労働雇用量は生産物市場での有効需要によって左右される．第4章では，雇用量を規定する有効需要とは何か，それは経済全体の生産水準といかに関係するのか，の完全習得を目指したい．

二つの経済学の違い　第Ⅰ部を読み終えれば，マクロ経済学の基本的な考え方は理解できるように書いたつもりである．手っとり早くマクロ経済学の考え方を知りたければ，第Ⅰ部だけ読めばよいであろう．第Ⅰ部で説明される二つの経済学の違いの十分な理解が，以下の各章を読み進める上でも不可欠である．

1

マクロ経済学とは何か？

　この章では，マクロ経済学についての概略を説明し，基礎的な概念であるGDP（国内総生産）と物価水準について解説する。マクロ経済学のくわしい内容は本書を読み進めるうちに次第に明らかになっていくが，あらかじめその全体像を知っておくことも有益であろう。

　マクロ経済学では，一つの国の経済（これを国民経済という）を大胆に単純化したモデルに基づいて分析を進め，さまざまな経済現象を理解しようとする。本書に登場する経済主体にはどのようなものがあるのか，それらの各経済主体は，需要者としてあるいは供給者としてどのような市場でどのような活動をするのか，についての簡単な説明をするのも，本章の役割の一つである。

　ゴッホの絵でもピカソの絵でも，必ずしもモデルとなる人間を忠実に描いているとはいいがたいが，それでも（あるいは，それゆえに）鑑賞する人を感動させるものがある。同じ用語を使っていても，マクロ経済のモデルは絵画のモデルとは役割が異なるが，エッセンスは同様に考えることが可能である。必ずしも現実経済に忠実でなくともよく，問題は，それによって何が伝えられるかが大切になる。

1.1　マクロ経済学の目的

■**具体的課題**

　マクロ経済学の目的は，経済活動水準がどのように決まるのか，物価上昇はなぜ生ずるのか，経済成長のメカニズムはどのようなものか，等の理解である。

マクロ経済学の具体的イメージをもう少し膨らませてもらうために，いくつかの具体的課題を思いつくままにあげてみよう。

- 今年の GDP 水準（あるいは景気）はどうなるのであろうか。
- 何が，日本に，高度成長をもたらしたのか。
- なぜ，1990 年代から 2000 年代にかけて物価が下落したのだろうか。
- 為替レートの動向は，日本経済にどういう影響を及ぼすであろうか。
- 政府が適切に政策を運営すれば，インフレやデフレを抑え，雇用の安定化をはかれるのだろうか。

こうしたリストはいつまでも続けられるが，これだけでもマクロ経済学に与えられた課題がおぼろげながらわかっていただけると思う。本書では，こうした課題に対して，これまで経済学がどのような解答を与えてきたかを説明するとともに，読者自身が，さまざまなマクロ経済の問題に的確な解答を与えられる手助けをするための分析方法を解説する。

■モデル分析

経済学では，こうした課題に答えるために，しばしば大胆に単純化された経済社会を想定し，その単純化された経済社会の中でどのような現象が起こるか，を考えてきた。現実はあまりに複雑すぎて，そのままでは何が生じているかがわかりにくく，しばしば物事の本質を見失ってしまうからである。こうした方法をモデル分析という。実際の経済の模型（モデル）を作成し，そこで何が起こるかを分析するために，そう呼ばれる。

もちろん，物理的な模型を作るのではない。肖像画の対象や写真の被写体となるモデルとも役割は異なる。頭の中で単純化した経済を想定し，その経済で何が起こるかを思考実験するのである。最初のうちはこうした方法に戸惑われるかもしれないが，勉強を進めるうちにだんだんなれてくるとともに，単純化の有用性も理解できるようになるだろう。できるだけ早くこうした議論の進め方に慣れるようにしたい。それが，経済学を学ぶためのコツである。

モデルとは，現実を抽象化し単純化した経済である。そこではきわめて多くの仮定が設けられる。モデルで得られた結果は，分析の前提となっている諸仮定に大きく依存する。結論はあくまで，そこでの仮定，いいかえると選択されたモデルに依存しており，仮定が変われば結論も自ずと変わってくる。このため，経済学では，導かれた結論だけを覚えてもまったく価値はない。議論の前

提となる諸仮定や論理的な推論過程と一緒になってはじめて，結論が意味をもつのである。日頃から，この点への注意を怠ってはならない。

1.2 経済活動水準の指標——GDPとは何か

マクロ経済学の主たる関心事は，経済活動水準と一般物価水準であり，そのため，それらがどのような指標ではかられるかを理解しなければならない。これがマクロ経済学の第一歩である。以下では，経済活動水準の指標であるGDPと，一般物価水準の指標として用いられる物価指数を，本書の理解にとって必要な範囲で説明しておきたい。

■GDPを理解する

パソコン，Tシャツ，ハンバーガー，医療サービス，…。私たちの身の回りは数え切れないほどの財・サービスで溢れており，それを生産する多くの産業がある。しかし，マクロ経済学では，あたかもたった一つの財が需要され生産されているかのように見なして，その生産水準の決定を考察の対象にする。今年は自動車の売行きが芳しくない，とか，野菜の値段が上がった，とかいった細かいことにマクロ経済学はこだわらない。これらは「ミクロ経済学」の課題である。もっと大ざっぱに経済をながめ，あくまで経済全体がどういう状況にあるのかを考えるのである。マクロ経済学の「マクロ」とは，経済全体を「大ざっぱ」に眺めるという意味に理解しておけばおおかた間違いないだろう。

理論上はただ一つの財が存在するとの想定で議論を進めるとしても，実際には数多くの財・サービスが存在する。個別の財・サービスの生産水準をはかるのはさほどの困難はともなわないだろう。お米であれば俵数や升・合数ないしはキログラムやトン数で，自動車であれば台数ではかればよいのである。しかし，経済全体の生産水準をとらえるには，多数の財・サービスを一つの指標に集計しなくてはならない。こうした指標として最もよく用いられるのが，国内総生産（gross domestic product, GDP）である。

最終財と中間財 財・サービスは，大きく「最終生産物」あるいは「最終財」と，「中間生産物」あるいは「中間財」の二つに分けられる。大ざっぱにいえば，他の財やサービスの生産の原材料として使われる財・サービスが「中間生産物」である。船を造るために使われる「鉄板」，みかんの生産に使われ

る「肥料」，みかんの缶詰の原料となる「みかん」などが中間財の例としてあげられるだろう．これに対して，他の財・サービスの原材料としては用いられない財・サービスを最終財と呼ぶ．消費のために需要されるさまざまな財やサービスだけでなく，企業が購入する資本設備，ロボット，トラック，等もすべて最終財に分類される．家計が食べるために購入する「みかん」も最終財である．みかんの例からわかるとおり，同じ財が最終財として使われたり，中間財として使われたりすることもそれほど珍しくはない．

GDPとは　基本的にはGDPとは，ある一定の期間内（たとえば，1か月，1四半期，1年など）に生産された最終生産物に，その市場価格をかけてすべて加えた値である[1]．この際，中間生産物は計算から除外されなければならない．たとえば，2010年のGDPとは，2010年に生産された最終生産物に市場価格をかけてすべて加えた値であり，この値は，2010年の一国全体の生産活動水準を表わす一つの指標となる．みかんのように，最終財として用いられたり中間財として用いられる財の場合には，最終財として用いられる部分だけを加える．最終生産物だけを加える理由は，二重計算を避けるためである．

たとえば自動車を考えてみよう．いうまでもなく自動車は最終生産物であるが，原材料の一つとして製鉄会社が生産する鉄板が用いられる．自動車の価格の中には鉄板の分も含まれているから，自動車の市場価値と鉄板の市場価値を加えてしまうと，鉄板の部分が二重計算になり，全体の生産活動水準が過大に見積もられてしまう．このため，最終生産物の市場価値だけを用い，他の財の生産に用いられる中間生産物を計算から除外するのである．

---

[1]　もう少しくわしくいうならば，国内に存在する生産要素によって生産された最終生産物である．国内総生産の「国内」はこの意味で用いられている．これに対して，「国民」が所有する生産要素によって生産された最終生産物で求められる数値は国民総生産あるいはGNP（gross national product）と呼ばれる．GNPは，かつては一国の経済活動水準を代表する指標としてGDPよりも基本的なものと位置付けされていたが，経済のグローバル化が進んだ結果，国境を超えた経済活動が活発になり，空間的に仕切られた国家内の経済活動としてはGDPのほうがより適切との国連勧告を受け入れ，主役の交代が起こった．内閣府が作成する日本のGDP関連の統計（国民経済計算）では，GNPはいまでは名を変えてGNI（gross national income，国民総所得）として公表されているが，それらの値にデータの上で差がないのは次節で見る三面等価の性質から明らかになる．本章の練習問題も見よ．

■実質値と名目値

　GDPについて，おおよそのイメージがつかめたであろうか。実は，こうして求められたGDPには，大きな問題がまだ一つ残っている。次の例を考えてみよう。2010年と2015年とを比較すると，すべての最終生産物の生産量はまったく等しかったが，2015年には，すべての財・サービスの市場価格が2010年の3倍に上昇していた。こんなことはまずありえない（と思われる）が，このくらい極端なほうが例としてはわかりやすい。2015年のGDPは，2010年のGDPに比べてどうなっているであろうか。いうまでもなく，3倍になる。最終生産物の生産量はすべて等しいのであるから，経済全体の生産水準も等しいと考えるべきであろう。それにもかかわらず，GDPではかった生産水準は3倍になってしまう。これでは，GDPを生産活動水準の指標として使えないのではないだろうか。こうした問題が生じた原因は，2015年までにすべての生産物の価格が上昇してしまったところにある。

　この例は，私たちに何を教えてくれるであろうか。価格の変動によって変わってしまうGDPで，一国の生産活動水準をとらえるのは具合が悪い。これである。そこで，物価変動にともなう問題を避けるため，次のような工夫をする。

　実質GDPの求め方　　まず，ある基準年を決める。どの年のGDPを計算するときも，あらかじめ決めておいた基準年の市場価格を用いるのである。こうすれば，各年のGDPは同じ市場価格をもとにして計算されるから，各年の市場価格の違いによる問題を回避できる。こうした方法によって計算されたGDPを，実質GDPという[2]。これに対して，その年の市場価格を用いて計算されたGDPを名目GDPと呼んで区別する。いうまでもなく重要なのは実質GDPであり，単に「GDP」といったときには「実質GDP」をさす。

　経済学では「名目」と「実質」を明確に区別しなければならない。一般に貨幣単位ではかられているとき名目と呼ばれ，財・サービスではかられるときには実質と呼ばれる。名目GDPとは貨幣ではかられたGDPであり，実質GDPとは財・サービスではかられたGDPなのである。実質GDPも〇〇兆円と表現されるため表面的には貨幣ではかられているように見えるが，決してそうではない。この点には十分以上に注意しよう。

---

[2]　計算の基準となる年によって，いくつもの実質GDPが計算されうる。これらを区別するときには，たとえば，2010年の市場価格をもとにして計算されたGDPに対して「2010年固定価格表示の」という形容を冠する。

1.3　GDP の三面等価

次に，GDP の三面等価について説明しよう。「GDP とは，ある期間に生産された最終生産物に，市場価格をかけてすべて加えた値」と定義した。この定義は国内総生産のほんらいの意味に忠実な定義であるが，これとは異なった側面からも GDP をとらえられる。

■GDP を分配面からとらえる

国内総所得　分配の側面からとらえるのが一つの方法である。国内総生産としての GDP は，最終生産物だけでなく中間生産物段階を含めたすべての生産段階で発生する付加価値の合計，といってもよい。ここで付加価値とは，産出額が投入額を上回る部分をいう。たとえば，120 万円の原材料を投入して，1 台 200 万円の価値をもつ自動車を生産したとしよう。このとき，両者の差 80 万円が付加価値である。120 万円の価値をもつ原材料に 80 万円の価値を付け加えた，という意味である。

80 万円の価値を生み出したのは，自動車産業に雇用されている労働者と自動車産業の資本設備や土地などである。いいかえると，付加価値とはこうした生産要素の貢献分であり，それを生み出した貢献者（すなわち，生産要素あるいはその所有者）に，賃金・配当・地代等の形で分配される。分配された賃金・配当・地代等はそれを受け取る人々（厳密には国内での所有者）の所得になるが，これは国内総所得（gross domestic income, GDI）ないし分配国内所得と呼ばれるべきものであり，本書では単に国内所得とも呼ぶ。

生産関数による表現　いま，単純化のため生産要素として資本 K と労働 N の二つだけを考えよう（以下，本書では，一貫してこのように想定する）。投入された資本および労働と総産出量 Y との関係が，次の生産関数（資本と労働がそれぞれ K と N だけ投入されたとき，それに対応してどれだけの産出量 Y が生産されるかを関数として表現したもの），

$$Y = F(K, N) \tag{1.1}$$

で表わされるとしよう。Y は生産面からとらえた国内総生産であり，結局は資本と労働に分配される。

国内総所得は，生産要素の報酬として受け取った所得の合計であるから，

$$GDI = rK + wN$$

となる。ここで r, w はそれぞれ資本と労働に対する 1 単位当たりの報酬を表わす（いずれも実質値）。w は賃金率，rK は企業の所有者，すなわち株主への支払配当総額と考えておけばよいだろう。生産されたものは，いずれかの形で生産要素に分配されると考えれば，

$$Y = rK + wN \tag{1.2}$$

が成り立たねばならない[3],[4]。したがって，

$$GDI = Y$$

が成立する。

■**GDP を支出面からとらえる**

二つ目の概念は支出面から見た所得であり，国内総支出（gross domestic expenditure, GDE）と呼ばれる。国内総支出とは，生産物がどのような用途に使用されるか，いいかえれば，どのような形態として需要されるかから見た支出総額といえよう。需要項目は大きく分けると消費，投資，政府支出，輸出から構成される。これらの需要には国外で生産された財に対する需要も含まれる。これを考慮すると，国内総支出は，

$$GDE = C + I + G + X - M$$

---

[3] 一部が配当されずに，企業内に留保されることもしばしば見られる。企業内に留保された利益は株主のものであり，株主にかわって企業が貯蓄をしていると解釈すればよい（貯蓄については，すぐ後で説明する）。しかし，本書では議論の単純化のため，企業はその期の利益をすべて株主に配当すると仮定する。

[4] (1.1)の生産関数が一次同次という規模に関して収穫一定の性質を有すならば，そして資本と労働がそれぞれの限界生産力に等しい報酬を得る（これを限界生産力原理という）ならば，(1.2) は数学的にも成立する関係式である。第 6 章の練習問題 6.2，および第 17 章の練習問題 17.5 とその解答を参照のこと。一次同次とは，機械の数も労働者もまったく同じ工場を 2 か所で稼働させると，生産物も 2 倍になるという性質をいう。3 か所ならば 3 倍である。第 6 章や第 17 章はだいぶ先のことなので，当面は (1.2) の成立を鵜呑みにしていただければよい。

で表わされる。ここで，Cは消費，Iは投資，Gは政府支出，Xは輸出（海外部門の需要），Mは輸入である。

　右辺から輸入が控除されているが，その理由を簡単に説明しておこう。C，I，Gには，輸入財に対する需要も含まれており，国内で生産された財・サービスへの需要を求めるには国外で生産された財・サービスを除かなければならない。すなわち，輸入部分を控除してはじめて純粋に国内（あるいは，国内に存在する生産要素）で生産された財・サービスに対する需要が求められるのである。

■生産されたものは利用される

　生産された財・サービスは，最終的には何らかの用途に利用されるであろう。したがって，

$$Y = GDE$$

が成立するはずである。生産されたにもかかわらず，結局何にも使われないままに放っておかれる財もあるはず，と思われるかもしれない。倉庫に眠ったままの製品，本屋の書棚に並んだままの売れない教科書，八百屋の売れ残りの生野菜，等々。しかし，これらも立派な支出項目と考えるのである。

　在庫投資も含める　　倉庫に眠ったままの製品のうち，今期の増加分は，在庫投資（在庫ストックの蓄積）として投資支出の一部を構成する。在庫の増分は，将来の売却のために自らが生産し自らが需要したと考えればよいだろう。すでに在庫として倉庫に眠っている製品は過去の投資の結果であり，今期の投資はあくまでその増分にすぎない。したがって，在庫が減少したときには，今期の在庫投資は負になる。売れ残りの生野菜は廃棄されるため在庫投資とはならないが，これも，八百屋が生野菜に支出したと考えれば，理論的には支出の一部として理解できるのである[5]。

---

5)　もっとも，この生野菜や売れ残りの週刊誌など，結果的に何の役にも立たず廃棄されたものはもともと生産されなかったとの解釈も可能で，GDP関連統計を作成する国民経済計算の上では，そのように扱われるものが多い。逃がした魚は大きくても小さくても，釣果には入れない約束と考えればよい。老人が釣ってサメに喰われてしまったカジキマグロ（ヘミングウェイの『老人と海』）には大変な肉体労働を費やしたであろうが，これも例外ではない。それでは，この肉体労働分は分配面ではどう扱われるのだろうか？

■三面等価の関係

こうした議論から，

$$\text{GDP} \equiv \text{GDI} \equiv \text{GDE}$$

という恒等式（2本の等号でなく3本の等号で表わされる）が成立する．恒等式とは，ある特定の値のときに限って成立するのではなくて，どんな場合でも常に成立する関係をいう．この恒等関係を GDP の三面等価 の関係と呼んでいる．生産面，分配面，支出面，の三面のどこからみても，GDP はすべて同じ値になる，という意味に理解されたい．GDP の三面等価が成立するのは，「生産された生産物は誰かに分配され，何らかの形で利用されざるをえない」からである．

　GDP の三面等価が恒等的に成立するというのは，厳密には事後的なデータの上でのことであり，GDP 統計（国民経済計算）でも在庫投資に加えて調整項としての「誤差脱漏」額も計上するなどの約束事を前提としている．しかし，後の第 4 章でくわしくみるように，生産面と支出面が等しくなるのには，たとえ事前的に等しくなくても「生産物市場の需要と供給が均衡するように経済活動水準が決定される」という調整メカニズムが内包され有効に機能することにもよる．比喩的にいえば，恒等的な関係が成立するような外的環境が，自然にもたらされると考えればよいであろう．

　GDP のいろいろな表記　　GDP，GDI，GDE の三つが常に同じになるため，とくに意識して三者を区別せず，いずれも GDP とか国内総所得，あるいは単に国内所得と呼ぶ．厳密にいうと狭義の「国内所得」は国内総所得からいくつかの控除項目を除いて得られるが，本書ではこの差を問題としないものとする（練習問題を参照）．これに限らず，本書では GDP，総産出量，国内所得を（さらには，状況次第では国民所得，GNP，総生産量，生産量，等々も）理論的に同じ額を表わす経済指標であるものとして，同義語として代替的に用いるであろう．

1.4　物価指数

■物価変動の把握

マクロ経済学にとっての関心は，自動車や交通運賃などの個別の財やサービスの価格の変動にあるのではなくて，一般的な物価変動にある．あらゆる財・

サービスがすべて同じ率で上昇したり下落したりするのであれば，今年は昨年に比べてどの程度物価が上昇したのか，といった設問に答えるのは難しくない。しかし，すべての財・サービスが同じ率で上昇したり下落することはまずないだろう。上昇する財もあれば下落する財もある。上昇した財の間でも，上昇率はそれぞれに違う。こうした状況では，先のような設問に答えるのはそれほど容易ではない。

財にウェイトをつける　一般的な物価の動向を把握するには，個々の財・サービスの価格の動きを何らかの方法で「平均」する必要がある。しかし，すべての財・サービスの単純な平均が，望ましくないのは明らかだろう。毎日食べる「米」と正月ぐらいしか食べることがない「数の子」の価格をそのまま平均しても，消費者の「実感」にあった物価は求められない。多少とも実感にあった物価を求めるには，米の価格変化が敏感に反応するように平均する必要があるだろう。すなわち，各財にウェイトをつけて平均しなくてはならないのである。各財・サービスのウェイトが決まれば，後は簡単である。各財・サービスの価格指数を決められたウェイトで平均すればよい[6]。

　どのような財・サービスを含めるのか，ウェイトをどうするのか，によっていくつもの物価指数が存在しうる。数多くの物価指数のなかで，最もよく使われるのは消費者物価指数（consumers price index, CPI）と企業物価指数（corporate goods price index, CGPI）であろう。消費者物価指数とは，消費財から構成される物価指数であり，企業物価指数とは原材料や輸出・輸入品など企業間で取引される財が対象となる物価指数であり，かつての卸売物価指数（WPI）の対象を拡張したものである。

---

[6]　平均にはいくつもの概念があるが，経済学で最もよく使われるのは「加重平均」である。一般に，n 個の数 $x_1, x_2, \cdots, x_n$ に対して，
$$\bar{x} = w_1 x_1 + w_2 x_2 + \cdots + w_n x_n$$
ここで，
$$0 \leq w_i \leq 1 \quad (i=1, \cdots, n) \quad \sum_{i=1}^{n} = w_i = 1$$
によって求められる $\bar{x}$ を「$(x_1, x_2, \cdots, x_n)$ の」加重平均」，$w_1, \cdots, w_n$ を「ウェイト」という。いうまでもなく異なる「ウェイト」を用いると，加重平均値も異なる。単純平均は，
$$w_i = \frac{1}{n} \quad (i=1, \cdots, n)$$
の場合の特殊ケースにほかならない。

■GDP デフレーター

この二つ以外の重要な物価指数として，GDP デフレーターがある。GDP デフレーターは，さきに説明した名目 GDP と実質 GDP から求められる。具体的には，

$$\text{GDPデフレーター} = \frac{\text{名目GDP}}{\text{実質GDP}} \times 100$$

によって各年の物価水準を求めればよい。

たとえば，実質 GDP が 2010 年を基準年としてはかられているとしよう。基準年である 2010 年については，実質 GDP と名目 GDP が一致するから（なぜか？），2010 年の GDP デフレーターはちょうど 100 である。時間の経過とともに物価水準が上昇するならば，2011 年以降，名目 GDP は実質 GDP を上回るようになるだろう。いうまでもなく両者の乖離は，最終生産物価格の変化によって生じるのである。このため，両者の乖離を計測すれば，物価の一般的な動向が把握できる，と考えられる。こうした考えに基づいて計算されるのが GDP デフレーターにほかならない。作成方法から明らかなように各年の GDP デフレーターは，基準年である 2010 年の物価を 100 としたときの指数として表現される。実質 GDP を求める基準年が異なれば GDP デフレーターの値も変わる点にも注意したい。

GDP デフレーターを求めるに当たっては，名目 GDP と実質 GDP が先に与えられて，それらをもとにして結果として間接的に物価指数が算出される。このことから，GDP デフレーターはしばしばインプリシット・デフレーターとも呼ばれる。

1.5　経済の基本構造——市場

経済にはさまざまな市場が存在し，さまざまな財・サービスが取り引きされている。マクロ経済学が直接に関心をもっているのは，一つの国民経済の経済活動水準や物価水準であった。このためにマクロ経済学では，現実の経済を大胆に単純化した「モデル」を用いて，分析が展開される。この節と次節で，本書で用いられる経済の枠組みをあらかじめ説明しておこう。この節では分析の対象となる市場を概観し，市場での取引主体については次節で取り上げる。マクロ経済学を初めて学ぶ読者にとって，ここでの説明は必ずしもわかりやすく

はないだろう。その場合には，ざっと目を通しておき，後の章を読むとき，必要に応じて参照すればよい。

■生産物市場

すでに触れたように，私たちの経済社会にはきわめて多くの財・サービスが存在するが，マクロ経済学では，あたかもただ一つの財・サービスだけが存在するかのように見なして分析を進める。この「ただ一つの財・サービス」を取り引きする市場を生産物市場（あるいは財・サービス市場）という。生産物市場での需給均衡量が一国経済の生産活動水準（すなわち，GDPないし国内所得）に，また均衡価格が物価水準にそれぞれ対応する。マクロ経済学に課せられた最も重要な課題の一つは，生産物市場でどのような水準に需給均衡が決まるかに答えることである。

マクロ経済学の主たる関心は，経済全体の生産水準と一般物価水準にあるため，生産物市場だけを考えれば他の市場は無視してもよいと思われるかもしれない。しかし，そうではない。生産物市場の均衡は他の市場の均衡と密接に関係しており，これらの均衡を同時に考慮する必要がある。

■労働市場

労働市場とは労働サービスを取り引きする市場であり，需要主体は企業，供給主体は家計である。労働市場の想定の違いは，生産物市場の需給均衡に大きな影響をもたらす。この意味で，マクロ経済学では労働市場にきわめて重要な役割が与えられている。

二つの考え方　第2章で多少くわしく説明するが，マクロ経済学には大きく分けて二つの考え方が存在する。古典派経済学とケインズ経済学である。労働市場では，労働サービスの需要と供給が一致するように（名目）賃金率が調整される，と古典派経済学は考える。たとえば，労働サービスに対する需要が供給を上回っていたとしよう。こうした状況のときには，速やかに名目賃金率が上昇する，と考えるのである。名目賃金率の上昇の結果，労働サービスに対する需要は減り，供給は上昇するであろう。名目賃金率の速やかな上昇によって，労働サービスに対する需要と供給は一致する。逆に需要が供給を下回っているときには名目賃金率が低下し，需給の一致が達成される。これが古典派経済学の理解である。

一方，ケインズ経済学は，労働市場での価格調整能力が十分でなく，名目賃金率は労働サービスの需給を調整する能力に欠ける，と考える。あるいは，少なくとも短期的には十分な需給調整能力はない，との認識をもっている。このため，仮に労働市場が超過供給の状態にあっても，短期的には名目賃金率は下落せず，労働の一部は失業せざるをえない。これがケインズ経済学の理解である。くわしくは第2～4章で説明される。

■貨幣市場

　私たちの経済社会には，現金通貨，銀行預金，郵便貯金，国債，社債，株式，保険など，数多くの金融資産とそれを取引する市場が存在するが，マクロ経済学は，ここでも大胆な単純化を試みる。すなわち，これらの金融資産を，貨幣とそれ以外の金融資産（これを債券と呼ぶ）の二つに大きく分類し，あたかも二つの金融資産だけしか存在しないかのように理論を構成するのである。

　貨幣とは　「貨幣」といわれたときには，100円硬貨や1,000円札などの「現金通貨」を思い浮かべる読者が多いだろう。さしあたりは，貨幣を「現金通貨」と理解しておいてもかまわないが，ほんらいは，「現金通貨」だけが「貨幣」ではない。現金通貨によく似た性質をもつ金融資産が数多く存在し，これらも「貨幣」に分類されるのである。現金通貨によく似た性質とは，一体何をさすのだろうか。これに答えるために，現金通貨の性質を考えてみよう。現金通貨の特徴の一つは，それを用いて直接に財・サービスと交換できる（すなわち「買える」）という点にある。いいかえると，取引の手段として利用できるのが，現金通貨の一つの大きな特徴であろう。

　現金通貨のいま一つの特徴は，それが安全な資産であるという点にある。たとえば株式と比べて見よ。100万円で買った株式は，値上がりして大きな収益を上げることもあれば，値下がりして大損をすることもある。この意味で，資金の運用対象としては大きなリスクをともなう。これに対して，現金通貨は収益こそ低い（表面的にはゼロ）もののきわめて安全な資産である。この二つが，現金通貨の大きな特徴といえよう。しかし，こうした特徴をもつ資産は現金通貨だけではない。

　銀行預金も貨幣　たとえば，銀行預金を考えてみよう。確かに，銀行預金ではモノを買うことはできない。しかし，銀行預金は簡単に現金通貨に交換できるから，銀行預金としてもっていれば，いつでも好きなときに預金を下ろし，

財やサービスと交換できる。銀行預金が，たとえば株式などと比べてはるかに安全性の高い金融資産なのは，くどくど説明するまでもなく明らかだろう。このように，銀行預金は現金通貨とまったく同じとはいえないまでも，かなり似通った性質をもつ金融資産なのである。一般に，(1) 取引の交換手段として用いられる，あるいは交換手段に容易に（小さなコストで）交換でき，(2)「債券」と比べて，期待収益率（預金でいえば，「金利」に対応）は小さいが，相対的に安全な金融資産を貨幣という。具体的には，現金通貨や銀行預金を思い浮かべればよい。

債務と債権　私たちは「銀行にお金を預ける」といった表現を好んで用いる。預金通帳とは，その「預かり証」である。こうした理解で間違いではないが，次のように考えるともう少し経済学的になるだろう。すなわち，銀行預金とは，銀行に対して私たちがお金を貸しているのであり，銀行から見ると，私たちからお金を借りているのである。この意味で，銀行は私たちに対して，銀行預金残高に等しい「債務」（あるいは，「負債」）を負っており，私たちは「債権」を保有しているのである。現金通貨も同じこと。私たちが保有する現金通貨に等しい「債務」を中央銀行は負っているのである。このように考えれば，貨幣とは，中央銀行を含む銀行部門全体が，民間非銀行部門に対して負っている債務あるいは負債の残高といえよう。

このように定義された「貨幣」を取引する市場を貨幣市場という。貨幣を需要するのは家計や企業であり，供給するのは銀行部門である。

■債券市場

マクロ経済学では貨幣以外の資産を債券という。具体的には，政府が発行する国債と，実物資本である（海外部門を考慮するときには，これに外債が加わる）。実物資本とは，企業が保有する資本設備，工場，トラック，家計が保有する住宅，耐久消費財などをさすが，ここでは，企業の資本設備を念頭においてほしい。これ以外の実物資本は，説明を簡単にするために存在しないと仮定しよう。

実物資本はなぜ債券か　実物資本を「債券」に加えることに多少の違和感があるかもしれないが，次のように考えればわかってもらえるのではなかろうか。資本設備は，すべて企業によって保有されているとしよう。企業は，株式や社債を発行して資金を調達し，その資金で設備投資をする（銀行からの借入

れは，企業が発行した社債の銀行による購入と解釈すればよい)。企業が発行した株式や社債の保有者は，資本設備が生み出す収益を受け取る権利をもっており，この意味で企業の所有する資本設備を所有している。このため，企業の発行する株式と社債の市場価値は，企業の保有する実物資本の市場での評価額にちょうど等しい。このように考えれば，実物資本を「債券」に加える意味が明らかになるだろう。

完全代替の仮定 本書では，分析を簡単にするために，企業の発行する株式と社債，国の発行する国債は，すべての資産所有者にとって完全に代替的な資産である，と仮定する。すなわち，これらはまったく同じ特性をもった資産と考えるのである。このように定義される「債券」の市場が債券市場にほかならない。

1.6 経済の基本構造——経済主体

前節では，市場について説明した。この節では，各市場で経済活動をする経済主体について簡単に触れておきたい。マクロ経済学で登場する経済主体としては，家計と企業が最も重要であり不可欠ともいえるが，扱うテーマによっては，家計と企業に加えて登場を請う他の経済主体もある。政府，銀行，海外部門がそれらである。

マクロ経済学にとって，経済主体がどのような行動をとるかの考察がなぜ重要かは，それが経済活動水準の決定にかかわってくるからである。たとえば，家計や企業の経済主体の意思決定を合理的なものとモデル化するか，合理的な行動がしたくてもできない状況にあるとモデル化するかでは，先にみた古典派経済学とケインズ経済学の違いにも匹敵する相違が生じる。もっともそうした違いは，次章以降おいおい理解すれば十分で，ここではもっぱら各経済主体が直面する意思決定についての枠組みを説明する。

■家計

家計は日常用語では「一家の生計にかかわる収入と支出の状態」の意味で用いられるが，ここでは「消費者」とほぼ同義にとらえ，「消費者の集合としての家族」のイメージを付加して，日常かかわる経済活動の意思決定主体として登場してもらう。マクロ経済学では，家計はさまざまな役割を果たす。

労働所得と資産所得　まず，家計は所得を得る。その源泉は二つ。一つはいうまでもなく労働所得（賃金所得，給与所得）である。家計は，労働市場で労働サービスを供給し，その対価として賃金を得る。いま一つは，保有する資産から得られる資産所得（財産所得）である。

家計は，富を貨幣か債券で保有しなければならない（それ以外には資産はないと仮定されている）。貨幣から，所得は得られないと仮定しよう（これは，簡単化のための仮定であり，貨幣の所有から所得を獲得できても一向にかまわない）。これに対して，債券の保有からは，少なくない所得を獲得できる可能性がある。債券保有から得られる所得には二つある。一つは，配当やクーポン（国債などの「利息」をクーポンという）などのインカム・ゲインといわれる所得であり，いま一つは，債券価格の上昇によってもたらされる所得である（これをキャピタル・ゲインという）。債券の価格が下落したときには，それだけ所得は減少する（これをキャピタル・ロスという）。

消費と貯蓄　家計は，こうして得られた所得の一部（あるいは全部）を消費し，残りを貯蓄する。貯蓄は，その期に獲得した所得と消費の差額として定義される。貯蓄が正ならば富の増加となり，負ならば，その分だけ富が減少する（私たちは「銀行預金残高」をしばしば貯蓄と呼ぶ。しかし，マクロ経済学では「銀行預金残高」は貯蓄ではなくて，富の一部である。貯蓄とは所得と消費の差であり，富の増分にほかならない）。こうして蓄積された富は，貨幣と債券のいずれかで保有される。

家計の三つの意思決定　このように，家計は，三つの意思決定に直面している。第一は，労働供給量の決定である。それぞれの賃金率に応じて，どの程度の労働サービスを供給するかを決めなければならない[7]。第二は，消費の決定である。労働賃金や債券保有から得られた所得のうち，どれだけを消費し，どれだけを貯蓄するかの決定をしなくてはならない。第三は，富をどのような形態で保有するかに関する意思決定である。私たちの経済には，富の蓄積手段として貨幣と債券が存在する。このため，蓄積されてきた富のどれだけを貨幣で保有し，どれだけを債券で保有するかを決定しなくてはならない。

その他の意思決定　家計はその他にも，住宅投資や乗用車や冷蔵庫といっ

---

[7] ここでの賃金率は厳密には実質賃金率であるが，実質賃金率が何であって，なぜ名目賃金率でなく実質賃金率かは，労働市場をくわしく分析する第3章まで待ってほしい。

た耐久消費財の購入など，少なくない投資的支出もしている。また，少子高齢化が進んできたこともあって，結婚するか否か，子供を何人育てるか，首都圏の大学に進学させるか地元に留めるか，といった類の問題も将来の人生設計にかかわる広い意味での投資問題（人的資本への投資）として考えられるようになっている。これらに対しても確かに家計は意思決定に直面するが，話をいたずらに複雑にしないために，本書では家計はもっぱら消費支出をする主体として理解する。

■企業

　企業は，労働市場で需要した労働サービスと，企業が保有する実物資本あるいは資本ストック（具体的には生産設備，工場，トラックなどをさす）とで生産物を生産する。雇用した労働サービスに対しては，労働市場で決定される賃金が対価として支払われなければならない。設備投資によって資本ストックを増やすのは可能である。しかし，それには時間がかかる。

　短期の前提　マクロ経済学では，生産水準を問題にするとき，通常「短期」を前提としており，短期的には資本の量は一定と想定される（資本と生産量の関係は景気循環論や経済成長論の課題であり，それぞれ第 14 章，第 17 章で議論される）。このため，生産量の増減はもっぱら労働サービスの投入量で調整されざるをえない。いいかえると，生産量を減らすときには，労働に対する需要を減らすのである。逆に生産を増やすには労働投入量を増やせばよい。

　企業は，生産した生産物を生産物市場で供給する。市場での売上収入から，労働サービスに対して支払われた賃金の総額を差し引いた残余を利潤と呼ぼう。獲得された利潤は，企業が所有する実物資本の貢献分であり，当該企業が発行している債券の所有者と株式の所有者にあらかじめ決められた分配のルールにしたがって分配される。実際には獲得された利益のすべてを債券所有者と株主に分配してしまうわけではなく，一部は内部留保として企業内に蓄積されることも多い。企業も貯蓄をするのである。しかし，ここでも，議論を単純にするために，利潤はすべて分配されると仮定しよう。

　企業の三つの意思決定　このように考えると企業の重要な意思決定の対象は三つある。第一に生産活動水準の決定である。生産物の価格と賃金率の水準に応じて，どれだけの労働サービスを需要し，生産物を生産し供給するかを決めなくてはならない。第二は，投資水準（設備投資・在庫投資）の決定である。

第三に，投資政策の決定に関連して，財務政策も企業の重要な意思決定の対象となろう。投資の資金をどのように調達するのか，利潤のうちどれだけを配当として支払うのか，企業内に留保した資産は，貨幣で保有されるべきなのか，それとも債券で保有されるべきなのか，などが企業財務の問題であるが，ここでは企業は内部留保をしないと仮定されているので，こうした問題は明示的には議論されない[8]。

企業は投資支出だけでなく，少なくない消費支出をしているが，本書ではもっぱら投資支出のみをする主体と考えよう。

家計と企業部門を合わせて，民間部門ないし明示的に銀行も考慮する場合には特に民間非銀行部門という。

■政府

政府は，民間部門でない公的部門の意思決定主体を総称するものであり，中央政府と地方政府（都道府県・市町村の地方公共団体）および年金などの社会保障基金を含めた存在である。財政の括りでいうならば，一般会計のみならず特別会計も含み，公的企業も入る。

政府の意思決定の対象は政府支出の総額と支出配分先の選択，およびそのための資金調達方法の選択である。これらの意思決定は，制度的には予算編成や税制の問題であり，中央政府なり地方政府なり，通常議会における議決が必要となるものである。マクロ経済学ではこうした財政問題に深入りしないのが伝統となっており，政府の意思決定の動機については分析の対象とせずに，単に「政府は，政府支出を経済政策の手段として自由に用いる。」と仮定する。

なお，政府がある目的をもって，政府支出やその資金調達手段をさまざまにコントロールすることを，広く財政政策と呼ぶ。財政政策も含めた政府の役割については，第Ⅵ部で多少くわしく論じる。

政府の資金調達　政府の資金調達手段としては，二通りが考えられるだろう。一つは，租税による資金調達であり，いま一つは国債発行による資金調達

---

[8] 企業財務に関しては，「企業価値は財務内容や配当政策に依存しない」，あるいは「企業の最適な投資行動とは独立に決定される」と主張する MM 理論（発見者の F. Modigliani と M. Miller に因む）が知られている。マクロ経済学にとっては都合のよい理論であるが，それが厳密に成立するためには法人税や倒産リスクを捨象するなど，いくつかの前提が必要である。

である[9]。国債発行による資金調達を，発行される国債をどの主体に購入してもらうかによって，二つに分けて議論する場合もある。銀行部門に国債を引き受けてもらう場合と，民間非銀行部門に売却して資金を調達する場合とである。政府支出の増加に対する効果に差が生ずる可能性があるため，この二つが区別される。

■銀行

　日常生活での銀行にはいろいろなイメージがあるかもしれないが，マクロ経済モデルでの銀行部門とは，貨幣の供給を主たる任務とする主体である。

　銀行部門の役割　すなわち銀行部門は，貨幣供給量の適切なコントロールによって経済の安定化を目指す経済主体，と考えられている。単純なマクロモデルでは，中央銀行（日本でいえば，日本銀行）と民間銀行（市中銀行ないし商業銀行ともいう）の区別はなく，ここでいう銀行部門の役割は，通常の意味での銀行部門の役割よりも中央銀行のそれに近い（第8章では，中央銀行と民間銀行を区別して，貨幣供給がどのように決まるかを説明する）。マクロ経済モデルに精通するまでは，銀行部門として中央銀行をイメージし，一般の市中銀行は存在しない，と考えておくのも一つの方法であろう。マクロ経済学の（モデルの中の）銀行部門は，財・サービスをいっさい需要しないと想定される。この点で，他の主体と大きく異なる。

　既に説明したように，「貨幣」とは，銀行部門の民間部門に対する負債であり，これに対応した銀行部門の資産は，銀行部門が保有する国債および民間非銀行部門の債券（両者を合わせて単に「債券」というのであった）である。外国部門を明示的に考慮するときには，保有する外国債券も銀行部門の資産の一部となる。

　貨幣供給量のコントロール　財政政策に並ぶ重要な経済政策に金融政策がある。金融政策の基本は，貨幣の供給量をいかにコントロールするかにある，といってよいだろう。貨幣とは銀行部門の「債務」であったから，金融政策の

---

[9] 国債は中央政府が発行する債券であり，地方政府が発行する債券は地方債という。厳密には，両方を合わせた場合には公債と呼ぶのが正しいが，本書ではあえて「国債」で統一する。これは，「政府」には地方公共団体も含まれるが，多くの人がイメージするのは中央政府であると思われ，そうであるならば「国債」のほうがより直截（ちょくせつ）に対応するからである。

ための手段である貨幣供給量（マネーストック）を直接コントロールできるのは銀行部門である（政府部門の指示によって，貨幣供給量が決められていると考えることもできる）。

銀行部門が貨幣供給量を増やすには，債券市場で債券と貨幣とを交換すればよい。貨幣で債券を「購入する」と考えると多少はわかりやすくなるであろう。貨幣供給量を増やすと銀行部門の負債は増加し，それと同額の保有債券が増加する。銀行部門が保有する債券が増加すれば，民間非銀行部門が所有する債券はそれだけ減少するであろう。逆に，貨幣供給量を減少させるには，保有している債券の一部を債券市場で売却すればよい。この結果，貨幣供給量は減少し，同額の債券が債券市場に出回る。銀行部門が，債券を購入する行動を（債券）買いオペレーション（あるいは「買いオペ」），債券を売却する行動を（債券）売りオペレーション（あるいは「売りオペ」）という[10]。

■ **海外部門**

グローバル化が進んだ今日ではどの国も，数多くの国・地域と少なくない輸出・輸入の貿易取引をしている。観光旅行者に限らずビジネスマンの行き来も盛んになったし，国によっては外国人労働者の受入も盛んになっている。国境を超えての直接投資や証券投資による資金移動は膨大な規模になっており，一方では日本の対外純資産額も巨額に達し，他方では外国企業がわが国企業をM&A（合併・買収）の対象とするのも増えている。

このように国境を超える経済取引は多様であり規模も大きなものになっているが，しかし，ある国民経済の経済活動を分析の対象とするときには，議論を簡単にするために，当該国以外の国々をまとめて一つの「海外部門」として取り扱うという便宜的方法がしばしば用いられる。本書でも，一貫してそのような想定を採用するだろう。

このような想定のもとでの「海外部門」は，「輸出という国内総支出の支出項目」の形で，わが国が生産した生産物を需要する部門であり，同時に，わが国に対して「輸入という国内総支出の控除項目」の形で，生産物を供給する部門でもある。海外部門との取引は財・サービスの輸出・輸入だけではない

---

10) ほんらいは，中央銀行（日本銀行）が債券を購入する行動を「買いオペ」，債券を売却する行動を「売りオペ」というが，ここでは,中央銀行と民間銀行を区別していないため，銀行部門の行動として説明した。くわしくは第8章を参照。

（サービスも輸出・輸入が可能で，具体的には輸送，旅行，通信，情報，特許権使用料，文化・興行などが含まれる）。債券市場においては，わが国の家計や企業，そして政府や銀行も，海外で発行された債券を購入するかもしれないし，逆に外国の投資家がわが国の債券を需要するかもしれない。

海外部門を巻き込んだ債券市場の取引は，その取引に何ら制約がないとするならば，わが国と海外の債券の期待収益率の間に一定の関係をもたらすと考えられる。第18章の18.3節で考察する利子裁定であるが，その前提として海外部門の経済主体との取引が重要となるのである。

1.7 まとめと本書の特徴

以上，本章ではマクロ経済学への入門として，マクロ経済学の概略を説明し，基礎的な概念であるGDP（国内総生産）と物価水準について解説した。マクロ経済学では，一つの国の経済を大胆に単純化したモデルに基づいて分析を進め，さまざまな経済現象を理解しようとする。そこで，引き続き，本書に登場する経済主体と，各経済主体が需要者として，あるいは供給者として行動する場である市場について，簡単に解説してきた。

どのような場合でも，ここで説明した枠組みで分析を進めなければならないわけではない。当面の分析目的に沿って適切と思われるモデルの選択が重要であり，分析目的によってはより簡単なモデルが用いられるときも，逆に，多少複雑なモデルが用いられるときもある。どのようなモデルを選択したときでも，得られた結果は，あくまで分析の前提に依存するのであり，仮定が変われば自ずから結果も変わってくる。読者は，そこでの分析の仮定を常に認識しておく必要があり，得られた結果だけを鵜呑みにしてはならない。

本書の特徴　最後に，本書の特徴に触れておきたい。日本にも多くの優れたマクロ経済学の教科書がある。しかし，これらは必ずしもミクロ経済学の基礎理論を反映していない。ミクロ経済学では，各経済主体は，それぞれの目的にとって最もふさわしい行動を合理的に選択する点が強調される。同時に市場価格が重要な役割を演じ，市場の機能によって望ましい資源の配分が達成され

る，と論ずる。

1970年代から80年代を境にして，マクロ経済学でもミクロ経済学の知識を積極的に活用していこうという考えが広まり，マクロ経済学を理解する上でもミクロ経済学の知識が不可欠になった。本書はこうした流れに沿って，ミクロ経済学に基礎をおいたマクロ経済学を解説していく。いいかえると，各経済主体の行動を合理的な行動としてとらえるとともに，市場価格が果たす役割を強く認識する点が，本書の特徴といえるであろう（もっとも，ときとしてはそうしたメカニズムに限界があることも指摘する）。本書を読まれる前に，ミクロ経済学の入門書に一通り目を通しておかれると，理解が容易になるであろう。

練習問題

1.1 次の各項目のうち，マクロ経済の問題と考えられるのはどれか。
(1) 政府は，景気浮揚策として3兆円の所得税減税政策を打ち出した。
(2) 牛肉の輸入が完全自由化されれば，専業農家の所得は減少するであろう。
(3) 内需が拡大されれば，輸入が増える。
(4) 自動車の排気ガス規制によって，自動車産業の収益が落ちた。
(5) 温暖化ガス排出抑制を目的とした炭素税が導入されると，経済成長が抑制される恐れがある。
(6) 在庫のないサービス産業の比率が増大すると，景気変動はなだらかになる。
(7) 冷夏のため，関東地方のビールの売上が伸び悩んでいる。
(8) 新聞配達人の賃金上昇のため，新聞の購読料が全国的に値上がりした。
(9) 株式売買の手数料が引き下げられれば，株式売買が活発化され，株価は上昇する。

1.2 次の各項目の中でGDPに含まれるのはどれか。含まれないならば，含まれない理由を述べよ。
(1) 値上がりした土地の売却益
(2) 出荷用トマトの（農家による）自家消費分
(3) 工場排水の垂れ流しによる近隣住民の損害
(4) 日本国内で建設作業に従事している外国人労働者の賃金

(5) 子供の散髪に費された主婦の労働サービス（その賃金相当分）
(6) 運送業者による業務上のガソリン消費
(7) 休日ドライブに必要なガソリン消費
(8) 持ち家の家賃相当分

1.3 表1.1に，2006年名目国内総支出が支出項目別にまとめられている．次の問に答えよ．

表1.1　名目国内総支出（2006年）

（単位：兆円）

①民間最終消費支出	291
②民間住宅	19
③民間企業設備	79
④民間在庫品増加	2
⑤政府最終消費支出	90
⑥公的固定資本形成	21
⑦公的在庫品増加	0
⑧経常海外余剰	21
(A)　輸出等	104
(a)　財貨サービスの輸出	82
(b)　要素所得の受取	22
(B)　輸入等	83
(c)　財貨サービスの輸入	75
(d)　要素所得の支払	8
国民総所得	523
国内総支出	509

（出所）　内閣府『国民経済計算』

(1) ①から⑧の各支出項目の対GDP（国内総支出）比を計算せよ．
(2) 民間需要①＋②＋③＋④と公的需要⑤＋⑥＋⑦を計算し，それぞれの対GDP比を計算せよ．
(3) 経常海外余剰の対GDP比を求めよ．さらに，輸出等と輸入等の対GDP比も求めよ．また，2006年の経常海外余剰をドル表示に直せ．ただし，1ドルは110円とする．
(4) 国民総所得（GNPに等しい）はGDPに（b）の要素所得の受取を足し（d）の要素所得の支払を控除した額に等しいことを確認せよ．

1.4 図1.1に，国内総生産（GDP），国内純生産（NDP, net domestic product），国内所得，および国内可処分所得の間の相互関係が示されている（数値はわが国の

2006年のGDPを100とした百分比に基づく）。①〜⑧の空欄の中に，適当な数字を入れよ。なお，

$$GDP \equiv NDP + 固定資本減耗$$
$$NDP \equiv 国内所得 + （間接税マイナス補助金） = 国内可処分所得$$
$$国内可処分所得 \equiv 民間消費 + 政府消費 + 貯蓄$$

の関係が成立するものとせよ（項目分類などの事情で厳密でないところもあるが，乖離は大きくはない）。

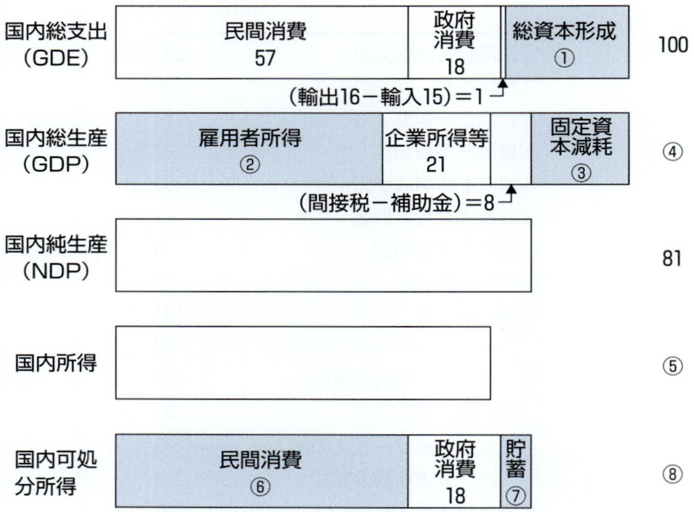

| 国内総支出(GDE) | 民間消費 57 | 政府消費 18 | 総資本形成 ① | 100 |

（輸出16－輸入15）＝1

| 国内総生産(GDP) | 雇用者所得 ② | 企業所得等 21 | 固定資本減耗 ③ | ④ |

（間接税－補助金）＝8

| 国内純生産(NDP) | | 81 |

| 国内所得 | | ⑤ |

| 国内可処分所得 | 民間消費 ⑥ | 政府消費 18 | 貯蓄 ⑦ | ⑧ |

図1.1 国内総生産の諸概念

1.5 図1.2に，鎖国状態にある仮想の国の（簡略化された）経済循環がまとめられている。空欄の①〜③に適切な数字を入れて，経済循環の図を完成せよ。

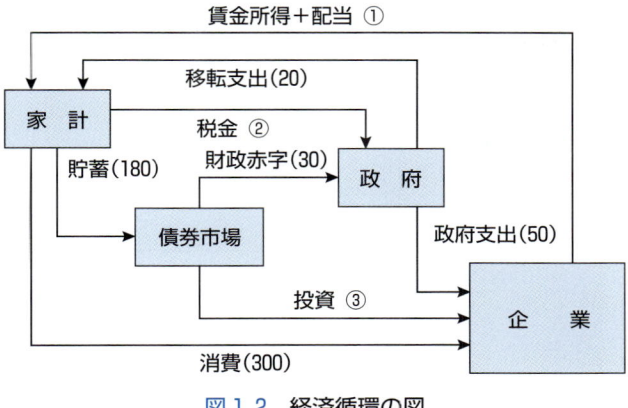

図1.2 経済循環の図

① = 500, ② = 40, ③ = 150

2

GDPの決定メカニズム

　第2章から第4章までは，第5章以下でくわしく議論する予定のGDPの決定メカニズムについて，全体の見通しをよくするためにもっぱら直観に訴える形で説明を加える。同じ国民経済で生活し，同じ経済活動を行っていても，それをモデル化するとなるとまったく異なった見方・考え方が並存しうる。これは何故であろうか。その答えは，それぞれの見方・考え方に論理的な意味で不具合がないとするならば，モデル化で「何を採り入れ何を削るか」の勘所が異なるからということになろう。

　実際，マクロ経済学の考え方には大きく分けて古典派経済学とケインズ経済学とがあり，両者はほとんどあらゆる面ですどく対立する。この章を含めて第Ⅰ部の残りの三つの章を読み進むにつれて，両者の相違が明らかになるであろう。本章では，マクロ経済学の中心部分を形成する一国の経済活動水準と物価水準決定のフレームワークを簡単に説明し，その中で，二つの経済学の基本的な相違の直観的な理解に努める。

2.1　総需要と総供給

　たびたび述べてきたように，マクロ経済学の主たる関心はGDPで代表される経済活動水準あるいは経済全体の総産出量と物価水準にある。総産出量と物価水準は，ともに生産物市場で同時に決定されるため，マクロ経済学にとって，生産物に対する需要と供給がどう決まるかの理解が基本的に重要になる。とはいえ，生産物市場以外の市場を軽視してよいわけではない。他の市場での需要

と供給は，生産物市場における需要と供給に少なくない影響を与えるからである。

■**総需要**

経済主体と各々の需要　経済で活動する各経済主体は，それぞれの利用目的のために生産物を需要し支出する。これらを家計による消費支出である消費需要，企業による設備投資支出である投資需要，政府の需要である政府支出，海外部門の需要である輸出の四つに大きく分けるのがマクロ経済をモデル化する場合の伝統である[1]。第1章でも指摘したように，現実経済では家計による投資需要や企業による消費需要も存在しないことはないが，現実に忠実であるとして細部にこだわりすぎると，かえってモデル化する意義を失ってしまうことから，このような伝統があるといってよい。

　消費需要，投資需要，政府支出についてはとりたてて説明の必要はないだろう。輸出については多少の補足が必要かもしれない。輸出は需要ではなく供給ではないかとの疑問である。しかし，輸出とは，わが国で生産された生産物に対する海外部門による需要である。このように捉えれば輸出も需要の一つに数えられねばならないのは理解できるだろう。同じものでも，どちら側から見るかが決め手になる。

　さて，日本経済は多くの生産物を輸出し，同時に輸入している世界有数の貿易国である。そのため，日本経済は輸出・輸入，為替レートなどと密接なかかわりをもっており，それらを無視して日本経済の動向を論ずるわけにはいかない。しかし，第Ⅰ部で説明されるマクロ経済学のエッセンスを理解する上では，輸出や輸入を無視しても大きな支障にはならないだけでなく，むしろ理解を容易にするという利点をもっている。このため，第Ⅰ部では，海外との輸出・輸入取引はない，と仮定する。外国との貿易が日本経済にどのようにかかわっているかを考える上でも，貿易を無視したここでの議論の内容を十分理解しておくことが是非とも必要である。

需要の総和　経済全体の需要の和を総需要と呼ぶ。貿易を考慮していない

---

1)　経済主体による需要という意味では，政府支出と輸出も，それぞれ厳密には政府支出需要と輸出需要と表記すべきだが，多少くどくなることから略記した。消費需要と投資需要についても，本章以降では特に必要がない限り単に消費と投資と略記することになるであろう。

2.1 総需要と総供給

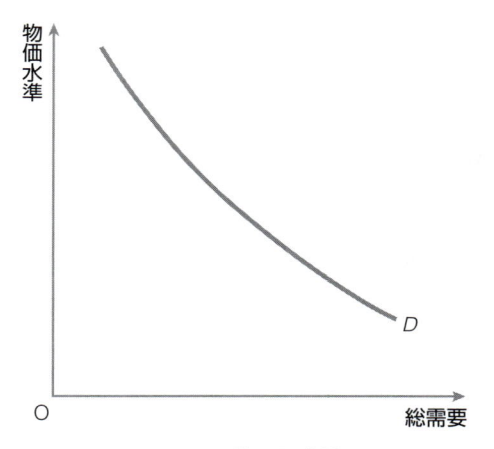

図 2.1 総需要曲線

ため，総需要 Y^D は，消費需要 C，投資需要 I，政府支出 G，の和として表わされる。

$$Y^D = C + I + G$$

　総需要，あるいはそれを構成する消費需要，投資需要，政府支出などはどのように決まるのであろうか。これについての詳細は，第5章以降で順次説明される。そこで明らかにされるように，総需要の水準はさまざまな変数に依存して決定されるが，物価水準も総需要に少なくない影響を与える変数の一つであり，総需要に影響を及ぼすと考えられる物価水準以外の変数をすべて一定にしておき物価水準だけをさまざまに動かすと，それにつれて総需要も変化する。この関係を図に表現したのが総需要曲線である。図 2.1 を見てほしい。縦軸には物価水準が，横軸には総需要が，それぞれはかられている。右下がりに描かれている曲線 D が，総需要曲線にほかならない。右下がりは何を意味するのであろうか。物価水準が下がるにつれて総需要は増加する。これである。なぜ右下がりか，については後に説明するので，さしあたりは右下がりの意味だけを確認しておき，先に進みたい。

■総供給

　経済全体の需要（あるいは需要量）を総需要と呼ぶのに対して，経済全体の生産量＝供給量を総供給と呼ぶ。総供給もまた物価水準に依存するであろう。

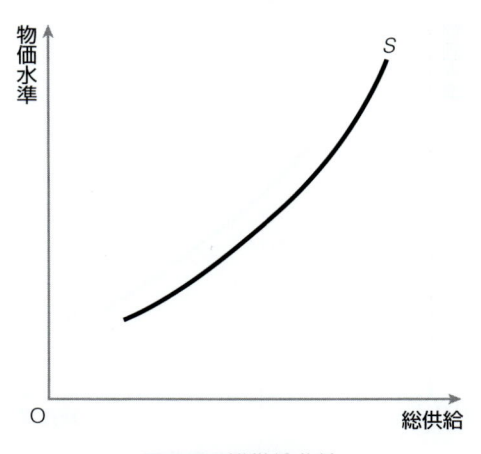

図2.2 総供給曲線

両者の関係を図に描くと、それが総供給曲線になる。図2.2には、一つの典型的な総供給曲線を描いておいた。後にくわしく説明するように、GDPの決定についてはいくつかの考え方があるが、大胆に単純化していえば、それらの基本的な相違は総供給曲線の形状の違い（あるいは、その背景にある企業行動や労働市場に対する理解の違い）にあり、政策的な判断の相違も総供給曲線の違いによるところがほとんど、といってよいだろう。

図2.2の総供給曲線 S はあくまで一つの例であって、マクロ経済学の考え方の違いによって、これとは異なった総供給曲線が描かれる。この点についても後にくわしく説明することにし、ここではさしあたり、ミクロ経済学で学ぶ個別の財・サービスの供給曲線と同じく右上がりの形状をしている、と考えておこう。物価水準の上昇と共に生産物の供給量＝生産量も増加する。これが、右上がりの総供給曲線の意味である。

2.2　GDPと物価水準

総需要曲線と総供給曲線が描けたので、これを用いてGDP（総産出量）と物価水準の決定について説明しよう。

図2.3には、総需要曲線と総供給曲線が同時に描かれている。大切な点なのでいま一度、総需要曲線と総供給曲線の意味を復習しておこう。総需要曲線と

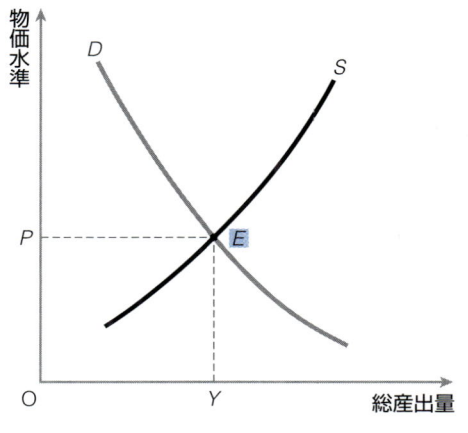

図2.3 生産物市場の均衡

は，各物価水準に対応して，経済全体でどれだけの総需要が存在するかを示す曲線であった．これに対して，総供給曲線は，各物価水準に対応した供給量＝生産量を表わしている．図 2.3 では，横軸は総産出量としてあるが，国内総生産（GDP）でも構わない．抽象的な理論モデルの段階であるので，国内所得や国民所得でも大差ないであろう．

■市場均衡

マクロ経済学でも，ミクロ経済学と同じように，経済の状況を「均衡」状態として理解するのが普通である．簡単にいうと，均衡とは需要と供給が一致している（厳密にいえば，需要量と供給量が等しい）状況をさす．ここの例では，生産物市場において総需要と総供給の一致する状況が均衡にほかならない．図 2.3 で総需要と総供給が一致するのは，総需要と総供給の両曲線が交差する点 E であり，点 E に対応する GDP 水準 Y が均衡総産出量（均衡 GDP），P が均衡物価水準になる．

次のように考えれば，総需要と総供給の交点に対応して総産出量と物価水準が決まることを理解できるだろう．物価水準が均衡水準 P よりも高かったとしてみよう．このときには，図から明らかなように，総需要は総供給に及ばず，生産された生産物の一部が需要されずに残らざるをえない．逆に P よりも低い水準に物価が決まるならば，総需要が総供給を上回り，需要の一部が満たされないままの状況におかれる．需要があるにもかかわらず，生産がそれに追い

つかない状況を想定すればよいだろう。このように考えれば，需要と供給の一致が保証されるのは総需要曲線と総供給曲線の交点 E だけであり，そこが均衡となることがわかる。読者は，まずこの点を十分に確認しておいてほしい。

このように，総需要曲線と総供給曲線を用いれば，GDP の決定を容易に分析できる。ずいぶん簡単である。これでいいのだろうか，と不安を覚える読者がいるかもしれない。しかし，マクロ経済学の基本的なフレームワークはこれでついている，といっても過言ではない。あとは，総需要と総供給の背後にある考え方を一つ一つ学び，それがどのように導かれるかを理解すればよいのである。

均衡にないとどうなる？　次節に進む前に，次の疑問を抱いた読者がいるか確認しておこう。経済が均衡にない場合には，均衡に向かわせる何らかの力が働くのだろうか？　この疑問は大変重要であり，本質をついている。均衡にないときにそこに向かわせる力が働かないとすると，均衡があったとしてもその均衡はたまたま実現されたに過ぎず，もしそうならばそれを「均衡」と呼ぶには根拠が薄弱だからである。実は「均衡に向かわせる力は働く」のであるが，大別すると二つの異なるメカニズムがあり得て，それらがケインズ経済学と古典派経済学の違いに連なっていくことになる。

2.3　二つの考え方――ケインズ経済学と古典派経済学

経済活動水準の決定の基本的なフレームワークが理解されたところで，次に，そのメカニズムについて細部では考え方の違いがあることを，このフレームワークを使って説明しよう。経済活動水準の決定についての考え方は大きく分けると二つあるが，総需要と総供給の分析枠組みを利用すれば，二つの考え方の違いを簡潔に提示できる。

■総需要の変化に対する調整

二つの考え方の基本的な相違は，総需要の変化に対する調整の違いにある。いま，これまで以上に総需要が増加した状況を考えよう（たとえば，これまでに比べて投資需要が活発になったとせよ）。総需要が増加したとき総供給に変化がなければ，総需要に比べて総供給は過小になり，需給の均衡は崩れざるをえない。再び均衡を回復するには，何かが調整されねばならないのである。総

2.3 二つの考え方——ケインズ経済学と古典派経済学

需要の増加にともなう需給の不均衡を回復するための調整には，大きく分けて二通りの方法が考えられる。一つは生産量の増加による調整であり，いま一つは物価水準の上昇による調整である。

総需要の増加に対して生産量が変化し総供給が増加するならば，再び市場は均衡を回復する。これを理解するのはさほど困難ではないだろう。この意味で，生産量の増加は需要増加に対する一つの調整方法なのである。物価水準の上昇については補足説明が必要かもしれない。図 2.1 のように，総需要曲線が物価水準の減少関数であれば，物価水準の上昇は総需要を減少させる。このため，物価は総需要を調整する機能を果たすのである。

両方による調整　総需要が増加したとき，総供給の増加か物価の上昇のどちらかですべてが調整される，と考える必要はないのでは？　確かに，一部は生産量の増加で，残りは物価水準の上昇で調整される，との考えもありうる。むしろそのほうが素直な考え方ともいえよう。しかし，ここが国民経済をモデル化する勘所で分水嶺となるのである。

多少くどくなるが，マクロ経済学の二つの考え方の基本的な相違は，総需要の変化に対して，生産量と物価水準のどちらがどれだけ調整の役割を果たすのか，に関する理解の差から生じる，といってよい。どれだけが生産量によって，どれだけが物価水準の上昇で調整されるかに関する理解の差はすべて，総供給曲線の形状に反映される。総供給曲線とは，総需要の変化に対して，供給側がどのように調整されるのかを表わした曲線にほかならないのである。この点について，いま少し補足説明を加えておきたい。

■水平な総供給曲線

一つの極端は，図 2.4 のように，総供給曲線は水平との想定である。総供給曲線が水平ならば，総需要の変化に対して物価水準はまったく変化せず，調整はすべて生産量でなされる。

たとえば，総需要曲線が曲線 D から曲線 D' へと右方にシフトしたとしよう。どの物価水準においても，それぞれに対応する総需要が増えたことを確認できるだろうが，これが「総需要の増加」の意味である。蛇足になるが，この総需要の増加は，物価の下落によらない，一律の（自律的な）増加にほかならない。

さて，総需要のシフトにともなって，均衡点は E から E' へ移動する。これは理解しやすい。均衡点 E と E' を比較してみよう。生産水準は，Y から Y'

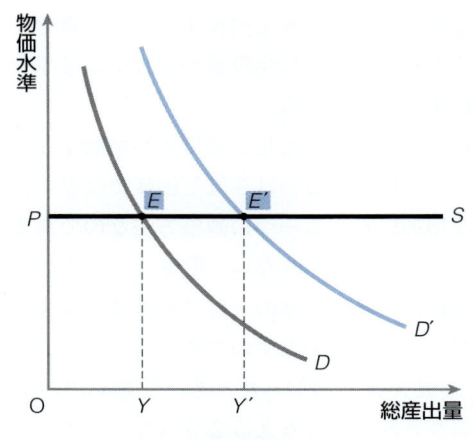

図2.4 生産量による調整

に増加するが，物価水準は以前と同じくPで変化がない。総需要の変化にともなう調整はすべて生産量の増加によって調整されるとは，こうした状況を指すのである。

これを要約的に，

【需要の変化はすべて生産で調整される】

と表現できるだろう。いいかえると，需要の増加にちょうど等しい生産増がみられ，それによってすべてが調整されるとの見方が，水平の総供給曲線に込められている。需要が増加すれば，それに見合うだけ，生産水準が増加するのである。こうした考え方は，ケインズ経済学の考え方としてよく知られている。もっとも，物価がまったく変化しないという想定は極端に過ぎるし，ケインズ経済学といえども常にそう主張するわけでは必ずしもない。総需要が変化したとき，その少なくない部分が生産の変化で調整される，との主張がケインズ経済学の本質というべきであろう。ここでは，ケインズ経済学の特徴を強調するために，あえて水平の総供給曲線を用いて説明した。

こうした考え方に従えば，経済活動水準を決定するのは，もっぱら総需要曲線である。総需要曲線が右方向にシフトすればGDP（総産出量）は増加し，逆に左方向にシフトすればGDPは減少する。この意味で，GDP水準を決めているのは総需要曲線にほかならない。これを要約的に表現すれば，次のようになる。

【総需要が経済活動水準を決定する】

経済活動水準は総需要によって決まる，というこうした考え方を<u>有効需要の原理</u>という。<u>有効需要</u>とは「総需要」と同じ意味であり，「有効需要の原理」とは，<u>一国の経済活動水準は総需要によって決定される，という上に説明した考え方をさす。有効需要の原理によれば，総産出量がいかに決定されるかについて重要なのは，総需要がどのように決まるかであり，そのため，総需要の決定要因の解明がマクロ経済学の中心課題となる</u>。

生産量を増やすには，労働の雇用量を増加させねばならない。逆に，雇用量が減少すれば生産量は減少するであろう。この意味で，生産量と労働雇用量の間には正の関係がある。「有効需要の原理」の立場に立てば，経済活動水準を高め失業を減らすには，総需要を増加させなくてはならないのは明らかだろう。これが，失業を解消する唯一有効な手段になる。

■垂直な総供給曲線

いま一つの極端な想定に移ろう。総供給曲線が図 2.5 のように垂直ならば，どうであろうか。この場合には，総需要の変化はすべて物価の上昇で調整され，総産出量にはまったく影響がない。これを図 2.5 を用いて確かめてみよう。総供給曲線が垂直ならば，総需要曲線の D から D' へのシフトに対応して，均衡点は図の E から E' へと移行する。E' を E と比較してみれば明らかなように，

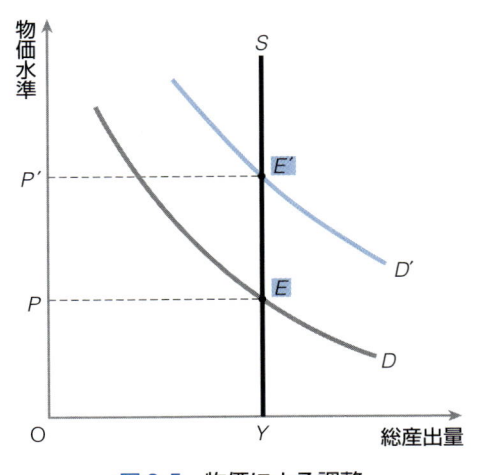

図 2.5　物価による調整

新しい均衡点 E' に移行しても総産出量は Y で以前と変わらず，物価水準だけが P から P' に上昇しているのに気がつくであろう．この意味で，総需要の変化はすべて物価で調整されるのである．

これが古典派経済学の考え方である．「有効需要の原理」に負けず劣らず単純な見方といえよう．要約的に，

【総需要の変化は，すべて物価水準で調整される】

と表現できる．

こうした考え方は，ケインズ経済学のそれときわめて対照的な結果を生み出す．古典派経済学の考えに従えば，総需要に影響を与えようとするすべての経済政策は，経済活動水準に対して無力である．総需要曲線をいくらシフトさせても，総産出量（GDP）水準には何ら影響を与えられない．総需要を増加させ，それによって失業を減らそうとするケインズ的な経済政策は，物価上昇をもたらすだけで，失業の減少には何らの効果ももたないだろう．これが古典派経済学の帰結である．

総供給曲線の形状の相違が，経済活動水準の決定にとってきわめて重要な意味をもつことが理解されたであろうか．これが理解されたとすれば，次に考えなければならないのは，ケインズ経済学や古典派経済学の想定する総供給曲線が，どのような想定と論理から導かれるのか，である．それを検討する前に総需要曲線の形状について簡単に説明しておきたい．

2.4　なぜ物価上昇は総需要を減少させるのか

ミクロ経済学では，「ギッフェン財」と呼ばれるきわめて特殊な財を除けば，価格上昇が需要を減少させることはよく知られている．しかし，マクロ経済学での需要は総需要，すなわち各財・サービスに対する需要の総計であるから，一般物価の上昇が需要を減少させる論理は個別の財・サービスの需要減少とは異なる．どのようなメカニズムが働いて，物価の上昇が総需要を減少させるのであろうか．これがこの節の課題となる．

実は，本書では第 11 章になってようやく総需要が物価水準の減少関数であることが示されるほど，総需要と物価水準の関係を議論するには，それなりの準備が必要である．その意味では，ここでの説明は「理解したつもりになってもらう」のが目的で，「いまの段階では，ハードルが高いだろうな」というの

が本音である。

■資産効果

　物価水準が上昇したとき，総需要が減少する一つの理由は，**資産効果（富効果）** の存在である。一般に，保有する資産が大きければ，所得の水準が一定でも消費需要は大きくなると考えられている。ただし，消費に影響するのはあくまで実質の資産と考えなければならない。物価水準が上昇すれば，一定の名目額の資産に対して実質資産価値が減少し，それが消費需要を抑制することによって総需要を減少させるという効果なのである。

　たとえば，1,000万円の資産を所有している家計を考えてみよう。物価が2倍になれば，同じ1,000万円で購入できる財・サービスの量は半分になるという意味で，資産の実質的な価値は半減する。逆に，物価が下落すれば，それにともなって資産の実質的価値は増加するだろう。このように考えれば，物価が上昇したときには実質資産が減少するため消費需要が減少する，との想定はそれほど非現実的ではない。逆に，物価が下落すれば，実質資産が増え消費需要は増加すると考えられる。

　このように，資産効果による説明はそれほど難解ではないだろう。もし総需要と物価水準を結びつけるチャネルがこれだけだとするならば，むしろ話は簡単である。ところが，そうではない。

■貨幣と債券の選択

　もう一つの理由は，資産としての貨幣と債券の選択に関連し，これが難解と予想されるのである。資産に対する需要と生産物市場での総需要との関係は，モデル化した上でようやく理解可能なレベルの話であり，ここでは厳密さは追求せずに大筋の内容を紹介するにとどめ，くわしい説明は後の第7章「貨幣需要」と第11章「ケインズ経済学の体系」に譲るものとする。既述のように，以下の説明が十分に理解できなくても深刻になる必要はさらさらない。軽く流し読みして，先に進むこと。

　資産選択の問題　　第1章で説明したように，「貨幣」と「債券」の二つの金融資産は「異なる性格」をもつ。そのために，常に一方の資産を選んで，もう一方の資産は保有しないということにはならず，一般には適度の比率で両方を保有することになる。この適度の比率をどう決めるかが，**資産選択の問題**であ

り,「与えられた経済環境」のもとで最適なポートフォリオを構成することになる。「金融資産の異なる性格」と「与えられた環境」のマッチング（突合せ）をはかるのである。

ある金融資産の保有から獲得できる平均的な収益率は「期待収益率」と呼ばれるが,「貨幣」と「債券」とでは期待収益率が異なる。ここで「期待」とは,いろいろな可能性がある中での平均という意味である。「期待」という形容が加えられている理由は,一般にある金融資産の保有から獲得できる収益が,必ずしも確定していないからである。たとえば,株式を考えてみるとよい。日本の株式の収益率は,1980年代には平均して年率十数％に達していたが,1990年代半ばから2000年代半ばの10年間には平均して年率6.6％（東証第1部上場企業全体の1997年から2006年までの年間加重市場収益率の単純平均）であった。しかし,これらの収益率は事後的に計測された値であって,株式保有から獲得できる収益は事前には確定しておらず,あくまで予想にすぎない。

貨幣が需要される理由　期待収益率を金融資産の収益性の指標とするならば,一般に貨幣と呼ばれている資産に比較して,債券のほうが収益性は高い。このため,貨幣が収益性以外の点で債券よりも優れた性格をもたない限り,あえて貨幣を保有しようとはしないだろう。実際,少なくとも二つの面で貨幣は債券よりも優れた性質をもっている。

一つは安全性である。貨幣よりも債券のほうが大きいのはあくまで期待収益率,すなわち予想される平均的な収益率にすぎない。債券の収益率が平均的には貨幣の収益率より大きいとしても,貨幣の価値は債券の価値に比べて相対的に安定している。株式や国債の価格はしばしば大きく変動し,この意味で貨幣よりもリスクが大きいのは明らかだろう。第二に,貨幣は財・サービスとの取引のための交換手段として用いられるという性質をもつ。通常,債券は交換手段として用いられないから,企業や家計は,日々の企業活動や消費活動のために,期待収益率の相対的に低い貨幣をある程度は保有しなければならない。こうした二つの理由から,貨幣は需要されると考えられている。

物価上昇による貨幣需要の増加　取引のための貨幣需要の大きさは,いうまでもなく取引量の大きさに依存するであろう。貨幣とは,現金通貨や銀行預金等であった。企業は賃金や原材料の支払に備えて現金通貨や小切手のきれる当座預金,容易に現金通貨に交換できる普通預金などを保有しなくてはならない。家計にとっても事態は変わらないだろう。毎日の生活を営む上で,ある程度は

2.4 なぜ物価上昇は総需要を減少させるのか

現金通貨やすぐに引き出せる銀行預金を保有しなくてはならないのである。

こうした目的で保有される貨幣は，物価水準に大きく依存する。たとえば，自動車会社が同じ生産台数を生産していたとしても，生産している自動車や原料などの価格が2倍になれば，取引のために必要とされる貨幣も倍増すると考えられるのではなかろうか。家計にとっても同じである。物価が2倍になれば，昼食代やバス代のために，財布に入れておかねばならない貨幣は増えるにちがいない。

債券価格の下落と利回り上昇　このように，一般物価水準の上昇は，取引のために要する経済全体の貨幣需要を高める。その分だけ債券に対する需要は減少するから，貨幣供給量が一定であれば，物価水準の上昇の結果，貨幣市場では需要が供給を上回り，逆に債券市場では需要が供給を下回る。

どのような財・サービスであっても，需要が供給を上回っていれば価格は上昇し，逆に下回っていれば価格は下落する，と考えられる。債券市場でも同様の動きが見られるとすれば，超過供給の結果として債券の価格は下落するであろう。株式や債券の価格が下落すれば，それだけ株式保有からの期待収益率は高まるし，債券保有の利回りは上昇する（株価が下がれば株式は相対的にお買得になる）。

逆に物価水準が下落すると，貨幣需要は減少し，債券需要は増加する。債券需要の増加は，債券の価格を引き上げ，期待収益率や利回りを引き下げる。

利回り上昇による投資需要の停滞　さて，以上でようやく物価上昇が総需要を減少させる第2のチャネルを説明する準備が整った。すなわち，物価上昇によって債券価格が下落し，それによって総需要が減少することになるのである。この際は，総需要のうちの企業の投資需要が関係する。

一般に企業は，債券を発行して調達した資金で設備投資などの投資をする。発行する債券の価格が低いほど，債券を発行する企業にとって不利なのは，直観的にも理解しやすい。このため，債券価格が下落すると企業の投資需要は停滞し，総需要は減少すると考えられるのである。次のように考えてもよい。債券価格の下落は利回りの上昇を意味する。いいかえると，企業は，相対的に高い金利で資金を調達しなければならない。このため，企業の設備投資は減少し，総需要も減少するのである。

2.5 右上がりの総供給曲線

　生産量を決定するのは企業である。各企業は、労働や資本を用いて生産物を生産している。企業が保有する資本は投資活動の結果として増加するであろう。しかし、新たな投資をし、資本ストックを増加させるには、ある程度の期間が必要である。さしあたりここでは、資本ストックが変化しえないほどの短い期間を考え、そうした期間内（短期という）での企業活動を考えよう。こうした想定は、経済活動水準の決定を考える際のマクロ経済学の一つの伝統であり、通常「短期の分析」として確立している。換言するならば、「投資が行われるにもかかわらず資本ストックの変化は考えないでもよい期間が短期に相当する」のであって、資本ストックの増加が経済に与える効果は（短期に対して長期の）経済成長論の課題であり、第17章で議論される。

■企業の行動

　こうした単純な想定のもとではどれだけ労働を雇用して生産をするか、だけが企業の意思決定の対象になる。企業はどのような場合に、これまで以上に生産を増加するのであろうか。総供給曲線の形状を知るには、この問題を考えてみればよい。これは比較的簡単だろう。

　企業は労働を雇用して生産物を生産し、それを生産物市場で売却して収入を得る。総収入から労働者に対する賃金支払い総額を引いた残余である利潤をできるかぎり大きくするよう企業は行動する、と仮定しよう。こうした企業行動を前提とすれば、名目賃金率に比較して生産物の価格が相対的に上昇したとき、企業は生産量を増加させようとするだろうし、逆に生産物の価格が相対的に下落したときには、生産量を削減しようとするにちがいない。

　ここで、労働サービスの供給曲線が、図2.6のように、ある賃金水準 W で水平であると仮定しよう。労働供給曲線が水平のとき、企業は一定の賃金でいくらでも自由に労働を雇用できる。名目賃金率を一定とすれば、物価水準の上昇は生産物価値の相対的な上昇を意味するから、生産物価格が上昇したとき企業は労働雇用量を増加させ、生産量の増加をはかるであろう。逆に物価が下落したときには、労働雇用量を減らし生産を縮小するにちがいない。

　このように、労働サービスが一定の名目賃金率でいくらでも雇用できるなら

2.5 右上がりの総供給曲線

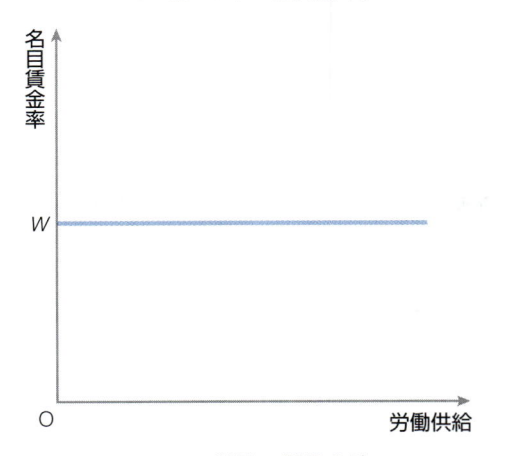

図2.6 労働の供給曲線

ば,物価水準の上昇は生産量を増加させるため,総供給曲線は右上がりになる。

確認するならば,名目賃金率を一定としたうえでの総供給曲線は右上がりになるのが一般的で,必ずしもケインズ経済学が想定するような水平な直線になるわけではない。企業が,生産物の価格と名目賃金率を比較して合理的に(利潤最大化という意味で)生産量を決定する限り,総供給曲線は水平にはならないのが一般的である(くわしくは第3章3.2節の限界生産力逓減の法則を参照)。水平な総供給曲線を導くには,企業が生産物の価格と名目賃金率に基づいて利潤が最大になるように生産量を決定する,との仮説を放棄する必要がある。それにかえて次のような想定を採用すれば,水平な総供給曲線が導かれる。

■水平な総供給曲線

すなわち企業は,平均費用(生産物1単位当たりの費用)に一定のマージン率を上乗せして価格を決め,その価格のもとで売れるだけの生産物を生産する,と仮定するのである。仮に,マージン率を20%とすれば,平均費用が1,000円のときには,価格は1,200円,費用が2,000円のときには,価格は2,400円に決まる。ここで,生産のインプットは労働サービスだけであると仮定しよう。さらに生産物を1単位生産するのに必要な労働サービスが常に一定と仮定すれば,労働サービスが一定の名目賃金率でいくらでも雇用できるときには,平均費用も生産水準に依存せず一定になる。このため,企業が平均費用に一定のマージン率を上乗せして価格を決定する,という行動(第11章ではマークアッ

プ原理と呼ぶ）をとるならば，生産水準にかかわりなく一定の価格で生産物が供給されるであろう。こうして水平な総供給曲線が導かれる。

2.6 垂直な総供給曲線

　名目賃金率が一定であれば，右上がりの総供給曲線が描けることが理解できただろうか。いまのところ細かい点まで理解できなくても，心配する必要はない。直観的にわかれば十分である。くわしくは後の章で順次学んでいくことにしよう。

　名目賃金率が一定でなく労働市場の需給を均衡させるように決まる，と想定を変えると，総供給曲線は右上がりではなくて垂直になる可能性が生ずる。垂直な総供給曲線を導くには，弾力的な名目賃金率の仮定に加えて労働サービス供給者の合理的行動を仮定すればよい。ここで，労働供給者が合理的に行動するとは次のような意味である。

■合理的な労働供給

　労働者は，実質的な賃金率が上昇したときのみ，労働の供給量を増加させる。逆に実質的な賃金率が下落したときには労働供給量を減少させるであろう。これが合理的行動の意味である。こうした労働供給行動を考えれば，企業は，物価が上昇したとき，これまでと同じ名目賃金率で労働雇用を増加させられないかもしれない。物価水準の上昇は実質賃金率の下落を意味し，名目賃金率が一定ならば合理的労働者は労働供給量を減らそうとするからである。労働雇用量を増やすには実質賃金率を引き上げなくてはならず，そのためには名目賃金率を物価水準の上昇率以上に引き上げなくてはならないのは明らかであろう。

　こうした行動を想定すると，総供給曲線は垂直になる。これを理解するのは比較的簡単である。たとえば，物価水準が10％ほど上昇した状況を考えてみよう。名目賃金率が変わらなければ，企業は，これまで以上に労働を需要し，生産の拡大をはかるはずである。しかし，そうはいかない。物価の上昇によって実質賃金率は下落するから，名目賃金率が変わらなければ労働者はこれまで以下しか労働サービスを供給しようとはしないだろう。企業が生産を増やすには名目賃金率を上げざるをえないのである。名目賃金率はどこまで上昇し，均衡の雇用量はどこで決まるのであろうか。

2.6 垂直な総供給曲線

これに応えるには，名目賃金率の上昇によって労働需要と労働供給がどうなるかを確認しなくてはならない。まず，労働需要について考えてみよう。名目賃金率の上昇率が10％に満たないならば，企業は物価上昇前に比べて労働需要を増やし，生産を拡大しようとする。名目賃金率が10％を超えて上昇すると，生産物の価格は相対的に下落したことになるから，企業は労働に対する需要を減少させるだろう。名目賃金率の上昇率が，物価上昇率と同じ10％ならば，物価と名目賃金率の相対的な関係は一定であるから，労働需要を変更しようとはしない。これに対して，名目賃金率の上昇率が10％以下のときには，労働供給は物価上昇前に比較して減少し，10％を超えて上昇したときには，増加するであろう。ちょうど10％ならば，労働供給量は物価上昇前と変わらない（表2.1を参照）。

表2.1　物価水準の上昇と労働市場の均衡

	名目賃金率の上昇率		
	10％未満	10％	10％超
労働需要	増加	変更なし	減少
労働供給	減少	変更なし	増加
労働市場	需要＞供給	需要＝供給	需要＜供給

表2.1から，名目賃金率の上昇率が10％未満のときには超過需要，10％を上回るときには超過供給となり，市場が均衡するには，名目賃金率がちょうど10％上昇しなくてはならないことがわかる。このように，均衡では，生産物の価格と名目賃金率がともに10％上昇しているため，相対的な価格水準は何も変わらず，労働の均衡需給量も変わらない。企業の労働雇用量に変更がなければ，生産量も以前とまったく同じ水準になるのは明らかだろう。物価水準の10％の増加は名目賃金率の10％の上昇をもたらすだけで，企業の生産量には何ら変化をもたらさない。こうして，垂直な総供給関数が求められるのである。

ただし，念のために確認しておくと，垂直な総供給曲線の背景では名目賃金率が伸縮的に調整される環境があることが前提であり，この点で右上がりの総供給曲線の世界とは決定的に異なるのである。

2.7 総需要曲線と総供給曲線のシフト

　この章では総需要曲線と総供給曲線とが，均衡でいかに総産出量（GDP）と物価水準を決定するかを学んできた。均衡での総産出量と物価水準は，総需要曲線と総供給曲線の形状に依存する。このため，総産出量あるいは物価水準を変えようと思うならば，総需要曲線か総供給曲線のいずれか，あるいは両方をシフトさせなくてはならない。政府は，財政政策や金融政策などによって総需要や総供給を変化させ，GDPや物価水準を望ましい水準に導こうと腐心してきた。総需要曲線や総供給曲線がどのような要因によってシフトするのかについては，後の各章で詳細に検討する予定である。ここでは，総需要曲線および総供給曲線のシフトが，GDPと物価水準にいかなる効果を及ぼすかを簡単に見ておこう。

■総需要曲線のシフト

　総需要曲線はさまざまな理由でシフトする。たとえば，人々の消費意欲が高まり，これまで以上に消費需要を増加させるかもしれないし，企業をとりまく環境に改善が見られるため設備投資を増加させるかもしれない。拡張的な財政・金融政策が発動される場合も考えられる。こうした状況は総需要曲線を右上方にシフトさせるであろう。

　総需要曲線の右上方へのシフトの効果を確認するのは比較的簡単である。ここでは，総供給曲線が右上がりであると仮定するが，それ以外の場合にも，読者は，簡単に分析を拡張できるであろう。図2.7に，総需要曲線のシフトの効果が示されている。総需要曲線が曲線Dから曲線D'にシフトすれば，それにともなって均衡はEからE'に移る。総供給曲線が図のように右上がりであれば，E'は必ずEの右上に位置するから，総需要曲線の右上方へのシフトは，総産出量を増加させるとともに，物価水準の上昇をもたらす。

■総供給曲線のシフト

　総供給曲線のシフトの効果も同じように考えればよい。総供給曲線もいくつかの要因によって左右にシフトするだろう。たとえば，生産技術の進歩は労働の生産性を高め，同じ労働サービスの投入に対してこれまで以上の生産を可能

2.7 総需要曲線と総供給曲線のシフト

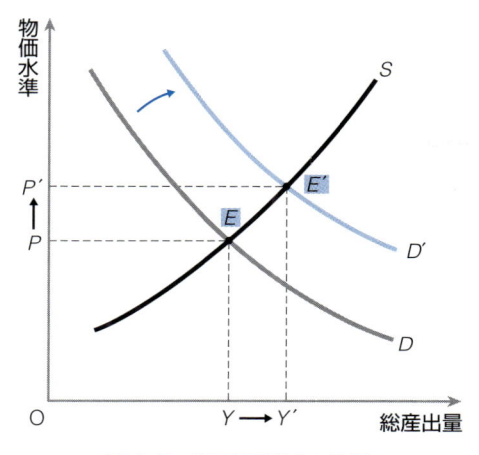

図2.7 総需要増加の効果

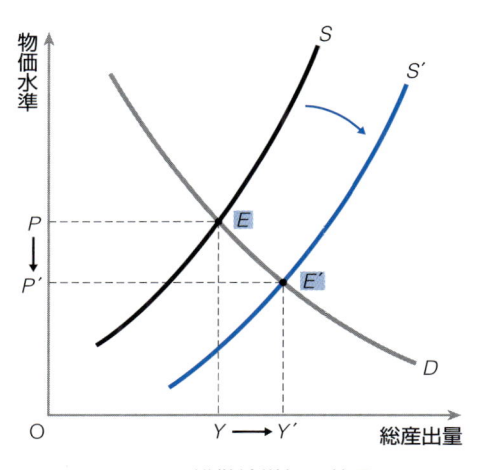

図2.8 総供給増加の効果

にするため，総供給曲線を右下方にシフトさせる（図2.8）。労働者の余暇選好が高まり，これまでと同じ労働サービスを供給させるには，相対的に高い賃金を支払わねばならなくなったとしよう。こうした状況で，企業にこれまでと同じ生産量を生産させるには物価水準の上昇が必要である。その結果として，総供給曲線は左上方にシフトする。

　総供給曲線のシフトが，総産出量および物価水準に及ぼす影響は総需要曲線の形状にも依存する。総需要曲線は右下がりであるとしよう。右下がりの総需

要曲線を仮定すれば，図2.8から総供給曲線の右下方へのシフトが，総産出量を増加させ物価水準を低下させることを簡単に理解できるだろう．逆に，総供給曲線の左上方へのシフトは，総産出量を減少させるとともに，物価水準を高めるのである（図を描いて確認してほしい）．

2.8 まとめ

　マクロ経済学の主たる関心は経済活動水準がどのように決定されるかにあるが，本章では，本書全体の展開を先取りし鳥瞰図を描く形で，これを生産物市場で総需要と総供給が等しくなる「均衡」の達成として説明した．マクロ経済学の考え方には大きく分けて古典派経済学とケインズ経済学の二つの考え方があることも説明し，その違いが主として総供給曲線の形状のちがいにあること，そしてその違いは総需要の変化に対して総産出量と物価水準のどちらが調整されるかにかかわることを説明した．

　こうした説明は，マクロ経済学を過度に単純化してしまうのは確かであり，それが初心者に誤った思い込みなり刷り込みを与えてしまう危険がまったくないわけではない．しかし同時に，本書全体の展開をあらかじめ理解する上で極めて有用であり，敢えてこうした「先取りコーナー」を第2章として設定した狙いもそこにある．

練習問題

2.1 生産物に対する需要を，消費需要，投資需要，政府支出，輸出の四つに分類し，さらに控除項目として輸入を考える．このとき，それらが現実の統計のどの項目に相当するか，前章の練習問題1.3の表1.1に即して整理せよ．それぞれの項目の対GDP比も計算せよ．

2.2 ケインズ経済学と古典派経済学の特徴について，現段階での知識を整理せよ。なぜ，二つの考え方が並存しているのであろうか。読者はどちらの考え方に共感を覚えたであろうか。その理由は何なのだろうか（本書を読み終えた後で，いま一度，本問に答え，考え方がいかに変化したかを確かめてほしい）。

2.3 次の問に対する答えを，本文を参考にしながら簡潔にまとめよ。
(1) なぜ価格の上昇は総需要を減少させるのか。
(2) 総供給曲線はどのようなとき右上がりとなるか。
(3) 総供給曲線はどのようなとき水平となるか。
(4) 総供給曲線はどのようなとき垂直となるか。
(5) 総需要曲線はどのような理由で右上方にシフトするか。
(6) 総供給曲線はどのような理由で右下方にシフトするか。

3

労働市場と完全雇用

　第2章で説明したように，古典派経済学とケインズ経済学の主たる違いは，総供給曲線の形状の違いにあった。古典派経済学の考え方によれば，GDP水準の決定動向を左右するのは総供給曲線であり，総需要曲線はGDP水準の決定には無関係である。古典派経済学とケインズ経済学の帰結に違いが生ずる根本的な要因の一つは，労働市場が供給と需要を一致させるような機能を十分に果たすか否かにあるといえよう。名目賃金率が，需要と供給を一致させるように弾力的に変動するならば，総供給曲線は垂直に描かれるのである。

　本章の対象は，常に完全雇用が実現される古典派の経済である。古典派経済学では，完全雇用水準に対応してGDPが決定されるため，労働市場で均衡がどのように決まるかが考察の中心を占める。労働市場での均衡を分析するには，労働サービスに対する供給と需要が家計と企業の合理的行動からいかに導かれるかを検討しなければならない。これがこの章の前半の課題である。

　経済には労働のほかにも，資本や土地などの生産要素が存在する。ほんらいはこれらの生産要素がすべて「雇用」されている状況を，完全雇用の状態と考えるべきであろう。しかし，マクロ経済学では，各生産要素のなかで特に労働に注目し，労働が完全に雇用されているか否かに議論を集中してきた。本書でもこの伝統に従って，労働の需給に論点を絞ろう。ここでは，現行賃金のもとで働きたいと思っている労働者が働きたいと思っている時間だけ働ける状況を完全雇用と呼ぶ。完全雇用の状況とはまったく失業者が存在しない状況をさすのではない。この点には注意が必要である。よりよい職を求めて一時的に失業している人や，現行の賃金水準では低過ぎて働きたくないと考える労働者が存

在しても，完全雇用とは矛盾しない．重要なのは，自らの意思に反して失業しているか否かである．自らの意思に反した失業を非自発的失業（involuntary unemployment），自ら選んだ失業を自発的失業（voluntary unemployment）という．非自発的失業の存在しない状況が完全雇用にほかならない．自発的失業は，経済条件の変化によって変化する可能性があるため，完全雇用水準自体もシフトしうる．この点にも十分に注意したい．完全雇用水準のシフトが何によってもたらされるかの検討も，本章の目的の一つである．

3.1　労働供給

賃金率とは　具体的な説明に入る前に，賃金ないし賃金率について簡単にふれておこう．一般に賃金が労働への報酬をさすことは明白だろう．では，賃金率は？　賃金率（wage rate）とは，労働量1単位当たりの報酬をさす．したがって，「労働1単位当たり」を強調する場合には，厳密には「賃金率」が正しい表現であるが，本書では前後の脈絡によっては単に「賃金」と表現される．両者に本質的な差はないと考えてよい．前置はこのくらいにして，さっそく労働の供給がどのように決まるかを考えよう．

■労働とレジャーの選択

労働サービスを供給するのは家計であり，労働の供給は家計の行動の結果として決定される．各家計はさまざまな賃金水準に応じて，供給する労働サービスを決定する．労働供給量の決定を労働時間とレジャー時間の選択問題として理解するのが経済学の伝統といえよう（ここではレジャーを，労働時間以外のすべての時間を含む広い意味で用いる）．ここでもこの伝統に従い，各家計は実質所得とレジャーに依存する自らの満足度（効用）を最大化するように労働時間とレジャーを選択する，と仮定する．

名目所得と実質所得　労働時間と名目（貨幣）賃金率の積を名目所得という（賃金所得以外の所得は無視し，すべてゼロと仮定するが，それらを考慮しても議論の本質には影響しない）．名目所得とは貨幣単位ではかられた所得であり，名目所得を物価水準で割ると，財・サービスの単位ではかられた所得になる．これを名目所得と区別して実質所得という．名目賃金率を物価水準で除した値が実質賃金率であるから，実質所得とは実質賃金率と労働時間の積と

いってもよい。

　各家計の効用が，名目所得ではなくて実質所得に依存するのは，次のような理由からである。人々は賃金のために労働サービスを供給するが，賃金が直接効用を生み出すわけではない。受け取った賃金によって財やサービスが購入できるからこそ所得は効用をもつ。名目所得の水準が同じであっても，物価が2倍になれば，購入できる財・サービスは半分になる。逆に物価が下落すれば，名目所得が同じでも購入できる財・サービスは増加し，効用も高まるだろう。効用に影響を与えるのは名目所得の水準ではなくて，それによってどれだけの財・サービスが購入できるかであり，どれだけの財・サービスが購入できるかは名目所得ではなくて実質所得によってはかられるのである。ここに含まれる考え方は，経済学の理解にとって基本的に重要である。誇張していうならば，名目値は経済学ではほとんど何の意味もない概念といえよう。この点を十分に納得した上で先に進まれたい（これが実際誇張であるのは，名目賃金率の下方硬直性を問題とする第11章で明らかになる）。

家計が直面するトレード・オフ問題　　労働時間が増加すれば，それに応じて所得は増加するが，レジャーの時間は減少せざるをえない。逆にレジャー時間を増やそうとすれば労働時間が減少するため，所得も減少するであろう。レジャーと所得の両方を増やすわけにはいかないのである。このため，各家計は，一定の長さの時間を労働とレジャーにどのように振り分けるか，を考える必要がある。これが家計が直面するトレード・オフ問題である。

　労働時間をN，レジャー時間をL，名目賃金率をW，物価水準をP，としよう。このとき，実質賃金率，実質所得はそれぞれ，W/P，$y=(W/P)N$で表わされる。ここでは，1週間の総時間168時間を，労働時間とレジャーに配分する問題として定式化するが，その基本的考え方は1週間でなくとも（1日でも，1か月でも，1年間でも）同じように適用できる。

　図3.1の直線ABは，実質賃金率がW/Pのときの，各家計にとって選択可能なレジャーと実質所得の組合せのすべてを表わす。実質所得を増やそうと思えば労働時間を増やさねばならず，その結果としてレジャー時間は減少する。このため，選択可能な組合せは右下がりの直線として描かれるのである。

　点Aは，168時間のすべてをレジャーに振り向ける点に対応している。そこでの労働時間はゼロであり，所得も0となる。逆に，点Bは，168時間のすべてを労働に投入する点である。そこを選択すれば所得は$168\times(W/P)$とな

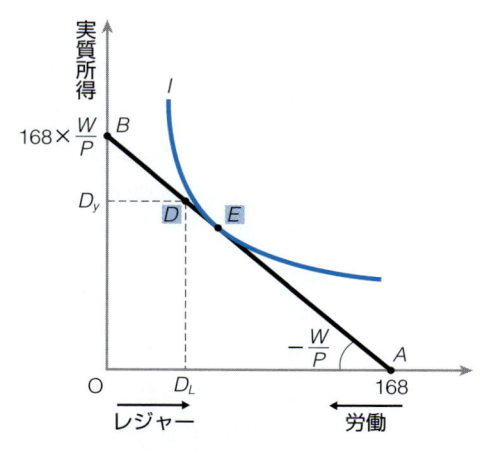

図 3.1 労働とレジャーの選択

るだろう．点 D では，レジャーに $\mathrm{O}D_L$ 時間，労働に AD_L 時間を割り当てており（いうまでもなく，$\mathrm{O}D_L$ と AD_L の和は 168 時間になる），その結果，$\mathrm{O}D_y = (W/P) \times AD_L$ だけの所得を獲得できる．

生産関数ないし予算制約線 直線 AB には二つの解釈が可能である．一つは，家計がインプットとして投入する労働サービスの対価として獲得できるアウトプットとしての実質所得の額を規定しているという意味で，家計の生産関数（生産可能性集合）を表わしていると考えるのである．もう一つは，168 時間のすべてを労働に投入する点 B の所得 $168 \times (W/P)$ を予算総額として，その一部を使ってレジャーを購入する（その価格は働かないことを選んだことによる 1 単位当たり機会費用である実質賃金率）か，残りの実質所得を使ってもろもろの財・サービスを購入する（その価格は 1 になるように実質所得で基準化してある）かの選択を表わす予算制約線を示していると考えるのである．

第二の解釈では，手元に入ってこない所得でレジャーを購入するという行為を前提にしていて理解しにくいかもしれないが，これが機会費用の考え方である．機会費用（opportunity cost）を考えるのは合理的な行動を前提とした経済学のエッセンスでもあり，多少時間を費やしても是非納得できるまで考えてほしい．

無差別曲線 曲線 I は無差別曲線の一つである．無差別曲線とは，同じ効用水準をもたらすレジャー L と実質所得 y の組合せの軌跡にほかならない[1]．

実質所得もレジャーもともに，多くなればなるほど効用は高くなると考えられるから，原点から遠くに位置する無差別曲線上の組合せほど効用水準は高い。各家計にとって選択可能なのは，直線 AB 上の組合せであった。各家計は選択可能な組合せの中から，最も効用が高い組合せを選択する。直線 AB 上で効用が最も高い点は，直線 AB が一つの無差別曲線と接するところである。図では点 E をそうした条件を満たす点として描いておいた[2]。こうして，実質賃金率が W/P のとき，点 E に対応する労働時間が選択される労働時間になる。

実質賃金率の変化と労働時間 実質賃金率が変化したとき，選択可能な実質所得とレジャーの組合せも変化するため，各家計によって選択される労働時間も変わるのは明らかであろう。この関係を利用して，実質賃金率とそれに対応する労働供給の関係が導かれる。実質賃金率 W/P がさまざまに変化したとき，それに対応して労働時間がどのように変化するかを考えればよい。

いま，実質賃金率が W_1/P から W_2/P へ，さらに W_3/P へと上昇したとしよう。各家計は，それぞれの賃金水準に応じて効用を最大にする組合せを選択する。各賃金水準に対応する最適点 E の軌跡を，図3.2に曲線 SS として描いておいた（I_1, I_2, I_3 は無差別曲線を表わす）。最初のうちは実質賃金率の上昇とともに労働時間が増加するが，W_2/P を境にさらに実質賃金率が上昇すると労働時間は減少し始めるように描かれている。しかし，常にそうした形状をとるとは限らない。

代替効果と所得効果 実質賃金率の増加とともに労働供給が増加するのか減少するのかは，賃金率上昇がもつ「代替効果」と「所得効果」という二つの効果の相対的な大きさに依存する。実質賃金率が上昇すれば，レジャーを1時間犠牲にして労働時間を増やしたときに得られる財・サービスの量は増加するであろう。この意味で，レジャーは割高になる。こうした相対的な交換比率の変化によって引き起こされる効果が，代替効果である。賃金上昇の代替効果は，相対的に高くなったレジャーを減らし労働時間を増やすように働く。一方，仮に同じ時間を労働時間に配分すれば，実質賃金率の上昇によって実質所得は

---

1) 無差別曲線についての知識がない読者は，くわしくはミクロ経済学の教科書を参照されたい。ここでの議論にとっては，無差別曲線は右下がりで原点に向かって凸という性質が重要である。

2) 無差別曲線が原点に向かって凸（でっぱって膨らんでいる）と仮定したので，こうした接点は一つだけ存在する。

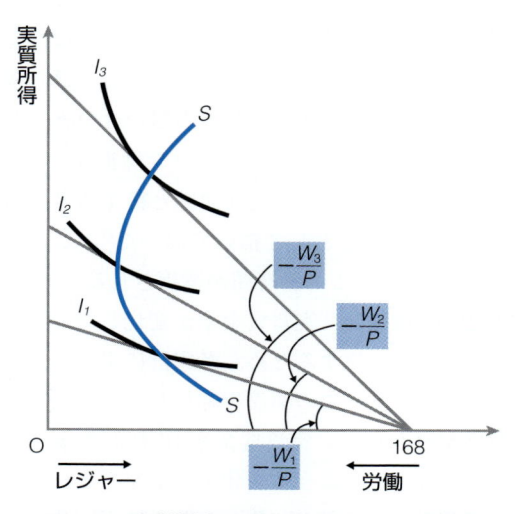

図 3.2　実質賃金の変化と労働時間の選択

増加する。この意味で，実質賃金率の上昇は実質所得を高める効果をもつ。これが所得効果である。一般に，所得効果はレジャーを増加させ，労働時間を減少させると考えられている[3]。

このように，賃金上昇の代替効果は労働時間を増加させ，逆に所得効果は労働時間を減少させるように働く。二つの効果は労働時間に対して逆方向に作用するのである。これら二つの効果の相対的な大きさによって，実質賃金率の上昇は労働時間を増加させる場合もあれば，逆に減少させる場合もあるだろう。一般には，賃金水準が十分に高くなると，所得効果が代替効果を上回り，賃金の上昇とともに労働時間は減少する，といわれている。

■ **労働の供給関数**

各家計の労働供給量は実質賃金率にともなって変化することがわかった。数学的に表現すると，労働供給量 N^S は実質賃金率の関数として，

$$N^S = N^S\left(\frac{W}{P}\right) \tag{3.1}$$

---

[3]　厳密にいえば，レジャーが下級財でない限りそうなる。代替効果，所得効果，下級財などのくわしい意味についてはミクロ経済学の教科書を参照されたい。

となる。右辺の N^S は関数を表わす。N^S と W/P との積ではないので注意のこと。経済学では，しばしば関数として f や F（もともとは function の意味）を使わずに，(3.1) のような対象となる変数そのものを関数の意味で表記する場合が多い（ただし，3.2 節に登場する生産関数では F が用いられている）。

労働供給曲線　図 3.2 に基づいて，実質賃金率と労働の供給量の関係を描いたのが図 3.3 である。これを労働供給曲線という。図 3.3 では，実質賃金率が W_2/P までは右上がり，それを上回ると左上がり（右下がり）に描かれている（右下がりの部分は，バックワード・ベンディングの労働供給曲線と呼ばれる）。すでに指摘したように，労働供給曲線が常にこうした形状をとるわけではない。労働の供給関数の性質を一般的に述べるのは容易ではないのである。

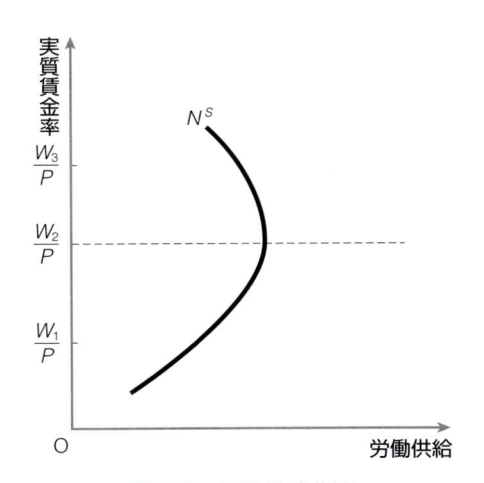

図 3.3　労働供給曲線

古典派の第二公準　とはいえ労働市場の分析に当たっては，代替効果が所得効果を上回ると考えるのが普通である。ここでも，代替効果が所得効果を上回るため，労働供給量は実質賃金率の上昇とともに増加する，と仮定しよう。数学的には，労働供給関数の微係数について，$N^{S'}(W/P) > 0$ を仮定するに等しい（ここでダッシュ ' は，W/P による関数 N^S の微分を意味する）。労働供給関数が，これまで説明してきたような意味で，家計の合理的行動から導かれるとの想定を，ケインズ（John M. Keynes）は古典派の第二公準と呼んだ[4]。

4）なぜ"第二"なのかは，次節に進むとすぐにわかるだろう。

市場全体の労働供給曲線　図3.3は，各家計（個人）の労働供給曲線である。労働市場全体（経済全体）の労働供給量を求めるには，各家計の供給量をすべて合計しなくてはならない。各家計の労働供給量は実質賃金率に依存するため，市場全体の労働供給も実質賃金率に依存する。さらに，各家計の労働供給量が，実質賃金率の上昇とともに増加するならば，経済全体の供給量も実質賃金率の上昇とともに増加するであろう。図3.4は，こうして求められた市場全体の労働供給曲線すなわち集計されたマクロの労働供給曲線である。

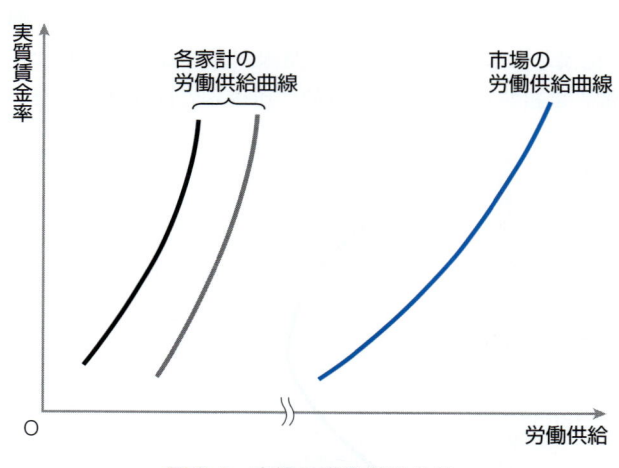

図3.4　市場の労働供給曲線

3.2　労働需要

■企業の合理的行動

　次に労働の需要について考えよう。労働サービスを需要するのは企業であり，労働サービスに対する需要は，企業の合理的な行動の結果として導かれなければならない。第2章で説明したように，企業はさまざまな意思決定に直面しているが，ここでは，資本ストック量を所与として，どれだけの生産物を生産するのか，そのためにどれだけの労働サービスを雇用しようとするのか，に焦点を絞ろう。この意思決定に際し，各企業は，獲得できる利潤を最大化するように生産量を決定する，と仮定される。この意味で，企業は合理的に行動すると考えるのである。

3.2 労働需要

企業の利潤　企業の利潤 Π（パイ）は，収入と費用の差として，

$$\Pi = PY - WN$$

で定義される。ここで，P, Y, W, N は，それぞれ，生産物の価格（物価水準），生産量，名目賃金率，労働の投入量（雇用量）を表わす。簡単化のため，生産要素として資本と労働の二つだけを考えていることに注意したい。このため生産量は，企業の保有する資本と労働投入量に依存して決定されるのである。

生産要素の投入量と生産量との関係を，

$$Y = F(K, N)$$

で表わそう。ここで，K は資本ストック量である。$F(K, N)$ は生産関数と呼ばれ，資本と労働の投入量に応じて，どれだけの生産物が生産されるかを数学的に表現している（第1章参照）。生産関数を用いると，企業の利潤 Π は，

$$\Pi = PF(K, N) - WN \tag{3.2}$$

となる。企業は，投資によって資本ストックを増加させうるが，それには少なからぬ時間が必要であろう。第Ⅰ部では，短期の経済活動水準の決定が議論の対象であり，資本 K は一定と仮定される（企業の投資活動に関しては第6章でくわしく議論する）。こうした想定のもとでは，P と W を所与として，利潤 Π をできる限り大きくするような労働の投入量 N の決定が企業の唯一の意思決定となる。資本ストック K を一定とする限り，労働投入量と生産量との間には生産関数を通じて一対一の関係が存在し，このため，労働投入量の決定と同時に生産量も決定されることに注意されたい。

利潤を最大化する　利潤 Π を最大にする労働投入量を求めるには，次のように考えればよい。ある労働雇用の水準 N から，労働雇用量を ΔN（デルタ）だけ増加させたとしよう（$\Delta N > 0$）。労働雇用量の増加にともない生産量も増加し，同時に利潤 Π も変化する。労働雇用量の変化にともなう生産量の変化を $\Delta F(K, N)$，利潤の変化を $\Delta \Pi$ としよう。このとき，$\Delta \Pi$ は，

$$\Delta \Pi = P \cdot \Delta F(K, N) - W \cdot \Delta N$$

で表わされる。右辺の第1項は生産量の変化にともなう収入の変化分，第2項は雇用量の変化にともなう賃金費用の変化分である。利潤が両者の差だけ変化

するのは明らかであろう。

仮に,

$$\Delta \Pi > 0$$

であったとしよう。これは何を意味するのであろうか？　労働投入量を N から ΔN だけ増加させると,利潤が増加する事実を示している。このため,労働雇用量 N は,利潤を最大にする労働投入量ではない。少なくとも ΔN だけ労働投入量を増やせば,利潤は増加する余地があるのだから。同様にして,

$$\Delta \Pi < 0$$

のときも利潤は最大ではない。この場合には,$-\Delta N$ だけ労働投入量を変化させれば,いいかえると,労働投入量を ΔN だけ減少させれば,利潤を高められるからである。

こうした考察から,労働投入量 N が利潤を最大にしているときには,

$$\Delta \Pi = P \cdot \Delta F(K, N) - W \cdot \Delta N = 0$$

が成立しなければならないことが理解されるだろう。この関係から,

$$PF_N = W \tag{3.3a}$$

あるいは,

$$F_N = \frac{W}{P} \tag{3.3b}$$

が導かれる。ここで,ΔN を限りなくゼロに近づけた場合の極限である微分係数（厳密には,K を一定とした偏微分係数）

$$F_N = \frac{\Delta F}{\Delta N}$$

の値は,労働の限界生産力ないし労働の限界生産性と呼ばれる概念であり,追加的な労働の投入にともなう生産量の増分（限界生産物）を表わす。一般に,労働の限界生産力は,労働投入量の増加にともなって減少する,と考えられている。これを,労働の限界生産力逓減の法則と呼ぶ。

限界費用と限界収入　(3.3) を,次のように理解してもよい。(3.3a) と (3.3b) は本質的には同じ式だが,(3.3a) のほうが多少理解が容易なのでそち

らを使って説明しよう。(3.3a) の右辺の W は名目賃金率であり，追加的に労働を1単位増加させたときの追加的費用（経済学ではこれを限界費用と呼ぶ）を表わす。左辺は何を意味しているのだろうか。限界生産物 F_N は，労働の追加的投入にともなう生産物の増加分である。したがって，限界生産物と物価の積である左辺は，労働の追加的投入がもたらす収入の増分にほかならない（これを限界収入という）。これが理解されれば，(3.3a) の意味はほとんど明らかであろう。

もし，(3.3a) で左辺が右辺よりも大きければ，労働の追加的投入からの収入増（左辺）が，費用の増分（右辺）を上回っており，労働投入量の増加は利潤を増加させる。逆に，右辺のほうが左辺よりも大きければ，労働投入量の減少によって利潤は増加するであろう。このため，利潤を最大にする労働雇用水準では，(3.3a) が成立しなければならないのである。(3.3b) が，(3.3a) とまったく同じ条件であるのは明らかだろう。(3.3b) は，労働需要の水準が，労働の限界生産物と実質賃金率が等しくなるところで決定されること，すなわち労働サービスに対する需要は実質賃金率に依存して決まることを示している。

古典派の第一公準　企業の利潤最大化行動を前提とした上で，労働サービスに対する需要は実質賃金率によって決定されるという想定は，古典派の第一公準として知られる。ケインズがその著書である『一般理論』の中で，労働市場についての古典派経済学の考え方を整理した際に，本書の順番とは逆に，企業の労働需要を先にして家計の労働供給を後にしたために，労働需要が第一公準，労働供給が第二公準になったのである[5]。

■労働の需要関数

以上の分析から，各企業の労働サービスに対する需要 N^D は実質賃金率の関数として，

$$N^D = N^D\left(\frac{W}{P}\right)$$

と表現されることがわかった（ここでも，右辺の N^D は関数を意味する）。こ

---

5) ケインズは労働需要に関する第一公準は受けいれるが，労働供給に関する第二公準は否定するので，この順番が自然であったと思われる。本書では，あえてケインズの順番にとらわれず，家計の合理的行動を先に，企業の合理的行動を後に回した。なお，『一般理論』の正式の書名等については，198頁を参照。

れを**労働需要関数**と呼ぶ。K を一定とすれば，N と $F(K, N)$ の関係は，図 3.5 のように描かれるであろう。限界生産力 F_N は，曲線の接線の傾きに対応する。図では，限界生産力逓減の法則を反映して，N の増加とともに接線の傾きが小さくなるように描かれている。いま一度（3.3b）に注目してほしい。限界生産力 F_N が N の増加とともに減少するので，（3.3b）を満たす N は，W/P の増加にともない減少するであろう。W/P の増加とともに，労働サービスに対する需要 N^D は減少するのである。この関係を図 3.6 に**労働需要曲線** N^D として描いた。この図から，労働需要関数については，

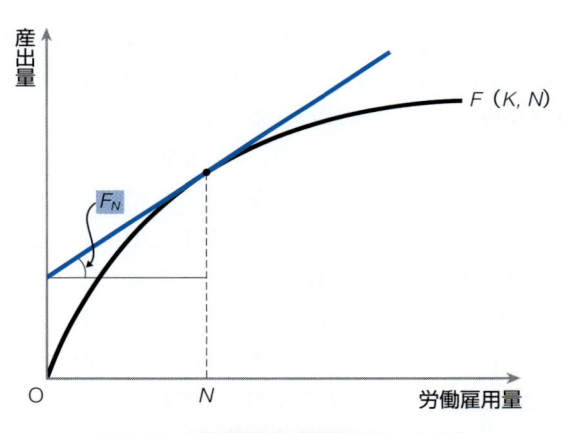

図 3.5　生産関数と労働の限界生産力

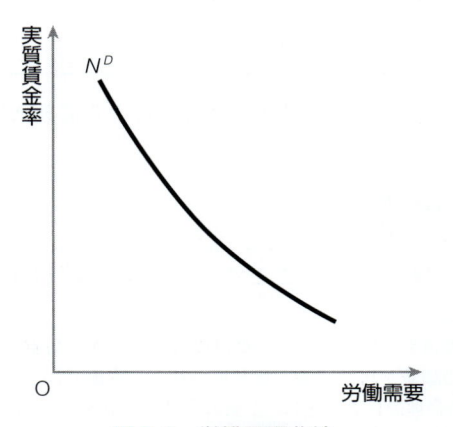

図 3.6　労働需要曲線

$$N^{D\prime}\left(\frac{W}{P}\right)<0$$

となることが確認されるだろう（ここでもダッシュ'は微分を表わす）。

市場全体の労働需要曲線　前節で求めた供給曲線と同様に，市場全体（経済全体）での労働需要曲線は，各企業の労働需要曲線をすべての企業について加えて求められる。各企業の労働需要が実質賃金率の減少関数であるため，市場全体の需要も実質賃金率の上昇とともに減少する。すなわち，集計されたマクロの労働需要曲線も図3.6のように右下がりとなる。

3.3　労働市場の均衡

これまでの結果の整理　労働市場の均衡を議論する前に，これまでの結果を整理しておこう。労働の供給は，実質賃金率の増加関数であり（古典派の第二公準），労働の需要は，実質賃金率の減少関数である（古典派の第一公準）。すなわち，それぞれ，

$$N^S = N^S\left(\frac{W}{P}\right) \qquad N^{S\prime}\left(\frac{W}{P}\right)>0$$

$$N^D = N^D\left(\frac{W}{P}\right) \qquad N^{D\prime}\left(\frac{W}{P}\right)<0$$

で表わされた。ここでは，N^S，N^D を市場全体のマクロの供給量，需要量として用いている点に注意したい。

図3.7で，右上がりの曲線が労働の供給曲線，右下がりの曲線が需要曲線である。縦軸には実質賃金率がはかられているが，これについては多少の注意が必要であろう。いうまでもなく労働の需給に応じて変化するのは名目賃金率である。しかし，物価水準 P が（労働市場にとって）外生的に与えられるならば，名目賃金率の上昇は実質賃金率の上昇を，逆に名目賃金率の下落は実質賃金率の下落を意味する。この意味で，労働市場では需給が均衡するように実質賃金率が決定されるとの理解が可能であろう。図3.7では，こうした理解に基づき，実質賃金率が縦軸にとられている。

■賃金調整と労働市場の均衡

需要と供給が一致するように実質賃金率が調整されるならば，図3.7の需要

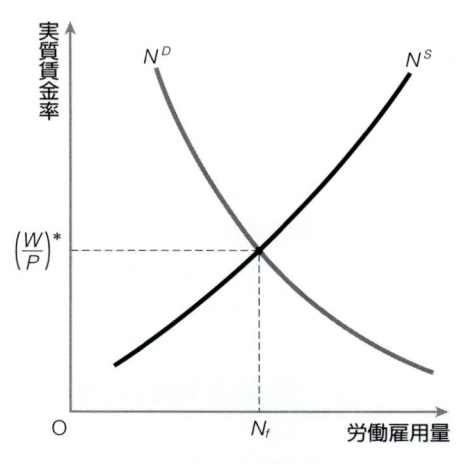

図3.7 労働市場の均衡

曲線と供給曲線の交点が均衡になる。これについては、いまや説明は不要であろう。労働雇用水準と実質賃金率は、交点に対応する N_f と $(W/P)^*$ に決定される。これらを、それぞれ均衡雇用水準、均衡実質賃金率と呼ぶ。均衡は、労働供給曲線上に位置するため、すべての労働者は働きたいだけ働いており、非自発的失業はまったく存在しない。この意味で、N_f は完全雇用水準ともいわれる。図3.7から、次の関係が容易に確認できるであろう。

$$\frac{W}{P} > \left(\frac{W}{P}\right)^* \quad ならば \quad N^S > N^D$$

$$\frac{W}{P} < \left(\frac{W}{P}\right)^* \quad ならば \quad N^S < N^D$$

完全雇用均衡の安定性　すなわち、実質賃金率が均衡実質賃金率よりも高ければ、非自発的失業が存在し、反対に実質賃金率が均衡賃金率よりも低ければ、充足されない労働需要（人手不足）が存在する。労働市場で超過供給が存在するときには、名目賃金率（したがって、実質賃金率）は下落し、逆に超過需要のときには名目賃金率（したがって、実質賃金率）が上昇するように調整される、と仮定しよう。超過供給のとき実質賃金率が下落すれば、労働供給は減り労働需要は増加するため、超過供給量は減少する。同様に、超過需要のとき実質賃金率が上昇すれば、労働供給は増え需要は減少するため、超過需要幅は小さくなる。図3.8に、こうした調整過程を矢印で示した。図から明らかな

3.3 労働市場の均衡

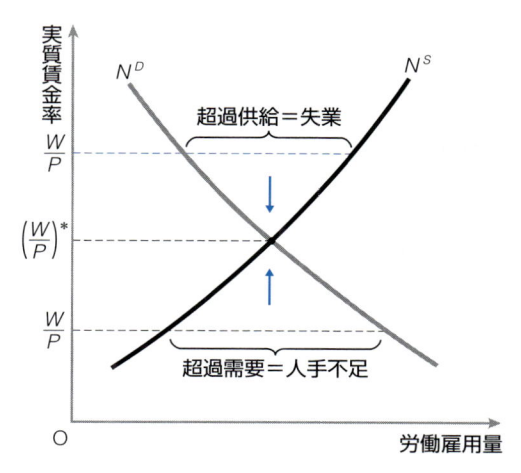

図3.8 労働市場の調整

（グラフ：縦軸 実質賃金率、横軸 労働雇用量。需要曲線 N^D と供給曲線 N^S の交点が $(W/P)^*$。上方の W/P では超過供給＝失業、下方の W/P では超過需要＝人手不足。）

ように，ここでの調整過程を前提とすれば，均衡から乖離したときに均衡に向かうような力が働くという意味で，完全雇用均衡は安定的になる。

総供給曲線は垂直　このように，物価水準 P を所与とすれば，労働市場における需要曲線と供給曲線の交点として均衡実質賃金率 $(W/P)^*$ が決定される。P の水準にかかわりなく，名目賃金率 W が労働サービスの需給を調整し，実質賃金率は $(W/P)^*$ に決定されるのである。その結果，労働雇用量も，物価水準に依存することなく一定となるであろう。労働雇用量と生産量との間には一対一の関係が存在するため生産も一定水準に決まってしまう。こうして，第2章で説明した垂直な総供給曲線，すなわち，物価水準にかかわりなく一定の生産物が生産されるという関係が導かれる。

ところで，P は，W と独立に所与と想定しうるのだろうか？　この問に答えるには，労働市場と生産物市場の均衡を同時に考慮しなければならない。第9章で明らかにされるように，生産物市場の均衡をもたらすように物価水準 P が決まり，労働市場では実質賃金率が $(W/P)^*$ になるように W が決まる。これが答であるが，議論の詳細はいまのところは必要ない。ここで，是非とも理解しておかねばならないのは，生産物市場の動向とは無関係に，労働市場での完全雇用水準が決まってしまうという事実である。

■労働市場の抽象化

　労働の需要と供給に共通する注意点をいくつか述べておこう。注意深い読者はすでにお気付きのように，これまでの分析で家計が選択したのは労働時間であり，企業が需要する雇用量は人・時（人数×時間）の単位ではかられる労働サービスであった。こうした想定のもとでは，すべての家計が望むだけの時間を企業に雇用されている状態が完全雇用であり，家計の一部でも望むだけの供給ができないときには失業が存在する。極端にいえば，すべての人が雇用されていたとしても，そのうちの少なくとも 1 人が，望むだけの労働時間を供給していないならば，失業が存在するのである。

　これは通常使われる失業の意味とは明らかに異なっている。実際には，個々の労働者が働いているか否か，あるいは雇用されているか否かが重要視されるであろう。しかし，ここで問題としているのは経済全体の生産活動水準であり，そうした観点からみれば，どれだけの人が雇用されているかと，全員が雇用されたものとしてそれぞれが何時間働くかとは，同じとみなしても大過ない。さらにこれまでの議論では，すべての労働者が同じ労働サービスを供給すると考えてきた。しかし実際には，技能や熟練度に無視できない差が存在するであろう。企業間の労働移動の困難さや年功序列制，終身雇用制なども，ここでの分析では考慮されていない。確かに，とりわけ日本経済にとっては，これらの要素が極めて重要な意味をもつ場合がある。しかしマクロ的な雇用水準を問題にする限り，同質的な労働の想定は議論の本質を明確にする上で，便宜的に許される仮定であろう。

3.4　完全雇用水準のシフト要因

　雇用水準は，労働の供給曲線と需要曲線の交点として決定された。そこで決まる賃金水準のもとでは，すべての家計が働きたいだけの労働サービスを供給している，という意味で完全雇用が成立する。いうまでもなく，労働の供給関数や需要関数の形状が変化すれば両者の交点も移動し，それにともなって雇用水準は変化するであろう。この意味で完全雇用水準もまた時間とともに変化するのである。需要関数，供給関数はいったいどのような要因で変化するのであろうか。この節では，これを簡単に検討しておきたい。

■労働供給関数のシフト要因

供給関数のシフト要因を最初に考えよう。いま一度，図3.2を見てもらいたい。この図から，無差別曲線の形状，すなわち効用関数の形状が変化すると，それにともなって労働供給量が変化することがわかる。効用関数とは，レジャーと実質所得に対する人々の選好を表現したものであった。たとえば，働きすぎの反省から余暇をこれまで以上に志向するようになったとしよう。こうした状況は実質所得と比較してレジャー時間を相対的に強く選好するようになったことを意味するため，無差別曲線の傾き（レジャーと実質所得の間の限界代替率）は前よりも緩やかになるであろう。この結果，同じ賃金水準に対してレジャーの時間を相対的に多く（労働供給量は少なく）選択するようになり，労働供給関数は左にシフトする（図3.9）。これだけがレジャーと実質所得に対する選好に変化をもたらす原因ではない。たとえば，年金制度の充実も，実質所得の価値を相対的に低めるかもしれないのである。

レジャーと実質所得に対する選好のシフト以外にも労働供給関数のシフト要因は存在する。たとえば労働力人口の増加は，労働供給を増加させる要因となるだろう。しかし，人口増加の効果は，短期分析であるここではあまり問題とはならず，経済成長を論ずる第17章で分析の対象とされる。

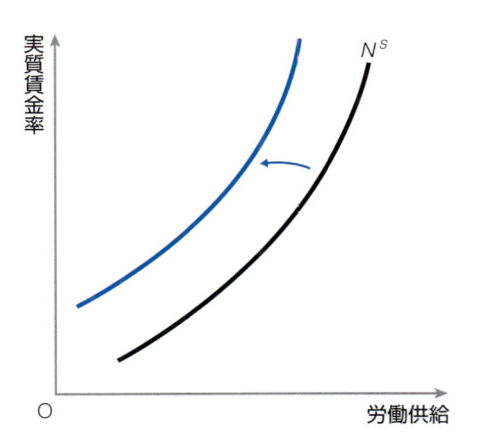

図3.9 労働供給曲線のシフト

■労働需要関数のシフト要因

需要関数はどのような要因で変化するのだろうか。次にこれを考えよう。需

要関数は，古典派の第一公準

$$F_N(K, N) = \frac{W}{P}$$

から導かれたことを思い出してもらいたい。これからわかるように，労働需要は生産関数の形状に依存しているため，生産関数のシフトが第一の要因として考えられる。生産関数を変化させる要因として第一に考えられるのは，技術進歩である。技術進歩とは何かを論ずるのはなかなか難しい。ここでは技術進歩を，一定の K と N に対してより多くの生産が可能となる状況（第 17 章 17.2 節で説明する全要素生産性の上昇），と理解しておこう。この意味での技術進歩が，生産関数を図 3.10 のようにシフトさせたとすれば，同じ実質賃金率 W/P に対して，需要は A から B に移る。このように，同じ実質賃金率に対して労働需要は増えるため，労働需要曲線は右へシフトするのである（ただし，生産関数のシフトの仕方によっては労働需要がかえって減少することもある）。

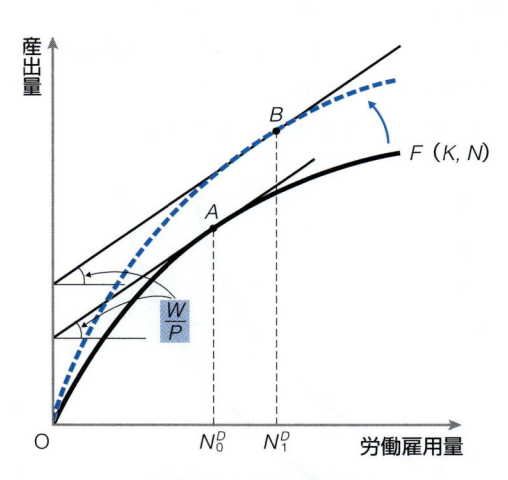

図 3.10　技術進歩による生産関数のシフト

いま一つの可能性は，短期的には一定と仮定されている資本ストック K の変化である。一般に資本ストック K が増加すれば，同じ実質賃金率に対する労働需要量は異なるであろう。しかし，労働需要が増加するのかそれとも減少するのかは，生産技術（生産関数の形状）次第で必ずしも明らかではない。資本ストックの増加が労働の限界生産力を全般に増大させるならば，労働需要は

増加し,労働需要曲線は右へシフトする。逆に,(たとえばロボットの導入で人間の関与が相対的に必要なくなる等により)労働の限界生産力を全般に低下させるならば,労働需要曲線は左へシフトするであろう。

3.5 完全雇用 GDP とセイ法則

完全雇用水準 N_f が決まれば,それに対応する総生産量,すなわち完全雇用 GDP Y_f は,

$$Y_f = F(K, N_f)$$

を満たすように決定される。一般に K の増加とともに Y_f は増加すると考えられるであろう。しかし,ここでの短期的な分析においては,K の値は一定で変化しないと想定されていた。このため,N_f が労働市場で決まれば,完全雇用 GDP Y_f の水準も自動的に決まる。

この意味で完全雇用 GDP は労働市場の均衡から決まってしまい,生産物の需要動向にはいっさい依存しない。これがこの章で最も重要な点である。均衡では生産物に対する総需要と総供給が一致しなくてはならないが,物価水準の働きによって総需要が Y_f に等しくなるよう調整されるのである。具体的な調整プロセスについては第9章以降でふれるが,第2章で概観したように,価格が伸縮的である限りこのようなメカニズムが働く。

こうした調整機能によって,結果的には生産され供給される生産物 Y_f は必ず需要される。これはセイの販路法則ないし単にセイ法則と呼ばれ,「供給はそれ自らの需要を創出する」という表現でよく知られている。18世紀から19世紀にかけて活躍したフランスの経済学者セイ(J.B. Say;1767-1832)に由来するが,数ある古典派経済学の理論的命題や政策的含意の中でも,最も美しく重要なものの一つといえよう。

3.6 まとめ

　本章では，労働の供給関数と需要関数を導き，労働市場の均衡について考察した。家計の効用最大化行動から導かれる労働供給は，実質賃金率の増加関数となる。これに対して，実質賃金率の減少関数としての労働需要は，企業の利潤最大化行動から導出される。

　労働の供給曲線と需要曲線との交点で，均衡実質賃金率と完全雇用水準の労働雇用量が決まる。完全雇用均衡では非自発的失業は存在しない。完全雇用の水準は，労働の供給曲線や需要曲線のシフトによって変動するであろう。労働供給曲線に影響を与える一つの要因は家計の選好であり，労働需要曲線に影響を与えるのは技術進歩や資本ストックの蓄積である。

　完全雇用経済の特徴は，労働市場の需給が一致すると，それに一対一に対応する形で経済活動水準が決まってしまう点にある。こうして決まる総産出量の水準が，完全雇用 GDP にほかならない。

練習問題

3.1 次の主張の正誤を論じよ。
(1) 名目賃金率が上昇すれば，労働供給量は必ず増加する。
(2) 実質賃金率が上昇すれば，労働供給量は必ず増加する。
(3) 名目賃金率と生産物の価格がともに 2 倍になったとしても，企業は生産量を変えようとしない。
(4) 名目賃金率が一定で生産物の価格が 2 倍になったとき，企業は生産量を 2 倍に増加させる。

3.2 労働供給について，以下の問に答えよ（3.2, 3.3 は微分，偏微分の初歩の知識を必要とするため，これらにくわしくない読者はスキップせよ）。
(1) 家計の効用関数 U が以下で与えられたとき，1 週間の総時間を 168 時間として労働供給関数を導き，図示せよ。ここで，L はレジャー時間，y は実質所得を表わす。

(a) $U(L, y) = (\sqrt{L} + \sqrt{y})^2$
(b) $U(L, y) = \sqrt[3]{L^2 y}$

(2) (a), (b) それぞれの効用関数について，実質賃金率の変化にともなう代替効果と所得効果の大きさを比較せよ。

3.3 企業の生産関数を $F(K, N) = \sqrt{KN}$ とする。ただし，$K = 336$ である。
(1) 労働の需要関数を導け。
(2) 練習問題 3.2 の (a) の効用関数から導かれた労働供給関数を用いて，労働市場での均衡実質賃金率と均衡雇用水準を求めよ。ただし，簡単化のため一つの企業と一つの家計の存在を仮定する。

3.4 次の諸要因は，労働供給関数と労働需要関数のどちらをどちらの方向にシフトさせるか。
(1) 人口の高齢化
(2) 労働者全体の熟練度の上昇
(3) 女性の就業意識の高揚
(4) ロボットの普及
(5) 外国人労働者の受入職種の拡大
(6) 欧米並の時短政策（年間労働時間の短縮）

4

不完全雇用経済と有効需要原理

　前章の分析によれば，労働供給と労働需要はともに実質賃金率に依存して決定された。さらに，伸縮的な賃金調整によって超過需要や超過供給は解消され，完全雇用均衡が実現する。これが古典派の想定する経済であった。

　これに対して，本章では，労働市場で完全雇用均衡が達成されない状況を想定し，そうした状況で雇用量やマクロの生産活動水準がどのように決定されるかを考察したい。ただし，この章では，労働市場で完全雇用均衡が達成されない理由についてのくわしい議論は展開しない。勘の鋭い読者は，労働市場で名目賃金率がスムーズに調整されないのがその原因ではないか，と思われるであろう。これは正しい推測だが，その確認は第Ⅱ部までまってもらいたい。

　不完全雇用経済での総産出量決定の考え方は，第2章で説明した有効需要の原理である。有効需要の原理は，完全雇用経済でのセイ法則ときわだった対照をなし，「総需要がGDPを決定する」と考えるのであった。この章では，いくつかの側面からこの考え方が繰り返されるであろう。それによって理解が一段と深まることが期待される。

4.1　有効需要の原理

　完全雇用に対応するGDPを，完全雇用GDPと呼んだ。労働市場で完全雇用均衡が達成されないならば，生産物市場で実現される総産出量すなわちGDPも完全雇用GDPから乖離するのは明らかであろう。雇用量が完全雇用水準を下回り「非自発的失業」が存在するときには，どのような水準にGDPが

決まるのであろうか。これが，この章の課題である。

女優の卵の現実　簡単な例からはじめよう。「売れない女優の卵が仕事を探していた。彼女は，将来の大物女優を夢みているが，そのためには，どんな仕事でもよいから，とりあえず舞台にたち，才能を認めてもらわなければならないだろう。しかし，一向に仕事の話はこない。」こうした状況では，彼女にとって出演料の高低は二の次であり，仕事の話が舞い込んでくるか否かが重要である。経済学の用語で言えば，彼女に対する需要が存在するか否かが，彼女の仕事量を左右する。

産出量が需要によって左右される点で，この例は第 2 章で有効需要の原理と呼んだメカニズムに類似している。潜在的な生産能力は十分であるにもかかわらず総需要がそれを下回るために，実現される GDP が完全雇用 GDP を下回るとは，こうした状況をさす。この例から類推されるとおり，有効需要原理の考え方は，非自発的失業の存在が前提となっている。労働市場には失業が存在するため，必要ならば企業は自由に雇用量を増加させうるであろう。有効需要の原理とは，「総需要が増加すればそれに対応して生産を増加させ，逆に総需要が減少すれば生産量を削減する」との考え方であり，本章ではこれを前提として議論を進める。生産の増減と労働雇用量の増減は一対一に対応しているため，有効需要原理を前提とすれば，労働雇用量はもっぱら総需要の動向によって左右されるのである。

第 2 章で説明したように，総需要に応じて生産だけが変化し，価格はいっさい変化しない，との想定を正当化するには，

(1)　非自発的失業が存在し

(2)　それにもかかわらず，賃金は調整されない

という仮定だけでは実は不十分である（何が追加的に必要だったろうか？　ヒント：古典派の第一公準のもとでの矛盾点を探しなさい）。しかし，不完全雇用経済での GDP 決定理論のエッセンスを理解する上では，(1), (2) の想定だけでもきわめて有用であり，この章でも一貫してそのように想定される。

4.2　GDP の決定

はじめに用語について確認しておく。有効需要 (effective demand) とは，各経済主体がそれぞれに計画した需要の合計であり，総需要 (aggregate demand)

とほぼ同じ意味で用いられるが，あえて峻別するならば有効需要という場合には「購買力をともなった総需要」であることが強調される。それが有効と称される意味であり，そのままそっくり実際に支出されることになるのである。

本章では，簡単化のために，経済社会には政府部門や海外部門が存在せず，家計と企業だけで構成されると仮定する。海外部門については，すでに第2章でも捨象して議論してきたが，第4章では政府部門も明示的な扱いの対象外とするのである。本章の議論の本質を理解する上では，政府部門と海外部門を無視してもさしつかえなく，理論は本質を損なわない限り，できるだけ簡単なほうがよいからである（第14章14.2節のオッカムの剃刀の議論を参照）。

■家計と企業の行動

経済主体の需要量は，常に特定の値をとるわけではない。たとえば，家計は，消費の計画水準を50とか200など一定の値に決めるとは限らないのである。（需要はGDPと同じく実質値であっても円ではかられる。ただし，50円や200円ではあまりにも小さい数値になるから，この例で現実に近い単位を付けて呼ぶとすれば，50兆円，200兆円になろう。しかし，「兆円」が何となく煩わしく感じられるうえに，理論的には実質値を円の単位で呼ぶ必要もないため，本書ではしばしば単位を省略する。気になる読者は適当に「兆円」を補ってほしい）。むしろ，さまざまな状況に応じて消費水準を変えるのが一般的だろう。

ケインズ型の消費関数　家計の消費水準がどのような要因に依存するかは，第5章でくわしく説明する。ここでは単純に，消費 C は国内所得 Y の一次式として[1]，

$$C = \bar{C} + cY \tag{4.1}$$

で表わされるとしよう（ここでは租税も捨象している）。現在の所得に依存する消費関数は，ケインズ型の消費関数と呼ばれる。(4.1) は，ケインズ型消費関数の最も簡単な形といえよう。

---

[1] 第1章1.3節のGDPの三面等価の説明では，Y は生産面でとらえた国内総生産（GDP）を表わすものとしたが，この章では生産面は総供給 Y^s でとらえるために，第1章ではGDI（国内総所得，分配国内所得）とした分配面の国内所得を Y で表わす。多少混乱が起こるかもしれないが，表記上の簡便化のためと受け止めていただきたい。三面等価の性質でも生産面と分配面は常に等しいと考えることから，ミスリードすることはないであろう。

第5章では，ケインズ型の消費関数をどちらかといえば批判的に検討するが，ここでは説明の便宜上（4.1）の消費関数を用いる。右辺の C は独立消費（あるいは，自律的消費），小文字 c は限界消費性向と呼ばれる。独立消費の「独立」とは「所得水準に依存しない」という意味である。所得がゼロの場合でも，独立消費だけは消費されることに注意しよう。独立消費を最低の生活水準を維持するための支出，と考えるとわかりやすいかもしれない。独立消費は，資産水準など所得以外の要因に依存する可能性があるが，ここでの議論にとって本質的でないのでこれらの要因はすべて無視する。

限界消費性向とは，所得が1円だけ増えたとき，その1円のうちどれだけが消費に回るか，を表わす概念である（所得が1円減少したときの消費の減少分ともいえる）。たとえば $c=0.8$ ならば，1円の所得増があったとき，消費は 0.8 円増えるであろう。一般に，限界消費性向は所得の水準に応じて変化するが，(4.1) のように所得の一次式で表わされる消費関数（「線形の消費関数」ともいう）の場合には，限界消費性向は常に一定の値をとる。さらに，限界消費性向は 0 と 1 の値をとる，と仮定されるのが普通である（実際には，資産を取り崩すか借金をすることによって一時的には 1 を上回ることも可能だが，確かに日常生活で実践している人は少ないであろう）。ここでも，経済全体のマクロの消費行動が対象であることから，平均的な消費行動としてはそう仮定するのが自然だろう（$0<c<1$）。限界消費性向が 1 よりも小さいならば，所得の増分以上に消費が増加することはない。

投資は独立投資のみ　　次に，企業の投資需要に移ろう。企業の投資行動の詳細については第6章に譲り，ここでは，説明の簡化のために投資需要は一定と仮定する。これを，

$$I = \bar{I} \tag{4.2}$$

と表わそう。投資 I は，所得水準には依存しない独立投資 $\bar{I}$ だけからなると考えるのである。独立投資の「独立」は独立消費の「独立」と同じ意味である。

■需給の一致

政府部門と海外部門は存在しないと仮定したため，総需要は消費需要と投資需要の和として表わされる。すなわち，総需要を Y^D とすれば，

$$Y^D = C + I \tag{4.3}$$

となる。総需要 Y^D と総供給 Y^S が等しいとき，生産物市場の均衡が達成される。したがって，均衡においては，

$$Y^S = Y^D$$

が成立しなければならない。

この章では，総需要に見合った量が常に生産されるとの考えを前提にしていた。これを思い出そう。さらに，生産量（総供給）は国内所得 Y に等しい。三面等価のうちの生産面と分配面であり，「生産されたものは誰かの所得に分配され尽くされる」ために，常に等しくなる。したがって，常に，

$$Y^S = Y$$

となる。これらを考慮すれば，生産物市場の需給均衡条件は，数式の上では Y^S と Y^D の両方を消去して

$$Y = C + I \tag{4.4}$$

と書き換えられるだろう。

GDP 決定の方程式　　(4.4) は GDP 決定の基本となる重要な方程式であり，その意味と導出の手続きを十分に理解しておかなければならない。(4.4) の右辺に，(4.1) (4.2) を代入すれば，

$$Y = \bar{C} + cY + \bar{I} \tag{4.5}$$

を得る。GDP の決定の基本的な考えは，有効需要の原理であり，それは「総需要が総供給を決定する」という内容であった。しかし，有効需要の原理は，総需要が総供給に先決する，と主張しているわけでは決してない。(4.5) では，右辺が総需要，左辺が総供給である。右辺を見ればわかるように，総需要自体もまた国内所得（＝総供給）Y に依存するのである。この意味で，「総需要が生産を決定する」という表現は必ずしも適切ではないかもしれない。総需要と総供給は均衡においてあくまで同時に決定されるからである。

さて，表現の上では，(4.5) は Y についての簡単な方程式であり，これを解くのは容易だろう。(4.5) を満たす国内所得（＝総供給＝総需要＝GDP）を Y^*

とすると，

$$Y^* = \frac{\overline{C}+\overline{I}}{1-c} \tag{4.6}$$

となる．需給均衡を満たす国内所得水準という意味で，Yにはスター"*"をつけた．$\overline{C}$，$\overline{I}$，cはいずれも外生的に与えられているため，(4.6) によって**均衡国内所得（均衡 GDP）**Y^*が求められるのである．たとえば，

$$\overline{C}=20, \quad \overline{I}=60, \quad c=0.8$$

とすれば，均衡の国内所得Y^*は，(4.6) を用いて，

$$Y^* = \frac{20+60}{1-0.8} = 5 \times 80 = 400$$

と計算される．

乗数の意味　　この数値例では，独立消費と独立投資の合計（これを**独立支出**と呼ぶ）が80であり，GDPは，独立支出に「1から限界消費性向を引いた値の逆数」である5を乗じて求められている．この「1から限界消費性向を引いた値の逆数」を**乗数**（multiplier）と呼ぶ．これを用いると，(4.6) は，

$$\text{GDP} = 乗数 \times 独立支出 \tag{4.7}$$

と表現できる．GDPは独立支出と乗数の積として決定されるのである．いいかえるならば，そもそもは，GDPが独立支出に「1から限界消費性向を引いた値の逆数」を乗じて求められるために，その乗じる値が乗数と呼ばれるのである．限界消費性向が0と1の間にあるために，乗数は必ず1より大きくなることも，単なる「掛ける数」でなく「乗数」と名付けられるに値する所以である．

一般的な想定への拡張　　本節の簡単なモデルが示しているように，国内所得ないしGDPがどの水準に決まるかを知るには，各経済主体の需要行動を考えなければならない．ここでは，家計の消費行動については (4.1)，企業の投資行動については (4.2) と，いずれもきわめて簡単な想定を採用している．その結果，(4.7) に要約されるGDPの決定式が導かれた．

いいかえるならば，GDPが (4.7) のような簡単な数式で表現できるのは，きわめて単純な想定で議論しているからにほかならない．経済主体の行動様式が異なれば，それに合わせてGDPを決定する数式も多少複雑になってくるだ

ろう．GDPの決定をより一般的な想定のもとで考えるには，(4.4)にもどらなくてはならない．本章の練習問題には，そのような拡張された想定のもとでのGDPの決定や一般化された乗数が取り上げられている．

4.3 45°線の図

次に，前節での議論を図を用いて説明しよう．図4.1の横軸には国内所得Yが，縦軸には総需要と総供給がとられている（第2章の図と異なり，縦軸が物価水準でないことに注意）．切片が$\bar{C}$，傾きがcの直線が，消費関数(4.1)を図示したものである．この直線を$\bar{I}$だけ上方に平行移動しよう．図の直線$C+I$がこれである．直線$C+I$は，さまざまなYの水準に対応する総需要$C+I$を示す直線にほかならない．

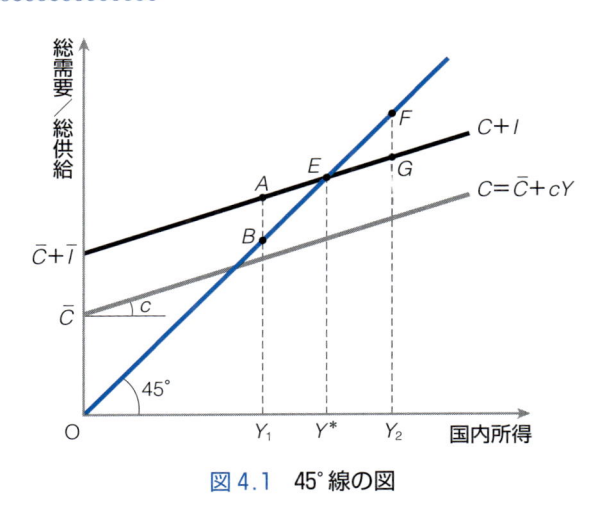

図4.1 45°線の図

図4.1には，もう一つ45°線が描かれている．これは何を意味するのであろうか．横軸の値と縦軸の値が等しくなるのが45°線の上である．他方，総供給Y^sは常にYに等しくなるのであった（三面等価のうちの生産面と分配面の一致のため）．それを思い出せば，45°線を，さまざまなYとそれに対応する総供給Y^sの関係として理解できるだろう．

このように，直線$C+I$と45°線は，それぞれさまざまなYに対応する総需要と総供給を表わすのである．大切な点なので，十分に理解してから先に進み

たい。これが理解できれば，二つの直線の交点 E で総需要と総供給が一致し，

$$Y = C + I$$

となるのを確認する作業は容易だろう。交点 E の横座標 Y^* が，(4.6) で求めた値に等しい。これも簡単にわかる。こうして，図 4.1 を用いると，均衡の GDP が二つの直線の交点として求められるのである。図 4.1 は，分析に 45°線を用いているため，45°線の図とも呼ばれる。

■不完全雇用経済の需給調整

45°線の図から，

$$Y < Y^* \text{ のとき } Y < C + I$$
$$Y > Y^* \text{ のとき } Y > C + I$$

が確認できる。$Y < C + I$ の場合には，総需要が生産量を上回っており，生産物に対する超過需要が発生している（たとえば，図 4.1 で $Y = Y_1$ ならば AB だけの超過需要が存在する）。こうした状況では，需給が一致するまで生産が拡大し均衡が達成されるであろう。逆に，$Y > C + I$ ならば経済は超過供給の状態にあり（たとえば図 4.1 で $Y = Y_2$ ならば，FG だけの超過供給が存在する），いずれ生産が縮小し需給均衡が回復する。これが，不完全雇用経済の需給調整である。

第 2 章でふれたように，不完全雇用経済でも総需要が生産量を上回るときには，多少とも物価水準の上昇が起こらなければならない。しかし，ここではそれにともなう複雑化を避け，物価水準は一定であると仮定された。有効需要の原理のエッセンスを理解するには，そのほうが好都合だからである。

派生的な総需要の変動　　いま GDP ないし国内所得が図 4.2 の Y_1 の水準にあり，その結果 A_1B_1 だけの超過需要が存在したとしよう。企業が超過需要分 A_1B_1 だけ生産量を増やせば，Y は Y_2 の水準まで増加する（$A_1B_1 = A_1B_2$ によるが，なぜか？）。しかし，超過需要に対応して生産を増やしたにもかかわらず，Y_2 の水準でも需給は一致せず，A_2B_2 に等しい超過需要が残る。なぜこうした状況が生ずるのであろうか。その理由は簡単。Y の増加によって家計の消費需要が増加するからである。

こうしたいわば派生的な総需要の増加を考慮すると，Y が Y^* の水準になっ

てはじめて，超過需要が解消されることに気づかれるであろう。逆に，たとえば Y が Y^* を上回る Y_3 の水準であったとすれば，企業が $Y_3 - Y^*$ だけ供給を減少させないと超過供給は解消しない。Y が Y^* の水準にあるときに限って，超過需要も超過供給も存在せず，そのため Y^* は均衡 GDP 水準ないし均衡国内所得水準と呼ばれる。

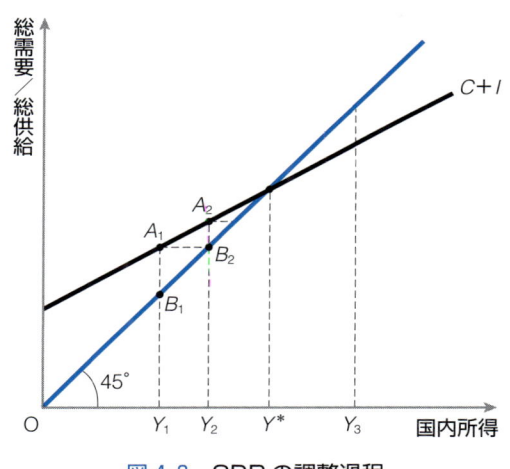

図 4.2　GDP の調整過程

意図せざる在庫変動と生産調整　超過需要や超過供給の存在が，どのようなメカニズムを通じて企業に増産や減産をもたらすのであろうか。これを簡単に説明しておきたい。まず超過需要が存在している状況を想定しよう。超過需要が存在するときには，それに等しい在庫ストックの減少が生ずる。この在庫ストックの減少は，企業によって意図されたものではない。企業は，予想外の在庫ストックの減少，すなわち，意図せざる在庫減を見て，生産増を計画するのである。逆に，超過供給が存在するときには意図せざる在庫増がもたらされ，それが企業に対して生産計画の縮小をもたらす。

ほんらい，こうした生産計画の改定には少なくない時間を要する。したがって，実際には GDP が常に均衡 GDP の水準にあるとは限らず，しばらくは超過需要や超過供給が存在したままの状態が続くかもしれない。本章で説明した GDP の決定では，計画改定に要する時間を考慮しておらず，調整は瞬時に完了すると考えられているのである。

三面等価の確認　第 1 章で学んだ GDP の三面等価の恒等式の一つである，

GDP≡GDE は，政府部門と海外部門を無視したここでの想定では，

$$Y \equiv C + I \tag{4.8}$$

となる．これと，需給均衡条件，

$$Y = C + I \tag{4.4}$$

とはきわめてよく似ていることに気づかれるであろう．しかし，(4.4) は，生産物市場の需給均衡式であり，国内所得 Y が均衡の値をとったときに限って成立するのに対して，(4.8) は均衡においてはむろんのこと，均衡以外でも成立する恒等式である．両者は厳密に区別されなければならない．

たとえば，生産物市場が超過需要の状況にあったとしよう．(4.4) は成立せず，超過需要分は，意図せざる在庫ストックの減少で埋め合わされざるをえない．「在庫ストックの減少」は「負の在庫投資」を意味する．意図せざる在庫ストックの減少は，意図せざる（負の）在庫投資と見なせるのである．この意味での「意図せざる在庫投資」を総需要に加えれば，総需要は総供給に常に一致する．恒等式 (4.8) は，こうした理解のもとで成立する関係，と考えればよいだろう．(4.8) の右辺 I には，意図せざる在庫投資が含まれているために，恒等的に成立するのである．これに対して，(4.4) の I は投資計画を意味しており，意図せざる在庫投資は含まれない（ただし，計画された在庫投資は，投資 I の重要な構成要素である）．これが (4.4) が均衡に限って成立する理由である．

4.4　インフレギャップとデフレギャップ

有効需要の原理は，均衡の GDP ないし国内所得が完全雇用 GDP 以下のときに限って通用できる考え方である．総需要が増加し，均衡の GDP が完全雇用 GDP の水準に到達してもなお総需要が増加し続けたときには，それに応じて生産量を拡大しようにも拡大できない．すでに完全雇用の水準に達してしまったため，不完全雇用のときのように一定の名目賃金率で労働を雇用できないからである．生産量の拡大がまったく不可能ではないにしても，完全雇用水準からさらに雇用量を増加させようとすれば，大幅な賃金の引き上げをはからねばならず，物価を一定として生産量だけを増やせる状況にないのは明らかだろう．

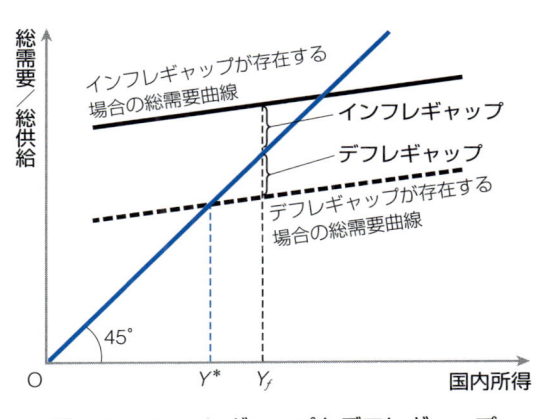

4.4 インフレギャップとデフレギャップ

ここでは，議論を単純にするために，完全雇用水準を超えて労働雇用量を増やすのは不可能，と想定しよう。このように想定すると，完全雇用 GDP を超えて総需要が上昇したときには，生産の増加での対応はまったく不可能となり，すべて物価の上昇で調整せざるをえなくなる。このため，完全雇用 GDP を超える総需要が存在するとき，その差，

$$\text{GAPI} = Y^D(Y_f) - Y_f$$

を**インフレギャップ**という。ここで，Y_f は完全雇用 GDP，$Y^D(Y_f)$ は，国内所得が完全雇用の所得水準にあると想定したときの総需要である（図 4.3 を参照。総需要曲線が実線のような状況のときインフレギャップが存在する）。インフレギャップ分だけ総需要が減少すれば超過需要は解消されるため，物価の上昇は見られなくなるであろう。このため，インフレギャップは，物価上昇圧力を示す指標と考えられている。

図 4.3 インフレギャップとデフレギャップ

逆に，$Y_f > Y^*$ のときに，

$$\text{GAPD} = Y_f - Y^D(Y_f)$$

で定義される GAPD を**デフレギャップ**という（図 4.3 で，総需要曲線が破線のように表わされるときデフレギャップが存在する）。デフレギャップは完全雇用を達成するのに不足している総需要量を表わす。すなわち，デフレギャップ分だけ総需要が増加すれば，均衡の国内所得水準は完全雇用 GDP と一致す

GDPギャップとデフレギャップの違い　同じような概念に，GDPギャップ（産出量ギャップともいう）がある。GDPギャップとは，均衡のGDPと完全雇用GDPとの差 $Y_f - Y^*$ をいう。これと，デフレギャップを混同しないようにしなくてはならない（GDPギャップをデフレギャップと呼ぶ文献や資料もあるので，十分に注意のこと）。図4.3より，総需要線が横軸に水平（すなわち限界消費性向 c が0）ならばデフレギャップとGDPギャップは量としてはまったく等しくなるが，一般には総需要線は右上がりとなり，GDPギャップのほうがデフレギャップよりも大きくなる。

4.5　貯蓄と投資

GDPの決定を，投資と貯蓄との関係からも説明できる。家計の所得のうち，消費されない部分を貯蓄という（20頁でも指摘したように，日常使われる「貯蓄」の意味とは異なるので十分に注意してほしい）。すなわち，貯蓄 S は

$$S \equiv Y - C \tag{4.9}$$

で定義される（定義式は恒等式である）。定義から明らかなとおり，貯蓄は常に正になるとは限らず，消費が所得を上回るときには負となる。個々の家計を考えれば，消費が所得を上回る年があっても不思議ではないだろう。すでに退職した高齢者の家計では，消費が所得を上回るのが常態かもしれない。消費以下の所得しかないとき，その差額は借金や保有資産の売却でまかなわれる点にも注意しておこう。個々の家計で貯蓄が負になるのは珍しくはないが，経済全体で貯蓄が負になる可能性はそれよりもずっと小さい（この点については第5章を参照）。海外部門との取引を考えると事態はより複雑になり，一国の貯蓄がマイナスになることは稀ではなくなる（第18章参照）。

■**貯蓄と投資の一致**

生産物市場での均衡式（4.4）は，

$$I = Y - C$$

と書き直せる。右辺に，貯蓄の定義（4.9）を代入すると，

4.5 貯蓄と投資

$$S = I \tag{4.10}$$

が成立する。(4.10) は，貯蓄と投資が等しいことを表わしているが，これが家計と企業だけで構成されると仮定した単純な経済での，生産物市場の均衡条件の別表現にほかならない。

所得と消費の差が貯蓄であった。(4.9) に，(4.1) の消費関数を代入すると，

$$S = -\bar{C} + sY \tag{4.11}$$

を得る。ここで，$s = 1 - c$ は限界貯蓄性向と呼ばれる ($0 < s < 1$)。所得が1円増える（減る）と，それにともなって貯蓄も増加（減少）するであろう。限界貯蓄性向とは，所得の増分に対する貯蓄の増分の比率（あるいは，所得の減少分に対する貯蓄の減少分の比率）を表わす。(4.11) は，貯蓄がどのような変数によって決まるかを示しており，貯蓄関数と呼ばれる。(4.11) の貯蓄関数を前提とすれば，貯蓄水準は所得の増加とともに増加するであろう。

企業の投資については (4.2) を想定していたから，貯蓄と投資の均等条件 (4.10) は，

$$-\bar{C} + sY = \bar{I} \tag{4.12}$$

で表わされる。これを Y について解き，解いた Y を Y^* で表わすと，

$$Y^* = \frac{\bar{C} + \bar{I}}{s} \tag{4.13}$$

を得る。$s = 1 - c$ を考慮すれば，(4.13) の Y^* が，均衡の国内所得水準に等しいのは明らかであろう。すなわち，(4.13) の Y^* は，(4.6) で求めた Y^* に完全に一致するのである。

貯蓄・投資の図　図 4.4 でこれを確認しておきたい。横軸に GDP を，縦軸に貯蓄と投資をとろう。切片が $-\bar{C}$，傾きが限界貯蓄性向 s の直線は (4.11) の貯蓄関数を，横軸に平行な直線は独立投資 $\bar{I}$ を表わす。両直線の交点が，貯蓄と投資の均等関係 (4.10) を満たすのは明らかであろう。交点に対応する横座標 Y^* が均衡の国内所得であり，これは図 4.1 の交点 E の横座標に等しい。各自，図を描きながら確認されたい。

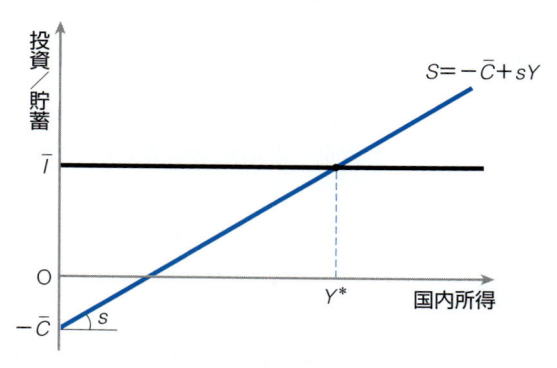

図 4.4 貯蓄・投資の図

■資金市場の均衡

　貯蓄と投資が等しくなるとき生産物市場が均衡するのは，図 4.5 を見ればほとんど自明だろう。生産物市場の均衡とは，消費需要と投資需要の和である総需要が，総供給量に等しい状況であった。均衡では図 4.5(a) のように，Y の大きさと $C+I$ の大きさが等しくなければならないのである。Y と C の差が貯蓄であるから，図から，均衡では貯蓄と投資とが等しいことが簡単に確認できるだろう。総需要 $C+I$ が総供給 Y よりも大きいときには超過需要が発生しており，均衡ではない。図 4.5(b) には，そうした状況が描かれている。このときには，Y と C の差である貯蓄は，投資よりも小さくなる。これも図から明らかだろう。

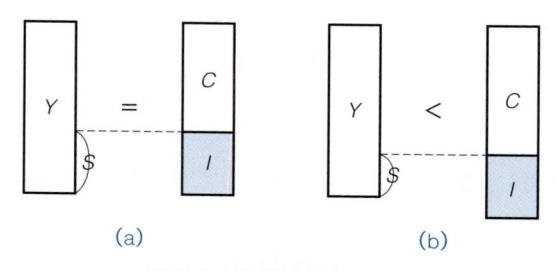

図 4.5 生産物市場の均衡

　貯蓄は所得のうち消費されなかった部分であり，家計によって供給される余剰資金となる。他方，企業が投資をするには，資金が必要である。貯蓄と投資の均等条件（4.10）は，均衡において，企業の必要資金がすべて家計の余剰資金でまかなわれることを示している。ここでは，家計の貯蓄は国内所得の一次

式として表わされ，企業の資金需要は（独立投資に等しいため）一定と仮定した。両者が一致するのは (4.12) が成立するときである。この関係の成立を，企業の資金需要に等しいだけの貯蓄をもたらすように国内所得の水準が決定される，と考えることもできるだろう。このように，生産物市場の均衡の裏には資金市場の均衡が対応しているのである。

■**節約のパラドックス**

本題からややそれるが，図 4.4 の貯蓄・投資の図に関連して，節約のパラドックスといわれる興味深いパズルを紹介しておこう。「すべての家計が貯蓄を増やそうとして限界貯蓄性向を高めても，結果的には貯蓄総額は変化しない」これが，節約のパラドックスの内容である。

限界貯蓄性向が S から S' へ高まると，貯蓄関数を表わす直線の傾きは急になり，時計と反対方向に回転する（図 4.6）。限界貯蓄性向の上昇にともなって，均衡 GDP 水準は Y^* から Y' へ低下するであろう。GDP ないし国内所得が Y' のときの貯蓄は，新しい貯蓄関数の縦軸の高さであり，限界貯蓄性向が高くなる前と同じ水準である。限界貯蓄性向が高まったにもかかわらず貯蓄が増加しないのは，それを完全に相殺するような所得水準の低下が見られるからにほかならない。均衡では貯蓄は投資に等しくなければならず，投資が一定である限り，貯蓄の総額は変化しえないのは自明であろう。

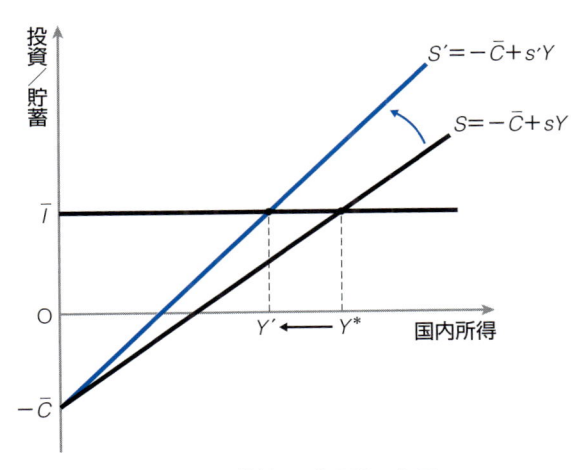

図 4.6 節約のパラドックス

意外性をより強調するならば，次の例がよりパラドキシカルである．仮に，図 4.6 において，投資が常に独立投資のみから構成されるのではなく，GDP に応じて増加する部分がある（いわゆる誘発投資）とするならば，すなわち投資需要線が $\overline{I}$ を切片とした上で右上がりの GDP の一次式で表せるようなものであるならば，限界貯蓄性向が s から s' へ高まった後の均衡での総貯蓄は，絶対額でかえって減少してしまう事態になる．この場合も，均衡では貯蓄は投資に等しくなければならず，GDP が低下して誘発投資が減少した分貯蓄も減少しなければならないのである．

合成の誤謬　節約のパラドックスは，全員がいっせいに貯蓄性向を高めようとすると，マクロ的にはかえって貯蓄総額が減ってしまう例を提供する．このほかにも，一部の家計が貯蓄を増やすのは可能であっても，すべての家計が同時に貯蓄を増やすのは不可能な例を考えることも可能である．一般に，ミクロ的な現象からの類推がマクロ経済全体では誤りをもたらしてしまうとき，合成の誤謬と呼ぶ．合成の誤謬は，マクロ経済学独自の視点の重要性を示す例といえよう．

4.6　乗数と乗数過程

4.3 節で，

$$\text{GNP} = 乗数 \times 独立支出$$

の関係を導いた．ここでは，乗数の意味について多少くわしく検討してみたい（乗数は「限界貯蓄性向の逆数」に等しいことを確かめられたい）．そのために，すべての調整が瞬時のうちに生ずるとの想定を変えて，時間の流れを明示的に導入しよう．

家計の所得の一部は消費され，残りは貯蓄される．消費需要は，それに等しい生産をもたらし，賃金および資本への報酬として家計に分配されるだろう．その結果，家計の所得は増加する．増加した所得は再び新たな消費需要を生み，それが企業の生産を増やし，家計の所得を増やす．それが三度，家計の消費を増やし，…．こうした連鎖が，いつまでも繰り返される．

いま，独立投資が追加的に 1 円だけなされたとしよう．その結果，企業は生産を 1 円増加させ，家計は 1 円分の所得が増える．増えた所得のうち，消費に

は限界消費性向 c に1円をかけた c 円が，貯蓄には限界貯蓄性向 s に1円をかけた s 円が振り向けられる。いうまでもなく両者の和は1円に等しい。貯蓄は生産物に対する需要ではないから，生産増には結びつかず，所得の流れからは漏れてしまうだろう。しかし，消費された c 円はそれに等しい生産増加をもたらし，再び家計の所得を増加させる。第二ラウンドの消費は，この c 円に限界消費性向 c をかけた c^2 円，貯蓄は限界貯蓄性向をかけた cs 円となる。同様に第三ラウンドでは，第二ラウンドの所得の増分 c^2 円をもとにして，消費が c^3 円，貯蓄が $c^2 s$ 円それぞれ増えるだろう。以下，第四ラウンド，第五ラウンドと続く。

■**乗数過程**

こうしたプロセスが永遠に続くならば，果たして所得はどれだけ増加するのであろうか。そのためにはまず消費の合計を求めなくてはならない。消費の合計は，

$$c + c^2 + c^3 + \cdots = c(1 + c + c^2 + \cdots) = \frac{c}{1-c} \quad (円)$$

で簡単に求められる[1]。独立投資の増分と消費増分の合計が所得の増加に等しいから，

$$1 + \frac{c}{1-c} = \frac{1}{1-c} = \frac{1}{s} \quad (円)$$

が所得の増加となる。すなわち，1円に乗数である限界貯蓄性向の逆数を掛けた値が所得の増分にほかならない[2]。

---

1) ここで次の公式を用いている。すなわち $|x| < 1$ のとき，

$$1 + x + x^2 + \cdots = \frac{1}{1-x}$$

この公式は経済学でしばしば使われるので記憶しておくとよいだろう。

2) GDP の決定式 (4.7) は，線形の消費関数を想定したときに限って成立する。この点については本文でも注意を喚起した。しかし，ここでの議論から推測されるように，

$$\text{GDP の変化分} = 乗数 \times 独立支出の変化分$$

の関係は，どのような消費関数を想定しても近似的に成立する。税制，輸出，輸入などを考慮した一般的なケースでも近似的に成り立つ（すべてが一次式で表わされるならば厳密に成り立つ）。ただし，モデルに応じて「乗数」に修正を加える必要がある。乗数の一般化については練習問題 4.2 を参照。

このように，乗数は所得の増分と第一段階の所得増の比率として表わされる。ここの例では第一段階の所得増は，独立投資の増加によってもたらされた。何ラウンドにもわたる「所得→消費→所得→消費→…」の連鎖を，抽象的な時間の流れでとらえるとき，それを乗数過程と呼ぶ。乗数の値には乗数過程が凝縮されているといえよう。

生産物市場が均衡するときには，投資と貯蓄が均等しなくてはならない。上で説明した乗数過程でも，この関係が成立するであろうか。最後にこれを確認しておきたい。

乗数過程での貯蓄の増加部分を合計すると，

$$s + cs + c^2s + c^3s + \cdots = s(1 + c + c^2 + c^3 + \cdots)$$
$$= s\left(\frac{1}{1-c}\right) = \frac{s}{s} = 1 \text{ (円)}$$

となる。すなわち，貯蓄の増分は独立投資の追加分と等しくなり，確かに投資に等しい貯蓄が生み出されているのである。

4.7 まとめ

本章では，不完全雇用経済を念頭において，GDP（国内所得）の決定メカニズムを考察した。不完全雇用経済でのGDP決定の基本は，有効需要の原理である。労働市場には非自発的失業が存在するため生産物市場には潜在的な供給余力があり，総需要に応じた総供給の生産はいつでも可能だからである。本章では，総需要は独立支出の部分と国内所得に依存する部分からなると考えた。こうした想定では，GDP水準は，独立支出に乗数を掛けて求められる。

生産物市場が均衡するとき，貯蓄と投資は等しくなる。この意味で，GDP水準の決定メカニズムは，企業が投資に際して必要な資金が，すべて家計の貯蓄によって生み出されるメカニズムでもある。

練習問題

4.1 次の主張の正誤を論じよ。
(1) 貯蓄は可処分所得のうち消費されなかった部分である。
(2) 有効需要は，経済主体によって計画された「購買力のともなった」総需要である。「有効」とはその意味で用いられる。
(3) 事前的にも事後的にも，貯蓄と投資は等しい。
(4) 生産物市場が均衡すれば，資金市場も均衡する。
(5) 合成の誤謬が起こるのは，マクロ経済を構成する経済主体が多様で時には相反する行動をとるためである。
(6) 政府支出増と同額の減税では，減税の乗数効果のほうが大きい（この問は 4.2 を答えた後で考えよ）。

4.2 一般化された乗数を考えるために，以下の諸関数を導入する。ただし，各項目について，記号の上に "−" のついた定数は自律的支出（他の変数に依存しない支出をさし，「独立支出」と同じ意味である），小文字で表わされたパラメータは所得に対する反応係数である。

《消費》　　　$C = \bar{C} + c(Y-T)$
《租税》　　　$T = \bar{T} + tY$
《投資》　　　$I = \bar{I} + iY$
《政府支出》　$G = \bar{G} + gY$
《輸出》　　　$X = \bar{X} + xY$
《輸入》　　　$M = \bar{M} + mY$

(1) それぞれのパラメータは，$c =$ 限界消費性向，$t =$ 限界税率，$i =$ 誘発投資係数，$g =$ 内生的政府支出係数，$x =$ 輸出ドライブ係数（不況期の輸出増効果），$m =$ 限界輸入性向，を表わしている。これらのパラメータの符号について議論せよ。
(2) 一般化された乗数の値を求め，それぞれのパラメータが乗数を大きくしているか小さくしているかを説明せよ。
(3) $c = 0.8$，$t = 0.2$，$i = 0.1$，$g = 0.16$，$x = -0.1$，$m = 0.2$，のときの乗数の値を求めよ。

4.3 以下の空欄を，適切な語句ないし数値で埋めよ。
(1) $Y = C + I + G$，$C = 50 + 0.8(Y-T)$，$I = 100$，$G = T + 30$，とする。このとき，可処分所得は　1　となる。ここで政府税収を $T = -T_0 + tY$ としよう（T が負のときには $|T|$ の補助金が与えられると考える）。$T_0 = 200$，限界税率を $t = 0.3$ とす

れば，$Y=\boxed{2}$ となる．このとき貯蓄は $\boxed{3}$ となり，政府支出と等しい．限界税率を $t=0.1$ に下げたとき，$\boxed{2}$ に等しい GDP を得るには $T_0=\boxed{4}$ にしなければならない．$T_0=200$ のままで $t=0.1$ とすると，貯蓄水準は $\boxed{3}$ とくらべて $\boxed{5}$．

(2) $Y=C+I+G$，$C=20+0.8(Y-T)$，$I=18$，$G=50+gY$，$T=20+tY$，とする．もし $g=0$，$t=0.05$ ならば $Y=\boxed{6}$ となる．このとき財政収支は，$\boxed{7}$ の $\boxed{8}$ 字となる．$g=t=0.1$ とすれば，$Y=\boxed{9}$ であり，財政収支は $\boxed{10}$ の $\boxed{11}$ 字となる．$Y=\boxed{6}$ の水準で財政収支を均衡させるには，$g=\boxed{12}$，$t=\boxed{13}$ としなければならない．

4.4 政府支出の増加と同時に，同額の増税がなされる場合を考えよう．このような財政方針は，均衡財政と呼ばれる．

(1) $Y=C+I+G$，$C=\bar{C}+c(Y-T)$，$I=\bar{I}$ とする．このとき，$\Delta G=\Delta T$ の均衡財政の乗数が 1 であることを証明せよ．

(2) (1) の結果は，どのように解釈されるか．

4.5 二国からなる開放経済モデルを考える．二国モデルでは，自国の輸入は相手国の輸出，自国の輸出は相手国の輸入になる．自国の生産物の需給均衡は，

$$Y=C+I+G+X-M$$

で表わされるであろう．ここで，

$$C=\bar{C}+cY$$
$$I+G=\bar{A}$$
$$X=M^*=\bar{M}^*+m^*Y^*$$
$$M=X^*=\bar{M}+mY$$

を仮定する．スター"*"は相手国の変数を意味する．スターのない変数にスターをつけ，スターのある変数からスターをとると，相手国の均衡式が得られる．

(1) 自国の独立支出 A が増えた場合の，自国と相手国の GDP に対する乗数を求めよ．

(2) 相手国のリパーカッション（反応）がない場合（$m^*=0$）と比べて，自国の乗数は大きくなっているであろうか，小さくなっているであろうか．その理由も考えよ．

II

経済主体の行動

　第Ⅰ部では，きわめて単純な想定のもとでではあったが，マクロの経済活動水準の決定にとって家計や企業の行動がいかに重要かを学んだ。第3章では，家計の労働供給と企業の労働需要を，それぞれ効用最大化と利潤最大化を目的とする合理的行動の結果として導いた。これに対して，不完全雇用経済での所得決定を論じた第4章で重要な役割を果たしたケインズ型消費関数と独立投資は，必ずしも経済主体の合理的行動の結果として導かれてはいない。その意味で，ミクロ的基礎付け（microeconomic foundation）に欠ける想定での議論といえるだろう。

　もちろん，厳密な意味でのミクロ的基礎付けに欠けたとしても，それが本質的でなければ何ら問題はない。しかし，近年のマクロ経済学の研究によれば，経済主体の行動を合理的な行動として理解するか否かが，結論を大きく左右するのである。この意味で，ミクロ的な基礎付けをあまり考慮してこなかった従来のマクロ経済学の体系（ケインズ経済学）が，経済主体の合理的行動を前提としたマクロ経済学の体系（古典派経済学）からの挑戦を受けたのである。第Ⅱ部では，こうしたマクロ経済学の現状をふまえて，経済主体の経済合理性を前提とした家計の消費・貯蓄行動や企業の投資行動について考察したい。

　経済主体が，与えられた状態のもとで最適な行動をとっているとき，その経済主体は主体均衡（の状況）にあるという。経済主体をとりまく経済環境が変われば，それに応じて主体均衡は変化する。需要曲線や供給曲線は，各経済主体の合理的行動の結果として導かれており，主体均衡を満たす点の集合と考えられる。

　家計のさまざまな問題のうち，労働供給の決定については第3章で考察した。家計にはこのほかに，消費と貯蓄の決定，総資産をどのような資産で保有する

かの決定などの問題がある。後者の問題は第7章でふれることにし，第Ⅱ部では消費・貯蓄を考察の対象とする。これが第5章である。家計は衣料品や食料品を需要すると同時に土地や住宅を購入している。土地や住宅に対する支出，あるいは冷蔵庫や乗用車などの耐久消費財の購入決定は，普通の財・サービス（非耐久消費財と呼ばれる）に対する支出とは異なった側面をもつ。耐久財に対する購入決定の論理は，第6章で考察する企業の投資行動と基本的に変わらないため，その応用問題として考えてほしい。子供に高等教育を受けさせるか否かの決定も，家計の投資行動として理解できるだろう。

　企業の問題には，第3章で取り上げた労働需要やそれに対応した生産活動（財・サービスの供給）の決定のほかに，設備投資水準の決定や投資資金の調達方法等がある。実際には，在庫投資の決定，資本ストックの稼働率の決定，労働者の残業時間の調整，正規雇用とパート・派遣・アルバイトなどの非正規雇用の比率なども重要な問題といえよう。このうち，第6章では，もっぱら設備投資の決定を取り上げる。その他の問題のいくつかは，別の章で取り上げるが，すべての問題が取り上げられるわけではない。取り上げられない問題は，マクロ経済学の入門の段階ではとくに必要ないテーマと考えてよいだろう。

5

家計の消費・貯蓄行動

　家計の消費行動（あるいはコインの裏面としての貯蓄行動）を，家計の合理的行動を前提として考える代表的理論は，ライフサイクル仮説や恒常所得仮説と呼ばれる理論である。本章では，まずこれらの仮説を説明する。

　貯蓄を増やせば，現在の消費が減少するかわりに将来の消費が増える。逆に現在の消費を増やし貯蓄を減らせば，将来の消費は減らざるをえないだろう。このように，消費・貯蓄問題は異時点間の消費配分の問題にほかならない。各家計は一生涯を通じて獲得できる所得の流列を考慮しながら，望ましい生涯の消費パターンを決める。消費パターンが決定されれば，各期の貯蓄は所得と消費の差として決定されるであろう。これが，ライフサイクル仮説の考え方である。本章では，ライフサイクル仮説のエッセンスを，一生涯を若年期と老年期の2期間に分けたモデルを用いて説明したい。恒常所得仮説は，ライフサイクル仮説の特殊ケースと考えられる。

　ライフサイクル仮説や恒常所得仮説では，資金が自由に貸借される状況が前提とされる。この前提が満たされない場合，とくに借入れがまったく不可能な場合には，各期間ごとの所得がその期間に可能な消費の量的制約にならざるをえない。こうした状況を流動性制約があるという。流動性制約があるときには，近似的にケインズ型消費関数が導かれる。

　経済全体には，異なるライフ・ステージの経済主体が混在する。ライフサイクル仮説に基づく個々の家計や個人の消費・貯蓄パターンから，マクロの消費・貯蓄を導く際には，これが重要な意味をもつ。マクロの消費関数の導出の過程も，本章で是非学ばなければならないテーマの一つである。

5.1 ライフサイクル仮説

各個人は，稼得した所得のすべてをその期に消費してしまうわけでは必ずしもない。老後には賃金所得がなく，そのときの消費に備えて何らかの蓄えが必要となるかもしれず，そのために貯蓄をする人もいるだろう。反対に，とくに若いときには，借金をしてでも所得以上に消費する人がいるかもしれない。現在の消費を増やせば，それだけ現在の効用（満足度）は増すが，将来の消費のための貯蓄は少なくなり，将来の効用は小さくなる。各個人はどのように消費と貯蓄の配分を決めるのであろうか。経済全体の消費と貯蓄は，各個人の行動とどのように関連するのであろうか。

■2期間モデル

こうした問題に取り組むための第一歩として，人生を若年期（期間1とする）と老年期（期間2とする）とに分けよう。2期間で考えるのは単純化のためである。本章では，家計と個人を同一視し，もっぱら個人を念頭に置いて説明する。もちろん，現実の家計は年齢の異なる個人の集まりである場合が多いが，それを強調しても議論が複雑になるだけで，かえって混乱するからである。異なる年齢構成の問題は，マクロの消費関数や貯蓄関数を構築する際に考慮しよう。

基本モデル　　期間 i（$i=1, 2$）における消費を C_i，所得を Y_i，利子率を r，貯蓄を S としよう。貯蓄は期間1においてのみなされる。期間2の期末には，すべての個人は死を迎えるため，期間2に貯蓄しても意味がないからである（遺産として資産を残す動機は無視する）。若年期に正の貯蓄をすれば，老年期にはそれだけ消費が増加する。貯蓄が負の値をとるとき，S の絶対値の額を借入れしていることになる。さしあたり負の貯蓄，すなわち借入れが可能であると仮定しよう。各個人の効用は，各期の消費に依存する。その効用関数を $U(C_1, C_2)$ で表わそう。こうした状況では，この個人の合理的行動は以下のようになる。

若年期における所得は消費と貯蓄に振り分けられるため，

$$Y_1 = C_1 + S \tag{5.1}$$

でなければならない。まず、これに注意しよう。次に貯蓄には利子（利息や金利ともいう）がつくから、老年期の消費は老年期の所得と若年期の貯蓄の元利合計の和となる。すなわち、

$$C_2 = (1+r)S + Y_2 \tag{5.2}$$

が成り立つ。貯蓄 S が負のときには、右辺第 1 項は若年期の借入金の返済額（利息を含む）となることに注意したい。各個人は (5.1)、(5.2) の条件のもとで効用関数 $U(C_1, C_2)$ の値を最大にするように行動する。

図 5.1 には、若年期（現在）と老年期（将来）の消費に関する無差別曲線が描かれている。点 A と点 B は同じ無差別曲線上に位置するため、どちらも同じ大きさの効用をもたらす。一般に、右上に位置する無差別曲線ほど効用が高い。たとえば、点 C は点 A や点 B よりも大きな効用をもたらす消費の組合せである。

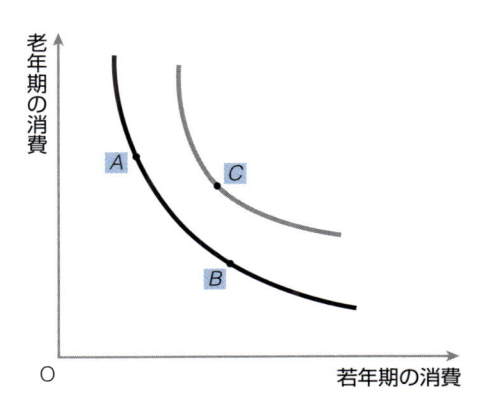

図 5.1　若年期と老年期の消費の無差別曲線

現在価値ではかる　　異なる時点における合理的な行動を考える場合、現在の 1 円と将来の 1 円の価値が異なることに十分注意しなければならない。たとえば、利子率が 10％であったとしよう。10％の利子率で 10 万円を貯蓄すれば、1 年後には 11 万円が返ってくる。この意味で、現在の 10 万円は翌年の 11 万円と等しい価値をもつ。表現を変えると、現在の 10 万円と翌年の 11 万円とが自由に「交換」できるのである。一般に利子率が r のとき、翌年の x 円を現在価値に直すと $x/(1+r)$ 円になる。

慣れないとわかりづらいかもしれない。もう少し説明を続けよう。次の問題を考えてほしい。21歳から60歳までの40年間に渡って，毎年400万円の賃金所得があるとしよう。生涯の賃金所得はいくらか？ 40(年)×400(万円)＝1億6千万円。これまではこれでよしとしよう。しかし，これ以降，こうした計算をしてはならない。Tシャツ10枚と自動車5台を合計した数字15に何か意味があるだろうか。意味がないのは明らかだろう。単位が違うからである。ではTシャツ10枚と絵葉書20枚の和30枚は？ 単位が同じ枚でもやはり意味はない。生涯所得1億6千万円の計算はTシャツと絵葉書を足してしまうのと同じ誤ちを犯している（新聞やテレビをちょっと注意してみると，同じような誤ちをすぐに見つけられるであろう）。今年の400万円と30年後の400万円とでは，同じ円ではかられていても「違う財」だからである。両者を直接比較したり，足したりしてはならない。足すには「同じ単位」に直す必要がある。

異時点での所得を比較するには，両者を現在価値ではかると便利である。たとえば，現在と将来との所得をそれぞれ Y_1，Y_2 とすれば，その現在価値の和は，

$$Y = Y_1 + \frac{Y_2}{1+r} \tag{5.3}$$

となる。

図5.2に，等しい現在価値を与える所得 (Y_1, Y_2) の組合せが描かれている。(Y_1, Y_2) を通り，傾きが $-(1+r)$ の直線 DF がそれである。この図をよく見てほしい。貯蓄や借入れができないならば，この家計の若年期と老年期の消費はそれぞれ OA と OB にならざるをえない。ところが，貯蓄や借入れが可能であれば，DF 上のどのような点に対応する消費も可能となる。たとえば，点 H で与えられる組合せを考えてみよう。若年期の所得 OA のうち IA を貯蓄すれば，老年期には IA に $1+r$ を乗じた額 BG が返ってくる。反対に，点 K で与えられる組合せの場合，AL を借入れればよい。老年期にはその $1+r$ 倍を返済しなければならず，その返済額が $BJ = (1+r)AL$ になるのは明らかであろう。

異時点間の予算制約線 各個人は若年期の消費と老年期の消費を自由に選択できるわけではない。所得が一定である以上，消費できる量にも自ずから限度がある。C_1 と C_2 は次の関係

$$C_1 + \frac{C_2}{1+r} = Y_1 + \frac{Y_2}{1+r} \tag{5.4}$$

を満たす範囲でないと選択できない。この関係を満たす C_1 と C_2 の組合せが直

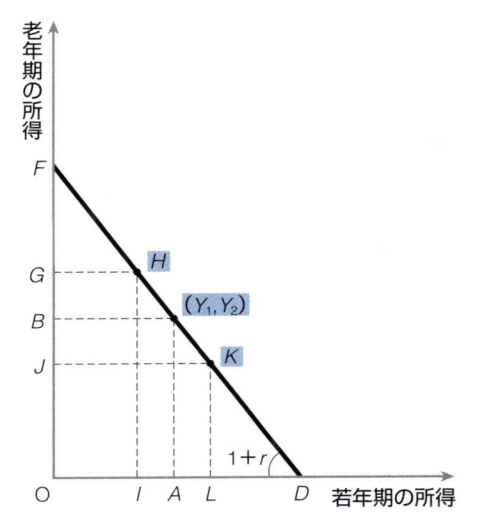

図 5.2　現在価値が等しい所得の組合せ

線 DF であり，これを**家計の予算制約線**，あるいは若年期と老年期にわたる制約であることを強調する場合には**異時点間の予算制約線**ないし**ライフサイクル予算制約線**といっている。(5.4) は，(5.1) と (5.2) から S を消去すれば簡単に求められる。

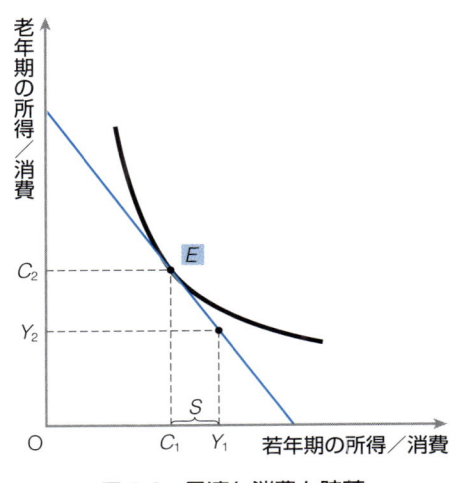

図 5.3　最適な消費と貯蓄

図 5.1 と図 5.2 を同時に考えると，最適な消費点が得られる（図 5.3）。無差別曲線が DF と接する点 E がそれである。図から，消費水準 C_1, C_2 および貯蓄 S が現在と将来の所得，および利子率に依存して決定されることがわかる。このように，時間を通じての消費配分には，利子率が重要な役割を果たすのである。以下で，所得や利子率の変化が最適な消費や貯蓄に及ぼす影響について検討する。

■所得の効果

まず，同じ現在価値をもつ，若年期と老年期の所得のさまざまな組合せ（Y_1, Y_2）の意味合いを考えてみよう。容易に確かめられるように，所得の稼得タイミングが異なるが，同じ現在価値をもつ（Y_1, Y_2）から導かれる異時点間の予算制約線はまったく同じものになり，したがって最適な消費の組合せも変わらない。このため，若年期の所得が高いほど貯蓄が大きくなる。反対に，老年期の所得が大きくなると貯蓄は小さくなり，極端な場合には借入れをするようになるであろう。

生涯所得の現在価値の和が増加するような所得の変化の場合はどうであろうか。Y_1 か Y_2，あるいはいずれもが増加すれば生涯所得の現在価値の和が増加するのは明らかだろう（どちらかが減少しても，それ以上に他方が増加すれば現在価値は増加することがある）。こうした状況では，一般に C_1 と C_2 は増加すると考えられる[1]。貯蓄に対する影響は，C_1 の増加と Y_1 の変化に依存するため，プラスになる場合もあるしマイナスになる場合もある。

■利子率の効果

次に，利子率の変化がもたらす影響を考えてみよう（図 5.4）。若年期の所得 OA，老年期の所得 OB を一定とすると，利子率が上昇したとき，予算制約線は点 F を中心にして右に回転する。利子率の上昇にともなって（Y_1, Y_2）の現在価値は減少することに注意したい。利子率の上昇の結果，最適点 E はどのように変化するであろうか。図では最適点が点 E から点 E' へ移り，それにともなって，C_2 は C_2' へ増加し C_1 は C_1' へ減少するように描かれている。しかし

---

[1] 無差別曲線の形状（家計の選好）次第では C_1 か C_2 が減少する場合もないわけではないが，少なくとも一方は必ず増加しなければならない（なぜか？）。

一般には，C_1 が減少するか否かは，はっきりしない。利子率の変化が相反する二つの効果をもつからである。

一つは現在と将来の相対的な価格変化がもつ効果（代替効果）である。利子率の上昇は，将来の消費の現在価格 $1/(1+r)$ の相対的な下落を意味するため，将来の消費を相対的に増加させ，現在消費を減少させる。これは，貯蓄を増大させるように働く。現在の所得水準は一定だからである。いま一つは，実質的な購買力の変化がもたらす効果（所得効果）である。これは予算制約線の右上へのシフトと同じ効果を持ち，現在消費と将来消費のいずれをも増大させるため貯蓄を減少させる効果をもつ。これらの二つの効果は逆方向に働くため，その大小によって効果は異なる。前者が相対的に大きければ，利子率の増加は現在消費をこれまでより減らし，貯蓄を増大させるであろう。逆ならば逆，である。

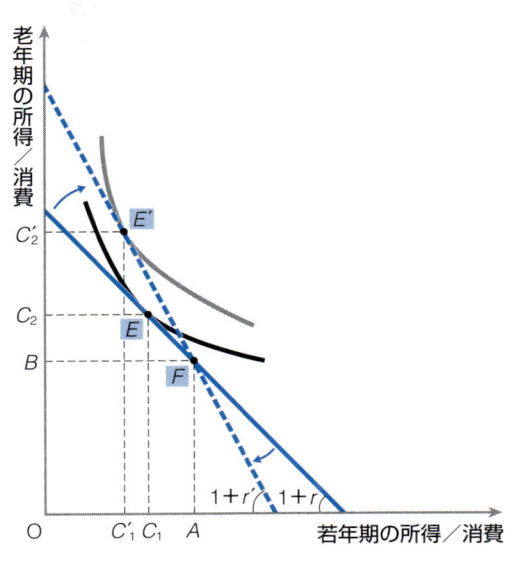

図 5.4 利子率の上昇の効果

図 5.4 からも理解されるように，利子率が下落していくと，いずれ貯蓄はゼロになり，さらに利子率が低下すれば，逆に借入れをするようになる。各家計は利子率の水準に依存して，借入れをしたり，貯蓄をするのである。

■多期間モデル

これまでは一生涯を若年期と老年期の2期間に分けるという大胆な単純化のもとで考えてきたが，多期間に区分しても，上で述べられた結論とほぼ同様の結果が得られる。一般に将来にわたって徐々に所得が低下してゆくならば，将来のために貯蓄するのが普通であり，逆に将来の所得が増加すると考えられるならば，借入れをして現在の消費に回すであろう。

たとえば，人生を80年とし，20歳から60歳までに図5.5のような所得が得られるとしよう。これに加えて，0歳の時点で親からA_0だけの資産を譲渡されている。簡単化のため利子率rはゼロとしよう。生涯を通じた最適な消費プロフィルを求めるには効用関数を特定化しなければならない。しかし，ここでは各期の消費が全生涯を通じて一定であると仮定しよう（2期間モデルでの考察からわかる通り，直観的にいえば一生涯の所得を各期にならして消費するのが最適な行動である。それが各期の消費一定を意味するわけでは必ずしもないが，そのように仮定しても，最適な消費プロフィルの本質＝ならされた消費プロフィルが，失われるわけではない。むしろ，この仮定によって議論の本質がより明確になると考えるべきだろう）。こうした想定のもとでは，資産の推移は図5.6のように描かれる。

この例から，各個人にとって一生の所得をほぼ均等に消費するのが最適ならば，所得の低い若年期には借金をし，中年期には若いころの借金を返しつつ高齢期に備える，というライフ・パターンがとられることがわかるであろう。一般に各時点における消費は，その時点における所得のみならず，将来の所得にも依存するのである。将来の所得がいくらであるかは不確定だとしても，基本的な動きに大きな違いはないだろう。モディリアーニ（F. Modigliani）等によ

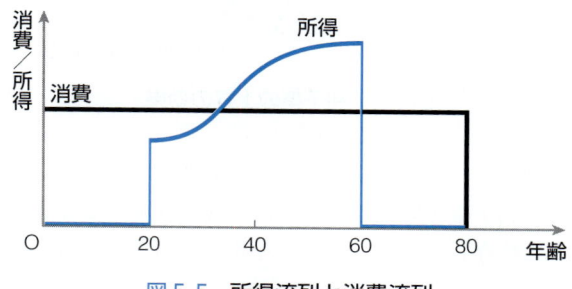

図5.5 所得流列と消費流列

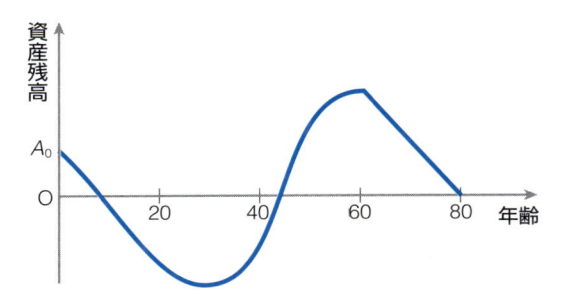

図 5.6　ライフサイクルの資産残高

り提唱されたこうした考え方は，ライフサイクル仮説と呼ばれる。各個人のライフサイクルの各局面に応じて，消費・貯蓄パターンが決まるからである。

5.2　恒常所得仮説

　ライフサイクル仮説とよく似た考え方に，フリードマン（M. Friedman）の恒常所得仮説（permanent income hypothesis）がある。フリードマンは，実際の所得 Y を恒常的・永続的な所得（以下，恒常所得）Y_P と一時的・臨時的な所得（以下，一時所得）Y_T とに分けた。すなわち，

$$Y = Y_P + Y_T$$

であり，恒常所得 Y_P は，2期間モデルを用いると，

$$Y_P + \frac{Y_P}{1+r} = Y_1 + \frac{Y_2}{1+r}$$

の関係を満たす所得水準として定義される。この定義からわかるように，恒常所得とは生涯所得を均したものである。(Y_1, Y_2) の組合せがさまざまに異なっても，それらの現在価値の和が等しいなら，2期間とも恒常所得 Y_P を稼得する場合の現在価値とも等しい。この点に留意しよう。

消費は恒常所得に依存する　　恒常所得仮説のエッセンスは，人々の消費 C が基本的にはその時点での所得 Y ではなく恒常所得 Y_P に依存する，と考えるところにある。とくに，

$$C = kY_P$$

が成り立つと考える。ここで，k は定数と考えておこう[2]。このように，消費が将来の所得流列がどのようになるかに依存して決まるという点で，恒常所得仮説はライフサイクル仮説の特殊ケースといえよう。恒常所得仮説では，恒常所得に変化がない一時所得の変化はそのまま貯蓄の変化に吸収され，消費には影響が及ばないと考えるのである。

もっともこうした定式化は極端にすぎる。一般に消費は一時的な所得 Y_T にも依存するだろう。しかし，その場合でも，たとえば一時的な所得 Y_T が増加したときには，それを各期の消費に振り向けるため，その期の消費の増加はそれほど多くはない。逆に一時的に所得が小さくなっても，将来の各期の消費を減らそうとするため，その期の消費の減少はそれほど大きくはないと考えられるのである。

減税政策の効果　後にくわしく述べるが（第 16 章の 16.3 節），ライフサイクル仮説や恒常所得仮説に従って消費が決定されているとすれば，たとえば景気拡大策として政府が減税政策を採ったとしても，それが一時的なものである限り政策効果は大きくない。なぜならば，減税が一時的であれば，（定義によって）恒常所得はほとんど変わらず，消費に対する影響はほとんど見られないからである。

同様に，現在の増税を避けるために国債を発行しても結果は増税と変わらない。国債発行によって現在の増税は避けられたが，いずれは将来時点で国債を償還しなければならず，そのためには償還時点で増税する必要が生ずる。相違は，現在増税するかそれとも将来増税するかだけであり，両者の割引現在価値が変わらないならば，国債政策は，消費パターンにはまったく影響を及ぼさないのである。

5.3　流動性制約下の消費・貯蓄

これまでの議論では，借入れが容易であるという仮定が重要な役割を果たしていた。将来所得が不確実な家計への貸出しは，金融機関にとってあまりにもリスクが大きい。不確定な将来所得は担保とはなりにくいのである。このため，

---

[2]　定数といっても，利子率の変化などの経済環境の変化の影響を妨げるものではない。子孫に遺産を残すという遺産動機による貯蓄がないとすれば，理論的には k は 1 になるであろう。

借入れは必ずしも容易ではなく，さまざまな制約が存在するのが実状だろう。このような状況を流動性制約（liquidity constraint）があるという。流動性制約があるならば，消費・貯蓄は生涯所得や恒常所得ではなく，むしろ各期間の所得に大きく依存することになる。

第4章の説明で用いた現在の所得の一次式で表わされる消費関数（あるいは貯蓄関数）は，こうした考え方を最も簡単に表現したものと理解できるだろう。ケインズ型消費・貯蓄関数は必ずしも経済主体の合理的行動から導出されてはいないが，流動性制約のような現実経済の制度的要因を考慮すると，経済主体の行動を描写するもっともらしい行動様式となる可能性がある。とくにマクロの消費・貯蓄関数を考える場合には，経済を構成する全員が流動性制約下になくとも，一部が流動性制約下にあれば，それだけでケインズ型の消費・貯蓄関数の現実妥当性が増す。一部の家計の消費が現在所得に依存するだけで，マクロの消費は現在の国内所得ないし GDP に依存するようになるからである。

5.4 マクロの消費・貯蓄関数

再び流動性制約が存在せずライフサイクル仮説が妥当している状況にもどろう。このとき，マクロ経済全体での消費や貯蓄はどのようになるのであろうか。労働供給関数や労働需要関数の場合には，個々の家計や企業の行動を単純に合計し，マクロ経済全体での労働供給や労働需要を求めた。しかし，ライフサイクル仮説を前提にすると，個々の経済主体の行動を合計しマクロ経済全体での消費や貯蓄を導出するのはそれほど簡単ではない。どのような時点をとっても，経済全体では年齢の異なる個人が存在し，それぞれのライフサイクルの局面に応じて異なる消費・貯蓄パターンをとっているからである。

■単純な例

考え方の本質を抽出するために，次の例を考えてみよう。各個人は，若年期と老年期の2期間生存する。若年期の人口を N_1，老年期の人口を N_2 としよう。どの世代に属する個人も，若年期にのみ Y の所得があるにすぎず，老年期の消費に備えて貯蓄をしなければならない。さらに利子率を0％とし，若年期と老年期への均等な消費配分が各個人の最適化行動であったとしよう（必ずしもそうなるとは限らないが，そのような結果をもたらす効用関数を前提としてい

ると考えればよい)。この結果，$C_1 = C_2 = Y/2$ となり，若年期の貯蓄は $Y/2$ に等しい。

こうした設定のもとでは，若年層全体の消費は，人口が N_1 であるから，

$$C_1 N_1 = \frac{Y}{2} N_1 \tag{5.5}$$

であり，若年層全体の貯蓄は $(Y/2)N_1$ となる。同じく老年層全体の消費は，

$$C_2 N_2 = \frac{Y}{2} N_2 \tag{5.6}$$

となり，若年期と老年期の人口を合わせた経済全体の消費は，(5.5) と (5.6) の和，

$$C_1 N_1 + C_2 N_2 = \frac{Y}{2} (N_1 + N_2) \tag{5.7}$$

で表わされる。

一方，各個人は若年期に Y の所得を受け取るが，老年期の所得はゼロであるから，経済全体の国内所得は YN_1 となる。経済全体の貯蓄，すなわち所得のうち消費されなかった部分は，(5.7) を用いて，

$$YN_1 - (C_1 N_1 + C_2 N_2) = \frac{Y}{2} (N_1 - N_2) \tag{5.8}$$

と求められる。(5.8) から容易にわかるように，若年期と老年期の人口が等しいならば ($N_1 = N_2$)，経済全体の貯蓄は 0 となるであろう。経済全体の貯蓄が正になるためには，若年期の人口の方が老年期の人口よりも多く ($N_1 > N_2$) なければならない。

■**一般的インプリケーション**

上の例は特殊であり，そこでの結果は普遍性をもたないと思われるかもしれない。しかし，そうではなく，そこで得られた結果は一般的なインプリケーション（含意）をもつといえよう。すなわち，ライフサイクル仮説を前提にすると，マクロ経済全体の貯蓄が正であるためには，人口が増加しているか，経済成長によって国内所得そのものが増加しなければならないのである。

逆に，人口成長がマイナスのため人口構成が高齢化したり，あるいは経済成長が減速するといった状況では，マクロ経済全体の貯蓄は負にもなりうる。負にはならないまでも，マクロの貯蓄率は大きく低下する可能性は高い。高度成

長期から安定成長期にかけて，日本経済は高い貯蓄率を記録した。しかし，21世紀に入って，貯蓄率は相対的に低下してきている。その原因の一つとしてあげられているのが，人口構成の高齢化と経済成長の減速なのである。

経済全体の貯蓄についてさらに2点ほどコメントしておこう。

負の貯蓄　第一に，負の貯蓄に関してである。経済全体の貯蓄が負のとき，国民経済全体では所得を上回る消費をしている。果たして所得を上回る消費は可能なのであろうか？　もちろん可能である。負の貯蓄を可能にするのが，海外からの輸入である。経常収支が赤字ならば，貯蓄が負になってもおかしくはない[3]。経常収支については，第18章でくわしく検討する。

合成の誤謬　第二に，ライフサイクル仮説と第4章で学んだ「節約のパラドックス」との関連についてである。個々の経済主体の行動がマクロ経済全体の貯蓄の変動とは異なるという意味で，両者はともに「合成の誤謬」の例となっている。しかし，その原因は必ずしも同じではない。節約のパラドックスは，各経済主体がまったく同じ行動をとったときにも成立する。これに対して，ライフサイクル仮説は，プラスの貯蓄をする世代とマイナスの貯蓄をする世代が同時点で共存している点が重要である。その意味で，合成の誤謬が生じる原因は必ずしも同じではないのである。

5.5　マクロ経済学と消費・貯蓄

学説史的にみれば，マクロ経済学の消費・貯蓄行動を考える際，家計の合理的行動を特に強く意識せずに，ケインズ型の消費関数を前提としていた。しかし，ケインズ型消費関数が乗数過程（第4章参照）で重要な役割を演じるところから，果たして現実のデータでサポートされるか否かという点に興味がもたれるようになる。

---

[3] 国全体を一つの家計としてみれば，外国から借金をして消費しているような状況と考えればよい。海外部門を捨象すると，理論的には所得（＝供給）を上回る消費は不可能であるから，貯蓄は負にはなりえない。このような世界では，所得を外生的に与えることは不適切であり，最低でも貯蓄がゼロにとどまるようなメカニズムが働くことになる。くわしくは理論的な枠組み次第であるが，たとえばGDPが縮小するなどのメカニズムによって，均衡では貯蓄は負にならない状態が達成されよう。

■短期と長期の消費関数

実際の消費と所得にはクロスセクション・データでみると，図 5.7 のような関係が観察される一方，長期にわたる時系列データを用いると，図 5.8 のように原点を通る直線上に並ぶ。クロスセクションの結果は短期の所得と消費の関係を，時系列データの結果は長期の所得と消費の関係を表わす，と考えられるだろう。

ケインズ型消費関数では，長期にみると原点を通る直線になることをうまく説明できない。クロスセクションと時系列のデータに見られるこうした二つの関係を整合的に説明しうるのだろうか。これが，重要な課題となった。その結果登場した理論が，ライフサイクル仮説であり，恒常所得仮説なのである。

整合的な説明　社会全体でみれば，経済成長にともなって生涯所得の値は次第に大きくなってゆく。その結果，生涯所得に依存する消費と各時点の所得

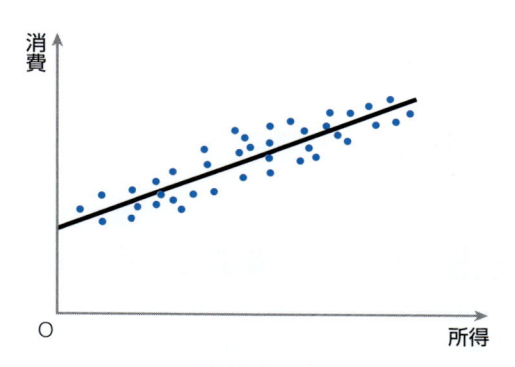

図 5.7　所得と消費の関係（クロスセクション）

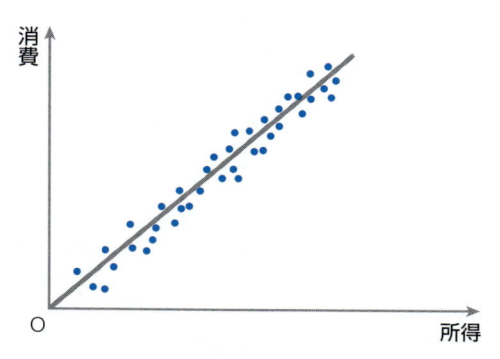

図 5.8　消費と所得の関係（時系列データ）

の間には，長期的に比例関係がみられる，とライフサイクル仮説は説明する。一方，恒常所得仮説によれば，

$$C = kY_P = k(Y - Y_T) = kY - kY_T$$

が成り立つ。Y_T は好景気の時期にはプラスの値を，不景気の時期にはマイナスの値をとり，平均するとプラスとマイナスが相殺されてゼロになると考えられる。こうして，短期の消費関数が切片 $-kY_T$ をもつ直線（正の切片は $Y_T<0$ の局面）として表わされるのに対し，長期的に見ると $-kY_T$ の効果が消えるため，消費関数は原点を通る直線になるという事実が説明されるのである。

■ **その他の仮説**

これら二つの仮説以外にも，デューゼンベリー（J. Duesenberry）の相対所得仮説やトービン（J. Tobin）の流動資産仮説が，消費関数の短期と長期の相違を説明しようとする動機から提示された。

相対所得仮説　相対所得仮説の一つの特徴は，個人の消費パターンがその人の所得だけではなく，友人や隣人の消費行動にも影響を受けると考えるところにある。こうした効果を一般にデモンストレーション効果（誇示効果）と呼ぶ。誇示効果は，ときにヴェブレン（T. Veblen）によって指摘された見せびらかしの消費（ostentatious consumption）となり，必ずしもミクロ経済学の消費理論に従わない消費の例（たとえば，価格が高いほど消費が増える）として言及されるが，経済合理性から離れて社会心理的な要因を考慮した理論といえるだろう。

相対所得仮説のもう一つの側面として，デューゼンベリーは，個人の消費パターンが過去の習慣，とくに過去の最高所得に影響されるという仮説もたてた（これを習慣形成仮説と呼ぶ）。過去の最高所得と比べた現在所得の相対関係が，現在の消費に影響を及ぼすと考えるのである。

この仮説に従えば，所得が上昇傾向にあるときには，家計の消費も比例的に上昇するが，所得が減少した場合，それまでの消費水準を切り下げるのは容易ではないため，所得減少ほどには消費が減少せず，その結果平均消費性向は増大するのである。こうした見方によれば，所得が短期的には循環を繰り返しながらも長期的には成長するとき，家計の消費パターンは，図5.9に見られるのこぎりの歯のような経路に沿って増加してゆく。いったん到達した消費水準を

引き下げるのは容易ではなく，過去の最高の消費水準に引っ張られざるをえない効果は，歯止め効果（ratchet effect）と呼ばれる。

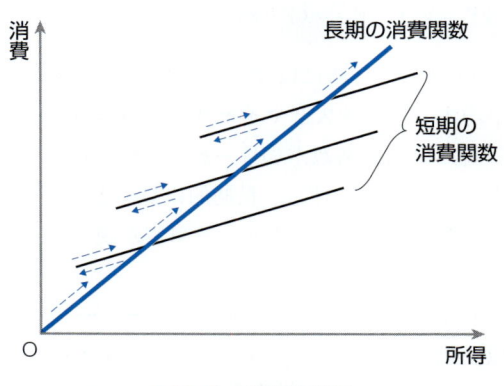

図 5.9　歯止め効果

流動資産仮説　これに対して，流動資産仮説は，消費関数にそのときどきの所得の他に支払手段となる流動資産（たとえば貨幣など）の役割を導入する。すなわち，消費関数は，流動資産を A とすると，

$$C = c_1 A + c_2 Y$$

で表わされ，短期的には A を所与とみなせるためケインズ型消費関数が導かれる（c_1，c_2 は定数）。長期的には A が Y と比例的に変化してゆくと考えられるため，C と Y には比例関係が保たれるのである。

消費に際して支払い手段としての流動資産が影響するとの考えは，一般に前払い制約（cash-in-advance）と呼ばれる想定であり，不確実性がない世界での貨幣需要を説明する一つの根拠となるものである。5.3節で考察した流動性制約の一種との解釈も可能であろうが，前払い制約そのものは消費をする際に「つけ」がきかず，あらかじめ消費に見合う現金を用意する必要があるとの制約である。クレジットカードや電子マネーが発達し，継続的な顧客との信用取引も広まっている現代においては，それほど強い制約ではなくなったかもしれない（クレジットカードでは事前にチェックされ，使用不可となることはある）。

なお，支払い手段としての流動資産に代えて，第2章の2.4節でも考察した資産効果（富効果）を反映するものとして総資産を導入しても，ほぼ同じ結論

が得られる。ただし，流動資産と所得の間に比べて総資産と所得の間の関係は，長期の比例関係としては不安定なものになるであろう。

5.6 まとめ

　ライフサイクル仮説や恒常所得仮説は，異時点間にわたる合理的な消費配分から導かれる。この意味でミクロ的基礎をもった理論といえよう。しかし，これらの仮説では，資金が自由に貸借可能である状況を前提としている。これには十分注意しなければならない。もし流動性制約が存在するならば，ライフサイクル仮説や恒常所得仮説によって導かれる結果通りにはならず，各期の消費・貯蓄は各期間ごとの所得に制約されるであろう。流動性制約が存在する場合には，ケインズ型の消費・貯蓄関数のほうが，むしろ現実をよりよく描写するかもしれない。

練習問題

5.1　2期間モデルのライフサイクル仮説を考える（変数の意味は本文と同様）。
（1）効用関数が以下の2通りで与えられる場合に，それぞれ若年期と老年期の消費，および若年期の貯蓄を求めよ。
　① $U(C_1, C_2) = \sqrt{C_1 C_2}$
　② $U(C_1, C_2) = \log C_1 + \dfrac{1}{1+\rho} \log C_2$

　ただし，正の定数 ρ は時間選好率と呼ばれる将来効用の割引率である。
（2）上の②の効用関数を前提としたとき，$C_1 = C_2$ となるのはどのような場合か。

5.2　所得の予想流列と割引率が以下のように与えられた場合に，恒常所得を計算せよ。ただし，T は期間数である。
（1）$T = 2$, $Y_1 = 105$, $Y_2 = 105$, $r = 0.05$

(2) $T=2$, $Y_1=100$, $Y_2=110$, $r=0.1$
(3) $T=3$, $Y_1=100$, $Y_2=110$, $Y_3=121$, $r=0.1$

5.3 以下の諸要因は，個人や家計の貯蓄にどのような影響をもたらすであろうか。ライフサイクル仮説を拡張して考えてみよ。
(1) 子供の誕生
(2) 持ち家志向
(3) ボーナス制度
(4) 株価や地価の下落
(5) 一般消費税率の引き上げ

5.4 次の問に答えよ。
(1) 流動性制約があるときに，ケインズ型消費関数が妥当性を増すのはなぜか。
(2) ケインズ型消費関数では，所得の増減によって平均消費性向はどのように変化するか。
(3) 平均消費性向が所得水準に関係なく一定となるのは，どのような場合か。
(4) ライフサイクル仮説を前提にした場合に，マクロ経済全体で貯蓄が負になることがあるか。
(5) 恒常所得が変動するのはどのような場合か。
(6) 相対所得仮説が依拠する考え方は，経済主体の合理的な行動を前提としているであろうか。

6

企業の投資行動

　投資とは，将来にわたって便益をもたらすためになされる支出である。たとえば，企業は将来収益を生み出すと思われる資本設備を購入する。これが投資の典型的な例である。もちろん企業だけが投資主体ではない。家計は住宅，自動車，テレビといった耐久消費財を購入する。これら耐久消費財は，現在のみならず将来にもサービスを生み出す財であり，耐久財の購入は投資の一形態といえよう。さらに，高等教育は質の高い労働サービスを生み，大きな所得増が期待できるため，投資としての側面をもつ。さまざまな投資の中でマクロ経済学で最も重要なのは，企業による資本ストックの蓄積である。本章では，企業の設備投資行動に焦点を当て説明するが，その他の投資行動も基本的には企業の設備投資行動と変わるところはなく，その応用として理解できる。

　本章で説明する投資理論の中心は，トービンの q 理論である。第Ⅰ部で，資本ストックは短期的には一定と考えた。資本ストックを増加させるには時間が必要，というのがその理由であった。こうした説明は直観的にはわかりやすいがあまり経済学的とはいえない。いま少し経済学的に説明するには，投資の調整コストという概念が有用である。資本ストックの量を急激に増加させようとすると，それだけ余計にコストがかかる。このコストが投資の調整コストであり，その存在のために資本ストックは短期的に一定と考えられるのである。

　トービンの q 理論は，投資の調整コストを明示的に考慮した理論である。投資決定にとって投資の調整コストが基本的な重要性をもつにもかかわらず，伝統的には調整コストを考慮しない投資理論がほとんどであった。本章では，これらの理論を批判的に検討する。

6.1 投資の2期間モデル

投資は資本ストックの蓄積になり，将来の生産力の増大をもたらす。したがって，投資計画は現在の利益だけでなく将来の利益も考慮しながらたてなければならない。将来の利益を考慮すると経営者の目的は，企業の市場価値（企業価値）の最大化になり，それが結果的に企業の所有者である株主の利益にかなうのである。ここで，企業の市場価値とは，現在から将来にかけて得られる株式配当の流列を割引現在価値に直し，それをすべて加えた値である。以下では現在と将来の2時点を考慮した簡単なモデルを使って，市場価値の最大化が株主の利益にかなうことを説明しよう。

■基本モデル

図 6.1 の横軸には，企業が当期に自由に処分できる資金を OA としてとってある。縦軸には将来期待できる投資成果（所得）をとる。曲線 AEB は，A を原点として投資を左方向に測ったときの企業の投資可能性曲線を表わす。たとえば，現在 AO を投資すれば，将来 OB の所得を獲得できる。投資可能性曲線 AEB が原点 O からみて凹形をしているのは，投資の増加とともに限界収益率が逓減すると考えているからである。ここで限界収益率とは，追加的な1単位

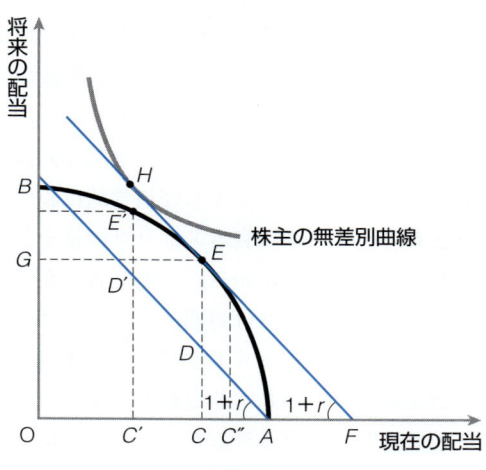

図 6.1 企業価値の最大化

の投資増から得られる投資利益の増加分である。これが，投資水準が高まるにつれて順次減少するのである。

いま AC の投資をしたとしよう。この投資の結果，将来時点では EC の所得が獲得できる。金融市場で資金を貸借する際の利子率を r としよう。点 A を通って傾きが $-(1+r)$ の直線 ADD' を引くと，投資の機会費用部分（すなわち，代替的な投資機会からの収益）は DC となる。EC と DC の差額 ED がこの投資から得られるネットの収益にほかならない。このネットの収益を最大にする投資量が，最適な投資量である。投資可能性曲線 AEB の接線の傾きがちょうど $-(1+r)$ となる，点 E に対応する AC が最適な投資量となるのは図から明らかであろう。たとえば，AC' を投資すると，ネットの収益は $E'D'$ となり ED よりは小さい。この場合には，過剰投資となる。同様にして，AC'' の投資は過小投資といえよう。

現時点で投資に回さない資金と将来の所得は，すべてその所有者である株主へ配当として分配されると仮定しよう。たとえば，投資量が AC のときには，現在の配当は OC，将来の配当は $EC=OG$ となる。両者の割引現在価値の和は，点 E を通って傾きが $-(1+r)$ の直線と横軸とが交わる点 F の横座標で表わされる。これは，$OC+OG/(1+r)$ に等しく，これが企業の市場価値あるいは単に企業価値と呼ばれる額である。点 E での現在配当と将来配当の組合せは，投資可能性曲線 AEB 上の点の中で，最も企業価値が大きい組合せになっている。点 E は，投資可能性曲線 AEB と直線 EF の接点だからである。

企業価値最大化と株主の利益　説明を簡単にするため，株主の所得は当該企業からの配当所得だけであるとしよう（ほかに所得があっても以下の議論の本質には影響しない）。このとき株主にとっての予算制約式は，企業がどのような配当の組合せをするかによって異なる。企業が点 E を選択したときの予算制約線は点 E を通る傾きが $-(1+r)$ の直線であり，株主が選択する消費点は，無差別曲線と予算制約線とが接する点 H になる。この図から明らかなように，株主は，企業からの配当の割引現在価値が大きければ大きいほど，高い効用を享受できるのである。

こうした議論は，株主の無差別曲線の形状にかかわりなく成り立つ。このため，企業は，株主の効用関数（無差別曲線）を知らなくても，利子率のみをガイドとして企業価値の最大化をはかればよい。それが結果的にどの株主の効用も最大化させるのである。

■投資の限界効率

　投資可能性曲線の傾き（の絶対値）から1を引いた値は，投資によってもたらされる限界収益率であり，ケインズのいう投資の限界効率に対応する（ケインズは資本の限界効率（marginal efficiency of capital）と呼んだが，内容的には投資の限界効率と呼ぶほうがよい）。投資の限界効率は，投資量の増加とともに逓減する。企業は，

$$\text{投資の限界効率} \gtreqless \text{利子率}$$

に応じて，投資を増やしたり減らしたりし，結局両者が等しいところで投資水準を決める。なぜならば，両者が等しいとき，企業の市場価値が最大化され，株主の利益にかなうからである。これがケインズの投資理論のエッセンスといえよう。

6.2　投資の調整コスト

■最適な資本ストック

　資本ストックは，短期的には一定とみなされる固定的な生産要素であり，投資にともなって徐々に蓄積される。しかし，この節では議論の出発点として，資本ストックを労働と同じように可変的な生産要素と考えよう。この場合には，各期各期，最適な資本ストックが決められる。資本ストックを可変的な生産要素とみるかぎり，基本的には，第3章で分析した企業による労働に対する需要の決定（古典派の第一公準）の考え方が適用でき，資本の限界生産力が資本のレンタルコストに等しくなる水準が最適な資本ストックになる。

　資本のレンタルコスト　　ここで，資本のレンタルコスト（単に資本コストと呼ばれたり，レンタル・プライスないし使用者費用と呼ばれる場合もある）とは，資本ストックからのサービスの対価であり，労働の場合の賃金に相当する。資本ストックとして工場や機械をリースする場合には，このレンタルコストの概念はわかりやすい。しかし，企業が資本ストックを自分で所有している場合にも，同じようにコストがかかるのである。

　資本ストックの保有には2種類ないし3種類のコストがかかる。第一のコストは，資本ストックの保有によって，あきらめざるをえない投資機会からの収益であり機会費用となるものである。資本ストックの価格を P，実質利子率を

r としよう。資本ストックを保有せずにその資金を資本市場で運用すれば rP の収益が得られる。資本ストックを保有すれば，この rP をあきらめなければならない。これが資本ストック保有の第一のコストである。

第二のコストは，保有している資本ストックの老朽化（陳腐化），すなわち資本減耗にともなうコストである（前節では，これは無視されていた）。資本ストックの減耗率を δ（デルタ）とすれば，現在 P 円の価値をもつ資本ストックは 1 期後には $(1-\delta)P$ 円に減価するであろう。両者の差 δP が資本減耗にともなうコストになる。第三のコストは，物理的な意味での老朽化とは別に，資本ストックの価格が（ニューメレールとなる生産物の価格と比べて）変化することによって発生するもので，資本ストックの相対価格が上昇（下落）すれば評価上のキャピタル・ゲイン（キャピタル・ロス）が発生し，生産物の単位ではかったコストは減少（増加）する[1]。ただし，生産物と資本ストックを特段区別しない一種類の同質的な財・サービスからなる一財経済ではこの部分のコストはゼロであり，以下でもそのように想定する。

こうして，資本ストック保有の 1 期間当たりコストは第一と第二のコストの和となり，

$$R = P(r+\delta)$$

と表わせる。この R が，企業が資本ストックを自ら所有している場合のレンタルコスト（名目値）にほかならない。資本のレンタル・プライスのかわりに資本コストという場合には，資本ストックの蓄積に際して要した資金の調達費用を念頭に置くのに対し，資本の使用者費用という場合には，実際に資本ストックを稼動して生産活動をする場合に要するコストを念頭に置いていると考えると理解しやすいであろう。いうまでもなく，これらはすべて等しくなる。

最適な資本ストックの決定　　先に触れたように，最適な資本ストック量は，資本の限界生産力と資本の実質レンタルコストが等しくなる水準に決まる。すなわち，$F(K, N)$ を生産関数とすれば，

$$F_K(K, N) = \frac{R}{P} = r + \delta \tag{6.1}$$

---

1) 資本のレンタルコストは生産物単位ではかっており，実質値の意味では生産物価格そのものの変化による評価損や評価益はいっさい発生しない。もっとも，機会費用として実質利子率を想定していることが前提となる。

を満たす K が最適な資本ストックの水準となる。ここで，$F_K(K, N)$ は資本の限界生産力を表わす。

(6.1) から，最適な資本ストック K^* は r と δ，および生産関数の形状に依存することがわかるであろう。生産関数 F，および F_K の概形は，一般に図 6.2 のように描かれる（この図を描くに当たって，労働雇用量は所与としている）。この図と (6.1) から，実質利子率 r の上昇や資本の減耗率 δ の上昇は，K^* を減少させることが理解されよう。

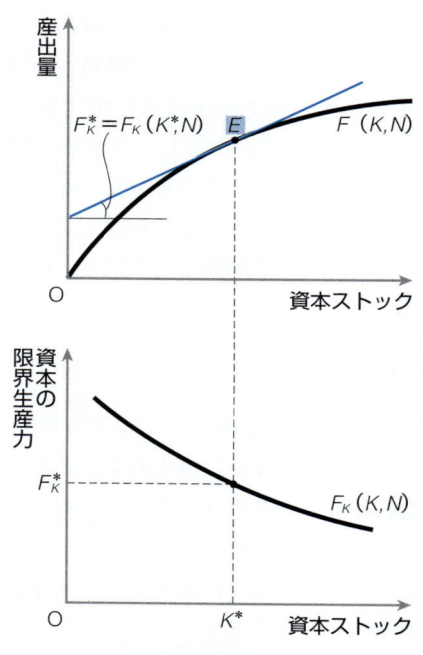

図 6.2 **生産関数と資本の限界生産力**

最適労働雇用量との同時決定 (6.1) からは明らかではないが，K^* は実質賃金率にも依存する。この点にも注意しなければならない。これを確かめるには，労働雇用量について古典派の第一公準，

$$F_N(K, N) = \frac{W}{P} \tag{6.2}$$

が満たされなければならないことを思い出そう。K^* と最適な労働雇用量 N^* は，

(6.1) と (6.2) が同時に成立するように決定される。

このため，実質賃金率が変化すると，最適な労働雇用量だけでなく最適な資本ストックにも影響が及ぶのである。実質賃金率上昇の効果は一概にはいえず，資本と労働の代替性に依存するであろう。しかし一般には，W/P の上昇は労働から資本への代替をうながし，K^* を上昇させると考えられる。

なお，生産関数 $F(K, N)$ が資本と労働に関して一次同次（規模に関して収穫一定）とすると，最適な資本ストックと最適な労働雇用量の規模は不決定となる。企業にとって，コスト面だけからは最適な生産規模が決まらないのである。ただし，資本ストックと労働雇用の比率である資本労働比率の最適な値は，名目賃金率と資本のレンタルコストの比率である要素相対価格 $\omega = W/R$ の単調増加関数となり，ω（オメガ）が相対的に上昇し資本ストックが相対的に割安となると望ましい資本・労働比率は高まることがわかる（練習問題 6.2 を参照）。

■新古典派投資理論

現存する資本ストックの量が，最適な資本ストックと異なっていたとしよう。両者の乖離（かいり）を埋めるために，資本のレンタルコスト以外に特別のコストがかからなければ，乖離を瞬時に埋めるのが最適である。このため，企業の合理的な行動を前提とすると，両者間に乖離は生じず，資本ストックは常に最適な水準に維持されるであろう。最適な資本ストック水準が変化したときには，ただちに投資によって調整され最適な資本ストック水準が保たれる。すなわち，資本ストックの減耗分を考慮すると，

$$I_t = K^*_{t+1} - (1-\delta)K^*_t \tag{6.3}$$

を満たすように投資 I_t が決まるのである。ここで下添字は時点を表わす。こうした考え方は，新古典派投資理論と呼ばれる。

(6.3) を二つの部分に分けるとわかりやすい。第一は資本ストックの減耗分の補填のための投資である。t 期の期首における最適な資本ストック量が K^*_t であり，それが期末には δK^*_t だけ減耗してしまう。(6.3) の右辺第 2 項の δK^*_t はこの補填分の投資にほかならない。第二に，最適資本ストックの変化にともなう投資である。t 期から $t+1$ 期にかけて，最適な資本ストック量は $K^*_{t+1} - K^*_t$ だけ変化するであろう。これが最適資本ストックの変化の調整分である。両者の合計が，t 期から $t+1$ 期にかけての投資量となる。

■ **投資の調整コスト**

これまでの議論では，資本ストックを可変的な生産要素と仮定した。しかし，ほんらい投資の決定とは，固定性のある生産要素である資本ストックを，どのくらいのスピードで蓄積するかという動学的問題であり，新古典派投資理論のように，どのような量の資本ストックであっても瞬時に（無限大のスピードで）増減できる，と考えるのは非現実的である。資本ストックを急激に増加させようとすれば，企業規模の拡大にともなう経営能力や組織の効率性，あるいは計画遂行上の問題など，さまざまなあつれきが生ずるであろう。このような有形・無形の損失を，投資の調整コストと呼ぶ。投資の調整コストのため，資本ストックを瞬間に増減するわけにはいかないのである。

ペンローズ曲線と一括投資の非効率性　資本財の調達に要する費用と投資の調整コストを含めた総費用を ϕ（ファイ）としよう。一般に，投資の調整コストは逓増的と考えられるため，ϕ は投資量に応じて図 6.3 のように逓増的に増加する。この曲線を，（企業成長における経営組織の非効率化を重視した経営学者ペンローズ（E. Penrose）にちなんで）ペンローズ曲線という。図の 45° 線は，資本財の調達費用の部分である。コストはすべて生産物単位で測られており，1 単位の投資には 1 単位の資本財が必要とされるため，45° 線として描かれる。

いま，ある企業が投資の調整コストを考慮せずに将来にわたる最適な資本ス

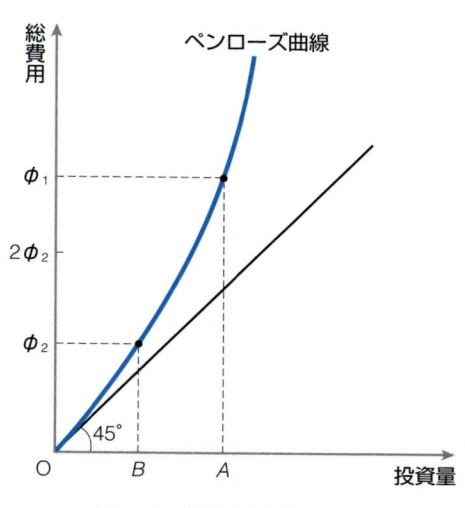

図 6.3　投資と調整コスト

トックの量を計算したところ，第2期においてのみ，図6.3のOAに対応する投資量が必要であることがわかった。これをすべて一括して第2期に投資すれば，調整費用を含めた総費用はϕ_1になる。この投資を第1期と第2期の2期間に分けて実行した，と想定してみよう。第1期，第2期の投資はともに$OB(=OA/2)$であり，総費用は$2\phi_2$となる。ペンローズ曲線が逓増的であるため，$2\phi_2<\phi_1$が成立する。この関係は図6.3から容易に確認できるだろう。このように，投資の調整コストが存在する場合には，各期ごとに最適な資本ストックの量を達成するのは必ずしも合理的とはいえない。新古典派投資理論では，投資の調整コストをゼロと仮定（あるいは，無視）しているため，常に最適な資本ストックが維持されたのである。

6.3 トービンの q 理論

投資の調整費用を明示的に考慮すると，企業の最適な投資政策はどうなるであろうか。次にこれを検討しよう。企業の経営者の行動目的は株主の利益の最大化であると仮定する。株主の利益を最大化するには株価の最大化を図ればよい（株式価値総額が企業価値にほかならず，発行株式数を一定とすれば，企業価値の最大化は株価の最大化に等しいからである）。このため，まず株価がどう決まるかを考えねばならない。

■株式収益率とトービンの q の定義

前節と同様に，各期の投資はすべてその期の利益でまかなわれ，残りはすべて配当されると仮定しよう。株価がどう決まるかを考える前に，準備として株式保有の収益率を定義する必要がある。株式保有からの収益は，配当と株価の値上がり利益（キャピタル・ゲイン）の和であるから，収益率は，

$$\frac{配当+値上がり利益}{株価}$$

で表わされる。たとえば，1株1,000円で株式を購入し，1年後に1,100円で売却できたとしよう。この間に，10円の配当を受け取ったとすれば，この株式保有からの収益率は，

$$\frac{10+(1100-1000)}{1000}=\frac{110}{1000}=0.11$$

となる。パーセントに直せば，11%である。運悪く値下がりしたときには，値上がり利益の代わりに値下がりによる損失（キャピタル・ロス）を計上しなければならない。

次に，生産物ではかった実質株価 q を，

$$q = \frac{P_S}{P}$$

で定義しよう。ここで P_S, P はそれぞれ株価，生産物の価格である。通常，投資財ではかられた株価をトービンの q という[2,3]。ここでは，財の種類は一つしか存在しないため，投資財の価格は P に等しくなり，上で定義された実質株価がトービンの q になる。企業にとって生産物の価格 P は所与であり，株価 P_S の最大化は，実質株価 q の最大化に等しい。

■株価の決定

準備が整ったので，実質株価の決定に移ろう。企業は，資本1単位当たり，財ではかって毎期 F_K の利益（貨幣単位では，PF_K）を獲得する。ここで，F_K は資本の限界生産力である。株式発行数は資本ストックの単位数にし，それにともなって1株当たりの株価が調整されると考える（脚注でも言及したように，こうした仮定によっても議論の一般性は失われない）。

投資を行わず成長しない企業　最初に，企業がまったく新たな投資をしない状況を考えてみよう。このとき，企業は成長することなく，株主は毎期 PF_K の配当を永遠に受け取る[4]。将来の配当が永遠に一定であれば株価も一定にな

---

2) 将来の生産に使用する財を**資本財**といい，これには機械設備などの資本ストックに加えて（将来使用される）原料も含まれる。**投資財**は耐久性がある資本財のみを指し，原料は除かれる。ここでの理論分析では，投資財と資本ストックは同義語と考えて問題ない。

3) トービンの q は，マクロ経済学の多くの分野で多大な業績を残したトービン（J. Tobin; 1918-2002）が提唱した指標であり，もともとは

$$q = \frac{\text{企業の市場価値}}{\text{再取得価額}}$$

として定義された。ところが，

企業の市場価値＝株式時価総額＝$P_S \times E$　（ただし，E は株式発行数），

再取得価額＝資本ストックの時価＝$P \times K$

であるから，株式発行数に関して $E=K$ となるように単位を調整すれば，それによって1株当たりの株価も調整され，$q = \frac{P_S}{P}$ が導かれるのである。

4) 議論を簡単にするために，資本ストックは減耗しない，と仮定する。

るため，キャピタル・ゲインは発生せず，株式保有からの収益は配当だけになるであろう。このため，資産市場の均衡条件は，$PF_K/P_s = r$ または

$$\frac{F_K}{q} = r \tag{6.4}$$

で表わされる。この式の意味は明らかであろう。左辺は株式保有からの実質収益率であり，右辺は株式保有と代替的な運用方法からの実質収益率である（ここでは代替的な運用手段として国債保有を念頭に置く。国債の実質収益率が r である）。株式と国債は，完全に代替的な資産と仮定されているから，両者の収益率は一致しなくてはならない。これが (6.4) の意味である。

投資を行い成長する企業　　次に，利益の一部を配当せずに投資に向ける一般的なケースを考えよう。ここでは，簡単化のために，常に一定率を投資に向け，残りを配当に回す，と仮定する。

投資率 z を，

$$z = \frac{I}{K}$$

で定義する。投資率が z のとき，資本ストック 1 単位当たり $\phi(z)$ の総費用が必要であるとしよう。ここでの $\phi(z)$ は，図 6.3 とは異なり，資本ストック 1 単位当たりの総費用である。この点に注意しなければならない[5]。今期の配当は利益から投資の総費用を控除した残余であるから，資本ストック 1 単位当たり $F_K - \phi(z)$ になる。

将来にわたって投資率 z を一定に保てば，資本ストック K は一定率 z で成長し，企業規模が大きくなるにつれて配当も同じ率で増加するであろう。この結果，株価も一定の率 z で上昇するため，各期のキャピタル・ゲインは

$$(1+z)q - q$$

となり，均衡では，

$$\frac{F_K - \phi(z) + (1+z)q - q}{q} = r$$

が成立しなくてはならない。これを q について解くと，

---

[5] 投資の総費用関数が投資量 I と資本ストック K について一次同次性を満足していれば，資本ストック 1 単位当たりのペンローズ曲線は図 6.3 と同じ形状となる。ここでは，一次同次性を仮定する。

$$q = \frac{F_K - \phi(z)}{r - z} \tag{6.5}$$

を得る。(6.5) が投資率を一定としたときの実質株価（トービンの q）にほかならないのである。

株価最大化の条件　すでに説明したように、企業は実質株価 q を最大化するように投資率 z を決定する。株価 q を最大にする z は、(6.5) から、

$$F_K = (r - z)\phi'(z) + \phi(z) \tag{6.6}$$

を満たす z となる[6]。(6.6) は、

$$\frac{F_K - \phi(z)}{r - z} = \phi'(z) \tag{6.7}$$

と書き直せる。(6.5) を用いると、

$$q = \phi'(z) \tag{6.8}$$

との表現も可能であろう。

(6.8) の意味を理解するのは難しくない。左辺の実質株価 q は、資本ストック1単位から得られる将来収益の現在価値（生産物単位ではかられている）であり、右辺 $\phi'(z)$ は、資本ストックを1単位増やすのに必要な限界費用である。左辺が大きければ、資本ストックを増加させたときの限界利益がその限界費用を上回り、逆に右辺が大きければ、限界利益が限界費用を下回る。いずれの場合にも、最適な資本ストックが選択されていないのは明らかであろう。最適な投資率 z^* が選ばれているときには、(6.8) の条件が満たされなくてはならないのである。

これまでの説明から明らかなように、(6.8) は企業が株価を最大化するような投資率 z を選択しているときに成立する「株価と投資率の関係」を示しているに過ぎない。(6.8) から、投資率 z がトービンの q に依存して決定される、と理解してはならないのである。q 自体が、資本の限界生産力 F_K、代替的な資

---

[6]　株価 q を最大にする z を求めるには、(6.5) を z に関して微分し、それをゼロとおけばよい。すなわち、

$$\frac{-(r-z)\phi'(z) + F_K - \phi(z)}{(r-z)^2} = 0$$

これから、(6.6) が得られる。

産の収益率 r, 関数 ϕ とともに，投資率 z にも依存しているからである（(6.5)を参照）。投資率 z は，あくまで資本の限界生産力 F_K, 代替的な資産の収益率 r, ペンローズ関数 ϕ の形状に依存して決まるのであり，株価 q が投資率 z を決めるのではない。

■**最適投資率の決定と投資関数**

最適な投資率の決定を図で説明しよう。z の関数 ψ (プサイ) を，

$$\psi(z, r) = (r-z)\phi'(z) + \phi(z) \tag{6.9}$$

で定義すると，最適な投資率 z は (6.6) から，

$$F_K = \psi(z, r)$$

を満たす z となる。図 6.4 では，横軸に投資率 z が，縦軸には，資本の限界生産力 F_K と ψ がそれぞれはかられている。$r > z$ である限り ψ は z の増加関数であり，z と ψ の関係は，図のように右上がりの曲線として描かれる[7]。この図を用いると，最適な投資率は限界生産力 F_K と曲線 ψ の交点に対応する z^* になる。

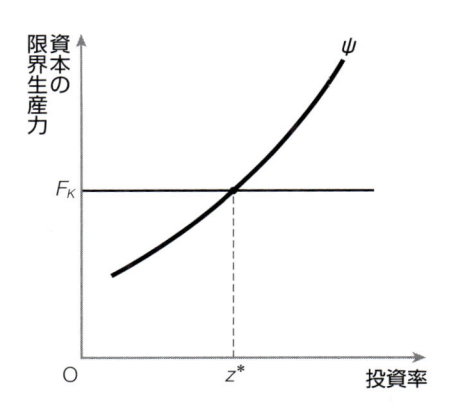

図 6.4 最適な投資率の決定

---

[7] ψ を z で偏微分すれば，

$$\frac{\partial \psi}{\partial z} = (r-z)\phi''(z) > 0$$

となる。これから，z の上昇は ψ を増加させることがわかる。

最適な投資率　このように，最適な投資率は，資本の限界生産力 F_K と曲線 ψ の形に依存する。曲線 ψ の形状は，実質収益率 r とペンローズ曲線によって規定されるから，ペンローズ曲線を一定とすれば，F_K と r の二つに依存して最適な投資率が決定されるといってもよい。F_K および r の変化が投資率に及ぼす影響も，図 6.4 を用いれば簡単に分析できる。曲線 ψ が右上がりのため，資本の限界生産力 F_K の上昇は，最適な投資率を上昇させるであろう。r の効果は多少複雑である。z を一定とすれば r の上昇は ψ を上昇させる。このため，r の上昇は曲線 ψ を上方にシフトさせ，最適投資率を減少させるのである。このように，最適投資率は，F_K の増加関数，r の減少関数となる。

トービンの q 理論に基づく投資関数　z の定義から，投資量 I は最適な投資率 z^* と，資本ストック量 K の積として表わされる。すなわち，

$$I = z^*(F_K, r)K \tag{6.10}$$

と表わせる。最適な投資率 z^* はトービンの q と一対一に対応しているため，

$$I = z^*(q)K$$

との表現も可能である。これが，トービンの q 理論に基づく投資関数の考え方である。しかし，既に注意したように，この関係からトービンの q によって投資が決定される，と理解してはならない。トービンの q は，投資率 z と同時に決定されるのであり，q が I を決めるわけではないのである。

(6.8) が示しているように，トービンの q はペンローズ曲線の接線の傾きに等しい。これに注意すると，仮定によって，

$$\phi'(z) > 1$$

であるから，常に，

$$q > 1$$

となる。P_S が P を上回る条件は，ともに K を乗じることによって次の条件を意味することにもなる。すなわち，企業の市場価値 $P_S K$ は資本ストックの再取得価額 PK を必ず上回る。この端的な理由は，企業の市場価値には投資の調整コストが含まれているため，である。

45°線のペンローズ曲線　投資の調整コストがないときには，ペンローズ曲

線は45°線で表わされる。

$$\phi(z) = z$$

このためその傾きは常に1に等しい。すなわち，

$$\phi'(z) = 1$$

であり，トービンの q は常に1となる。このとき，(6.5)から，$F_K = r$ の成立を簡単に確認できるであろう（$\phi(z) = z$ に注意）。このように，投資の調整コストを考えない場合に限って，(6.1)として求めた関係が成立するのである[8]。逆にいえば，投資の調整コストが存在する限り，資本の限界生産力と資本の実質レンタルコストは乖離せざるをえないのである。

6.4 その他の投資関数

新古典派理論やトービンの q 理論だけが投資決定の理論ではない。それ以外にもさまざまな理論がある。そのいくつかを簡単に紹介しよう。

■ジョルゲンソンの投資理論

よく知られた投資理論のひとつとしてジョルゲンソンの投資理論があげられよう。ジョルゲンソン（D. Jorgenson）は，最適な資本ストックと既存の資本ストックの乖離を埋めるように投資が決まる，と考えた。これを数式で表現すると，

$$I_t = \eta(K_{t+1}^* - K_t) + \delta K_t, \quad 0 \leq \eta \leq 1 \tag{6.11}$$

となる。ここで，K_{t+1}^* は $t+1$ 期の最適な資本ストック量であり，すでに説明した新古典派投資理論と同様の方法で求められる。η（エータ）は，各期の投資が最適資本ストックと既存の資本ストックとの乖離幅をどれだけ埋めるかの比率であり，投資の調整速度といわれる。$t+1$ 期の資本ストック K_{t+1} は，定義によって，

$$K_{t+1} = I_t + (1-\delta)K_t$$

---

8) ここでは，資本の減耗率 δ が0と仮定されていることに注意。

で求められるから，これに（6.11）を代入すれば，

$$K_{t+1} = \eta K_{t+1}^* + (1-\eta)K_t \tag{6.12}$$

を得る。この式から，$\eta=1$でない限り，実際の資本ストック量K_{t+1}は最適な資本ストック量K_{t+1}^*と異なることがわかる。

望ましい資本ストックが達成されないのは，投資が直ちに最適資本ストックを達成するようには調整されないからである（$\eta=1$のときには常に最適資本ストックが達成されるように投資が調整されている）。企業の合理的行動を前提とすると，調整コストの存在を考慮しないかぎり，投資が最適資本ストックを達成するように調整されない事実を説明できない。しかし，ジョルゲンソンは最適な資本ストックの水準を求めるとき，調整コストの存在を無視している。この意味でジョルゲンソンの投資理論は，矛盾があるといえよう。理論的整合性を保つためには，$\eta=1$すなわち$K_{t+1}^*=K_{t+1}$としなければならず，このとき，

$$I_t = K_{t+1}^* - (1-\delta)K_t^*$$

となる。これは，（6.3）として求めた新古典派投資理論に等しい。

■**加速度原理**

（6.11）で，最適な資本ストックを，

$$K_{t+1}^* = \nu Y_{t+1} \tag{6.13}$$

とすると，資本ストック調整原理と呼ばれる考え方になる。ここでνは生産物1単位当たりの資本ストック量を表わし，資本係数と呼ばれる。最適な資本ストックが（6.13）で表わされるためには，固定係数の生産関数を前提にしなければならない（くわしくは，第17章参照）。（6.13）を（6.11）に代入すれば，

$$I_t = \eta(\nu Y_{t+1} - K_t) + \delta K_t \tag{6.14}$$

となる。これが資本ストック調整原理による投資関数である。

資本ストック調整原理で，$\eta=1$としてみよう。このとき，各t期について$K_t=K_t^*$が成立するから，（6.14）は，

$$I_t = \nu Y_{t+1} - K_t^* + \delta K_t$$

となる。さらに、(6.13) の時間を 1 期前にずらせば、$K_t^* = vY_t$ が成立するから、

$$I_t = v(Y_{t+1} - Y_t) + \delta K_t$$

が得られる。これを加速度原理の投資関数といい、v は加速度係数と呼ばれる。所得はフロー変数であり、一定時間当りではかられる。この意味で「速度」と同じ次元をもつ。「速度」と同じ次元をもつ所得の変化は、いわば「加速度」の次元をもつ値といえよう。このため投資が所得の変化に依存する投資関数を加速度原理と呼ぶのである。

■投資理論発展の経緯

　これまで説明された投資理論の中で、最も古いのはケインズの投資理論であろう。ケインズの投資理論によれば、投資の限界効率と利子率によって投資量が決定される。このアイデアはトービンの q 理論に受け継がれた。ただし、ケインズ自身は、投資の限界効率が企業家の動物的「勘」(アニマル・スピリッツ) に基づいた将来の期待形成に大きく左右される、と考えていた。

　投資の調整コストを考慮しない投資理論の中では、加速度原理が古く、それを一般化する形で資本ストック調整原理が発展した。すでに説明したように、これらは固定係数の生産関数を前提としており、資本と労働の代替性を考慮していない。資本と労働の間の代替性を導入し、企業による市場価値の最大化という行動原理を明示的に考慮したのがジョルゲンソンの投資理論である。

　投資の調整コストを考えない新古典派投資理論がジョルゲンソンの投資理論の基礎にある。新古典派の投資理論に、最適な資本ストックと現実の資本ストックとの間の乖離を部分的に調整するという考えを接合すると、ジョルゲンソンの投資理論になる。この意味で、もともと折衷的な色彩が強く、理論的には内部的矛盾をはらんでいた。こうした理論的矛盾を克服したのが、トービンの q 理論といえよう。

　新古典派投資理論の最適な資本ストックとジョルゲンソンの投資理論の最適な資本ストックは、概念上一致する。そのため、ジョルゲンソンの投資理論を新古典派投資理論に含める場合もある。さらに、企業による市場価値の最大化を前提とした投資理論を、広く新古典派投資理論と総称する場合もある（この場合の「新古典派」には、合理的行動を前提とした理論とのニュアンスが込められている）。この定義に基づくと、トービンの q 理論も新古典派投資理論に

分類されるであろう。本書では，投資の調整コストを考慮するか否かが投資理論にとって決定的に重要という立場をとっており，新古典派投資理論とトービンの q 理論とは明確に峻別されるのである。

6.5 まとめ

本章では，企業の投資行動を説明した。投資とは，固定的生産要素である資本ストックの蓄積であり，必然的に動学的側面を考慮せざるをえない。このため，数学的にやや難しいところがあり，初読の段階で細部のすべては理解できないかもしれない。その場合でも，理論的に整合的な投資理論としてトービンの q 理論があること，その理論では投資の調整コストの存在が重要な役割を演じること，投資量はトービンの q と正の相関をもつこと，トービンの q は実質利子率の減少関数であり，投資も実質利子率の減少関数となること，などは確認しておいてほしい。

練習問題

6.1 投資率 z と資本ストック1単位当たりの総投資費用 $\phi(z)$ の間には，
$$\phi(z) = 5z^2 + z$$
の関係があるとしよう。$r = 10\%$，$F_K = 13.75\%$として以下に答えよ。
(1) 最適な投資率を求めよ。
(2) トービンの q の値はいくつか。

6.2 生産関数を $Y = F(K, N)$ としよう。任意の a に対して $F(aK, aN) = aY$ が成立するとき，生産関数 $F(K, N)$ は K と N について一次同次（規模に関して収穫一定）であるという。一次同次の生産関数について以下に答えよ。
(1) 資本労働比率を $k = K/N$ として，$Y = f(k)N$ と表わせることを示せ。

(2) 資本の限界生産力と労働の限界生産力を k の関数として表わせ。
(3) 資本や労働の限界生産力が正で逓減的ならば，$f'(k)>0$，$f''(k)<0$ であることを示せ。
(4) 名目賃金率を W，資本の名目レンタルコストを R とするとき，k は要素相対価格 $\omega=W/R$ の関数となることを導け。
(5) 生産関数が一次同次のとき，最適な資本労働比率は ω の関数として決まるが，新古典派投資理論における最適な資本ストックそのものは不決定となる。その理由を説明せよ。

6.3 トービンの q 理論は，理論的な裏付けという意味では堅固だが，現実のデータによると設備投資量とトービンの q の間には必ずしも安定的な正の相関が認められない。その理由として適切なものを選べ。
(1) 株価が配当に対して正当に形成されていない可能性があるから。
(2) もともと設備投資量とトービンの q は同時決定されるから。
(3) トービンの q を正しく計測するのが困難だから。
(4) 投資にはもともと調整費用は存在しないから。
(5) 資本ストックは減耗するから。
(6) 市場価値の最大化が企業の目的でない可能性があるから。

6.4 設備投資に関するトービンの q 理論を参考にしながら，家計の住宅投資や教育投資がどのような要因に依存して決定されるかを考えてみよ。

III

貨幣と経済活動

　日常の経済活動の背後には，必ずといってよいほど貨幣のやりとりがある。マクロの経済活動において，貨幣は重要な役割を演ずる。しかしながら，これまでの各章では，貨幣の役割について表だった議論はしてこなかった。第III部では，貨幣の需要と供給について説明し，経済活動とのかかわりを理解する。金融面の経済活動の総合的な理解は，第IV部で「マクロ諸変数の同時決定」を考察する際に必要となる。

　第7章では，貨幣需要を考える。貨幣は資産の一部を構成しており，その意味で，貨幣に対する需要は他の資産に対する需要がどのようにして決まるか，と表裏の関係にある。こうした問題を考察の対象とする理論が，資産選択（ポートフォリオ・セレクション）の理論である。この理論では，安全資産と危険資産の選択が基本的な論点となる。ここで，安全資産とは収益率が確定している資産であり，危険資産とは収益率が不確実な資産である。資産選択理論によれば，危険回避的な投資家は分散投資を心がけ，安全資産と危険資産を同時に保有するのが一般的である。

　収益率の確実性から見ると，貨幣は安全資産と考えられる。しかし，一般に貨幣の収益率は他の安全資産の平均的な収益率と比べると低い（貨幣の定義については，第8章で説明する）。実際，本書の理論分析では，貨幣の収益率をゼロと仮定する。それにもかかわらず貨幣が需要されるのは，収益性以外の面で有益な機能を果たすからにほかならない。貨幣の機能をつきつめていくと，支払手段としての機能，価値尺度ないし計算単位としての機能，価値の保蔵手段としての機能の三つに集約できるだろう。こうした機能をもつために貨幣は需要されるのである。

　第8章では，貨幣供給，すなわちマネーストック（マネーサプライ）につい

て説明する。そのためには、まずマネーストックの定義を明確にしなくてはならない。マネーストックの概念的な定義の一つは、銀行部門（中央銀行と市中銀行）の民間非銀行部門に対する負債、との定義であろう。より具体的な定義によれば、マネーストックは現金通貨と預金の合計となる。現金通貨は中央銀行の負債であり、預金は市中銀行の負債である。これらはともに、経済取引における決済機能をもつか、あるいは決済機能をもつ現金通貨に容易に（大きなコストをかけずに）交換できる。このような定義によれば、マネーストックには預金が含まれるため、貨幣の収益率がゼロであるとの想定は必ずしも正しくはない。しかし、他の資産の収益率と比べると低水準であるのも確かであり、理論的分析では単純化のためにゼロと仮定するのも正当化されよう。

　第8章の後半では、民間の銀行部門全体による信用創造のメカニズムを説明する。信用創造のプロセスで派生預金が創出され、それによって民間銀行部門が自ら創造する内部貨幣の供給量が決まる。内部貨幣と中央銀行の負債であるハイパワード・マネーとの関係の理解もこの章の課題である。外部貨幣としてのハイパワード・マネーと内部貨幣の絡みによって、マネーストックの総量が決定される。ここでの考察は、後に第16章で金融政策の効果をくわしく検討する際の準備となる。

7

貨幣需要

　本章では，貨幣に対する需要を考察する。そのためには，**貨幣のもつ三つの機能**を理解しなければならない。**支払手段**としての機能，**価値尺度ないし計算単位**としての機能，**価値の保蔵手段**としての機能の三つである。貨幣は，これらの機能ゆえに社会的に有用であり，人々によって需要される。**一般受容性**をもつならば，紙幣のようにそれ自体はほとんどなんらの価値をもたないものでさえ貨幣になりうる。歴史的には，金や銀をはじめ，貝殻，石，紙幣などさまざまなものが貨幣の役割を果たしてきた。

　ケインズは，貨幣の需要動機を取引動機，予備的動機，投機的動機の三つに分類した。**取引動機**による貨幣需要は，貨幣が支払手段に用いられるために生ずるのであり，おもに日々の経済取引量に応じて需要量が決まる。**予備的動機**は将来の不測の事態に備えるための動機である。**投機的動機**による貨幣需要は，危険資産の価格変動から生ずる損失を回避するために，安全資産としての貨幣を保有する動機である。これらの需要動機をくわしく分析すると，貨幣需要がどのような要因に依存するかが明らかになる。

7.1 貨幣のもつ三つの機能

　私たちが日常生活を営む上で，貨幣（お金）は欠かせないものになっている。貨幣にはどのような機能があるのだろうか。貨幣のもっている機能を知るには，私たちがなぜ貨幣をほっする（需要する）かを省みるのが手っ取り早いと思われるが，説明の順番としては，先に貨幣のもつ三つの機能を明らかにしよう。

まず，出発点として，デフォーの『ロビンソン漂流記』のエピソードから入ろう。
　ロビンソン・クルーソーは無人島に流れ着き，しばらくして金貨を発見した。しかし，彼はすぐにその金貨がその島では何の役にも立たないことに気付いた。島では，経済を構成する主体が彼だけであり，そこには交換がないからである。取引相手がいなければ，金貨の使い途も存在しない。

　欲望の二重の一致　　複数人の経済主体が存在する場合，原理的には物々交換（barter）による取引が可能であろう。ある人が自分が消費する以上の米をもっているとしよう。彼はそれを肉や野菜，あるいは毛皮と交換できる。しかしながら，こういった交換が常にスムーズにできるとはかぎらない。一般に物々交換が成立するためには，第一に，自分がほしいと思う財・サービスを保有している相手がいることが条件となるが，それだけでなく，第二に，その相手が自分が保有している財・サービスをほっしていなければならない。これを，欲望の二重の一致と呼ぶ。

　欲望が二重に一致してはじめて交換が成立するのである。交換が成立するにはおそらく多大な時間と労力（努力）が必要とされ，これらがあまりに大きいと交換は見られないであろう。交換を成立させるために要する有形無形の時間や労力は，広く取引コストと呼ばれる。貨幣は，このような取引コストを大きく軽減する役割を果たす。これが，貨幣が登場する背景である。

■支払手段

　貨幣がもつ第一の機能は，交換における支払手段になることである。支払手段としての貨幣の存在によって，物々交換経済における欲望の二重の一致のうち，どちらかの一致は不必要となる。たとえば，自分の欲しい財・サービスを保有している者がいれば，その人は「貨幣」と交換に財・サービスを提供してくれる。すなわち，自分が必ずしも相手のほっしている財・サービスを保有していなくても交換が成立するのである。

　このように考えれば，支払手段としての「貨幣」にとっては，誰もがそれを受け取ってくれるという，一般受容性（general acceptability）の重要性が理解できるだろう。逆にいえば，一般受容性を持ってさえいれば，貝殻，石，煙草，紙幣，小切手，クレジットカード，電子マネー，等々何であってもかまわない。支払手段としての貨幣の登場は，いわば交換の仲介人の登場であった。それによって，取引コストは大幅に節約されたのである。この点で，交換経済での市

7.1 貨幣のもつ三つの機能

場の発生に類似している。

交換の媒体になる　貨幣の登場によってはじめて物と物の交換が可能となることもある。1, 2, 3 と番号の付いた 3 人の経済主体からなる経済を考えてみよう。3 人の経済主体は異なる種類の財を保有している。1 番の人は 2 番の人のもつ財を，2 番の人は 3 番の人のもつ財を，3 番の人は 1 番の人のもつ財をほっしている。この場合，欲望の二重の一致は決して起こらないから，物々交換は成立しない。

この経済に貨幣を導入したらどうなるだろうか。貨幣が一般受容性をもてば，各人は，自分の保有している財・サービスの交換対象として貨幣を受け入れるであろう。ここでは，そのように仮定する。さらに，当初 3 番目の人に天から貨幣が降ってわいたとしよう（これは話を簡単化するための想定であり，実際は，だれかが保有している何らかの財・サービスが，何らかのキッカケで一般受容性をもつようになればよい。それが貨幣の誕生である）。この結果，1 番の人は 3 番の人に財を渡し貨幣を受け取るといった交換が可能となる。1 番の人はこうして得た貨幣を対価として（すなわち，貨幣を支払って），2 番の人の持つ財を受け取るだろう。2 番の人は，その貨幣を対価として 3 番の人から財を受け取る。このようにして経済全体での交換が成立するのである（交換が成立した後に，3 番の人は再び貨幣を天に返すことができる）。

支払手段としての貨幣の機能は，上の例のように交換の媒体であり，分権的市場経済における交換の成立に大きな役割を演じるのである。

■価値尺度ないし計算単位

貨幣のもつ第二の機能は価値尺度ないし計算単位としての機能である。日本における円やアメリカのドルのように固有の通貨を判別したり，財・サービスがもつ価値を単一の指標で表わし簡潔に相互に比較可能にする機能であり，交換条件の算定・表示に重要な役割を果たす。

経済取引においては，ほんらい財・サービスの交換には相対価格体系の知識があれば十分な情報が得られる。しかし財・サービスの種類が n 個とすれば，必要となる相対価格の情報量は n 個の中から 2 個を取り出す組合せの数である

$$_nC_2 = \frac{n(n-1)}{2}$$

個となり，これは n が大きくなると天文学的な数になってしまう。価値尺度としての貨幣の存在は，すべての財・サービスの価値を貨幣ユニットではかることにより，必要な情報量を一挙に n 個にまで縮減させるのである。

このように，貨幣の「価値尺度ないし計算単位」としての機能は，経済取引において情報収集費用（あるいは広く取引コスト）を軽減するという意味で重要な役割を果たしている。しかしながら，この機能のみを備えたものを貨幣と呼べるかという問いには，若干の躊躇がともなう。いわゆる紙幣や硬貨といった文字通りの「モノ」としての物的な貨幣は存在しなくても，約束事としての計算単位が社会的に受容されさえすれば，それで事が足りるからである。この意味で，価値尺度あるいは計算単位としての機能は，貨幣のもつ機能のうちでは副次的な意味しかもたないといえよう。

とはいえ，絶対価格が常時変動するようでは，交換時に期待される価格のシグナル機能がうまく働かない。実際，第13章でインフレーションの社会的コストの問題を議論する場合には，こうした価格のシグナル機能がうまく働くか否かが重要な論点となる。

デノミとは　　なお，若干脱線するが，貨幣の計算単位の変更はデノミ（denomination）と呼ばれる。日本でも，戦後インフレの鎮静策の一環として1946年に新円切り替えによって，呼称単位を100分の1にした実質的なデノミを実行した経緯がある。デノミは，理論的には実体経済には中立的なものであるが，実際には新紙幣の印刷をはじめとして債券や契約書，種々の書類の書き換え，レストランのメニューの書き換え，コンピューター・ソフトや自動販売機の調整，等々によってマクロ的にも小さくない需要増が見込まれる。このため，とくに景気後退期にデノミを景気対策の一環として実行せよとの声が高くなる傾向がある。もちろん，円のデノミには，1ドルが100円（1円が0.01ドル）といった3桁の交換比率となることに対する，国の威信を強調する考えもある。

■価値保蔵手段

貨幣の持つ第三の機能は，価値の保蔵手段としての機能であり，この機能のため貨幣は富（資産）の一部として保有される。貨幣が価値の保蔵手段となるのは，支払手段として一般に受け入れられるからにほかならない。価値の保蔵手段は，異なる時点間の資源配分を考える際に重要な意味をもつ。ロビンソ

ン・クルーソーが無人島で発見した金貨は，島では何の役にも立たなかったけれども，本国に帰るとその価値を発揮したのである．

貨幣経済のパラドックス　貨幣が，紙幣のようにそれ自体は生産手段としての価値をもたないときに，価値の保蔵手段として用いられると，資本蓄積ないし経済成長にとってマイナスの効果をもつ可能性がある．こうした貨幣経済のパラドックスを理解するために，まず貨幣自体を生産する費用はゼロ，と仮定しよう．いいかえると，貨幣の生産には経済資源をいっさい必要としないのである[1]．この仮定のもとでは，貨幣が存在してもしなくても，消費と投資に利用できる経済資源の量に変化はなく，消費と投資の和は一定になる．

簡単化のために，経済全体としてみると，消費と総資産の比率が一定（この比率を a とする）に保たれるように各期の消費 C と貯蓄（＝投資）が決まる，と考えよう．この想定は，第5章で展開した消費の恒常所得仮説をふまえたものであり，必ずしも非現実的なものではないだろう．貨幣が保蔵手段として用いられるならば（すなわち，貨幣に対する需要が存在するならば），貨幣の価値は正であり，とうぜん貨幣残高も正になる．この単純な経済の総資産は，資本ストック K と（財ではかられた）実質貨幣残高 m の和であるから，ここでの仮定から，

$$\frac{C}{K+m} = a$$

となる．これを書き換えると

$$\frac{C}{K} = a + a\frac{m}{K}$$

となり，この関係から，貨幣が保蔵手段として用いられるとき（貨幣残高について $m>0$ の状況）には，そうでないとき（$m=0$ の状況）と比較して，資本ストックに対する消費の割合が増加することが理解できるであろう．

貨幣が存在してもしなくても消費と投資の和は一定であった．このため，C/K 比率の増加はそのまま 投資/資本ストック・比率 の下落をもたらし，こ

---

[1]　貨幣の生産のために資源の投入が必要ならば，その分だけ消費と投資に使われる資源の量は減少せざるをえない．こうした状況で，たとえば消費を一定に保とうとすれば投資は減少するため，資本蓄積にマイナスの効果を及ぼすのは自明であろう．実際には貨幣の生産に多少のコストはかかるが，こうした自明の効果を排除するため，費用はゼロと仮定する．

の意味で資本ストックの蓄積が抑制されるのである．ただし，この事実から貨幣経済は貨幣のない物々交換経済と比べて経済効率が悪い，と短絡的に判断してはならない．貨幣には価値保蔵手段以外にも，既に説明したようなさまざまな機能があり，それらすべての効果を考慮しなければ判断はできない．ここでの結果は，あくまでも価値の保蔵手段としての貨幣が，経済成長の源泉としての資本ストックに代替してしまうことのマイナス面を指摘しているに過ぎないのである．

■三つの機能と貨幣の条件

　貨幣のもつ三つの機能は，必ずしも相互に矛盾するものではなく，むしろ相互に補完的な働きをしている．どれか一つの機能のみを満たす「モノ」は，必ずしも貨幣としては認知されないであろう．三つの機能を同時にあわせもつ場合に，常識的にイメージされる貨幣となりえる．以下では，そうした観点から，貨幣のもつ三つの機能の相互関係を整理し，貨幣となる条件をさぐる．

　支払手段 vs 価値の保蔵手段　　まず，すでに指摘したように，「価値の保蔵手段としての機能」は貨幣がいつでも財・サービスに交換できるという「支払手段としての機能」に裏付けられている．逆に，その「支払手段としての機能」は，貨幣には一般受容性が備わっており，しかも取引の媒体として転々流通している間にも価値が維持されるといった「価値の保蔵手段としての機能」が期待されている．

　価値の保蔵手段 vs 価値尺度　　次に，貨幣の「価値尺度ないし計算単位としての機能」は，価値尺度となる貨幣そのものに絶対的な基準となるべく「価値の保蔵手段としての機能」が備わっていなければ，そもそも機能しなくなるであろう．この点に関しては，二つコメントがある．

　第1は，金貨や銀貨の金や銀の含有量に関しての「悪貨は良貨を駆逐する」グレシャムの法則である．同一の計算単位の下で悪貨が良貨に取って替わり，それにともなって知らずしらずのうちに価値が減価してしまう（つまり，価値が保蔵されない）と，取引の媒体となる「モノ」としての貨幣の一般受容性は低下せざるをえないであろう．第2に，より日常的な問題としては，名目上同一の額の貨幣価値もインフレが起こると，財・サービスの購買力ではかった実質価値は減価してしまうことである．これも，結果的には，時間の流れの中で価値は保蔵されなかったことになる．

価値尺度 vs 支払手段　さて，最後に，「価値尺度ないし計算単位としての機能」と「支払手段としての機能」の関係であるが，ここには微妙な問題が絡んでいる。既述のように，価値尺度としての貨幣が導入されることによって，効率的な資源配分にとって重要な相対価格体系の情報が理解しやすくなるが，理論的には価値尺度となるのは貨幣でなくとも，労働価値説のように投下労働であったり，リンゴやアンズであっても，あるいは土地であってもよい。どんな有形無形の財・サービスであっても，それを基準として他のあらゆる財・サービスがはかれるならば，それは価値基準財として<u>ニューメレール</u>（numeraire）となりえるのである。

しかし，すべてのニューメレール財が「支払手段としての機能」をもつ貨幣となりえるのではない。支払手段となりえるには一般受容性がなければならず，そのためにはそれなりの特性を備えていなければならない。投下労働は正確に評価するのが困難であろうし，リンゴやアンズではいつのまにか腐敗してしまうであろうし，土地ではもち運びが不可能である。西太平洋のヤップ島で通用する大石（最大では直径 3.6 メートルにもなる）の石貨も，決して日常的に用いられているわけではなく，不動産売買や婚姻の際の持参金代わりになっているに過ぎない。こうした取引には「貨幣の現物」はいらず，信用があれば役目を果たすであろう。

7.2　貨幣の需要動機

ケインズの『一般理論』には，貨幣の需要動機として取引動機，予備的動機，投機的動機の三つがあげられている。

<u>取引動機</u>とは，日々の経済取引にともなう支払いのための貨幣保有動機である。取引の量が大きくなれば，必要とされる貨幣の量もそれだけ大きくなるであろう。それゆえ，取引動機に基づく貨幣需要は，おおむね取引量に正比例すると考えて差し支えない。経済全体で考えれば，取引動機に基づく貨幣需要は名目 GDP に比例すると考えて大過ないであろう。もちろん，経済取引は GDP に算入される付加価値部分だけでなく中間財の取引や，土地・株式などの資産の取引もあり，これらにも貨幣が支払い手段として用いられる。しかしながら，これらの取引も踏まえた上でも，取引動機に基づく貨幣需要は名目 GDP に比例すると考え，その比例係数（次節で登場する<u>マーシャルの k</u>）の安定性に注

目するのである。

第5章5.5節では，消費に関する流動資産仮説に関連して前払い制約（cash-in-advance）がある場合には，支払いに備えた貨幣需要が考えられることを指摘したが，これも一種の取引動機による貨幣需要となる。

第二の予備的動機とは，将来の不測の事態に備え，いざというときに流動性を確保するための貨幣保有動機である（流動性については，厳密には7.4節で定義する）。しかし，近年になって金融市場が整備されてくると，高収益率でありながら流動性も高い資産が増えてきた。その結果，予備的動機に基づく貨幣需要は減少し，少しでも高い利子を生む資産への代替が進むと考えられる。

第三の投機的動機とは，安全資産としての貨幣を，危険資産の価格変動から生じるキャピタル・ロス回避のために保有しようとする動機である。投機的動機（speculative motive）を文字通り受け止めると，能動的な投機行動が念頭に浮かぶと思われるが，実際は受動的な危険回避行動が対象となる。

すでに第2章でもおおまかに説明したことであるが，安全資産とは収益が確定している資産，危険資産とは収益が高いときもあれば低いときもあるといったリスクをともなう資産である。後に7.4節でくわしくみるように，貨幣の需要動機のなかでケインズが最も重視したのが，この投機的動機である。ケインズは，投機的動機による貨幣需要は経済主体の期待形成に大きく左右される，と考えた。たとえば，人々の期待が弱気のときには，期待収益率は高いが元金の保証されない債券や株式よりも，収益率は低くとも安全な貨幣を保有する傾向がある，と考えたのである。

7.3 取引動機と貨幣需要

前節では，取引動機に基づく貨幣需要は，おおむね取引量に比例すると考えて差し支えないだろうとした。本節では，そうした観点から貨幣需要を導出する二つの代表的理論である，数量方程式と在庫理論アプローチを説明する。

■数量方程式

取引動機に焦点を合わせた貨幣需要理論に，数量方程式（quantity equation）の考え方がある。数量方程式に基づく貨幣数量説は，後に第10章でみるように，古典派経済学体系における物価水準の決定を論じる際に重要な役割を演ず

る。この章ではやや視点を変えて，数量方程式を貨幣需要関数を与えるものと解釈するのである。

フィッシャーの交換方程式　　数量方程式の出発点となるフィッシャーの交換方程式は，M を貨幣供給量，V を貨幣の流通速度，P を物価水準，T を経済の総取引量として

$$MV = PT \tag{7.1}$$

が成立するものと考える。この交換方程式の意味としては，右辺の PT はある期間をとったときの経済取引額のすべてを集計したものであり[2]，左辺はその期間に流通している貨幣供給量とそれが平均的に取引に使われた回数を乗じたものであり，これら二つの額が等しいと主張するものである。

フィッシャーの交換方程式は，会計処理において借方・貸方のダブル記帳を貫徹するならば総計は必ず等しいといった複式簿記の原則を表現したものであり，観念的には必ず成立する所以の関係であるといえる。実際問題としては，P と T をそれぞれどのような指標として集計するか，貨幣の流通速度をどのように観察するか，といった難題がある。

フィッシャー自身には[3]，交換方程式を貨幣供給量に応じて物価水準が決まるとの貨幣数量説の基礎に据える意図があったようであるが，現在では，(7.1)式は事後的に V の値を計算する，貨幣の流通速度の定義式と解釈している。したがって，厳密には (7.1) は方程式ではなく，恒等式になる。

ケンブリッジ方程式　　もともと数量方程式にはさまざまな考え方があるが，いずれにも，経済取引には貨幣のやり取りをともなうため貨幣需要は取引高に依存するはず，という認識がある。この点はフィッシャーの交換方程式でも同様であるが，流通速度の定義式から一歩先に進んで名目 GDP と貨幣需要を関係付けようとするのがケンブリッジ方程式ないし現金残高方程式である。

取引量を表わす代理変数として名目 GDP ないし名目国内所得 PY をとり，

---

[2]　P と T は，それぞれ，対応する取引の価格と数量のベクトル表示で，PT はその内積と解釈する。すなわち，$PT = \Sigma p_i t_i$ で集計対象はすべての取引 i である。

[3]　フィッシャー（I. Fisher；1867-1947）はアメリカの経済学者。多くの分野で初期の古典派経済学の確立に貢献した。現在と将来の 2 期間での消費・貯蓄決定や投資決定はフィッシャーの 2 期間モデル，それらの図による説明（第 5 章の図 5.3 や第 6 章の図 6.1 など）はフィッシャーの図と呼ばれることもある。さらに本書では，後の第 13 章のインフレ期待に関連したフィッシャー式の提唱者として，再度登場するであろう。

マクロの貨幣需要量 M^D を

$$M^D = kPY \tag{7.2}$$

で表わされるものと考えるのがケンブリッジ方程式の趣旨である。フィッシャーの交換方程式とケンブリッジ方程式を比較すると，(7.1) の貨幣供給量 M と (7.2) の貨幣需要量 M^D を同じものであるとし，また (7.1) の PT を名目 GDP であるものと想定すれば，(7.2) の k として (7.1) の V の逆数

$$k = \frac{1}{V}$$

とすれば，両者は整合的なものとなる。

ケンブリッジ方程式では k はマーシャルの k と呼ばれ，名目 GDP で代表する取引高の一定掛け目で決済用の貨幣を需要すると想定し，その掛け目率に相当する値の定数と考える。この k は経済全体としては貨幣の流通速度の逆数に相当するものであるから，その国民経済の取引慣行に依存するもので，(少なくとも短期的には) 安定的な値をとると考えられる。たとえば現金決済が中心の国民経済ではマーシャルの k は相対的に大きな値となり，企業間信用や小切手ないしクレジットカード支払いの割合が高い国民経済では k は相対的に小さな値になろう。

このように，ケンブリッジ方程式では数量方程式を主体均衡としての貨幣需要を表わしていると解釈したこと，およびマーシャルの k を定数としたことで，貨幣需要は名目 GDP に比例して決定されるとの結論に至ったのである。ほんらいは，続いてこの貨幣需要が貨幣供給と等しくなるとの貨幣市場の均衡に進むのであるが，この展開は第 10 章「古典派経済学の体系」まで待ってもらいたい。なお，ケンブリッジ方程式という呼び名は，それを提唱した経済学者であるマーシャル (A. Marshall) やピグー (A. Pigou) が，イギリスのケンブリッジ大学の先生であったことに由来する。

■ **在庫理論アプローチ**

取引動機に基づく貨幣需要を説明する理論には，在庫理論アプローチと呼ばれる考え方もある。これはトービン (J. Tobin) やボーモル (W. Baumol) によって定式化された考え方であり，製品在庫の管理問題の応用として貨幣の保有を説明する。

7.3 取引動機と貨幣需要

月の初めに T だけの収入があり，その収入を1か月間毎日均等に支出するとしよう。家計が収入のすべてをずっと貨幣で保有しつづければ，当座は支払いの必要のない貨幣を保有することになり，（債券で保有すれば得られたであろう）利子を機会費用として失う。そこで，当初債券を保有し，必要な額を定期的に債券から貨幣へシフト（交換）する状況を想定しよう。債券利子率を i，1回のシフトに必要とされる費用，すなわち取引コストを b とする。取引コストは，取引高には依存せずに一定と仮定しよう。1回にどれだけの債券をシフトするのが家計にとって最適であろうか。

1回のシフト額を C としよう。これを毎日均等に支出するため，平均貨幣保有残高は $C/2$ となる[4]。同様に，平均債券保有残高は $T/2 - C/2$ となるであろう（図7.1参照）。したがって，総シフト数は $n = T/C$ であるから，利子収入と取引コストの差である純収入は

$$純収入 = \left(\frac{T-C}{2}\right)i - \left(\frac{T}{C}\right)b$$

で与えられる。これを最大にする C を求めれば，それが最適な C となる。簡単化のために，総シフト数 n が自然数であるということを無視して，右辺を C

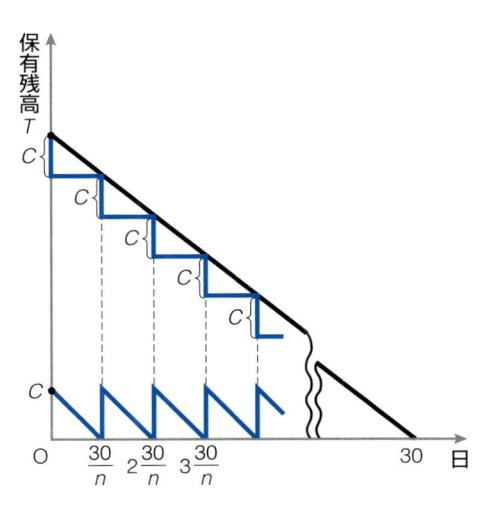

図7.1　債券と貨幣の平均保有残高

---

4) たとえば2日間で使いつくす場合を考えよう。1日目の平均残高は $3C/4$（1日の支出前は C，支出後は $C/2$ に注意），2日目は $C/4$ であるから，平均すると $C/2$ となる。

で微分して0とおくと，

$$-\frac{i}{2} + \frac{Tb}{C^2} = 0$$

が得られるから，最適な平均貨幣保有残高，すなわち平均的な貨幣需要は，

$$M^D = \frac{C}{2} = \sqrt{\frac{bT}{2i}} \tag{7.3}$$

で求められる。最適な貨幣需要は，貨幣保有の機会費用と取引コストの限界的なバランスで決まるのである。

(7.3)が示すように，貨幣需要は，所得ないし支出額Tのみならず，債券の利子率iにも依存する。貨幣需要は，所得が増加したとき，債券の利子率が下がったとき，債券から貨幣へのシフトの際の取引コストが大きくなったとき，それぞれ増加する。(7.3)は，さらに次のことを示唆している。すなわち，支出額Tが2倍になっても，貨幣需要は$\sqrt{2}$倍にしかならない。この意味で，取引動機に基づく貨幣需要には規模の利益が存在するのである。

7.4 投機的動機と貨幣需要

本節では，投機的動機に基づく貨幣需要を導出する。これには多少長い道のりが必要であるが，いったん到達すると，次章で学ぶ貨幣供給を与えられたものとした上で，貨幣市場の均衡によって利子率が決定されるメカニズムを先取りして議論することが可能となる。本節の射程はそこまでであるが，まずは資産の流動性の定義から始めよう。

■資産の流動性の定義

資産の流動性を定義するには，大きく分けて二つの考え方が可能である。

本来的価値の実現の容易さ　一つはその資産の潜在的価値ないし本来的価値（たとえば，資産の市場価値や土地の評価額）を実現するための容易さであり，時間と費用を含めた取引コストによってはかられる。資産を最も有利な条件のもとで，しかも十分な情報収集後に売却して得られる最大の価値をその資産の本来的価値としよう。流動性が高い資産ほど，潜在的価値を低い取引コストで実現できるのである。貨幣はこの意味で完全に流動的であり，これに比べると債券や実物資産などの流動性は相対的に低い。

こうした取引コストの存在のために，日頃からある程度の流動性を確保しようとして貨幣を保有する，と考えるのは自然であろう。取引コストが無視できるほど小さく，急に支払いが生じるといった不確実性が存在しないならば，取引動機による貨幣保有は存在しない。貨幣以外の資産は利子を生むため，誰も貨幣を保有しなくなるからである。もちろん，人によっては貨幣保有そのものに喜びを感ずるかもしれない。このような守銭奴的満足感は別である。しかし，しばしば指摘されるように，あくまで「貨幣はそれ自体が欲されるのではなく，それによって購買できるもののために欲される」のである。貨幣保有自体が効用を生み出さないならば，取引コストが存在しない世界で貨幣に対する需要が存在するのは不確実性の存在のためといえよう。

資産価値の安定性　　流動性のいま一つの意味は，資産価値の安定性である。しばしば資産の価値は時間とともに変動する。この意味で資産の保有にはリスクがともなう。いうまでもなく，リスクの大きさは資産ごとに異なるだろう。第二の意味での流動性の高い資産とは，リスクの小さい資産にほかならない。資産価値は通貨単位ではかられるのが一般的であるから，現金通貨がこの意味でも流動性が最も高い資産となるのは明らかであろう。

■流動性選好

ケインズのいう予備的動機や投機的動機は，ほんらい資産価値に関する不確実性の存在を前提としている。将来の不測の事態や予想されるキャピタル・ロス（債券価格の下落）を回避する目的で貨幣を需要する，というのがケインズの流動性選好の基本的な考え方といえよう。ケインズにとって，貨幣とは流動性そのものといっても過言ではないのである。これを以下でくわしく説明する。

コンソルの予想収益率を求める　　簡単化のため，債券としてコンソル（永久公債）を考えよう。毎期一定（c 円とする）の利息支払（クーポン）のある永久債券（すなわち満期がない債券）をコンソルという[5]。コンソルは市場で取引され，価格が毎期変化するため，収益率が変動する危険資産の一つである。

最初に，コンソルの市場価格とその予想収益率がどのような関係にあるかを考えねばならない。コンソルの現在時点での市場価格を P 円，1期後の予想価

---

5) 定期的に利息が支払われる債券（利付債券）の場合，利息は券面に付いている利息受取りの権利証と引き換えに受け取る。この権利証がクーポンと呼ばれる。

格を P_{+1} 円としよう。このとき，コンソルの予想収益率 ρ （ロー）は，

$$P(1+\rho) = c + P_{+1} \tag{7.4}$$

で定義される。すなわち，現在コンソルを P 円で購入すると，1期後には，その価値がクーポンの P 円と1期後に市場で売却する際の予想価格 P_{+1} 円の和となる。両者の比率が予想収益率にほかならない。(7.4) を ρ について解くと

$$\rho = \frac{c}{P} + \frac{P_{+1} - P}{P} \tag{7.5}$$

となる。(7.5) の右辺第1項はクーポンからの収益であるインカム・ゲイン（直接利回りないし直利とも呼ばれる）であり，右辺第2項は，プラスのときがキャピタル・ゲイン，マイナスのときがキャピタル・ロスと呼ばれる。

異なるコンソルの予想価格と貨幣需要　コンソルの1期後の予想価格は，各経済主体によって異なるのが普通である。たとえば，経済主体 A, B, C が，それぞれ将来価格を $P^A_{+1}=110$ 円，$P^B_{+1}=100$ 円，$P^C_{+1}=90$ 円と予想していたとしよう。また，簡単化のため，$c=1$ 円とする。このとき，$\rho=0$ となるコンソル価格の最低水準は，それぞれ，

$$P^A = 111, \quad P^B = 101, \quad P^C = 91$$

となる。

貨幣が需要されるのは $\rho<0$ のときである。なぜなら，貨幣の利子率は0で確定しており，それよりも収益率が低い債券をもつのは得策でないからである。すなわち，

$$\begin{aligned}&\text{経済主体}Aにとっては P>111\\&\text{経済主体}Bにとっては P>101\\&\text{経済主体}Cにとっては P>91\end{aligned}$$

のとき，債券は保有されない。以上の範囲では，各経済主体は彼らの総資産 A_A, A_B, A_C のすべてを貨幣で保有するであろう。

経済全体の貨幣需要　これを図示すると図7.2のようになる。経済全体（ここでは3人の合計）の貨幣需要は，コンソルの市場価格に対応する各経済主体の貨幣需要を合計して求められる。図7.2の青色線がそれである（ここでは，他の動機に基づく貨幣需要は考えていない）。

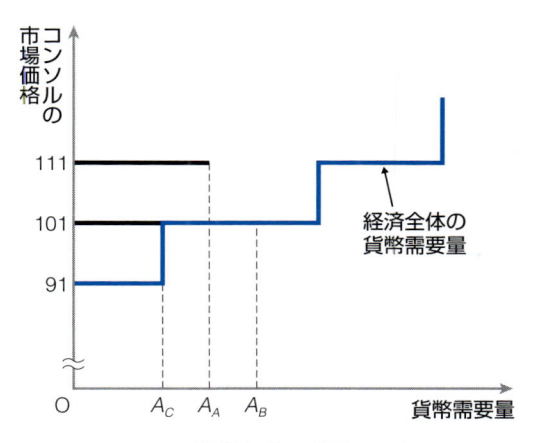

図7.2 債券価格と貨幣需要量

このように，予想の異なる経済主体が存在するならば，経済全体での貨幣需要はコンソルの市場価格に対する増加関数（右上がりの階段状）となる（この関係はコンソルだけでなく債券全般について成立する）。きわめて多くの経済主体の存在を仮定すれば，需要関数は近似的になめらかな右上がりの曲線で表わされるようになるであろう。

■ コンソルと割引債

以上では，コンソルという特殊な債券を前提にして，経済全体での貨幣需要がコンソル価格の増加関数となることを説明した。以下では，利子率と貨幣需要との関係をさぐりたい。そのためには，コンソル価格と「利子率」の関係を理解する必要がある。

割引債との裁定　コンソルのほかに，1期後に満期がくる割引債を考えよう。割引債とは，クーポン支払いがなく，償還時にのみ額面が支払われる債券である。償還時の価格を100円，現在の市場価格を Q 円とすると，割引債の収益率 i は，

$$i = \frac{100}{Q} - 1 \tag{7.6}$$

となる。割引債は償還時の価格が確定しているため，満期まで保有するかぎり安全な資産であり，その収益率 i を利子率と呼ぶ[6]。

コンソルと割引債が共に市場で取引されている場合，各経済主体が予想するコンソルの予想収益率の平均値は，割引債の利子率に収束する力が働くと考えられる（厳密には，コンソルが危険資産であるため，割引債の利子率を若干上回るであろう。この部分はリスクプレミアムと呼ばれる）。仮に，当初割引債の利子率のほうが低いとすると，割引債に対する需要が減少（コンソル債の需要は増加）するため，その価格 Q が低下（コンソル債の価格は上昇）し，i が上昇する。逆の場合には，i が低下するであろう。こうした力によって，コンソルの平均的な予想収益率は利子率に近づくのである。これを，裁定が働くという。

■債券価格と利子率

コンソルの予想収益率の平均値が i の水準に等しく決まる傾向があるならば，コンソルの市場価格は，i と逆相関するようになる。これを理解するために，やや極端ではあるが，コンソルの予想価格が静的に形成される，すなわち，現在の市場価格が将来も続くとの予想が一般的であるとしよう。こうした想定のもとでは，(7.5) において，キャピタル・ゲインの部分は 0 となるため，$\rho = i$ を考慮すると，

$$P = \frac{c}{i}$$

が成り立つ。この関係式から，コンソル債の市場価格 P と利子率 i とが逆方向に動くことが理解されよう。

あるいは次のように考えてもよい。コンソルは毎期 c 円ずつ利息を支払う永久債券であり，その割引現在価値が債券価格に等しいとすれば，割引率として割引債の利子率 i（時間を通じて一定と仮定する）を用いて，

$$P = \frac{c}{1+i} + \frac{c}{(1+i)^2} + \frac{c}{(1+i)^3} + \cdots\cdots = \frac{c}{i}$$

と計算される。これは上で求めた関係にほかならない。同じ結果が得られるのは，割引債の利子率が将来にわたって一定という仮定と，コンソルのキャピタ

---

6) 理論的には，1期後に満期がくる割引債だけではなく，2期後，3期後，…等が満期の割引債が存在し，それぞれに対応した利子率が存在する。ここでは，単純化のため各利子率が一定の関係を保つと仮定し，1期後に満期がくる割引債に対応する利子率をこれらの「代表」と考え，それを利子率と呼ぶ。

ル・ゲインが将来にわたって0という仮定（静的期待形成仮説）が，基本的には同等の内容を含んでいるからである[7]。

■貨幣市場と利子率の決定

　多少極端な仮定のもとでではあるが，コンソル価格と割引債の利子率が逆相関することが明らかとなった。この事実は一般的な状況を想定しても成り立つ。コンソル債ばかりでなく，他の債券（たとえば，満期が10年の利付債券）をとっても債券価格と利子率とは逆方向に動く。投機的動機による貨幣需要は債券価格の増加関数であった。債券価格と利子率とが逆相関するならば，投機的動機に基づく貨幣需要は利子率の減少関数としても表わされるだろう。これを図に描くと，図7.3の右下がりの曲線になる。

　流動性選好説　いま貨幣の供給がM^Sの水準であったとしよう。貨幣供給量については次章でくわしく考察する予定である。ここでは外生的に所与と仮定すると，貨幣の供給曲線は垂直に描かれる（図7.3を参照）。均衡利子率は貨幣需要曲線と貨幣供給直線との交点に対応するi^*に決まるであろう。均衡利子率のもとでは，貨幣に対するストックの需要がストックの供給に等しくなっている。このような考え方を，利子率の決定についての流動性選好説とい

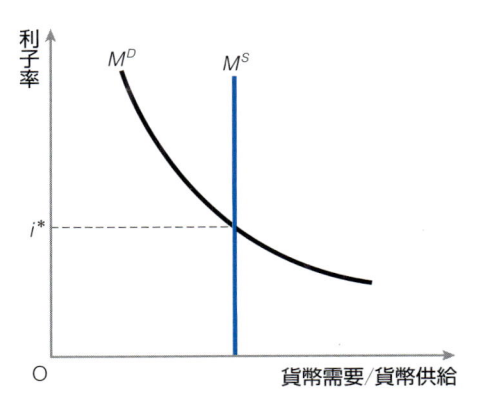

図7.3　利子率の決定

---

[7]　コンソルのキャピタル・ゲインが将来にわたって0ならば，投機的動機による貨幣需要は存在しない事実に注意しなくてはならない。コンソルを保有した場合に，キャピタル・ロスのリスクがまったくないからである。その意味で，静的期待形成仮説はやや極端な仮定といえよう。

う。利子率の決定が，ストックとしての貨幣の需要量と供給量が等しくなる（すなわち貨幣市場が均衡する）ように調整されて決まることと，貨幣需要が資産としての貨幣と債券の間の選択によって決まり，しかも貨幣需要はもっぱら投機的動機に基づく貨幣需要（すなわち，流動性の需要）で説明されているからである。

ほんらい貨幣市場では，投機的動機に基づく貨幣需要だけでなく取引動機に基づく貨幣需要も（さらには予備的動機に基づく貨幣需要も）考慮されるべきである。そうすると，厳密に考えるならば，利子率の決定メカニズムが生産物市場での GDP の決定と同時に決定されることになる。もっとも，そうだとしても流動性選好説の本質が変わることはないのも事実である。くわしくは第Ⅳ部の「マクロ諸変数の同時決定」で確認することになろう。

■流動性の罠

これまでの議論から明らかなように，貨幣需要曲線が右下がりに描かれるためには，人々の予想形成が異ならなければならない。コンソル価格に対する将来予想が完全に一致するとき，経済全体での貨幣需要曲線は，ある特定のコンソル価格ないし利子率のもとで水平になるであろう。その結果，利子率のわずかな変動が貨幣に対する需要を大きく変動させる。つまり，貨幣需要の利子弾力性（1％の利子率の下落に対する貨幣需要の増加率）は非常に大きくなる。こうした状態は，ケインズによって，流動性の罠（liquidity trap）に陥る，と表現された。流動性の罠は，債券価格が相当高い水準まで上昇したときに，すなわち同じことであるが利子率が十分低い水準になったときに発生する可能性が高い。

第16章でみるように，流動性の罠の存在は金融政策の有効性が失われるケースの一つの例となる。この極端な例が示すように，流動性選好に基づく貨幣需要は，個々の経済主体の期待形成がどのようになされるかという点，さらには経済主体間で期待形成がどれだけ一致しているかという点に大きく依存するのである。

7.5 資産保有としての貨幣需要

　既述のように，貨幣は資産の一部として保有されるため，その需要は他の資産との比較によって決定される。貨幣需要を考える一般的な方法は，各資産の収益とリスクをもとにした資産選択の問題として考察することであろう。すなわち，収益が確定している安全資産と，株式や債券などのように市場価格の変動によってキャピタル・ゲインやキャピタル・ロスが発生し収益が不確実となる危険資産を，どのような割合で保有するのがよいかという視点から貨幣需要を見るアプローチである。

　資産選択に直面した投資家は，価格変動によるリスク（危険）をどのように評価するかに応じて，安全資産と危険資産の最適保有比率を決める（資産の組合せは，ポートフォリオと呼ばれる）。ハイ・リスク/ハイ・リターンの資産がある一方，ロー・リスク/ロー・リターンの資産もあり，それらを組み合わせてできるかぎり満足できる資産運用を目指さなくてはならない。

　ケインズの流動性選好では，各経済主体は資産のすべてを貨幣かコンソルかのいずれかの形で保有した。これに対し，資産選択の理論ないしポートフォリオ理論によれば，各経済主体が両者（あるいはより多くの種類の資産）を同時に保有する現象を説明できる。

　ところで貨幣は安全資産と考えるべきであろうか，危険資産と考えるべきであろうか。インフレーションやデフレーションを考慮すると，貨幣の実質価値が変動するため，貨幣は危険資産と考えなければならない。とはいえ，名目価値は確定しており，株式や債券などと比較すれば相対的には安全な資産といえよう。このため，通常，貨幣は安全資産とみなされている。

　資産選択の理論では，利子率の異なる2種類以上の安全資産を同時に保有する現象をうまく説明できない。この点にも留意しよう。たとえば，貨幣の名目利子率（ここではそれを0と想定した）よりも大きい利子率の安全資産が存在するときには，収益の観点からは貨幣保有をうまく説明できない。こうした状況で，安全資産の一部として貨幣需要を導くためには，単にリスクと収益といった基準だけではなく，貨幣に固有の性質を考慮する必要がある。それが，取引動機なのである。

7.6 まとめ

本章では,まず貨幣の機能について説明し,貨幣需要関数の導出を試みた。ケインズによると,貨幣の需要動機には取引動機,予備的動機,投機的動機の三つがある。このうち,予備的動機は,取引動機と投機的動機の両方の性質をあわせもち,どちらかに含めて考えることができよう。

取引動機に基づく貨幣需要は取引高の代理変数である名目 GDP(名目所得)PY の増加関数となり,投機的動機に基づく貨幣需要は利子率 i の減少関数となる(在庫理論アプローチでは,取引動機に基づく貨幣需要も利子率の減少関数となる)。これらを総合すると,一般的な貨幣需要関数は,

$$M^D = L(i, PY)$$

で表わされる。この貨幣需要関数は,第IV部の「マクロ諸変数の同時決定」で重要な役割を果たす。

練習問題

7.1 西太平洋のヤップ島では,不動産売買などの際に大石が貨幣として使用されている。400 km 以上離れたパラオ島で石灰岩を切り出し,カヌーで運ばれた。大きなものは直径 3.6 メートルに達するという。このような大石が貨幣として機能するには,どのような要件が必要であろうか。

7.2 在庫理論アプローチによる貨幣需要,

$$M^D = \sqrt{\frac{bT}{2i}}$$

を前提として,次の各問に答えよ。

(1) 価格上昇によって取引価格が 2 倍になったとき,貨幣需要はいくらになるか。そのことと,取引動機に基づく貨幣需要に規模の利益が存在することとは,どのような関係にあるか。

(2) 本文では債券から貨幣へシフトする際に必要とされる 1 回当たりの取引コス

ト b は，取引高には依存せずに一定額と仮定した．取引コスト b が1回当たりの取引高 C にも依存し，毎回 $aC+b$ だけかかる場合には，貨幣需要はどのように表わされるか．

7.3 次の各問に簡潔に答えよ．
(1) N 個の財・サービスに対して，取引時に必要な情報は物々交換経済では $N(N-1)/2$ 個の相対価格である．貨幣経済ではどうか．
(2) 流動性の罠に陥るのは，どのような状況においてか．
(3) コンソル価格が $P=c/i$ と表わせるのはどのような場合か．
(4) マーシャルの k は，どのような場合に安定的な値をとるか．
(5) 収益率が低い安全資産（たとえば現金通貨）が収益率が高い安全資産（たとえば定期預金）と同時に保有されるならば，その理由は何か．

8

貨幣供給

　本章では，貨幣の供給について学ぶ。なにが貨幣かは前章で説明した。それによると，原理的には，支払手段として一般受容性をもつ「モノ」は何でも貨幣になりうる。しかしながら，現代社会で貨幣として受容されるためには，おのずから制限がある。実際，私たちの経済社会では，特定の「モノ」が貨幣供給量（マネーストック，マネーサプライ）として用いられ，その統計値が公表されてきた。現代社会におけるマネーストックには，紙幣や硬貨のように目に見える物理的な「モノ」のほかに銀行預金の残高が含まれる。

　貨幣供給量の定義と，それがどのようにして決定されるかの理解が本章の目的といってよい。貨幣供給量の決定メカニズムにおいて重要なのは，民間の銀行部門全体による信用創造である。信用創造によって，内部貨幣と呼ばれる貨幣の供給量が決まる。内部貨幣に対して外部貨幣と呼ばれるのが，（民間部門にとっては外部にあたる）中央銀行が供給するハイパワード・マネー（ベースマネー，マネタリー・ベースともいう）である。これは，民間銀行と民間非銀行部門に対する中央銀行の負債にほかならない。ハイパワード・マネーとマネーストックの間の関係をさぐるのも重要な課題といえよう。

　中央銀行による新規の外部貨幣の供給は，実質上，通貨当局の収入となる。これをシーニョレッジと呼ぶ。シーニョレッジのからくりについても説明する。

　これまでの各章では，中央銀行と民間銀行を合わせて銀行部門と呼んできた。マクロモデルを議論するときには，これが最も理解しやすいからである。しかし，この章では中央銀行と民間銀行の役割を明示的に取り扱うため，両者を区別し，銀行部門には中央銀行を含めないことにしよう。さらに，中央銀行に対

して「通貨当局」，民間銀行に対して「市中銀行」「商業銀行」等の名称を用いることもある。この点に十分注意されたい（統一された用語を用いるほうが混乱が少なく望ましいのであるが，何が議論の対象かによって，異なった呼称が用いられるのが「慣例」であり，本書でもある程度こうした「慣例」に従ったからである）。

8.1 マネーサプライからマネーストックへ

経済全体に流通している貨幣の総量が貨幣供給量であるが，貨幣として何を含めるかによって，いくつもの定義が可能である。取引の支払い慣行が異なったり金融システムが異なる国々によって貨幣の定義が異なるのは当然ともいえるが，一国内に限っても時期によって，貨幣の定義の中身や貨幣の呼称法が変化するのもしばしばである。

日本の貨幣供給量の統計は中央銀行である日本銀行（日銀）が公表しているが，2008 年から大幅なマネーの定義の変更が成された。以下，変更以前のマネーサプライの説明と変更後のマネーストックの説明を試みる。

■ **マネーサプライ**

わが国では長い間マネーサプライとして，M_1（「エムワン」という），M_2（「エムツー」という），M_2+CD など複数の統計が公表されてきた経緯があり，単にマネーサプライという場合には，通常 M_2+CD（CD については，すぐ後で説明する）をさしてきた。

M_1 とは現金通貨と市中銀行の要求払い預金残高の合計として定義され，M_1 に定期性預金の残高を加えると M_2 になる。ここで現金通貨とは，通貨当局が発行する紙幣や硬貨をいう（ただし，民間銀行の保有する分は除く）。これらは法律によって一般通用性（受容性）が保証されており，法定通貨とも呼ばれる。

要求払い預金はなぜマネーストックに入るか　現金通貨がマネーストックに含められるのは当然であろう。しかし要求払い預金がなぜマネーストックに含められるのであろうか。要求払い預金は，具体的には当座預金（小切手がきれる口座）や普通預金をさす。こうした預金は，直接銀行の窓口や ATM (automated teller machine) で引き出されたり，それを裏付けとする小切手やクレジットカードなどによって，決済に用いられる。いつでも自由に引き出せ

るため，要求払い預金の流動性はきわめて高く，現金通貨とほぼ同じ機能をもつと考えられる．

実際，企業間の取引等大規模な取引では現金通貨での決済は稀であり，ほとんどが小切手や手形で取引が決済されている．ただし，小切手や手形が決済手段となりうるのは，それに対する信用の裏付けがある場合に限られる．信用がなくなれば，現金で決済されざるをえないだろう．地下経済の取引では現金が支払い手段として用いられたり，倒産のウワサのある企業の小切手や手形はほとんど通用力を失う，といった状況を考えてみれば明らかであろう．

定期性預金の流動性　定期性預金は，要求払い預金と比べると（前章での定義での第一の意味での）流動性は低いが，それでも一定のコストをかけると，比較的短時間で現金通貨と交換可能である．このため，M_2 には定期性預金が含まれるのである．CD とは Certificate of Deposits の略であり，譲渡可能な定期預金を指す．CD は満期到来前でも第三者に譲渡可能であり，早くからその金利が自由に決められていたため，定期性預金のなかでも特別な扱いを受けている．

M_1 と M_2（ないし M_2＋CD）の違いは，以上の通りである．従来，両者間には流動性の差異があるという認識のもとに，M_1 を狭義の貨幣，M_1 と M_2 の差（すなわち定期性預金）を準貨幣とし，明確に区別してきた．M_2 は準貨幣を含めた広義の貨幣と考えられていたのである．しかし，1980 年代以降の「金融革命」の進行にともなって，新しい金融新商品が次々と開発され，要求払い預金と定期性預金の区別，あるいは銀行部門の預金とそれ以外の部門（証券会社，信託銀行，保険会社など）の金融商品との区別がつきにくくなってきた．それだけ貨幣の定義が広くなったのである．

M_3 と広義流動性　ただし，マネーストック統計の実務面では，依然として金融機関の種類による預金の区別は重要である．日本では，M_1 や M_2＋CD に算入される通貨や預金は，日本銀行，全国銀行の預金勘定，信用金庫，農林中央金庫，および商工組合中央金庫のみを対象としてきた．いいかえるならば，預金者から見れば同様の金融機関でありながら，郵便局，農業協同組合，信用組合，労働金庫，および全国銀行の信託勘定の預金は，M_2＋CD のマネーサプライには算入されず，これらを含める場合には M_3＋CD という概念が用いられた．また，M_3＋CD と代替性の高い投資信託，CP（コマーシャル・ペーパー），金融債，FB（政府短期証券），国債，外債等の金融資産を加えた広義流動性という指標も用いられる．M_2 と M_3 の範囲の相違は，主として金融機関の計数

の速報性や統計精度が劣る等資料面の制約によるものと説明されているが、日本銀行との取引が日常的にあるか否かといった面も無関係ではない。なお、在日外国銀行は国内におけるマネーサプライの供給機関ではあるが、やはり資料面の制約によって、M_3の対象範囲からも除外される。

経済指標との関係 マネーサプライの対象範囲を考えるうえでは、流動性の違いの他に、他の経済指標（特に名目GDPやインフレーション）と安定的な関係をもっているかも重要である。従来、マネーサプライとして日本ではM_2+CDを、米国ではM_1を重視していた理由は主としてそこにある。もっとも、近年では金融自由化が進展した結果、支払手段としての決済機能を確保しつつ相対的に利回りも高いといった金融新商品が続々と開発されるにもかかわらず、それらが注目を浴びるマネーサプライ統計から除外されたままといった事態が起こっており、こうしたマクロ的安定性には懐疑的な見解が優勢となっている。

■マネーサプライからマネーストックへ

上でもふれたように、マネーサプライについては常に経済の変化に比べて時代遅れの評価がくだされ、日本銀行も検討を重ねた結果、2008年にはかなり大幅なマネーサプライ統計の改訂を行った。その主な内容は、次の4点にまとめられる。

まず第一に、従来のM_1やM_2+CDなどの統計の範囲を括りなおし、あたらしい「M_1」、「M_2」、「M_3」、「広義流動性」の4つの指標に統廃合する。新しい指標と従来の指標との対応関係については日本銀行自身の説明（ホームページからアクセスできる）や専門書に譲るが、大まかな特徴としては「新M_1にはゆうちょ銀行なども含めたすべての預金取扱機関の要求払い預金（金融機関保有の小切手・手形を除く）を含める」、「従来のM_2+CDが非居住者預金が除かれる点を除いてほぼそのまま新しいM_2となり、M_1にM_1の対象となるすべての預金取扱機関の定期性預金とCDを加えたものを新しいM_3とする」のが特筆に価するだろう。他に「広義流動性」の範囲も見直したが、こうした改訂内容からは、2007年10月から民営化された郵便貯金を市中銀行などの預金取扱金融機関と区別しない方針が反映されており、今回の改訂の直接のきっかけがゆうちょ銀行の発足にあることが理解される。

第二は、こうした指標の改訂後に、日本銀行としては従来のM_2+CDにか

わって新しい M_3 を最も注目する指標とすることを宣言している。第三には，通貨保有主体の範囲を見直し，「証券会社」，「短資会社」，「非居住者」を通貨保有主体から除外するとしている。このことは，本書の設定の枠内で解釈するならば，これらを銀行部門に組み入れることを意味している。

マネーストック統計　　第四に，これは最も象徴的な変更であるが，統計の名称を「マネーサプライ統計」から「マネーストック統計」に変更している。日本銀行によると，諸外国の統計ではすでにマネーストックを使用しており，日本は後追いしたことになるという。

とはいえ，マクロ経済学のテキストからマネーサプライが消えてしまったわけではない。過渡期の扱いも含めて，マネーストックとマネーサプライは今後は適宜使い分けられるであろう。

■本書での貨幣について

本書での貨幣について二つコメントしておきたい。第一に，以下では貨幣供給量をマネーストックと表記することに努めるが，しかし，前後の流れの中ではマネーサプライとの表記がより適切な場合も考えられ，以下では両者は併用されるであろう。

第二に，本節の説明から，貨幣の範囲は相当広く，名目利子率がゼロであるといった前章の想定は，あくまで単純化のための仮定であることが理解されよう。現金通貨と当座預金を除くと，M_1 に含まれる貨幣でも利子が支払われるのが現実である。しかし，本書のマクロ経済学理論を解説する上では，貨幣に利子が付かないとの想定は本質的な問題ではないため，以下でもこの単純化の前提を引き続き踏襲する。

8.2　信用創造

貨幣には外部貨幣と内部貨幣がある。外部貨幣とは，通貨当局（日本では日本銀行）が管理し供給する貨幣である。これに対して内部貨幣とは，信用創造のメカニズムにより民間セクター（民間銀行）が供給する貨幣である。以下でみるように，ある銀行に新規の預金がなされると，銀行システム全体としては，その数倍から数十倍の預金が創出される。これを信用創造という。創出された預金は銀行側から見ると貸出しに回すことが可能であり，預金創造は信用（貸

出）創造をも意味するからである。

信用創造のカラクリは銀行に適用される部分準備制度にある。これを，次に説明しよう。

■信用創造のメカニズム

銀行は預かった預金残高のすべてを支払い（引出し）の準備として手元に保有しておく必要はなく，一部を残しておけばよい。このような制度を部分準備制度という。部分準備制度が可能なのは，預金の引出しと預入れが常に並存し，市中銀行への流入と流出の少なくない部分が互いに相殺し合うからである。

現在の管理通貨制度のもとでは，銀行が最低どれだけを預金引出しのために準備しておかねばならないかが通貨当局によって決められている。これを法定準備率という。準備率の操作によって，中央銀行は信用創造に影響を与え，貨幣供給量を管理できる。第15章で見るように，法定準備率の操作は金融政策の一手段なのである。

信用創造の数値例 信用創造のメカニズムを理解するために，次の例を考えてみよう。説明を簡単にするために，法定準備率を10%とする。いま，新しく銀行Aに100億円預金されたとしよう。銀行Aは，預金の10%を支払い準備として手元に保有し，残りの90億円を企業aへ貸出す。企業aはそれを企業bに対する支払いに当て，企業bがこれを銀行Bに預金すると，銀行Bには新たに90億円の預金が増える。銀行Bは10%の9億円を支払い準備として手元に残し，残りの81億円を貸出す。貸出しを受けた企業cはそれを企業dに支払い，企業dは銀行Cに預金する。

こうした連鎖を考えると，銀行B，銀行C，と次々に預金が派生し，増加する。銀行B以下の預金の合計額は，

$$\begin{aligned}派生預金 &= 90 + 81 + 72.9 + 65.61 + \cdots\cdots \\ &= 90(1 + 0.9 + 0.9^2 + 0.9^3 + \cdots) = 90\left(\frac{1}{1-0.9}\right) \\ &= 900\end{aligned}$$

と計算される。つまり，銀行部門全体では900億円の預金が，派生預金としてあらたに生み出されるのである（銀行A，銀行B，銀行C，…等々がすべて異なる銀行である必要はない。銀行Aと銀行Cが同じ銀行であってもよいし，銀行Bと銀行Cが同じ銀行であってもよい。銀行の数に限度がある限り重複

するのは当然である。企業についても同様のことがいえる)。

　最初に新規預金として銀行Aに預金された部分は，本源的預金と呼ばれる。本源的預金は，銀行部門全体に対して外部から流入した預金と考えられる。本源的預金と派生的預金を合わせれば，銀行部門全体として本源的預金100億円の10倍の1,000億円の預金を創出していることがわかるだろう。これが信用創造のメカニズムが生み出した結果である。

■信用乗数

　総預金と本源的預金の比率（先の例では10）は信用乗数と呼ばれる。信用乗数は，預金準備率の逆数となることに注意しよう。一般に預金準備率をkとすると，信用乗数は$1/k$となる。日本における預金準備率は，平均するとおおよそ2％程度であり，これをもとに信用乗数を求めると$1/0.02 = 50$となる。したがって，上で説明した信用創造のメカニズムが理論通り機能するならば，100億円の本源的預金に対して，5,000億円の総預金が創造されうる。

　各銀行の準備金に目を向けてみよう。銀行Aの準備金は$100 \times 0.1 = 10$億円，銀行Bの準備金は$100 \times 0.9 \times 0.1 = 9$億円，銀行Cの準備金は$100 \times 0.9 \times 0.9 \times 0.1 = 8.1$億円，という規則に従っている。したがって，銀行部門全体の準備金の合計は，

$$100 \times 0.1 \times \{1 + 0.9 + 0.9^2 + \cdots\} = \frac{10}{1-0.9} = 100$$

となる。これから，最終的には

$$本源的預金 = 準備金合計$$

という関係が成立する。預金準備はいわば信用創造の，貸出→預金→貸出→預金→貸出→…という流れのなかからの漏れ（leakage）の部分であり，これが本源的預金として銀行部門に流入してきた資金に等しくなるまで，預金が創造されるのである。

　こうした説明から，貸出しのうち預金として再び銀行部門に還流しない部分があれば，その分もやはり漏れとなり，漏れが大きくなれば信用乗数が低下することが理解されるだろう（信用創造の過程は，第4章で見た乗数過程と極めてよく似ている）。

8.3 ハイパワード・マネーと貨幣乗数

内部貨幣とは民間銀行部門が創り出す貨幣であるのに対し，外部貨幣とは，通貨当局が管理しながら供給する貨幣である。中央銀行は，民間の債券や外貨を購入したり，国債を市場で購入したりして，貨幣（すなわち現金通貨）を経済に注入する。さらに，民間銀行への資金の貸出によっても，マネーストックを増やせる。

■ 中央銀行のバランスシート

経済に供給された現金通貨は，中央銀行のバランスシート（貸借対照表）上の負債項目となる。いま一つの負債項目は，民間（市中）銀行の中央銀行への預金であり，これは市中銀行の準備金の一部を構成する。

中央銀行のバランスシートは簡略化すると表8.1のようになるが，このうち負債項目の中の現金通貨と銀行準備の和に注目し，それを H と定義する。すなわち，C を現金通貨，R を銀行準備として，

$$H = C + R \tag{8.1}$$

となる。このようにして定義された H をハイパワード・マネー (high-powered money)，またはベースマネー (base money) ないしマネタリー・ベース (monetary base) と呼ぶ。ハイパワード・マネーは中央銀行の（民間非銀行部門および民間銀行に対する）負債であり，マネーストックはハイパワード・マネーを基礎にして供給される。

中央銀行のバランスシート上の資産は，外貨準備，中央銀行貸出，債券保有

表8.1 中央銀行のバランスシート

資　産	負　債
外貨準備 中央銀行貸出 債券保有	ハイパワード・マネー 　現金通貨 　銀行準備 　その他の負債 　政府預金

等である（表8.1）。また，負債項目のなかには，ハイパワード・マネーに含まれない政府預金などがある（ただし，この額は他の項目と比べるとわずかである）。ハイパワード・マネーのうちの銀行準備は，市中銀行に課される法定準備部分であり，これを中央銀行に当座預金として預けるのである[1]。

■貨幣乗数

マネーストック M とハイパワード・マネーの関係に論点を移そう。C を現金通貨，D を預金量とすると，(8.1) のハイパワード・マネーの定義から，マネーストックは，

$$M = C + D = \frac{C+D}{C+R}H = \frac{c+1}{c+k}H \tag{8.2}$$

と変形される。ここで，$c = C/D$ は通貨・預金比率，$k = R/D$ は預金準備率を表わす。(8.2) から，マネーストックはハイパワード・マネーの $m = \frac{c+1}{c+k}$ 倍となることがわかる。預金準備率については $0 < k < 1$ が成立するから，必ず $m > 1$ を満たす。m は貨幣乗数あるいは通貨乗数と呼ばれる。ハイパワード・マネーの変動が，その m 倍のマネーストックの変動を生むからである。

ハイパワード・マネーは通貨当局の負債であり，原理的には通貨当局がコントロールできると考えられる。ハイパワード・マネーをコントロールできるならば，貨幣乗数が安定的であるかぎり，ハイパワード・マネーの操作によってマネーストックをコントロールできるだろう。しかし，果たして貨幣乗数は安定的なのであろうか。

貨幣乗数の安定性　　貨幣乗数 m は，通貨・預金比率 c と預金準備率 k に依存して決まった。預金準備率は法定準備率に等しいか，あるいはそれと密接に連動すると考えられるから，通貨当局にとっては予測可能な値である。これは，通常は中央銀行の当座預金勘定には金利がつかない（すなわち 0％）か，ついてもあらゆる金利の中での最低金利になることから，各銀行は最低限の銀行準備で済ますために，預金準備率は法定準備率に張り付く傾向が強いからである。しかし，通貨・預金比率は各経済主体の資産選択の結果として決まるため，そ

---

[1] 諸外国では，各市中銀行がもつ中央銀行の当座預金勘定の残高のみが法定準備に算入されるのに対し，日本の場合には，当座預金残高に加えて，銀行の金庫内（窓口の内側にある現金や ATM の中にある現金も含む）にある現金通貨も法定準備に数えられる。このため，日本の法定準備率は諸外国と比べて低い傾向がある。

れがどのような値をとるかは経済環境に依存し，必ずしも安定的とはいえない。この結果，貨幣乗数もかなりの程度変動する可能性があるのが実情といえよう。

■貨幣乗数アプローチ vs 日銀理論

貨幣乗数が不安定な動きを示すと，仮に中央銀行がハイパワード・マネーを100％意図通りにコントロールできたとしても，マネーストックのコントロールは困難になる。マネーストックの制御可能性をめぐっては，日本では，「それは可能なはずだ」という経済学者などの主張（これを貨幣乗数アプローチという）と「うまくいかない」という日銀の主張（これを日銀理論という）の間で，論争を繰り返してきている（第1次石油ショック直前のいわゆる過剰流動性期のエピソードや1980年代後半のバブル経済期のマネーサプライ管理に関連して，この論争がヒートアップした）。

金融調節とハイパワード・マネー　日銀理論は，そもそもはマネーストック・コントロールの出発点となるハイパワード・マネーの制御が困難と主張する。ハイパワード・マネーは日々の金融調節の結果として受動的に決定されるものであり，日銀の裁量で自由（外生的）に決定できないとの立場である。ここで金融調節というのは，具体的には，市中銀行が全体としてマクロ的に法定準備の制約をクリアするために，（ハイパワード・マネーの一部となる）日銀信用の供給を行うことを意味する。市中銀行が必要とする準備預金の額はそれが過去の預金額に比例するためにマクロ的に決まってしまっており，一部の市中銀行があわてて短期資金を手当てすることによって生じる「コール市場の金利の乱高下」を回避するためには，ハイパワード・マネーの唯一の供給者である日本銀行が，その額をそっくり受動的に供給しなくてはならないという主張である。

日銀の伝統的な金融調節は確かに短期金利の乱高下を回避する目的でなされたが，1990年代の後半から2000年代にかけて日本銀行がゼロ金利政策や量的緩和政策を追求した際には，ハイパワード・マネーはそれなりに制御できていた可能性はある。ただし，この時期は金融緩和政策であるにもかかわらずマネーストックはかえって減少したなどのデータも残っており，日銀の意図に反した動きがあったのも確かであろう。

いずれにしてもゼロ金利政策や量的緩和政策は金融政策にとっては非常時であり，この間のエピソードですべてを判断するのは危険であろう。貨幣乗数ア

プローチと日銀理論では，ほんらいイメージする期間の長さに違いがあるのだが，論争となると，そこが意識的に使い分けられてしまう傾向がある。

8.4 貨幣供給のシーニョレッジ

外部貨幣の発行にともなって通貨当局は負債を負うが，この部分は実質的には返済する必要のない，いわば名ばかりの負債であり，通貨当局（通貨当局と政府を一体のものとして見ると「政府」）の収入とみなすこともできる。この通貨発行による利益（造幣益）を，中世ヨーロッパの荘園領主の特権に倣って貨幣供給のシーニョレッジ（seigniorage）と呼ぶ。たとえば紙幣の場合，額面価額と印刷費用の差額が名目のシーニョレッジになる。シーニョレッジは，無から有を生み出す魔法にたとえられ，株式会社の創業者利得やIMF（国際通貨基金）のSDR（特別引出権）創出などと類似した性格をもっている。

実質シーニョレッジ　貨幣供給のシーニョレッジは，名目値よりも実質値で評価する方がよい。H_t を t 期のハイパワード・マネー（外部貨幣），P_t を t 期の物価水準とすると，実質のシーニョレッジは，

$$実質シーニョレッジ = \frac{H_t - H_{t-1}}{P_t} = \frac{H_t - H_{t-1}}{H_{t-1}} \cdot \frac{H_{t-1}}{P_t}$$
$$= (外部貨幣の増加率) \times (実質貨幣残高)$$

となる。このように定義されたシーニョレッジは，一定期間（たとえば1年間）に創出されたという意味で，フローの概念である。各期創出されたフローのシーニョレッジを，過去から現在まですべて加えるとストックとしてのシーニョレッジになる。

これまでの実証研究によると，先進諸国でのシーニョレッジによる政府収入は，各年ともGDPの1％以下であり，それほど大きくはない。しかし，マネーストックの増加率が高い国ではこの比率は上昇し，政府のもっとも重要な収入源となっている国も少なくない。そうした状況では，第一次大戦後のドイツや20世紀後半期の中南米諸国や体制移行国など，必然的にハイパー・インフレーションや，そこまで至らなくともかなりの高インフレに見舞われるといった悪循環に陥る結果がまっているといえよう。

シーニョレッジとインフレについては，インフレの経済効果の一環としてのインフレ税に関連して，第13章で再度取り上げる。

8.5 まとめ

マネーストック（マネーサプライ）には，M_1, M_2, M_3 などがある。これらは，基本的には流動性の違いによって分類されている。マネーストックの供給メカニズムを理解するには，内部貨幣と外部貨幣の区別も重要である。内部貨幣は，民間の市中銀行の負債であり，銀行部門全体の信用創造によって供給される。一方，外部貨幣は中央銀行の負債であり，ハイパワード・マネーともいわれる。

マネーストックは，中央銀行を含む銀行部門が非銀行部門に対して負う負債の合計でもある（したがって，民間銀行が保有する現金通貨はマネーストックの統計からは控除される）。これら負債は，非銀行部門の資産として保有され，取引の決済に用いられる。

単純な想定のモデルを前提にすると，マネーストックは，ハイパワード・マネーと貨幣乗数の積に等しい。したがって，もし貨幣乗数が安定的であれば，ハイパワード・マネーのコントロールによって，マネーストックの管理が可能になる。実際，金融政策の責任主体である中央銀行にとっては，マネーストックの管理が主要な関心事の一つである（第 15 章参照）。

貨幣供給（とくに，ハイパワード・マネーの供給）が，通貨当局あるいは政府の収入を増加させる事実も見のがしてはならない側面であろう。これはシーニョレッジと呼ばれた。シーニョレッジが得られるのは，中央銀行の負債が，実質上永久に返済する必要のない負債だからである。

練習問題

8.1 次の空欄を埋めよ。
(1) 銀行部門に 100 億円の ☐1 があったとしよう。預金準備率が 5% の場合，信用乗数の値は ☐2 であり，派生預金は ☐3 億円創造される。
(2) 現金通貨＝25 兆円，預金＝50 兆円，預金準備率＝10% とする。この経済のマ

ネーストックは ⑷ 兆円，ハイパワード・マネーは ⑸ 兆円，貨幣乗数は ⑹ となる。ただし，市中銀行は現金通貨を保有しないと仮定する。
(3) ハイパワード・マネーの増加率を10%，ハイパワード・マネーの実質残高を50兆円とすると，貨幣発行にともなう政府収入である ⑺ は ⑻ 兆円となる。

8.2 表8.2に，1980年以降5年ごとのマネーサプライ関連のデータがまとめられている。以下の各問に答えよ。
(1) M_1，M_2，M_2+CD のそれぞれについてマーシャルの k を計算し，時系列的な変動の特徴について述べよ。
(2) M_1，M_2，M_2+CD のそれぞれについて貨幣乗数を計算し，時系列的な変動の特徴について述べよ。

表8.2 マネーストック関連変数

(単位：兆円)

	1980	1985	1990	1995	2000	2005
M_1	69.3	89.8	119.2	161.7	239.2	388.7
M_2+CD	208.3	314.3	502.2	548.8	640.2	712.5
H	21.3	27.6	43.5	49.0	70.0	113.0
名目GDP	241.0	323.5	408.5	493.6	503.0	501.7

(出所)　『通貨関連統計』(日本銀行)および『国民経済計算』(内閣府)。マネーストックは各年の12月の平均残高。名目GDP (93SNA) は確報の暦年値。1995年までは平成7年 (1995年) 基準，2000年以降は平成12年 (2000年) 基準。

IV

マクロ諸変数の同時決定

　第IV部では，これまでの説明に基づき，マクロ経済の一般均衡について考察する。このテーマは，いままで学んできたことの総合化であり，本書の中心部分を構成する。

　第I部では，労働市場と生産物市場に限定して経済活動水準の決定を考えたが，それはあくまでも準備的考察であった。そこでは経済の貨幣的側面について一切考慮しなかったし，消費関数や投資関数については初歩的な前提を設けていた。これが「準備的考察」の意味である。第IV部では，第II部で学んだ消費・貯蓄関数と投資関数，第III部で学んだ貨幣の需要と供給が同時に考慮され，マクロ諸変数の同時決定が問題とされる。

　第9章では，一般的なマクロモデルを構築する。このモデルは，特殊ケースとして二つの異なる経済モデルを含む。第10章で展開する古典派経済学の体系と第11章で展開するケインズ経済学の体系である。フロー市場である生産物市場と労働市場，ストック市場である貨幣市場がどのような場合に同時に均衡するか，が第9章の基本的な論点となる。労働市場については，需給が一致し完全雇用が達成される場合と，それが達成されない場合を対照しながら分析が進められるであろう。労働市場の違いが，古典派経済学の体系とケインズ経済学の体系をわける分水嶺だからである。

　第10章の「古典派経済学の体系」は，完全雇用経済を対象とする。完全雇用経済では労働市場で需給が均衡し，非自発的失業は存在しない。完全雇用経済では，産出量が完全雇用GDPの水準に決まる。この意味で，GDPの水準は供給サイドの条件に規定されるのである。これについては第3章ですでに学んだ。第10章では，生産物の総需要がどのように調整されるか，経済の貨幣面（金融面）がどのように実体面と関連するかが検討課題となる。貨幣は実体

経済を覆(おお)うヴェールに過ぎず，その変動は実体経済には何ら影響を及ぼさないとき，貨幣は中立的であるという。古典派経済学の体系の大きな特徴の一つは，ある条件のもとで貨幣の中立性が成立するところにある。このため，古典派経済学の体系では，貨幣供給量が変動しても，実体経済には何らの影響も与えず物価水準の比例的変動を引き起こすに過ぎないのである。

　第11章の「ケインズ経済学の体系」は，不完全雇用経済を対象とする。労働市場で完全雇用が達成されないのは，名目賃金率が下方に硬直的だからである。このとき，労働市場での雇用量やGDPの決定は，生産物（財・サービス）市場での有効需要の原理に従う。GDPの水準は，供給サイドよりも需要サイドの条件に規定されるのである。このエッセンスは第4章で学んだ。第11章では，それを貨幣面も考慮したマクロ経済の一般均衡モデルとして展開する。ケインズ経済学の体系では，古典派経済学の体系とは異なり貨幣の中立性は成立しない。

　第12章では，古典派経済学とケインズ経済学の体系の違いを，複数の視点から比較対照する。両者はまったく相容れない理論なのであろうか，あるいは一方は他方の特殊ケースなのであろうか──そうした問に答えるのが本章の目的である。この章は，第IV部全体のまとめの役割もになう。

9

マクロ経済の一般均衡

　本章では，これまでの議論をもとに，マクロ経済の一般均衡モデルを展開する。すなわち，GDP（国内所得）だけでなく，利子率や物価水準を同時に考慮する体系を考え，これら諸変数の同時決定についてのメカニズムを探ることがこの章の目的になる。

　マクロ経済の一般均衡は，フロー市場とストック市場が同時に均衡したときに達成されるため，フロー変数とストック変数の区別を明確にしなくてはならない。フローとストックについては，いままでも何度か登場した。ここでは，それを厳密に議論する。次いで，第Ⅰ部で学んだ労働市場と生産物市場について復習する。具体的には，完全雇用経済と不完全雇用経済の違いを対照しながら，生産物市場の均衡条件を導出する。この章で説明されるマクロモデルでは労働市場での均衡・不均衡にかかわらず，生産物市場は常に均衡すると考えられている（もちろん，均衡といっても均衡水準は異なる）。総需要の構成項目である消費と投資については，第Ⅱ部での成果が取り入れられるであろう。

　労働市場と生産物市場が，いずれもフロー市場であるのに対して，資産市場はストック市場である。これまでにも指摘してきたように，簡単化のために，資産を貨幣とその他資産（債券と総称する）の2種類に大別するのがマクロ経済学の伝統である。資産市場でのワルラス法則によって，資産市場の均衡は貨幣市場の均衡を見ればよい。貨幣市場が均衡すれば，債券市場も同時に均衡するからである。マクロ経済の一般均衡は，これらの市場が同時に均衡した状況として理解できるのである。

　マクロ経済の一般均衡にとって市場均衡に加えて重要な要件は，各市場にお

いて経済主体が主体均衡の状態にあることである。そこで，第Ⅰ部で学んだ労働市場での需要と供給，第Ⅱ部で学んだ生産物市場での消費・貯蓄と投資，第Ⅲ部で学んだ貨幣市場での需要と供給——これらを総動員させてマクロ諸変数の同時決定を問題とすることになる。

9.1　フロー市場とストック市場

マクロ経済学にはさまざまな経済変数が登場する。これらの中には，ある期間を区切った場合にはじめて定義される変数と，特定の時点ごとに定義される変数がある。前者をフロー変数，後者をストック変数と呼ぶ。フロー変数の例として，GDP，労働雇用量（労働時間あるいは人×時間），消費，貯蓄，投資，経常収支，政府の財政赤字などがあげられよう。たとえば，20××年の日本のGDPは600兆円である，とか，第1四半期の日本の経常収支の黒字は100億ドルである，との表現は可能であるが，瞬間時点（たとえば，2015年4月1日正午）のGDPや経常収支は定義できない。

ストック変数には資本ストック，労働力人口，資産残高，マネーストック（マネーサプライ）等がある。資本ストックやマネーストックは，特定の時点を指定しない限り定義できないのは明らかであろう。たとえば，12月31日現在のマネーストックの残高は定義できても，1か月間や1年間のマネーストックという概念は存在しない（ただし，1か月間や1年間の平均残高という概念はある）。

■フローとストックの相互作用

市場での取引の対象もフロー変数とストック変数に区別できる。労働や財・サービス（生産物）はフロー変数であり，貨幣や債券や株式はストック変数である。マクロ経済の一般均衡は，こうしたフロー市場とストック市場の同時均衡によって達成される。このため，マクロ経済の一般均衡では，フロー市場とストック市場の相互作用が大きな論点の一つとなる。

相互作用はさまざまな形態で働く。ストック変数の変化はフロー変数によってもたらされる。これが最も単純な例であろう。たとえば，今期の期首（あるいは前期末）の資本ストックにフロー変数である今期間中の投資が加わると，次期の期首（あるいは今期末）の資本ストックになる。マネーストックも同様

である。マネーストックの一定期間の増減量（フロー変数）が決まれば，初期値に加えることによって一定期間後のマネーストックが決まる。こうした定義的関係の他に，ストック市場で決まる変数が，直接フロー市場に影響を及ぼしたり，逆にフロー市場の変数がストック市場に影響を及ぼすこともある。たとえば，貨幣市場で決まる利子率は貯蓄や投資に影響を与える，GDPの水準が貨幣需要に影響を及ぼす，貯蓄によって蓄積された資産残高はフローの消費にも影響を与える，等々。マクロモデルではこうした相互作用が重要な役割を果たすのである。

9.2　労働市場と生産物市場

　第Ⅰ部で考察した労働市場と生産物市場の復習をしておこう。第3章と第4章では完全雇用経済と不完全雇用経済に大別して議論した。完全雇用経済では，「（現行の実質賃金率のもとで）働きたい人（×労働時間）はすべて実際に働ける」し，「企業が雇用したい労働者（×時間）はすべて雇用できる」という意味で，労働市場の供給と需要は一致する。労働市場で決定される労働雇用量は完全雇用量と呼ばれた。短期的には資本ストックは所与とされ，完全雇用労働量が生産量を決定する。これが完全雇用GDPであり，生産物市場の総供給でもあった。こうしたメカニズムの背後では，伸縮的な名目賃金率が重要な役割を果たしている。

　これに対し不完全雇用経済は，労働市場での需要と供給が一致しない経済である。そこでは需要が供給を上回り，非自発的失業が発生する。これに対応して，生産物市場で決定される生産量は完全雇用生産量を下回る。生産量は有効需要原理によって決定され，その意味で需要側の要因が重要な役割を演じた。こうした状況が見られるのは，失業者が存在するにもかかわらず名目賃金率が下がらない，いいかえれば，名目賃金率が下方に硬直的だからである。

■労働市場のモデル化

　以上の体系を数式を用いて描写してみよう。まず労働市場をモデル化する。労働供給 N^S は，古典派の第二公準から，実質賃金率 W/P の増加関数として表わされる。

《労働供給》
$$N^S = N^S\left(\frac{W}{P}\right)$$
$$(+)$$

労働需要 N^D は，古典派の第一公準から，実質賃金率の減少関数となる．

《労働需要》
$$N^D = N^D\left(\frac{W}{P}\right)$$
$$(-)$$

完全雇用経済では労働の需給は均衡し，

《労働市場の均衡》 $N^S = N^D = N_f$ (9.1)

となるように実質賃金率 W/P が調整される．N_f が，完全雇用水準である．これに対し，不完全雇用経済では実質賃金率が調整されず，(9.1)は成立しない．

■ **生産物市場のモデル化**

生産物（財・サービス）市場での総供給 Y^S を決めるのは，生産関数 $F(K, N)$ である．短期的には資本ストック K は所与と考えるので，総供給はもっぱら労働雇用量に依存する．したがって，完全雇用経済では労働市場で決定される N_f によって，

《完全雇用経済での総供給》 $Y^S = Y_f = F(K, N_f)$

となり，総需要にかかわりなく，実現する国内所得 Y は完全雇用 GDP Y_f の水準に決定される．しかし，不完全雇用経済では N_f とは異なる労働雇用量 N^D が実現されるため，

《不完全雇用経済での総供給》 $Y^S = F(K, N^D)$
$$(+)(+)$$

となる．つまり，ここでは企業による労働需要量 N^D に依存して生産物の総供給が決まるのである．

第4章で考察したように，生産物市場での総需要 Y^D は国内総支出で表わされ，外国との貿易のない閉鎖経済を前提とすると，

《総需要》 $Y^D = C + I + G$

となる。総需要の各項目がどのような要因によって決まるかは，第5章および第6章で学んだ結果を思いだしてほしい。

消費 C については，ライフサイクル仮説，恒常所得仮説，流動性制約を考慮した仮説など幾種類かの考え方を説明した。ここでは，基本的にライフサイクル仮説を踏襲するが，流動性制約の存在にも配慮しよう。その結果，マクロの消費関数は，

《消費関数》 $C = C\left(Y, \dfrac{A}{P}\right)$　　　　(9.2)
${(+)}\ {(+)}$

と表現できる。すなわち，消費は実現する現在所得 Y の制約を受けると考えるのである。Y が増えれば，流動性制約下にある家計の消費が増えるからである（流動性制約下にある家計が一部だけだとしても，マクロ的には C と Y の間にプラスの相関が生ずる）。

さらに，民間部門の実質資産 A/P が増えれば消費も増える，と考えられている。これを消費の資産効果ないし富効果と呼ぶ（資産が減少する際の資産効果は，ときに逆資産効果という場合がある）。ここで，A/P は，

《実質資産》 $\dfrac{A}{P} = qK_p + \dfrac{M}{P} + H$　　　　(9.3)

で定義される。ここで K_p は，企業の発行する株式や社債などの債券（企業が保有する資本ストックに等しい）のうち，民間部門で保有されている部分（一部は銀行部門で保有されていることに注意）を表わす。q はトービンの q であり，qK_p は民間部門が保有する債券（株式や社債）の市場価値にほかならない。M は名目貨幣供給量，すなわち民間部門の銀行部門に対する債権である。

H は，将来にわたって稼得されるすべての賃金所得の割引現在価値の総和（実質値）である（同じ記号を用いているがハイパワード・マネーではない）。割引現在価値はストック変数であり，H は人的資本を反映する指標あるいは人的資本を計測した指標そのものである。人的資本は将来にわたる所得の稼得能力であり，各期各期の賃金所得は人的資本が生み出す収益と考えられるだろう。H は実質利子率の減少関数となることにも注意したい。r の上昇は割引率の上昇になるからである。人的資本を資産の一部と考えるのは，ライフサイクル仮

説の反映である。

　さらに民間部門が保有する国債も民間部門の資産となる可能性があるが，ここではさしあたり国債が存在しない世界を前提としていると理解しておけばよい。国債の資産性については，第16章の16.3節でくわしく説明する。

　消費関数として（9.2）を前提としたため，貯蓄関数は，

《貯蓄関数》　　　$S = Y - C\left(Y, \dfrac{A}{P}\right) = S\left(Y, \dfrac{A}{P}\right)$
$\qquad\qquad\qquad\qquad\qquad\quad (+)\ (-)$

で表わされる。このように，S は Y の増加関数，A/P の減少関数となる。

　投資 I については，トービンの q 理論の考え方を採用する。すなわち，第6章の（6.10）より，投資は資本の限界生産力 F_K の増加関数，実質利子率の減少関数，資本ストック K の増加関数になるが，短期的には F_K や K の値は所与と考えるので，投資関数は実質利子率の減少関数として，

《投資関数》　　　$I = I(r)$
$\qquad\qquad\qquad\qquad (-)$

と表現できる。

　政府支出 G は，政府が政策的に決定する。これがマクロ経済学の伝統であり，ここでもこの伝統に従う。このため，G は財政政策のパラメータになる。

　最後に，生産物市場のモデルを総括するものとして，総供給と総需要の均等化が生産物市場の均衡条件として求められる。すなわち，均衡では，

《生産物市場の均衡》　　　$Y^S = Y^D$

が成立しなくてはならず，それが実現する国内所得 Y でもある。

9.3　資産市場

　ストック市場に目を向けよう。各時点で経済に存在する資産は，資本ストック，土地，貨幣，貨幣以外の金融資産である。実物資産である資本ストックには固定性があるため，それ自体は取引されず，その持分権である株式の売買を通じて間接的に取引されると想定しよう。土地は，広い意味での資本ストックに含める。

9.3 資産市場

第1章の1.5節でも見たように，マクロ経済学では，こうした資産を大胆に2種類に分けるのが普通である．「貨幣」と「その他資産」である．理論的にいうと，貨幣以外の資産をひとまとめにするには，それらの資産が完全に代替的と仮定しなければならない．ここでは，（貨幣以外の資産の収益率が常に等しいものとして）完全代替性を仮定し，その他資産を「債券」と総称する．貨幣の利子率はゼロと仮定しよう．

■ワルラス法則

資産市場を全体としてみるとワルラスの法則と呼ばれる関係が成り立つ．これを理解するために，次のような状況を考えてみよう．

経済環境が変化したため，各経済主体は，自分の持つ資産の保有形態を変えようとしている．この際，各経済主体は，自分が保有していた総資産の範囲で新しいポートフォリオを選択しなくてはならない．すなわち予算制約の範囲内で資産を組み替えねばならず，そのためすべての資産の超過需要（新たな需要量マイナス組み換え前の保有量）の和はゼロとなる．この性質は，個々の経済主体の超過需要を集計した経済全体での超過需要についても成立する．

資産市場の均衡状態を除いては，各資産について，すべての経済主体の需要と供給を集計しても，両者は必ずしも一致しない．しかし，上の説明から，すべての資産についての超過需要の和は，恒等的にゼロとなる．したがって，n種類の資産の存在を前提とすると，仮に$n-1$個の市場で需要と供給が一致すれば，残りの一つの市場でも需給が均衡しなければならない．

こうした性質はワルラス法則（Walras' law）と呼ばれ，すべての市場が独立でないことを示している．数理的手法を用いた一般均衡分析の開拓者であるスイス人の経済学者ワルラス（L. Walras；1834-1910）に因んだものである．ワルラス法則は，市場をまたいでの予算制約があることを示したものであるが，どこまでの市場を対象とするかにはいくつかの説がある．第3章の3.5節で議論した「供給はそれ自らの需要を創出する」とのセイ法則は，ワルラス法則を生産物市場だけに当てはめたものとの解釈もある．

■貨幣市場の均衡

資産が2種類しかない状況では，ワルラス法則から一方の資産市場が均衡するとき，いま一方の資産市場も自動的に均衡する．このため，資産市場の均衡

を考えるには，どちらか一方の均衡を考えれば十分である．ここでは，貨幣市場に注目し，その均衡を考えよう．

貨幣需要 M^D については，第7章で導いた貨幣需要関数を前提とする．すなわち，

《貨幣需要》
$$M^D = L(i, PY)$$
$$(-)(+)$$

であり，貨幣需要は，利子率 i の減少関数，名目GDP（名目国内所得）PY の増加関数となる．利子率の減少関数となるのは投機的動機に基づく貨幣需要が含まれるためであり，名目GDPの増加関数となるのは取引動機に基づく貨幣需要のためである．なお，貨幣需要に影響を与える利子率 i は厳密にいうと名目利子率であり，今後はそのように言及する．

貨幣供給 M^S については，第8章でくわしく検討した．ここでは簡単化のために中央銀行が政策的にコントロールできると想定しよう．すなわち，

《貨幣供給》
$$M^S = M$$

であり，M は金融政策のパラメータになる．

貨幣市場の均衡は，$M^S = M^D$，すなわち

《貨幣市場の均衡》
$$M = L(i, PY)$$

のとき達成される．貨幣市場が均衡すれば，ワルラス法則により債券市場も自動的に均衡する．

9.4 マクロモデル

以上の議論をまとめると，マクロモデルは表9.1のようになる．明示的には三つの市場が対象となるが，すでに見たように，貨幣市場の背後には常に債券市場が存在することに注意しよう．

ここで，各市場を均衡させる上で重要な役割を演じる調整変数についてふれておこう．調整変数とは，市場が均衡するようにその値が調整される変数である．労働市場での直接の調整変数は名目賃金率といってよい．生産物市場では物価水準と所得水準が，貨幣市場では名目利子率が，直接的な調整変数となる．

表9.1 マクロモデル

	供　給	需　要
労働市場	$N^S = N^S\left(\dfrac{W}{P}\right)$	$N^D = N^D\left(\dfrac{W}{P}\right)$
生産物市場	$Y^S = F(K, N^D)$	$Y^D = C\left(Y, \dfrac{A}{P}\right) + I(r) + G$
貨幣市場	$M^S = M$	$M^D = L(i, PY)$

各市場でどのように調整されるかは，完全雇用経済を考えるか，不完全雇用経済を考えるかで，大きく異なる。

なお，9.3節で指摘したように，ここでは名目利子率 i と実質利子率 r を区別しているが，この区別はインフレーションを明示的に考慮しない場合には意味がない。それゆえ，時間という次元を考えない，いわゆる静学的世界ではこの区別は重要ではないが，以下ではあえて両者を区別し，後の第Ⅴ部「インフレーションと景気循環」で取り上げる動学的観点からのマクロ経済分析へのステップとする。

■市場均衡式

「調整変数」がスムーズに調整の役割を果たすならば，どの市場であれ，需要と供給は一致し市場は均衡する。しかも，すべての調整変数がスムーズに調整の役割を果たせば，各市場の均衡は同時に達成される。均衡において調整変数がどのような水準に決まるかを知るには，各市場の均衡式，

《労働市場の均衡》　　　$N^S = N^D$

《生産物市場の均衡》　　$Y^S = Y^D \, (= Y)$

《貨幣市場の均衡》　　　$M^S = M^D$

を同時に考慮し，これらを連立して解けばよい。こうして求められた値が，均衡での値になる。

　調整変数が何らかの理由でスムーズに調整の役割を果たせないときには，市場均衡が達成されない可能性が生ずる。不均衡はどの市場においても生じうるが，以下では労働市場でのみ発生すると考えよう。労働市場が均衡するか否か

が，第3章と第4章で考察された完全雇用経済か不完全雇用経済かに対応し，すでに示唆されたように，この差異がマクロ経済全体に大きな影響を及ぼすだけでなく，財政・金融政策の効果に対する評価にも少なくない影響を与えるからである。

9.5 まとめ

本章では，いままで学んだことを復習しつつ，あわせてマクロモデルを構築した。マクロモデルは，労働市場，生産物市場，貨幣市場の三つの市場に凝縮される。労働市場と生産物市場はフロー市場であり，貨幣市場はストック市場である。これまでたびたび指摘したように，マクロ諸変数の同時決定を考えるには，フロー市場とストック市場を同時に考慮しなければならない。

本章で構築したマクロモデルは，完全雇用経済と不完全雇用経済の両方を特殊ケースとして含む一般的なモデルといえよう。両者の違いは，労働市場の扱いにある。完全雇用経済では労働の需要と供給が等しくなるのに対し，不完全雇用経済では労働の需要は供給を下回る。生産物市場と貨幣市場については，いずれの経済でも，常に需要と供給は等しい。そのように「調整変数」が機能すると仮定した。ただし，何が調整変数となるかは，完全雇用経済と不完全雇用経済では異なるであろう。それをくわしく見るのが，次章以降の課題である。

練習問題

9.1 次の各問に答えよ。
（1）フロー変数とストック変数の違いを説明せよ。
（2）古典派の第一公準，古典派の第二公準とは何か。
（3）消費を決定する要因は何か。

(4) 実質資産は何によって構成されるか。
(5) 投資を決定する要因は何か。
(6) 資産市場のワルラス法則を説明せよ。
(7) 不完全雇用経済では，労働市場では需要と供給は一致しない。それでもマクロ経済の一般均衡といえるだろうか。

9.2 労働市場，生産物市場，貨幣市場での調整変数をあげ，それらがそれぞれの市場で需給が一致しない場合にどのように調整されるのかを説明せよ。

10

古典派経済学の体系

　本章では，労働市場での完全雇用を前提とした古典派経済学の一般均衡体系について考察する。古典派経済学の体系の特徴は，労働市場での完全雇用の条件から所得水準が決まり，生産物市場や貨幣市場は，単に労働市場の均衡によって定まる生産物の供給量に需要量を一致させるための機能を果たすにすぎない点にある。

　まず，総供給としての完全雇用 GDP の水準に，総需要がどのようにして一致するか，すなわち，どのようにして「供給はそれ自らの需要を創出する」（セイ法則）かを見る。総供給に総需要を調整する変数は，物価水準と実質利子率である。古典派経済学の体系では貨幣需要が数量方程式で表わされる。完全雇用 GDP の水準は労働市場の条件で決まるため，貨幣市場の均衡条件によって物価水準が決まるであろう。この意味で，経済の実物的側面と貨幣的側面とは独立になる。これを古典派経済学の二分法と呼ぶ。貨幣的側面は実物面にまったく影響を与えないのである。こうした状況は，貨幣は中立的であると表現される。貨幣ヴェール観といってもよい。

　古典派経済学の二分法が成立するときには，実質利子率も貨幣供給量からは独立に決まる。このとき成立する実質利子率を，自然利子率と呼ぶ。自然利子率は，完全雇用 GDP のもとで，貯蓄と投資を均衡させる実質利子率の水準である。利子率がフローの貯蓄と投資を等しくするように決まるとの立場は，貸付資金説という。完全雇用経済では，政府による経済活動（財政政策）は民間経済活動を締めだす。これをクラウディング・アウトという。このメカニズムについても説明する。

10.1 完全雇用均衡

古典派経済学の体系では，労働市場で完全雇用均衡が達成されるが，それには賃金が伸縮的に調整することが前提となる。

■**伸縮的な賃金の調整**

前章で整理したように，労働市場での需要も供給もともに実質賃金率の関数として表わされることから，文字通り解釈すれば形の上では，完全雇用均衡は実質賃金率 W/P の伸縮的な調整によって達成される。すなわち，古典派経済学の想定によれば，

《労働市場の均衡》 $$N^S\left(\frac{W}{P}\right) = N^D\left(\frac{W}{P}\right)$$
$$(+) \qquad (-)$$

が達成されるように，均衡実質賃金率 $(W/P)^*$ と完全雇用水準 N_f が決まる（図 10.1 参照）。

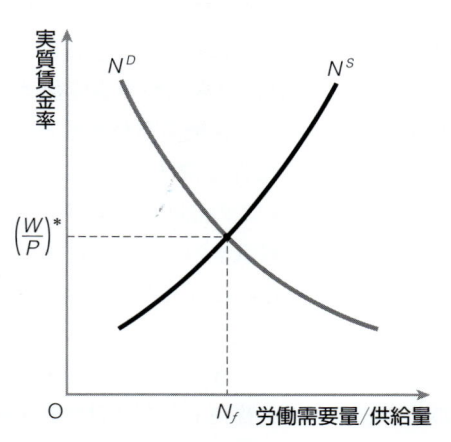

図 10.1 労働市場の均衡

労働市場の調整変数は，直接的には名目賃金率である。古典派経済学の体系では，後にみるように物価水準は貨幣供給量と比例する形で，労働市場の外で（すなわち，労働市場から見れば外生的に）決定される。したがって，労働市

場の均衡は，その与えられた物価水準のもとで実質賃金率が均衡実質賃金率 $(W/P)^*$ になるように，名目賃金率が伸縮的に調整されるとするのが整合的になる。

■生産物市場での調整

労働市場で雇用量が完全雇用水準に決まれば，生産物市場での供給量も自動的に決定される。このときの GDP の水準 Y_f は，完全雇用 GDP と呼ばれる。すなわち，

《完全雇用 GDP》　　　$Y^S = Y_f = F(K, N_f)$

となる。このように，供給サイドで生産物市場の均衡産出量が決まり，需要サイドは受動的に調整されるにすぎない。古典派経済学では，物価水準 P と実質利子率 r が調整の役割をになう。

生産物市場では，与えられた総供給 Y_f に対して，

《生産物市場の均衡》　　　$Y_f = C\left(Y_f, \dfrac{A}{P}\right) + I(r) + G$ 　　　(10.1)
$(+)(+)(-)$

が成立する（G は政府支出）。ただし，

《実質資産》　　　$\dfrac{A}{P} = q(r)K_p + \dfrac{M}{P} + H(r)$ 　　　(10.2)
$\phantom{\dfrac{A}{P} = }(-)\phantom{K_p + \dfrac{M}{P} + }(-)$

である。(10.2) のトービンの q は実質利子率の減少関数であった（第 6 章参照）。実質利子率の上昇は将来所得の割引現在価値を求める際の割引率を上昇させるため，人的資本 H も実質利子率の減少関数となる。したがって，実質資産 A/P も実質利子率の減少関数になることに注意したい。

P と r の負の関係　　(10.1) で Y_f を所与とすると，生産物市場を均衡させる P と r の組合せが決まる。これが，生産物市場を完全雇用 GDP の水準で均衡させる P と r の組合せにほかならない。このように，古典派経済学では物価水準や実質利子率が変動し，生産物市場の均衡が達成されるのである。これが，セイ法則が成立するメカニズムといえよう。

M を所与とすると，物価水準 P の上昇は実質資産 A/P を低下させ消費を減少させる。したがって，物価水準の上昇が生じたとき完全雇用 GDP の水準で

均衡が達成されるためには，実質利子率の調整によって消費 C か投資 I が増加しなければならない。実質資産は実質利子率の減少関数であるから，消費の増加には，実質利子率の低下が必要である。投資を増加させるためにも，実質利子率が下がらなければならない。実質利子率 r が低下すれば，A/P の低下にともなう消費需要の減少を相殺し，再び完全雇用 GDP を達成するような水準に需要が回復する。このように，生産物市場を完全雇用 GDP の水準で均衡させる物価水準と実質利子率の間には，負の関係が見られるのである（図 10.2）。

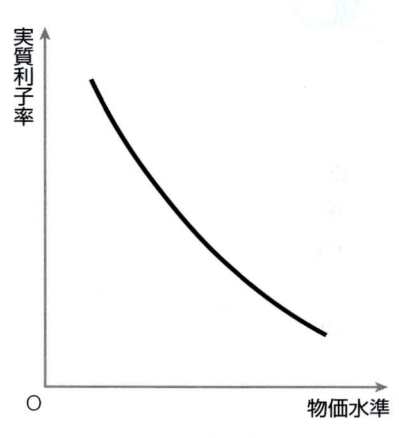

図 10.2　生産物市場の均衡

■貨幣市場での調整

次に貨幣市場の均衡式を見てみよう。貨幣市場の均衡は，

《貨幣市場の均衡》　　　$$M = L(i, PY_f) \quad (10.3)$$
$$(-)(+)$$

で表わされる。

P と r の正の関係　　Y_f と政策的に与えられる貨幣供給量 M を所与とすると，(10.3) を成立させる物価水準 P と名目利子率 i の関係は正となる。これを確かめるのは容易であろう。P の上昇は名目 GDP，PY_f を上昇させ，取引動機に基づく貨幣需要を増加させる。貨幣供給量は M の水準で一定であるから，貨幣市場の均衡が維持されるためには，名目利子率 i が上昇して，投機的動機に基づく貨幣需要が減少しなければならない。こうして，貨幣市場を均衡させる

一般物価水準と名目利子率には正の関係が存在するのである（図 10.3）。

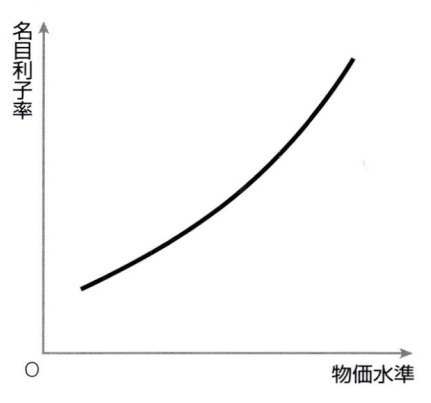

図 10.3　貨幣市場の均衡

■ **完全雇用経済での同時調整**

名目利子率 i と実質利子率 r を区別する必要のない静学的世界では，物価水準と利子率が，生産物市場と貨幣市場を同時に均衡させるような水準に決定される（図 10.4）。均衡物価水準 P^* が決まると，労働市場に需給均衡をもたらす実質賃金率 $(W/P)^*$ を現出させるように，均衡名目賃金率 W^* が決まる。

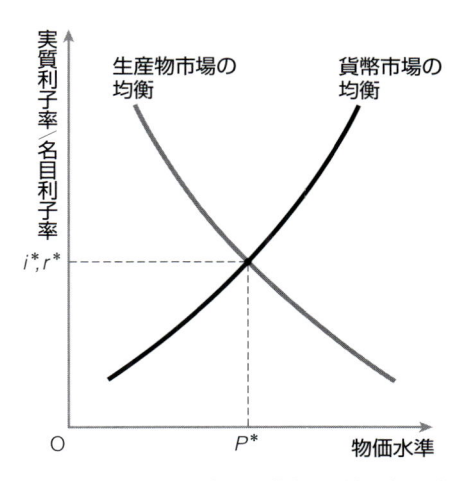

図 10.4　完全雇用経済での物価と利子率の決定

以上が，完全雇用経済におけるマクロ諸変数の決定メカニズムである。ただし，通常，古典派経済学の体系として説明されるモデルは，もう少し単純である。次節で見るように，投機的動機に基づく貨幣需要は捨象され，取引動機のみに注目した数量方程式を前提とするため，貨幣需要関数内の名目利子率の効果は除かれるのが普通の想定である。

10.2 数量方程式と貨幣の中立性

貨幣需要が数量方程式，とりわけケンブリッジ方程式で表わされるならば，貨幣市場の均衡式は，

《数量方程式》
$$M = kPY_f \qquad (10.4)$$

となる。ここで，k はマーシャルの k と呼ばれる定数であった（第7章参照）。Y_f は所与であり，(10.4) から，名目貨幣供給量 M に対応して均衡物価水準 P^* が求められる。いいかえれば，貨幣供給量 M の変動はすべて物価水準 P の変動によって吸収されるのである。

マーシャルの k は一定であるから，貨幣供給量の変動は同率の物価水準の変動を引き起こすため，実質貨幣供給量 M/P に変化はなく，実質資産の値は変わらない。人的資本の実質値も変わらないと考えれば，(10.1) で決まる実質利子率も影響を受けないだろう。このため，総需要の構成項目である消費や投資も影響を受けないし，総産出量 Y_f も影響を受けない。貨幣供給量の変動は，マクロ諸変数の実質値にまったく影響を及ぼさないのである。

この意味で，貨幣は中立的な存在になる（貨幣の中立性）。貨幣は実体経済を覆うヴェールに過ぎず（貨幣ヴェール観），経済の実物的側面と貨幣的側面は相互に独立となる。これを，古典派経済学の二分法（dichotomy）と呼ぶ。

10.3 貯蓄・投資と自然利子率

貨幣の中立性が成立しているとしよう。このとき，Y_f と M/P は一定の値をとるため，(10.1) の生産物市場の均衡式によって，均衡実質利子率 r^* が決定される。完全雇用 GDP のもとでの均衡実質利子率は，自然利子率と呼ばれる。これまでの説明から明らかなように自然利子率の水準は，貨幣供給量の水準に

は依存しない。

■ **貯蓄・投資の貸付資金説**

貯蓄 S は，

$$S = Y_f - C\left(Y_f, \frac{A}{P}\right) = S\left(Y_f, \frac{A}{P}\right)$$
$$\quad\quad (+)(+) \quad\quad (+)(-)$$

で表わされる。これを考慮すると，生産物市場の均衡式は，

$$S\left(Y_f, \frac{A}{P}\right) = I(r) + G \tag{10.5}$$
$$(+)(-) \quad\quad (-)$$

と変形される[1]。(10.5) から，自然利子率が完全雇用 GDP のもとで，貯蓄と投資を均衡させる実質利子率の水準であることが理解されるだろう。

(10.5) を図示したのが図 10.5 である。横軸には貯蓄と投資が，縦軸には実質利子率がとられている。曲線 S は (10.5) の左辺に対応しており，A/P が実質利子率の減少関数であるところから，右上がりに描かれている。曲線 $I+G$ は，(10.5) の右辺を描いたものであり，右下がりになる。

資金市場の均衡　　第 4 章の 4.5 節でも指摘したように，生産物市場の均衡の背景では資金市場の均衡も達成されるが，ここでもまったく同様のことが起こっている。ただし，第 4 章では貯蓄と投資が等しくなるのは国内所得の調整でもたらされると考えたのに対して，ここでは実質利子率の調整でもたらされると考えているところが大きく異なっている。もちろん，完全雇用経済であるから国内所得は完全雇用 GDP 水準で決定され調整の余地がなく，(10.5) からも明らかなように，セイ法則の貫徹のためには実質利子率が調整の役割をになわなければならないのである。

資金市場での貯蓄と投資の均衡によって実質利子率が決定されると考えるのを，利子率の決定についての貸付資金説（loanable fund theory）という。貯蓄は資金市場での貸付資金の供給，投資は資金市場での貸付資金の需要になるものとして，供給は実質利子率の増加関数，需要が実質利子率の減少関数になり，

---

1)　ここでは簡単化のために租税を捨象している。租税 T を考慮するならば，(10.5) の左辺は $S+T$ となる。

両者が均衡で等しくなるように実質利子率が決まると考えるのである。貸付資金の需要と供給はフロー変数であり，その均衡で利子率が決まるとの考えは，貨幣市場でのストックとしての貨幣需要と貨幣供給の均衡で決まるとの流動性選好説（第7章）とは大きく異なるところである。この点は，第12章で再度言及する。

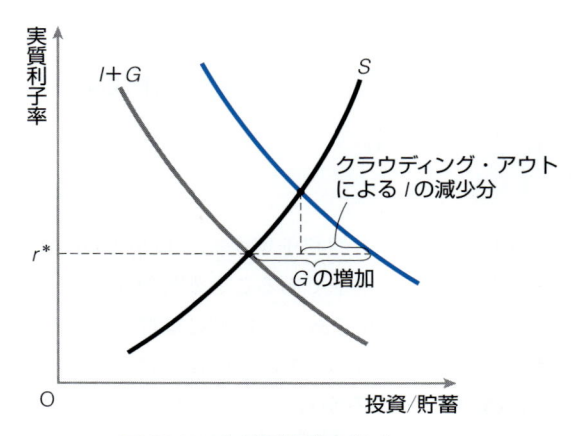

図10.5 自然利子率の決定

■ **財政政策の効果**

図10.5を用いて，財政政策の効果を見てみよう。政府支出 G の増加は曲線 $I+G$ を右側にシフトさせる。この結果，自然利子率 r^* は上昇するであろう。r^* の上昇は，民間投資を減少させる効果をもつ。政府支出が民間投資を締め出してしまうこうした効果は，クラウディング・アウト効果と呼ばれる。貯蓄が実質利子率の増加関数である限り，クラウディング・アウトは部分的である。すなわち，民間投資の減少分は政府支出の増加分より少ないだろう。

しかし，実質利子率の上昇による消費の減少を見過ごしてはならない。これを考慮すると，政府支出の増加は民間投資と消費の減少で完全に相殺される。いま一度（10.1）を見てほしい。右辺の総需要 $C+I+G$ は G の水準にかかわらず常に完全雇用GDP Y_f に等しい。これから明らかなように，民間需要の総和を考えれば，完全雇用均衡においては，完全なクラウディング・アウトが生ずるのである。

10.4 まとめ

　古典派経済学の体系は，労働市場での完全雇用によって特徴付けられるといっても過言でない。これをもたらすのは，名目賃金率（したがって実質賃金率）の伸縮的な調整である。労働市場の均衡から完全雇用 GDP が決まり，それに等しくなるように，総需要（国内総支出）が調整される。調整の役割をになうのは，物価水準と実質利子率である。この意味で，均衡の GDP の決定にあたって需要サイドは受動的な役割しか果たさないのである。

　単純化された古典派経済学の体系では，経済の実物的側面と貨幣的側面の二分法が成立する。貨幣供給量の変動は物価水準を比例的に変化させるだけであり，マネーストックを操作する金融政策は，経済の実体面には何ら影響を及ぼさない。これに対して，財政政策は，民間の経済活動をクラウド・アウトする。完全雇用の条件によって総供給は一定に決まるため，政府の経済活動が増大すると必然的に民間の経済活動が締め出されてしまうのである。

練習問題

10.1 セイ法則が成立するメカニズムを説明せよ。

10.2 古典派経済学の体系についての以下の文章は正しいか。正しくない場合には，その理由を説明せよ。
(1) 完全雇用が実現されるために重要なのは実質賃金率の伸縮性であって，名目賃金率は硬直的であってもかまわない。
(2) 完全雇用 GDP の水準は，資本ストックの蓄積があれば増大する。
(3) 貨幣需要関数を $M^D = \overline{L} + kPY_f$（$\overline{L}$ は定数）とすると，貨幣の中立性は成立しない。
(4) 自然利子率の水準は，貨幣供給量には依存しない。
(5) 政府支出の増加と等しいだけ，民間投資にクラウディング・アウト効果が働く。

10.3 次の単純化された古典派経済学のマクロモデルを前提にして，以下の問に答えよ。なお，政府支出 G と租税収入 T はともに 100，マネーストックは 750 とする。

《労働供給関数》 $N^S = 100 + 10\dfrac{W}{P}$

《労働需要関数》 $N^D = 200 - 30\dfrac{W}{P}$

《生産関数》 $Y_f = 100\sqrt[3]{N_f}$
《消費関数》 $C = 30 + 0.8(Y_f - T)$
《投資関数》 $I = 200 - 15r$
《数量方程式》 $M = 1.5PY_f$

(1) 完全雇用量 N_f,完全雇用 GDP Y_f を求めよ。
(2) 物価水準 P と名目賃金率 W を求めよ。
(3) 自然利子率の水準を求めよ。
(4) マネーストックを 1,500 としたときに,それに応じて変化する変数をあげよ。
(5) $G = 25$ としたときに,それに応じて変化する変数をあげよ。
(6) 古典派経済学の体系から見て,このマクロモデルはどこが単純化されているか。

11

ケインズ経済学の体系

本章では、一般的なマクロモデルのいま一つの特殊ケースである、ケインズ経済学の体系を説明する。この体系では、不完全雇用経済が対象になる。労働市場で完全雇用が達成されないのは、名目賃金率の下方硬直性のためである。

労働市場で完全雇用が達成されないにもかかわらず、生産物市場と貨幣市場は均衡する。こうした状況を、不完全雇用均衡と呼ぶ。本章の分析で重要な役割を果たすのは、総需要関数と総供給関数である。総需要関数は、生産物市場と貨幣市場を同時に均衡させる GDP と物価水準の関係を表わす。これに対して総供給関数は、企業行動と労働市場での雇用条件から導出される。総需要・総供給分析を用いて、GDP、利子率、物価水準の同時決定が説明されるであろう。

総需要・総供給の分析よりも単純なケインズ経済学の体系が IS-LM 分析である。IS-LM 分析では、物価水準は一定と想定される。この想定によって議論は単純になり、財政・金融政策の効果などの本質が理解しやすくなるため、しばしば利用されてきた。本章の後半では、その基本的考え方について説明する。

11.1 名目賃金率の下方硬直性

名目賃金率（したがって実質賃金率）が労働市場の需給を完全に調整する機能を果たすならば、常に完全雇用均衡が達成されるだろう。その先は、前章でみたように、貨幣需要にケンブリッジ方程式を想定するならば、古典派経済学

の諸特徴が確認されることになったのである。その意味では，古典派経済学の体系にとって名目賃金率の伸縮性は，必ずしも十分条件ではないが，必要条件になっている。いいかえると，名目賃金率が伸縮性を失うと，古典派経済学の体系は（偶然の一致を除くと）もはや完全雇用均衡をもたらさなくなるのである。

労働市場の調整機能に最初に疑問を投げかけたのがケインズである。ケインズは，1936年に刊行した『雇用，利子および貨幣の一般理論』（単に『一般理論』と呼ばれる場合が多い）の中で，次のように主張した（第4章参照）。

「名目賃金率の調整機能は，労働市場を常に均衡させるには不十分である。とくに名目賃金率には下方硬直性があるため，労働市場の超過供給を完全には解消できず，その結果として非自発的失業が発生する。」

名目賃金率はなぜ硬直的なのであろうか。ノーベル賞経済学者のソロー（R. Solow）は，1979年に開かれたアメリカ経済学会の会長講演でいくつかの考え方を列挙した。

■相対賃金仮説

第一の考え方は，ケインズが『一般理論』のなかで展開した相対賃金仮説である。労働者は，労働者相互間に存在する賃金格差を守ろうとするだろう。とりわけ他の労働者と比べた名目賃金率の相対的低下に強い抵抗を示す。これが名目賃金率が下方硬直的となる基本的な原因，と考えるのが相対賃金仮説である。

この仮説は現実経済では有力であろうが，労働者はなぜ実質賃金に注目せずに名目賃金にこだわるのか，という理論的な合理性の観点からの難点が指摘される。労働者は，名目賃金率の切り下げには強く抵抗するが，一般物価水準の上昇による実質賃金率の低下には抵抗しないという，貨幣錯覚が内在するからである（くわしくは第12章参照）。

■効率賃金仮説

第二に，賃金の切下げは労働者の「やる気」を殺ぎ，熟練労働者をリクルートする際に，企業がマイナスのイメージで評価されるという効率賃金仮説がある。効率賃金（efficient wage）にはいろいろな意味が付加されるが，賃金が高ければ労働者の生産性が高まるという基本発想が出発点となる。なぜか？

世間並みの労働市場の競争的賃金では、労働者はいつ解雇されても容易に同じ条件の仕事を探せるが、もし他企業よりも高い賃金が支払われているならば、労働者は職を失うのが高くつくことから仕事での怠業（shirking, サボリ）をつつしみ、賃金に見合った努力を払い、結果的に生産性も高まるというのが一つのメカニズムである。

もう一つは、もともと労働者の質（生産性）は多様であるが、それを企業は確実に判別できないという情報の非対称性を前提とする（労働者は自分の生産性を知っているものとする）。そうした状況では、「賃金が低いと、自らの生産性が高いと自認する労働者から辞めてしまう」逆選抜（adverse selection）が起こり、生産性が低いレモン労働者だけが残ることになる[1]。企業はそうした事態を避けるために、賃金を高めに設定し、短期的な景気後退があっても、容易に賃金を下げることはしないと考えるのである。この結果、実際に逆選抜が回避されて、高賃金と高生産性の共存という特性が残ることになる。

他にも、高い賃金をオファーすることによって熟練労働者の離職を抑制し、辞められた場合に必要となる新規労働者のリクルートや訓練にかけるコストを節約でき、結果的に企業の利潤を高めるチャネルも考えられる。さらには、労働者が企業からどう見られているか、公平に処遇されているか、といった社会学的な要因に対する対策として、高賃金によって「厚遇されている」との労働者の自己満足感を高め、それによって企業への帰属意識および労働意欲を高めさせ、高生産性を引き出すことも考えられよう。

要するに、効率賃金仮説は賃金のもつシグナル効果あるいはメッセージ効果に注目したものであり、企業に対して、名目賃金率の切り下げを阻止させる誘引として働くと考えるのである。

最適な労働努力と効率賃金　　以上を簡単にモデルで確認しよう。単純化のために、労働のみを投入する生産関数を考える。p＝所与の生産物の価格、L＝労働投入量、w＝名目賃金率、そしてe＝労働者の努力水準（効率性の指標）とする。生産量は効率単位の労働、eL、に依存し、労働者の努力発揮度は賃金

---

[1]　一般に品質の不確実な財・サービスの取引に関連して、中古のポンコツ車、マンションや建売住宅の欠陥住宅、などの不良品をレモンという。果物のレモンは、外見からは中身が腐っているか否かわかりにくいことに起因する。レモンが混在する市場の取引は逆選抜によって低調になり、価格が低いままだと不良品の比率が高まるが、価格を高く設定すると不良なレモンの流通が抑制される効果がある。

水準にプラスに依存する。

生産関数を $f(eL)$, 効率労働を $e(w)$ の関数関係で表わせば, 企業は利潤

$$\pi = pf(e(w)L) - wL$$

を最大化するように, 労働 L と賃金率 w を選択する。そのための条件は

$$\frac{\partial \pi}{\partial L} = pf'(eL)e - w = 0$$

$$\frac{\partial \pi}{\partial w} = pf'(eL)e'(w)L - L = 0$$

の二つとなるが, これらからは内点解として, $e(w) = we'(w)$, すなわち

$$\frac{w^* e'(w^*)}{e(w^*)} = 1 \tag{11.1}$$

と,「労働の努力度の賃金弾力性が1になる」名目賃金率の水準 w^* がユニークに決定され, 名目賃金率の硬直性が効率賃金の観点から説明可能となる。

名目賃金率の硬直性が効率賃金の水準でもたらされるという意味は, (11.1) は労働者の努力意向を具現化する効率労働の関数形の形状 $e(w)$ のみに依存し, 労働雇用量 L や生産関数の形状には依存しないからである。なお, (11.1) で硬直化するのは名目賃金率であるが, もともとの効率労働の依存関係を実質賃金率で定式化すれば, 効率賃金仮説で硬直化するのは実質賃金率になることが確かめられる(ここでの説明で, 名目賃金率を大文字の W でなく小文字の w で表記した理由もここにある)。

■暗黙の契約仮説

第三に, 企業と労働者の間には暗黙のうちに一定期間にわたる賃金契約が結ばれており, 景気が悪くなったとしても, ただちに名目賃金率は下がるわけではない, という考え方がある。長期的な雇用関係を重視する暗黙の契約仮説 (implicit contract theory) がこれである。暗黙の契約という意味は, こうした契約は必ずしも文書によって明示的に交わされるとは限らず, 企業と労働者の間での阿吽の呼吸で維持されるからである。

所得保障保険　これを確かめるために, まず, 労働者は所得から効用を得るとしよう(ほんらいは多数の財・サービスの消費から効用が得られるが, 簡単化のためにそれらをひっくるめて所得水準で代表させた間接効用関数を考え

る)。さらに，所得の限界効用が逓減する危険回避的な労働者を考えよう。こうした労働者は，景気次第で所得が高いときも低いときもあるような状況よりも，平均的な所得を安定的に得たほうが期待効用は高くなる。所得の限界効用が逓減するために，平準化された所得に比べて所得が減った場合の効用の減少分が，同じ額の所得の増加で得る効用の増加分よりも大きいからである。

企業のほうは，賃金の支払い総額が同じならば支払うタイミングについては無差別で危険中立的とすれば，両者にとってのパレート最適な支払い形態として，労働者が望む「変動のない平準化された賃金支払い」が実現されることになろう。こうした顚末が，企業と労働者がとくだん席について交渉することがなくても起こりうる，というのが暗黙の契約なのである。

ただし，この理論に問題がないわけではない。実は，暗黙の契約は，危険回避的な労働者が所得保障保険に入って安心を得るようなものであり，企業がその保険を提供（供給）することになる。この保険では，賃金は上方にも下方にも硬直的となり，「上方には伸縮的であるが下方には硬直的」という非対称性は説明できない。

また，所得保障保険ならば真に必要なのは解雇による失業やレイオフ（一時解雇・一時帰休）の回避であって，そのためには賃金の平準化よりも，景気の悪いときには労働者が少しずつ労働時間を短縮するワーク・シェアリングが望ましいであろう。しかしながら，こうした調整はかつての日本的雇用には見られたもののアメリカでは一般的ではなく，近年では，日本もアメリカ型に転換する動きが見られる。

■その他の仮説

第四に，一般的な価格の硬直性の要因としてあげられるメニューコストの存在が賃金にも当てはまるという考え方がある。メニューコストとは，価格を変更する際に必要となる費用の総称であり，レストランのメニュー（価格表）の改定には印刷代等の費用がかかるところから命名された。名目賃金率の変更にも有形無形のコストがかかり，価格改定のメリットがそのコストに見合わないとすれば，価格変更の実行は困難になるであろう。メニューコストに関連しては，硬直性よりも緩やかな価格の粘着性のもとで展開されるニュー・ケインジアンの景気循環論を第14章で紹介する。

このほかにも，労働組合の市場支配力，社会的な公正感覚，最低賃金法の存

在などが名目賃金率の下方硬直性の理由としてあげられる。

11.2 不完全雇用均衡

　原因はともあれ，名目賃金率が硬直的ならば，古典派経済学に見られる完全雇用均衡のストーリーが成り立たない。それに代わって，不完全雇用均衡が成立するのである。以下では，名目賃金率が一定のときのマクロ経済全体の均衡を，労働市場，生産物市場，貨幣市場の三つの市場に注目して検討しよう。

■労働市場

　名目賃金率が硬直的ならば，労働市場での需要と供給は必ずしも一致しない。こうした状況で雇用量がどのような水準に決まるかは，一般にはなんともいえない。しかし，「各経済主体は進んで望む以上の取引を強制されない」と想定すれば，不均衡のもとでの取引量は，需要と供給のうちの少ないほうで決定されると考えてよいであろう。こうした考え方は，ショートサイドの仮定と呼ばれる。ここでもショートサイドの仮定のもとに話を進めたい。

　第4章で不完全雇用経済を考察したときには，物価水準がどのように決定されるかを議論しなかった。本章では，物価水準の決定も重要なテーマとなるが，さしあたりは物価水準を所与としておこう。こうした状況で，名目賃金率 W を一定とすれば，実質賃金率 W/P も一定となる。しかし，それが完全雇用を達成させる均衡実質賃金率 $(W/P)^*$ に一致する保証は何もない。ショートサイドの仮定のもとでは，事後的な労働雇用量 N は，

$$N = \min[N^S, N^D]$$

で表わされる。ここで，$\min[N^S, N^D]$ は労働供給 N^S と労働需要 N^D のうちの小さいほうをさす。具体的には，

$$\frac{W}{P} > \left(\frac{W}{P}\right)^* \quad \text{ならば} \quad N = N^D$$

$$\frac{W}{P} < \left(\frac{W}{P}\right)^* \quad \text{ならば} \quad N = N^S$$

となる（図 11.1 の青色の実線部分）。

　現実には，名目賃金率の下方硬直性が問題となることが多く，そのため以下

11.2 不完全雇用均衡

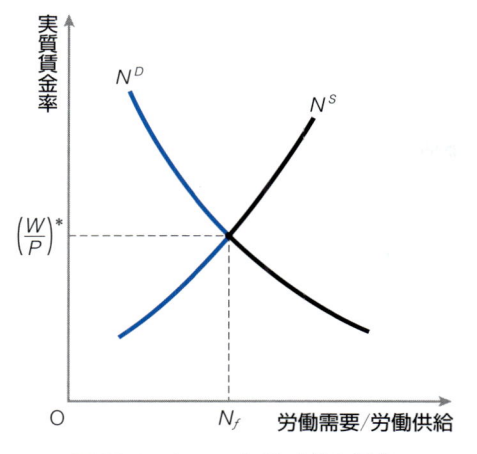

図 11.1 ショートサイドの仮定

では、労働市場で常に超過供給が存在するケースを考えたい。すなわち、市場のショートサイドとなるのは需要であり、実現される雇用量は労働需要曲線上にあるものとしよう。古典派の第一公準は成り立っているが、古典派の第二公準の成立は保証されない状況、といってもよい。

労働需要は企業の利潤最大化行動から導かれた（これが古典派の第一公準の内容であった）。これを考慮すると、労働市場では（何らかの理由によって）固定されている名目賃金率 $\overline{W}$ のもとで、企業が雇用量を決定することになる。すなわち、労働雇用量は、

《労働雇用量》
$$N = N^D = N^D\left(\underset{(-)}{\frac{\overline{W}}{P}}\right) \tag{11.2}$$

で決定される。(11.2) から明らかなように、名目賃金率を一定とすると、雇用量の水準は、企業が生産する財・サービスの価格、すなわち物価水準 P に依存して決定されるのである。P の上昇は労働雇用量を増大させる。逆にいうと、物価水準の上昇がなければ労働雇用量は増大しない。

■生産物市場

次に、生産物市場の検討に移ろう。ケインズ経済学の体系では、労働市場で不均衡が存在していても、生産物市場では需要と供給が均衡する。ただし、労

働市場の不均衡を反映して，供給は潜在的に供給可能な完全雇用 GDP の水準を下回るであろう。その意味では真の均衡でないかもしれない。この点を強調する場合には，不完全雇用均衡と呼ぶ。

　生産物市場での均衡の過程は，本質的には第 4 章で考察した乗数過程ないし有効需要原理の考え方である。ただし，第 4 章では説明を簡単にするため，消費についてはケインズ型の消費関数を，投資については独立投資のみを考えた。ここでは，より一般的な消費関数や投資関数を採用し，議論を拡張する。すなわち，生産物市場の均衡条件として，

《生産物市場の均衡》
$$Y = C\left(Y, \frac{A}{P}\right) + I(r) + G \quad (11.3)$$
$$(+)(+) \quad (-)$$

を考える。ここで，実質資産 A/P は，前章と同様に，

《実質資産》
$$\frac{A}{P} = q(r)K_p + \frac{M}{P} + H(r) \quad (11.4)$$
$$(-) \qquad\qquad (-)$$

で定義される。

　(11.3) の左辺の Y は総産出量であり，生産関数，

《総産出量》
$$Y = F(K, N) \quad (11.5)$$
$$(+)(+)$$

を通して，(11.2) の労働雇用量 N に対応している。(11.3) の右辺は，総需要を表わす。

■貨幣市場

　最後に貨幣市場の均衡を見よう。これについては，一般論としてのモデル化では古典派経済学の体系と大きな差異はない。すなわち，貨幣市場の均衡は，

《貨幣市場の均衡》
$$M = L(i, PY) \quad (11.6)$$
$$(-)(+)$$

で表わされる。もっとも，古典派経済学の体系では取引動機に基づく貨幣需要が重視され，極端な場合には数量方程式が前提となったのに対し，ケインズ経済学の体系では，投機的動機に基づく貨幣需要が重視される。すなわち，貨幣

需要が名目利子率に依存する点がとくに強調されるのである。

一つの極端なケースとして，**貨幣需要の利子弾力性**が（マイナス）無限大となる場合が考えられる。こうした状況は，流動性の罠と呼ばれた（第7章）。**流動性の罠**の状況は，利子率が極めて低い水準に下落したとき起こる。現行利子率がきわめて低いときには，多くの人々が利子率の反転・上昇を予想するであろう。あるいは同じことであるが，債券価格がかなり高い水準になると，将来，債券価格は反転して下がると予想する。このため，多くの人々は債券を保有し続けた際に被るキャピタル・ロスを回避する目的で貨幣を保有するのである。将来の債券価格に対する各経済主体の予想形成が完全に一致すると，貨幣需要の利子弾力性は無限大となるのであった（第7章）。

■連立方程式体系

ケインズ経済学の体系は，(11.2) から (11.6) の五つの式からなる連立方程式体系とみなせる。五つの式には五つの未知数，N, Y, P, r $(=i)$, A が存在する。資本ストック K は一定のため，(11.5) から，N と Y は一対一に対応する。さらに，名目資産 A は，(11.4) で定義される[2]。したがって，相互に関連し，同時に決定されなければならない変数は，GDP ないし総産出量 Y，実質利子率 r ないし名目利子率 i（両者は，インフレーションを考えない静学的世界では常に等しい），物価水準 P の3変数である。

ケインズ経済学の体系では，これらの変数が同時決定される。そのメカニズムは，古典派経済学の体系と異なり逐次決定的ではない。あくまでも，労働市場，生産物市場，貨幣市場が相互関連しながら，GDP，利子率，物価水準が同時に決定されるのである。ケインズ経済学の体系をコンパクトにまとめると，表11.1になる。

表11.1　ケインズ経済学の体系

《労働市場》	$N = N^D\left(\dfrac{\overline{W}}{P}\right)$
《生産物市場》	$Y = F(K, N)$
	$Y = C\left(Y, \dfrac{A}{P}\right) + I(r) + G$
《貨幣市場》	$M = L(i, PY)$

---

2) もっとも，A は r に依存し，r は A に依存する。

11.3 総需要・総供給分析

総需要関数と総供給関数は，ケインズ経済学の体系を理解する上で極めて有用な概念である。これらはそれぞれ，生産物に対する総需要と総供給を物価水準との関係として表現したものである（ここでは，実質 GDP，総産出量，国内所得は，すべて同じ意味で用いられている）。

■総需要関数

最初に，総需要関数を説明しよう。

<u>総需要関数</u>とは，総需要と物価水準との間の関係であり，生産物市場の均衡式（11.3）と貨幣市場の均衡式（11.6）の二つから，利子率（名目あるいは実質）を消去して求められる。総需要関数を，

$$Y^D = Y^D(P) \tag{11.7}$$

で表わそう。この関係式はどのような性質をもつのだろうか。それを考えてみよう。

貨幣市場の均衡式を名目利子率について解き，それを，

$$i = i(PY, M) \tag{11.8}$$
$$\quad (+)(-)$$

で表わす。この式の意味を理解するには，次のように考えればよい。名目 GDP PY が上昇すると取引動機に基づく貨幣需要は増加し，貨幣供給量を一定とすれば超過需要が発生する。与えられた貨幣供給量 M のもとで市場均衡が維持されるためには，利子率が上昇し投機的動機に基づく貨幣需要が減少しなければならない。これが PY の下の（＋）の意味である。同様に名目 GDP を一定として，貨幣供給量が増加すれば，i が低下して貨幣需要を増加させなければ均衡は保たれない。これが M の下の（－）の意味である。

（11.8）の i を，生産物市場の均衡式の実質利子率 r に代入すると，総需要関数（11.7）が導かれる。総需要 Y^D は物価水準 P の減少関数となるが，それを確かめておこう。

Y^D は P の減少関数　　Y と P が図 11.2 の点 A の組合せのときに，生産物市

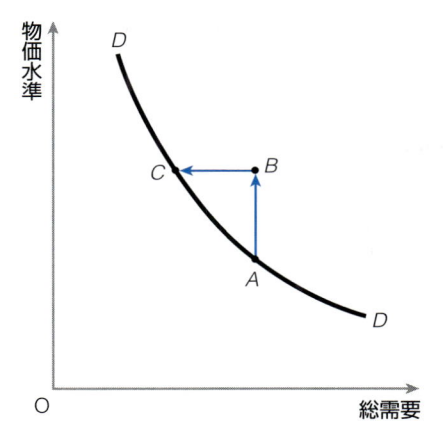

図 11.2　総需要曲線

場と貨幣市場がともに均衡していたとしよう。こうした状況から，Yを一定としてPを上昇させると，YとPの組合せは，たとえば点Bのように，点Aの上方に移行する。(11.8) からわかるように，物価水準の上昇は利子率を上昇させ，利子率の上昇は消費と投資を減少させる。消費は，利子率の上昇と物価水準の上昇にともなう実質資産の減少によって減少するのである。この結果，生産物市場の均衡は成立せず，(11.3) のかわりに，

$$Y > C\left(Y, \frac{A}{P}\right) + I(r) + G$$

という不等式関係が成立するだろう。この不等号が解消されるためには，Yが減少しなくてはならない。Yが小さくなると，左辺の総産出量と右辺の総需要項目である消費がともに減少するが，限界消費性向が1よりも小さい限り，右辺の総需要の減り方のほうが少ないからである。このため，生産物市場と貨幣市場の同時均衡は，たとえば点Cに移ることによって達成される。

このようにして，総需要曲線は，図 11.2 の曲線DDのように右下がりとなる。第2章で右下がりとして描いた総需要関数は，こうした長々としたプロセスを経て導出されるのである。

■ 総供給関数

総需要関数が生産物市場と貨幣市場の均衡条件から求められるのに対し，総

供給関数は労働市場の分析から求められる。労働市場では，所与の名目賃金率のもとで超過供給が存在し（すなわち非自発的失業が存在し），実現される雇用量は労働供給曲線には左右されない。このとき，(11.2) と (11.5) から，

$$Y^S = F\left(K, N^D\left(\frac{\overline{W}}{P}\right)\right) \tag{11.9}$$

を得る。(11.9) の関係が総供給関数にほかならない。たびたび述べてきたように，資本ストック K は短期的には一定と仮定されている。

Y^S は P の増加関数 (11.9) を注意深く見ていただきたい。P が上昇すれば N^D が増加し，N^D が増加すれば Y^S も増加する。名目賃金率 W は $\overline{W}$ で所与であり，P の上昇によって実質賃金率が低下するからである。このため，総供給曲線は右上がりの曲線として描かれるのである。しかし，総供給には完全雇用水準 Y_f という上限がある。これを考慮すると，総供給曲線は図 11.3 の曲線 SS のように描かれるであろう。

$\overline{W}$ の上昇によるシフト 総供給曲線は，名目賃金率 $\overline{W}$ を所与として描かれている。$\overline{W}$ が上昇したとき，総供給曲線がどうシフトするかを確認しておくことも重要であろう。物価水準 P を一定とすると，名目賃金率 $\overline{W}$ の上昇は実質賃金を引き上げる。その結果，労働需要量は減少し，総供給 Y^S も減少する。こうして，名目賃金率 $\overline{W}$ の上昇は，総供給曲線を左上方にシフトさせることがわかる（図 11.3 の破線）。

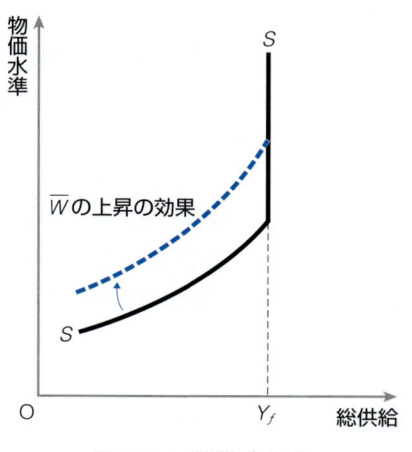

図 11.3 総供給曲線

■総需要と総供給

図 11.4 には総需要曲線と総供給曲線が同一平面上に描かれている。均衡総産出量 Y^* と均衡物価水準 P^* は，両者の交点で決定される。こうして求められた Y^* と P^* を貨幣市場の均衡式（11.6）ないし（11.8）に代入すれば，名目利子率 $i^*=$ 実質利子率 r^* が求まる。Y^*, P^*, $i^*=r^*$ の決定と同時に，消費 C^* や投資 I^* の量も決まることに注意したい。同時に，労働雇用量 N^* や均衡での実質資産 $(A/P)^*$ も決まる。

これまでの議論を振り返ってみよう。ケインズ経済学の体系は基本的には Y, $i=r$, P の 3 変数を未知数とする連立方程式体系であった（形式上は 5 変数）。数学的には連立方程式体系を解いて，均衡の Y, $i=r$, P を求めればよい。しかし，図を用いて解の性質を調べるには，未知数の数を 2 変数に減らす必要がある。このための工夫が総需要曲線と総供給曲線といえよう。

以上のように，総需要（aggregate demand）と総供給（aggregate supply）の均衡を基礎としたマクロ経済分析の枠組は，総需要・総供給分析あるいは英語の頭文字をとった *AD-AS 分析*と呼ばれている。

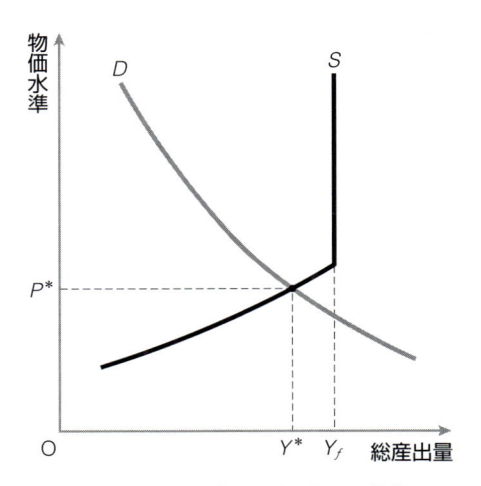

図 11.4　不完全雇用経済での均衡

■外生変数のシフト

政策変数である政府支出 G とマネーストック M のどちらかあるいは両方が上昇した場合，すなわち拡張的な財政・金融政策が採られた場合には，総需要

曲線が右側にシフトする。どのような物価水準のもとでも，それまでより総需要が増加するからである。その結果，総産出量は増加し，物価水準は上昇するであろう。これに対し，名目賃金率 $\overline{W}$ が上昇すれば，総供給曲線が上方にシフトする。その結果，総産出量は減少し，物価水準は上昇するのである。

財政・金融政策の効果については次節の *IS–LM* 分析でくわしく述べることにし，ここでは $\overline{W}$ の低下について簡単に考えておこう。すでに説明したように，$\overline{W}$ の低下は総供給曲線を下方にシフトさせる。このため，名目賃金率が十分下落すれば，図 11.5 において均衡点は E から E' へと移り，総産出量は完全雇用 GDP Y_f に近づくであろう。こうした理解に基づけば，$Y^* < Y_f$ となる原因は，名目賃金率が均衡水準よりも上方に固定されており，労働市場で超過供給が生じているところに求められる。

名目賃金論争　不完全雇用均衡の原因が名目賃金率の下方硬直性にあるか否かについて，貨幣需要のケンブリッジ方程式に関連して第 7 章 7.3 節でも登場したピグーを代表とする古典派経済学者とケインズの間で論争が戦わされた。これを名目賃金論争と呼んでいる（第 12 章も参照）。古典派経済学は，名目賃金率が伸縮的でありさえすれば常に完全雇用が達成される，と考えた。これに対し，ケインズは「名目賃金率の低下は労働者の購買力を低下させ，必ずしも有効需要の増加とならない」と主張した。ケインズの主張は，経済が完全雇用均衡に安定的に収束しない可能性を強調したものであり，動学的世界では重要な意味をもつ。しかしながら，少なくともここで考えているような静学的な世

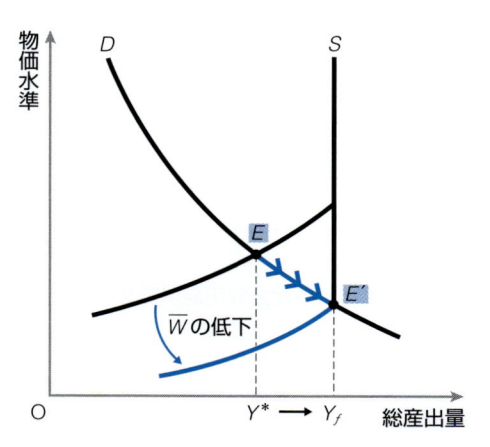

図 11.5　名目賃金率の低下の効果

界では，古典派の主張のほうが正しいことを図 11.5 の議論は示している．

11.4　IS-LM 分析

　通常，マクロ経済学の教科書では，これまで説明してきたケインズ経済学体系の一部に焦点を当てて，とくにくわしく解説される．IS-LM 分析ないし IS-LM モデルと呼ばれているのがそれである．IS-LM 分析では物価水準 P を所与として扱い，総需要関数の背景にある生産物市場と貨幣市場の同時均衡に注目する．一般的なケインズ経済学の体系では，上で見たように，物価水準 P は他の変数と同時に決定されるが，簡単化のため，物価水準を所与として GDP と利子率の関係に分析の焦点を当てるのである．ただし，P を一定とした分析は，少なくともケインズ経済学の体系の描写としては不十分であることに注意しなければならない．

　水平な総供給曲線　　物価水準一定の想定は，$Y<Y_f$ の範囲で総供給曲線が右上がりでなく水平である，と仮定するに等しい（このケースは，すでに第 2 章で考察した）．水平な総供給曲線は古典派の第一公準と両立しないため，古典派の第一公準を放棄する必要がある．古典派の第一公準は企業の利潤最大化行動から導びかれた．水平な総供給曲線を導くためには，企業の利潤最大化行動に代えて，たとえばマークアップ原理などが必要になる[3]．ここで，マークアップ原理とは，コストに一定のマージンを上乗せした形で価格が形成されるという考え方である．

　いずれにしても，そうした前提によって，ケインズ経済学の体系は簡単化される．需要サイドを重視するケインズ経済学の体系にとって，総供給関数の制約をまったく考慮する必要がないというのは，魅力ある想定なのである．

■IS 曲線

　IS 曲線とは，生産物市場を均衡させる総産出量 Y と実質利子率 r の組合せである．生産物市場の均衡式は，

---

[3]　いま一つの可能性は，労働の限界生産力が一定となるような，特殊な生産関数を前提とすることであろう．

《IS 曲線》
$$Y = C\left(Y, \frac{A}{P}\right) + I(r) + G \quad (11.10)$$
$$(+)(+) \quad (-)$$

で表わされた。これまでの議論から明らかなように，生産物市場を均衡させる Y と r には負の関係がある。このため，IS 曲線は右下がりに描かれる（図 11.6）。実質利子率が上昇すると総需要は減少し，そのため生じた超過供給を解消するには，総産出量が減少しなければならないからである。

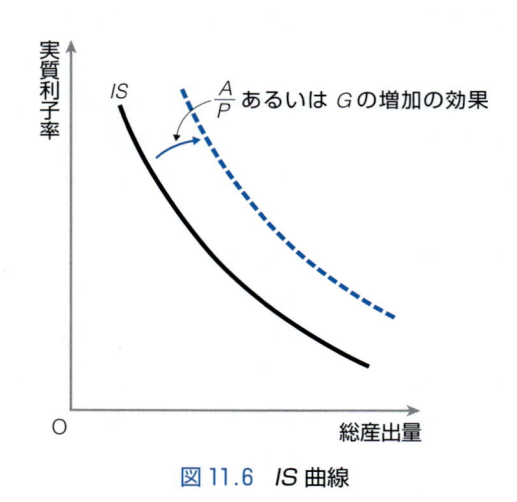

図 11.6　IS 曲線

貯蓄の定義 $S = Y - C$ を用いると，生産物市場の均衡式から，

《貯蓄・投資の均衡》
$$S\left(Y, \frac{A}{P}\right) = I(r) + G \quad (11.11)$$
$$(+)(-) \quad (-)$$

の関係を得る。(11.11) は貯蓄と投資（政府支出 G をも含む）の均等を意味する。投資（Investment）と貯蓄（Saving）を均衡させる実質 GDP（総産出量）と実質利子率の組合せという意味で，その頭文字をとって IS 曲線と呼ばれるのである。

IS 曲線は右下がり　　貯蓄と投資の関係から，IS 曲線の性質が容易に理解できるだろう。(11.11) をじっくりと観察していただきたい。Y の増加は貯蓄を増加させる一方，投資 I，政府支出 G は Y の影響を受けない。したがって，仮に r を一定とすれば，Y が増加したとき $S > I + G$ となる。この乖離を解消し，

投資と貯蓄が再び均衡するためには，利子率 r が下落しなければならないのは明らかであろう。利子率の下落は実質資産を増加させることによって貯蓄を減少させ，同時に投資を増加させるからである。こうして，Y と r には負の関係が存在することがわかる。

IS 曲線のシフト　　次に，IS 曲線の位置が何に依存するかを考えてみよう。そのために，実質資産 A/P と政府支出 G の効果を調べる。

実質資産の増加は消費を増やし貯蓄を減少させるだろう。それゆえ，Y と r が変化しないならば，$S<I+G$ となる。r を一定としたとき，Y がどのように変化すれば再び貯蓄と投資の均衡が回復するであろうか。均衡が回復されるためには，Y が増加しなければならない。Y の増加は投資と政府支出には影響を与えずに貯蓄を増加させるからである。こうした議論はどのような水準の r に対しても当てはまる。A/P が増えると，どのような r に対しても，Y は増えなければならないのである。こうして，A/P の増加は IS 曲線を右方にシフトさせることがわかる。

同様にして，r と Y が一定ならば G の増加の結果，$S<I+G$ となる。均衡を回復するためには，どの r に対しても Y の増加が必要になるため，IS 曲線は右方にシフトする。

■LM 曲線

LM 曲線に移ろう。LM 曲線とは，貨幣市場の均衡をもたらす総産出量 Y と名目利子率 i の組合せである。すなわち，物価水準 P を所与として，

《LM 曲線》
$$M = L(i, PY) \qquad (11.12)$$
$$(-)(+)$$

を成立させる Y と i の組合せが LM 曲線にほかならない。貨幣需要を記号 L (Liquidity)，貨幣供給量を記号 M (Money) で表わすことが多く，このため貨幣市場を均衡させる Y と i の組合せを LM 曲線と呼ぶのである。

LM 曲線は右上がり　　Y を横軸，i を縦軸にとった平面に LM 曲線を描くと，右上がりの曲線となる（図 11.7）。貨幣供給量 M を所与としたとき，Y の増加による貨幣需要の増加が，利子率の上昇による貨幣需要の減少によって相殺されなくてはならないからである。

LM 曲線のシフト　　LM 曲線をシフトさせる要因として考えられるのは，M

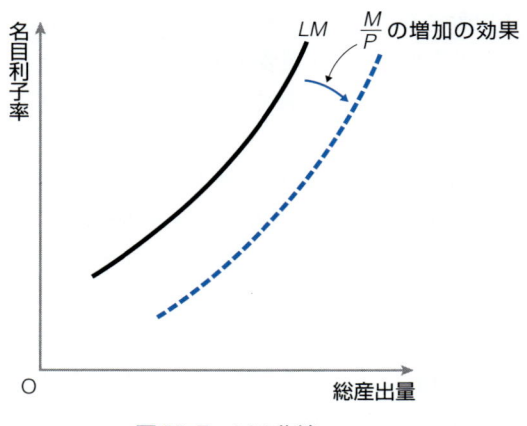

図 11.7　LM 曲線

と P の変化であろう。(11.12) は，しばしば，

$$\frac{M}{P} = L(i, Y) \tag{11.13}$$

と表現される。(11.12) が名目の貨幣供給量と貨幣需要量の均衡式であるのに対し，(11.13) は実質値で表わされた貨幣の需給均衡条件である。両者が同等であるためには若干の条件（具体的には，貨幣需要の所得弾力性が 1 であるという条件）が必要であるが，ここではそれが満たされていると仮定しよう。このように仮定すると，実質貨幣供給量 M/P の変化が LM 曲線の位置をシフトさせる要因となる。

実質貨幣供給量が増加したとき Y も i も変化しないならば，貨幣市場では超過供給が生ずる。これを解消するには，i の減少か Y の増加のいずれか（あるいは両方）が生じ，貨幣に対する需要増がもたらされなければならない。このようにして，実質貨幣供給量が増加したときには LM 曲線は右下方にシフトすることがわかる（図 11.7 の破線）。

11.5　財政・金融政策の効果

IS 曲線と LM 曲線を同一平面上（インフレーションがなく，r と i は等しい）に描くと，その交点に対応して均衡実質 GDP ないし均衡総産出量 Y^* と均衡利子率 $i^* = r^*$ が決定される（図 11.8）。これが，生産物市場と貨幣市場を同

11.5 財政・金融政策の効果

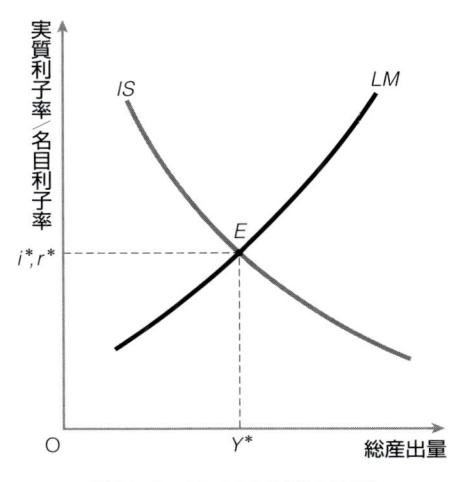

図11.8 IS-LM 分析の均衡

時に均衡させる実質 GDP と利子率の水準にほかならない。

均衡実質 GDP と利子率は，IS 曲線か LM 曲線の少なくともどちらかがシフトすれば，それに応じて変化するであろう。すでに確認したように，政府の財政・金融政策が IS 曲線や LM 曲線のシフトを引き起こす。これらの効果を，IS-LM 分析のフレームワークを用いて考察しよう。

■財政政策の効果

最初に政府支出の増加を考えてみよう。政府支出を増加させるには資金調達が必要であり，資金調達方法の違いは，LM 曲線と IS 曲線に異なった影響を与える。このため，厳密には財政政策の効果をみるとき，財政支出の増加の効果と同時に，資金調達が与える効果を検討しなければならない。しかし，ここでは財政支出の増加の効果だけに焦点を当てて，その効果を検討しよう。政府支出の資金調達方法については，政府の予算制約との関連で第15章で考察する。

すでに見たように，G の増加は IS 曲線を右にシフトさせ，これにともなって IS 曲線と LM 曲線の交点は E から E'' へ移る（図11.9）。その結果，GDP（総産出量）は増加し，利子率は上昇する。これが政府支出増加の効果である。

第4章で，不完全雇用経済では政府支出など独立支出の増加があると，その乗数倍の所得増加がもたらされることを学んだ。ここでも，基本的には乗数過程のメカニズムが働いている。第4章との大きな相違は，利子率の上昇が起こ

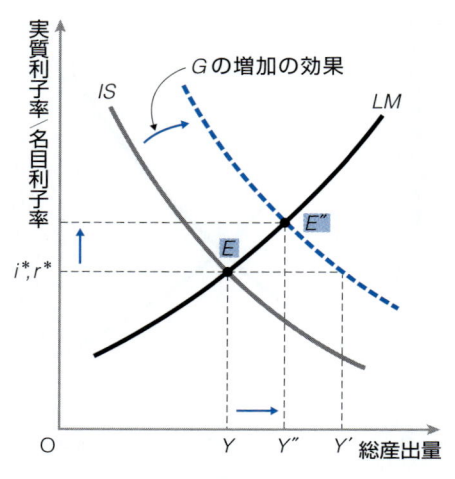

図11.9　財政政策の効果

ることであろう（第4章の段階では，そもそも利子率は登場しなかった）。利子率が上昇する理由はさほど難しくない。所得の増加によって取引動機に基づく貨幣需要が増加するため，貨幣供給量が一定のもとで貨幣市場の均衡を保つには，利子率の上昇によって投機的動機に基づく貨幣需要を減少させなくてはならないからである。

財政政策の効果の分解　G の増加による Y の増加を分解して考えてみよう。利子率の上昇がなければ，IS 曲線のシフトにともない，Y は Y' の水準まで増加したはずである。これが第4章で考察した乗数過程のメカニズムによる所得増加にほかならない。しかし，実際は LM 曲線にそって利子率が上昇するため，Y は Y'' までの増加に留まる。Y' と Y'' の差は，利子率の上昇によって民間投資と消費が抑制されるために生ずる。このような現象を，第10章ではクラウディング・アウトと呼んだ（クラウディング・アウトについては，第16章でくわしく論じる）。

このように，利子率の変化は乗数効果を低減させる。利子率の上昇によってクラウディング・アウト効果が生じ乗数が小さくなるメカニズムを，IS–LM 分析の創始者であるヒックス（J.Hicks）にちなんでヒックス効果と呼んでいる。

■**金融政策の効果**

金融政策の一つとして，買いオペレーション（買いオペ）による名目貨幣供

給量増加の効果を考えてみよう.物価水準が一定ならば,名目貨幣供給量の増加は,実質貨幣供給量 M/P を増加させ,LM 曲線を右下方へシフトさせる.同時に,M/P の増加は実質資産 A/P を増加させ,IS 曲線を右にシフトさせると考えられるかもしれない.しかし,買いオペでは貨幣供給の増加と引き換えに,それと等しい額の債券が民間部門から銀行部門に吸収される(第 1 章参照)ため,民間部門の実質資産には何ら変化は生じない[4].図 11.10 に示されているように,名目貨幣供給量の増加は LM 曲線を右へシフトさせ,GDP の増加と利子率の低下をもたらす(図 11.10 の IS 曲線のシフトは後の説明のために描かれており,さしあたりは無視してほしい).

ケインズ=トービン効果 GDP(総産出量)が増加する理由は明らかであろう.名目貨幣供給量の増加は貨幣市場に超過供給をもたらす.超過供給を解消するには,利子率が低下しなければならない.こうした利子率の低下が投資を促進するため GDP は Y から Y' へ増加するのである(この過程で消費も増える).この効果をケインズ=トービン効果と呼ぶ.M の増加によって利子率が下がり,それがトービンの q の上昇をもたらすとともに投資を増やすこと,および M の増加が利子率を下げるのはケインズの流動性選好説の反映であること,この二つの事実からケインズ=トービン効果と命名された.

ピグー効果 M を一定としたときの物価水準 P の低下は,名目貨幣供給量の増加とまったく同じ効果をもつと考えられるかもしれない.しかし,両者には大きな違いがある.買いオペによる貨幣供給量の増加は実質資産に何らの影響を及ぼさないが,物価水準 P の下落は実質資産を増加させるからである.(11.10)からわかるように,実質資産の増加は消費を増加させるため,IS 曲線を右上方にシフトさせる.物価水準下落の効果を見るには,LM 曲線の右へのシフトと IS 曲線の右へのシフトの両方を考慮しなくてはならないのである.

物価水準の下落は GDP を必ず増加させるが,利子率に対する影響は必ずしも明らかではない.図 11.10 のように,IS 曲線のシフトよりも LM 曲線のシフトのほうが大きければ,利子率は下落するだろう.物価水準の下落によって,

---

[4] 第 9 章の(9.3)で定義された実質資産には国債は含まれていないが,もし国債が存在し,買いオペの対象が国債だとすると,その際には国債が民間部門にとって資産と見なされているか否かが問題となる.国債は増税によって償還されることから,合理的な国民からみればその現在価値はゼロとなる可能性があるからである.第 16 章の脚注 3)(356 頁)参照.

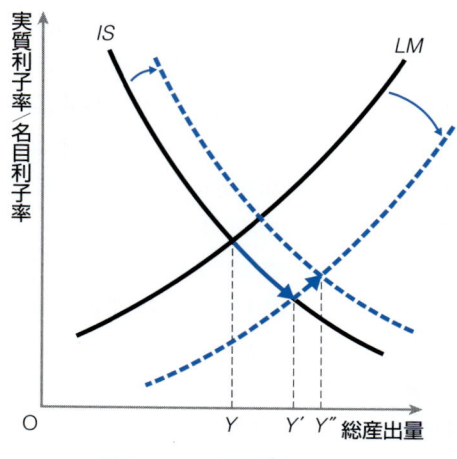

図 11.10 金融政策の効果

GDP は Y から Y'' へ増加するが，このうち $Y \to Y'$ の効果は先に説明したケインズ=トービン効果である．これに対して，実質資産の増加によってもたらされる $Y' \to Y''$ の効果は<u>ピグー効果</u>ないし<u>実質資産残高効果</u>と呼ばれる．名目賃金論争において資産効果を重視した経済学者ピグーに因んでそう名付けられた．

総需要関数の導出　図 11.10 から明らかになった P と Y の間に見られる負の関係は，先に 11.3 節で説明した総需要関数にほかならない．総需要関数は *IS-LM* 分析から導くことができるのである．また，第 2 章の 2.4 節で「なぜ物価上昇は総需要を減少させるのか」を考察したメカニズムが，実はピグー効果とケインズ=トービン効果に凝縮されることが理解されるのである．

11.6　まとめ

本章では，不完全雇用経済を対象とするケインズ経済学の体系を説明した．不完全雇用の原因は名目賃金率の下方硬直性にあった．名目賃金率の下方硬直性は，さまざまな原因によってもたらされると考えられる．ケインズ経済学の体系でも，生産物市場と貨幣市場は均衡する．労働市場での不完全雇用の存在

を残したまま，生産物市場と貨幣市場が均衡する状況が，不完全雇用均衡である。

不完全雇用均衡では，GDP，利子率，物価水準が同時に決定される。その決定メカニズムは古典派経済学の体系とは異なり，逐次決定的ではない。文字通りの同時決定である。この分析に使われるフレームワークは，総需要・総供給分析（AD-AS 分析）と呼ばれた。生産物に対する総需要と総供給を，物価水準との関係として表現すると総需要関数と総供給関数になる。総需要関数は，生産物市場と貨幣市場を同時に均衡させる GDP と物価水準の関係を表わす。これに対して総供給関数は，労働市場での雇用条件から導出される。

物価水準を一定と仮定すると，ケインズ経済学の体系は IS-LM 分析で記述できる。物価水準一定の仮定は古典派の第一公準と両立せず，その点で多少の問題は残るものの，分析を単純化する上で極めて有用であり，本章でも財政・金融政策の効果の分析に用いた（本書の残りの章でも，IS-LM 分析をしばしば用いる）。生産物市場の均衡（IS 曲線）と貨幣市場の均衡（LM 曲線）を同時に考える IS-LM 分析は，総需要・総供給分析とは異なり経済の需要サイドのみに注目した分析といえよう。物価水準一定の仮定によって，経済の供給サイドの制約は無視されるからである。その意味では，供給サイドが重要な役割を演じた古典派経済学の体系とはいちじるしい対照を見せる。

練習問題

11.1 名目賃金率が下方硬直的となる原因を説明せよ。
11.2 第 2 章の練習問題 2.3 と対比しつつ，以下の問に答えよ。
(1) 総需要曲線が右下がりとなる理由を説明せよ。
(2) 総供給曲線が右上がりとなる理由を説明せよ。
(3) 総供給曲線が水平となるのは，どのような場合か。
(4) 総需要曲線を右方にシフトさせる要因をあげよ。
(5) 総供給曲線を下方にシフトさせる要因をあげよ。
11.3 GDP，利子率，物価水準がどのようにして同時決定されるかを説明せよ。

11.4 次の IS–LM モデルを前提として，以下の空欄を埋めよ．ただし，S_0, T_0, I_0, L_0 は正の定数，その他の記号は本文と同様である．

$$IS \quad S+T=I+G, \quad S=S_0+0.2(Y-T), \quad T=T_0+0.3Y, \quad I=I_0-5r$$

$$LM \quad M=L_0-5r+0.36Y \quad (r は \% 表示)$$

いま，マネーストックを一定として政府支出を 20 だけ増やしたとしよう（$\Delta G=20$）．この結果，$\Delta Y=\boxed{1}$, $\Delta r=\boxed{2}$ ％となり，このときの財政赤字の増加分は $\boxed{3}$ である．貯蓄の変化は $\boxed{4}$ であり，投資は $\boxed{5}$ だけクラウド・アウトされる．

次に，政府支出を一定として，マネーストックの増加を考えよう．$\boxed{1}$ と同額の GDP の増加をもたらすには，$\Delta M=\boxed{6}$ とする必要があり，このとき $\Delta r=\boxed{7}$ ％となる．この政策では，政府財政は $\boxed{8}$ だけの黒字となるが，この分は $\boxed{9}$ として利用される．

第三に，再び $\Delta M=0$, $\Delta G=20$ とし，政府支出をすべて税収でまかなうならば，$\Delta T_0=\boxed{10}$ とする必要がある．このとき $\Delta Y=\boxed{11}$, $\Delta r=\boxed{12}$ ％であり，乗数 $\Delta Y/\Delta G$ は，1 を $\boxed{13}$ 回る．すなわち，IS–LM 分析の枠組みでは，均衡財政の乗数は 1 にならないことがわかる（第 4 章の練習問題 4.4 を参照）．

11.5 生産物市場について，$Y=C+I+G$, $C=40+0.8(Y-T)$, $I=20+0.6/r$ とする．またマネーストック M を 600 として，貨幣市場の均衡は $600=Y+2/r$ で達成される．以下の問に答えよ．

(1) $G=120$, $T=100$ のときの均衡 GDP と均衡利子率を求めよ．

(2) 均衡財政のもとで (1) と同じ均衡 GDP と均衡利子率を得るには，$G=T$ をいくらにする必要があるか．

(3) 均衡財政を保ちながら，均衡 GDP を (1) の水準から 40 だけ増やしたい．$G=T$ の水準が (2) のままなら，マネーストックをどれだけ変化させる必要があるか．このときの均衡利子率はいくらか．

(4) (3) と同じく，均衡財政を保ちながら，均衡 GDP を (1) の水準から 40 だけ増やしたい．このとき，$G=T$ とマネーストック M は，それぞれいくらにしたらよいか．ただし均衡利子率は (1) のままとする．

12

マクロモデルの比較

　第10章と第11章では，古典派経済学体系とケインズ経済学体系という二つのマクロモデルについて学んだ。両者間には，名目賃金率の伸縮性の扱いに大きな差がある。しかし，それだけではなく，両経済学はマクロ経済のさまざまな側面でいちじるしい対照を見せる。本章では，二つの経済学の違いを，さまざまな視点から整理したい。その意味で，本章は第Ⅳ部全体のまとめとしての役割をになう。

　本章でとりあげる論点は，「価格調整と数量調整」，「供給サイドと需要サイド」，「貨幣の中立性と貨幣錯覚」，「貸付資金説と流動性選好説」等である。マクロ安定化政策についても対比されるであろう。さらに，両者の総合化についても議論する。総合化の一つの方向は，ケインズ経済学の体系を賃金・物価が硬直性を示す「短期」のマクロモデル，古典派経済学の体系をそれらが伸縮性を示す「長期」のマクロモデル，と考えることであろう。

　表12.1に，古典派経済学の体系とケインズ経済学の体系を比較対照しておいた。多少誇張された面もあるが，本章の内容を理解する上で参考になるはずである。

表 12.1 古典派経済学とケインズ経済学の対照

		古典派経済学	ケインズ経済学
市場一般	市場での調整 市場の状態	価格調整 常に均衡	価格調整・数量調整 不均衡の可能性
労働市場	名目賃金率 雇用 （失業の性質）	伸縮的 完全雇用 （自発的失業）	下方硬直的 不完全雇用 （非自発的失業）
生産物市場	決定要因 （決定原理）	供給サイド （セイ法則）	主として需要サイド （有効需要原理）
資産市場	貨幣の機能 貨幣の価格 貨幣と実物経済の関係 利子率の決定	取引手段 一般物価水準の逆数 中立性 （貨幣ヴェール観） 貸付資金説	取引手段・価値保蔵手段 名目利子率 非中立性 （貨幣錯覚） 流動性選好説
マクロ安定化政策	基本的な考え方	原則として必要なし	必要あり

12.1 価格調整と数量調整

表 12.1 にもあるように，古典派経済学の体系とケインズ経済学の体系では対照的な側面が多い。しかしながら，いざ実際に現実はどちらが当てはまっているのかと判定しようとすると，必ずしも明白に判定できるわけではない。

■自発的失業と非自発的失業

古典派経済学の体系では，労働市場で完全雇用が実現される。市場の需給が均衡するように名目賃金率が伸縮的に調整される，と考えるからである。均衡では，その実質賃金率のもとで働きたいと考える労働者はすべて実際に働ける。これは完全雇用の定義にほかならない。いいかえると，その実質賃金率では働きたくない人々がいても，これは失業は失業でも自発的失業に分類されるものであり，その存在と完全雇用とは矛盾しない（他にも，労働市場特有の事情によって発生する摩擦的失業ないし構造的失業の存在も考えられるが，これらも有効需要不足による非自発的失業ではないという意味では，広くは自発的失業に分類されよう）。

これに対して，ケインズ経済学の体系では，何らかの理由によって名目賃金率は下方硬直的と仮定される。このため，労働市場での需給の一致は保証されない。とくに名目賃金率が均衡水準よりも高いときには，働きたいと望む労働者が企業の雇用計画を上回ってしまい，誰かが職にありつけなくなるであろう。これが，非自発的失業の発生である。

どちらが現実経済をより的確に描写しているか，の判断は容易ではない。日常生活の経験から判断すると，名目賃金率には下方硬直性があるように思われるであろう。失業が存在するのも確かである。しかしながら，問題は私たちの個別的経験ではなくマクロ経済全体での平均的な傾向についてである。私たちが見聞きする失業は転職過程の一時的なものかもしれない。よりよい職を求めて自ら職を離れている可能性もある。自ら望んだ自発的な失業か非自発的な失業かが決定的に重要であるにもかかわらず，両者の区別が必ずしもハッキリしないため明確な判断が難しいのである。

■市場での需給調整

そこで、名目賃金率の硬直性が見られるか否か、非自発的失業が存在するか否か、といった議論からはなれ、市場での需給が何によって調整されているのかといった面を考察するのも一つであろう。

古典派経済学の体系では、需給の均等はすべて価格の変動によって調整される。もちろん、古典派経済学の体系でも数量が変化しないわけではない。しかし、数量の変動はすべて価格の変動によってもたらされると考えるのである。これに対して、ケインズ経済学の体系では、価格の変動をまったく経由しないわけではないが、直接数量によって調整される可能性を重視する。たとえば、労働市場でのショートサイドの原則、生産物市場での乗数過程、家計による消費に対する流動性制約の存在などは広い意味での数量調整に当たり、これらがケインズ経済学の体系のなかできわめて重要な役割を演じている[1]。

ワルラス的調整とマーシャル的調整 個別の財・サービスについては、市場均衡にない場合に需要と供給を一致させる調整メカニズムとしてワルラス的調整過程とマーシャル的調整過程が考えられる。どちらも古典派経済学者の名が付いているが、前者は価格による調整、後者は数量による調整を念頭に置いている。

すなわち、ワルラス的調整過程は超過需要があれば価格が上昇し、超過供給があれば価格が下落すると考えるもので、ときに需要と供給の法則と呼ばれる価格調整のメカニズムそのものである。これに対して、マーシャル的調整過程は、各数量に対応する買い手価格と売り手価格（買ってもよい最高価格と売ってもよい最低価格を指し、それぞれ需要曲線上と供給曲線上の価格）の相対関係で数量調整が行われると考える。買い手価格が売り手価格を上回るならば生産量が増え、逆ならば生産量は減ると考えるのである。

通常、ワルラス的調整過程は野菜や魚の市場での取引から始まって、商品先物取引の対象にもなる穀物、金属、エネルギー商品、そして株式市場や外国為替市場などでの取引にも当てはまると考えられる。有名画家の絵画や人気バンドのコンサート・チケットなども、価格調整が行われるといってよいであろう。これに対して、マーシャル的な調整過程は、大量生産される多くの日常品や工

---

1) 消費における前払い制約（cash-in-advance）や企業（とくに中小企業）の借入に対する銀行の貸出制約（信用割当）も、数量調整の一種である。

業製品，あるいは美容院やクリーニング，弁護士などのサービスに当てはまるであろう。これらの財・サービスでは，価格は生産コストに見合って一定の利潤を確保する水準に固定され（マークアップ原理），そのもとでの需要と供給に合わせて生産調整されている。弁護士事務所や税理士事務所も，顧客が増えて仕事が忙しくなれば，新しく弁護士や税理士を雇うことになろう。

マクロ経済での調整をどう見るか　こうしたミクロレベルの個別の財・サービス市場における調整過程が，マクロ経済全体にも当てはまると考えるならば，古典派経済学の体系はワルラス的調整過程を，ケインズ経済学の体系ではマーシャル的調整過程を想定していると対比することができる。現実には，財・サービスによって二つの調整過程が共存している。となると，問題はそれらの間での相対的な割合になる。

歴史的には，古典派経済学の枠組が確立した19世紀後半からケインズの『一般理論』が発刊された1936年頃までは，イギリスをはじめとしたヨーロッパ諸国やアメリカでもまだまだ農業に代表される第一次産業のウェイトが高く，マクロ的にもワルラス的調整過程が優勢であったと考えることができよう。しかし，20世紀も進んで製造業の第2次産業や小売・卸売，サービス業の第3次産業のウェイトが高まると，マクロ的にもマーシャル的調整過程が主張する生産調整が主流になったと解釈するのが自然ともいえる。

こうしたマクロ経済全体の現実妥当性は，12.6節で議論する「何が一般的な状態か」の判断につながる論点になるが，これが多数決で決着するような単純な話ではないのである。

■名目賃金論争

繰り返しになるが，古典派経済学の体系の特徴は労働市場での完全雇用均衡である。これに対し，ケインズ経済学の体系では非自発的失業が存在する不完全雇用均衡の状況が一般的である。その基本的原因は，名目賃金率の下方硬直性に求められた。

名目賃金率が下方にも伸縮的ならば，非自発的失業は解消されるであろう。この点をめぐって，学説史に残る有名な論争があった。ピグーをはじめとする古典派経済学者は，十分な名目賃金率の切下げが完全雇用均衡をもたらすと考えた。これに対し，ケインズは「名目賃金率の切下げは労働者の所得を減少させ，消費など有効需要を低下させるため，総産出量増には結びつかず雇用は増

加しない」と主張した[2]。この名目賃金論争については，11.3節で見たように，古典派経済学に分があるといえよう。

それでは，ケインズの主張はまったくの誤りかというと，必ずしもそうではない。これまで説明してきた静学的世界を離れ，均衡に至る動学的調整過程に焦点を当てると，完全雇用均衡が安定的に達成される保証はなくなってしまう。つまり，ケインズの主張は，均衡の比較という観点での問題（いわゆる比較静学）ではなく，不均衡下の動学的安定性の問題としてとらえるべきなのである。動学過程では，経済主体の期待形成が重要な役割を演じる。ケインズが想定した世界では，期待形成と現実経済との絡みが，必ずしも予定調和論的に不均衡を解消するようには働かない，という点が強調されるのである。

このように，想定される世界の違いについては，ケインズが『一般理論』で何を主張したかというケインズ解釈の問題とも関連して，さまざまな解釈とそれに対する批判（さらに反批判）がなされてきた。ときには，ケインズ経済学（Keynesian economics）とケインズの経済学（economics of Keynes）は似て非なるものと主張される[3]。問題は非常に複雑であり，論者による解釈の違いは大きい。こうした論点を理解するのは本書のレベルをはるかに超えており，上級レベルの内容に属するためこれ以上は立ち入らない。ただし，そういう議論があることだけは頭に入れておいてほしい。学界では，名目賃金論争が形を変えて現在も続いているのである。

---

[2] ピグーとケインズはともにイギリスのケンブリッジ大学でのマーシャル（A. Marshall）教授の兄弟弟子でピグーが6歳年上だった。ピグーは30歳でマーシャルの後任の教授になり，ケインズは卒業後いったん役人（インド省）になった後に母校で教えることになった。二人は人脈的にはこうした近い関係にあったが，1930年代以降目立ってケインズ経済学の影響が強くなる中でも，ピグーは最後まで古典派経済学を擁護する立場をとった。

[3] たとえば，ケインズの『一般理論』のエッセンスは不完全雇用均衡の概念や *IS–LM* 分析に集約されると主張される一方，それらは必ずしもケインズの経済学の正しいモデル化ではないと批判される。前者を主張するグループの中心はアメリカン・ケインジアンであり，第二次世界大戦後のマクロ経済学の主流派を形成してきた。本書でも，この立場を基本として紹介している。ケインジアンを自認するグループは，ほかにも多数存在する。

なお，1936年の『一般理論』の刊行後，ケインズ経済学がいかにアメリカで浸透したかは，サミュエルソン（P. Samuelson）の有名な「南海島民を全滅させた疫病のごとき猛威をもって，年齢35歳以下の経済学者をとらえた。50歳以上の経済学者は免疫をもち，中間にある経済学者は時がたつにつれ，その熱に感染しはじめた。」という趣旨の比喩に表われており，クライン（L. Klein）はこの伝播を著書で『ケインズ革命』と命名した。

12.2 供給サイドと需要サイド

　古典派経済学の体系とケインズ経済学の体系では，生産物市場での実質GDP（国内所得）の決定についても基本的に異なった原理が適用される。

　古典派経済学の体系では，労働市場で決まる完全雇用水準をもとに経済全体での総産出量が決まる。これが完全雇用GDPである。このように，古典派経済学では，実質GDPが生産面，いいかえると経済の供給サイドで決まり，生産された財・サービスがちょうど需要されるように，物価水準や実質利子率が調整されるのである。

　ケインズ経済学の体系は，これとはいちじるしい対照をなす。企業の労働需要が実際の雇用量であり，企業の労働需要は，生産する財・サービスがどれだけ売れるかという予想，すなわち生産物の需要に依存する。この意味で，経済の需要サイドが強調される。購買力をともなった需要は有効需要と呼ばれた。有効需要は利子率や物価水準に依存し，利子率や物価水準と同時に決定される。これが，総需要・総供給分析やIS-LM分析によって解明された内容である。

■完全雇用量，完全雇用GDPの変動

　一つだけ補足しておくと，古典派経済学の体系でも完全雇用量や完全雇用GDPの水準は変動しうる。完全雇用とは，労働市場で需要と供給が一致し，働きたいと思う労働者がすべて実際に働ける状況であった。したがって，労働需要や労働供給が実質賃金率以外の要因で変動する（労働需要曲線や労働供給曲線がシフトする）ならば，完全雇用量自体もそれにあわせて変動する（第3章参照）。

　たとえば，資本蓄積や技術進歩によって企業の生産計画が変わり，より多くの労働者が必要になる場合もあるし，ロボットの導入によって労働需要が減少する場合もあるだろう。また，「働き蜂」から「余暇志向」に目標を変える労働者が多くなったり，子供の成長によって新たに職業につこうとする女性も存在するにちがいない。このような理由による完全雇用水準の変動は当然存在する。

　重要なのは，このような変動が有効需要の変動でもたらされるのではなく，あくまでも生産物市場の供給サイドの要因によってもたらされる点なのである。

12.3 貨幣の中立性と貨幣錯覚

　古典派経済学とケインズ経済学の体系では，貨幣の果たす役割にも大きな違いがある。古典派経済学では，貨幣は中立的な存在とみなされる。すなわち，貨幣は経済取引の単なる潤滑油に過ぎないと考えた。ここから，貨幣は実物経済を覆うヴェールに過ぎないという，貨幣ヴェール観ないし実物経済との二分法が主張される。

　これに対して，ケインズ経済学体系での貨幣は，経済の実物的側面に対して非中立性を示す。貨幣供給量の変動は，実体経済の変動を引き起こすのである。さらに，貨幣供給量自体が経済の実体面の変動によって決定されるという，貨幣供給の内生性も無視できない。内生性を意識した議論では，第8章で展開した貨幣乗数が，経済環境によって変動するという側面が強調される。

■ **貨幣の価格（機会費用）は？**

　貨幣の役割に違いが生ずるのは，貨幣のもつ機能のどれを重視するかが異なるため，といえるだろう。古典派経済学では，支払手段としての側面と価値尺度としての側面が強調される。これに対し，ケインズ経済学では資産選択の対象となる価値保蔵手段としての側面が重視される。この点に関連して古典派経済学に属するマネタリストの総帥であるフリードマンは，次のように語っている。「貨幣の価格は何か」という問に対し，「古典派経済学者は一般物価水準の逆数と答えるであろうが，ケインジアンは名目利子率と答えるであろう」。ここで，一般物価水準の逆数というのは貨幣のもつ購買力（つまり財・サービスの単位数）を意味する。

　古典派経済学では，貨幣保有によって犠牲にされるのは財・サービスの保有と考えられており，このため，貨幣の価格（機会費用）は，貨幣の購買力になる。これに対してケインズ経済学では貨幣保有の代替的方法は債券の保有である。このため，貨幣保有の機会費用は利子率と考えなければならない。これがフリードマンの主旨である。

■ **貨幣錯覚の存在と意義**

　すべての経済主体が合理的に行動するならば，そして貨幣そのものには生産

力効果や人々の満足を高める効果がないならば，貨幣の存在自体は実体経済にとっては中立的といえよう[4]。このように考えれば，貨幣の非中立性は，何らかの意味で経済主体の非合理性が関与していることに気づかれるだろう。いわゆる貨幣錯覚（money illusion）の存在である。ケインズ経済学の体系にとって重要な名目賃金率の硬直性も，貨幣錯覚と無関係ではない。

たとえば，名目賃金率の下方硬直性を説明する相対賃金仮説では，労働者は名目賃金率の切下げによる実質賃金率の下落には強く抵抗するが，物価水準の上昇による実質賃金率の下落には大きな抵抗はしない。もし労働者が合理的に行動するならば，重要なのは実質賃金率であるから，相対賃金仮説は明らかに労働者の側に貨幣錯覚が存在することを前提にしている。

ただし，貨幣錯覚が常に経済主体の非合理性から生じると断言するのは危険である。情報が不完全であったり，将来に不確実性がある場合には，経済主体（あるいは主体間）の最適化行動が結果として貨幣錯覚と見られるような状況を創り出す可能性が存在するからである。名目賃金率の硬直性を説明しようとする理論（第11章参照）の多くも，この可能性を強調している。

12.4 貸付資金説と流動性選好説

古典派経済学とケインズ経済学は，利子率がどのように決定されるか，についても対照的である。

■古典派経済学の貸付資金説

古典派経済学の体系では，貯蓄と投資が等しくなるように実質利子率が決定される（これを自然利子率と呼んだ）。第10章で説明したように，貯蓄と投資の均等化は，財・サービス市場の均衡に対応している。企業の投資に必要な資金は家計の貯蓄によってまかなわれるが，こうした資金（貸付資金と呼ぶ）の流れ（フロー）を調整するのが利子率にほかならない。貸付資金に対する需要と供給が等しくなるように，利子率が決まるのである。これが古典派経済学で

---

[4] この世界では，貨幣は一般受容性があるために保有されることになる。貨幣が一定の率で増加する世界で存在し続けるためには，地価や株価といった資産価格に発生するファンダメンタルズ価値から乖離した部分であるバブル（投機的泡）が持続する条件と同様の合理性の条件が満たされる必要がある。バブルについては，第13章の13.8節参照.

の利子率の決定に関する考え方であり，貸付資金説と呼ばれる．

■ケインズ経済学の流動性選好説

　ケインズ経済学の体系では，基本的には資産市場全体の需給均衡によって利子率が決定される（厳密には，生産物市場の均衡も考慮した同時決定体系である）．資産は，いわば過去の貯蓄の合計でありストックの次元をもつ．ストックとしての資産市場の需給を重視するこのような考え方は，流動性選好説と呼ばれる．

　フロー市場とストック市場　　利子率がフロー市場で決まると考えるかストック市場で決まると考えるかは，さほど大した問題ではないように思われるかもしれない．しかし，この差異は，金融政策の効果を考えるときに重要となる．ストック市場で決まるならば，ストックである貨幣供給量を操作する金融政策にも意味がある．しかし，フロー市場で決まるのであれば，ストックである貨幣供給量を操作しても効果がない．実際，古典派経済学の体系では貨幣は中立的であり，マネーストックの変動は物価水準の変動を引き起こすだけで，利子率には何らの影響も与えられないのである．

12.5　マクロ安定化政策

　マクロ経済学が現実経済と最も深くかかわりあうのは，その政策処方箋においてである．私たちの経済は，さまざまな景気循環を経験してきた（景気循環については第14章で考察する）．それを平準化するために，政府が介入すべきか否かが問題となる．古典派経済学とケインズ経済学とでは，この点に関する政策処方箋も異なる．

■政府の介入の是非

　ケインズ経済学の体系では，政府のマクロ安定化政策（有効需要管理政策とも呼ばれる）が重要な役割を果たす．不完全雇用均衡の状態は，放っておかれると，なんら改善されない．非自発的失業を減らすためには，積極的な財政・金融政策の発動によって，有効需要を喚起する「呼び水」が要求される．景気が過熱気味になれば，それを冷やすような景気抑制策がとられねばならない．この意味で市場経済での政府の介入が正当化されるのである．

これに対して、古典派経済学では、基本的には政府は何もする必要はないと考えられている（自由放任）。景気循環があったとしても、基本的には完全雇用水準を変動させる諸要因の変動によって起こっているだけであり、何ら問題にするにあたらないと考える。なぜならば、さまざまな諸要因は変動するものの、市場均衡は依然として達成されており、経済主体も主体均衡の状態にあるからである。いわば、景気循環自体が、資源配分の意味では効率性を満たすパレート最適な状態なのである。このような世界での政策介入は、市場機構に攪乱を導入するだけであり、かえって景気循環を増幅させてしまう可能性すらある。

政策論争　ただし、理論的世界から訣別し、現実経済に目を向けた場合には、古典派経済学（とくにマネタリストと呼ばれる学派）も具体的な政策処方箋を提示する。この場合には、すでにケインズ経済学の処方箋による誤った政策介入がなされてしまっており、それを正しい方向に軌道修正するためという認識がある。ここに政策論争が生じる余地が生ずる。政策論争のなかでも有名なのは、1960年代を通して展開された「マネタリスト・ケインジアン論争」である。これについては第16章でくわしく検討する。

12.6　一般性と総合化

古典派経済学とケインズ経済学の差異をいろいろな観点から対照してきた。最後に、両者の体系はまったく相容れないのか、あるいは一方は他方の特殊ケースなのか、という問題を考えてみよう。ケインズ経済学は、ケインズの『雇用、利子および貨幣の一般理論』（1936年）の刊行に端を発しているといってよいから、タイトルからはケインズ経済学の体系のほうが古典派経済学の体系よりも一般的との印象を受けるかもしれない。

一般理論の一般性　ケインズが自らの理論を一般理論と称したのは、完全雇用均衡のみを対象とした古典派経済学に対し、資本主義経済に長期間持続する失業をも射程に入れていたためであった。つまり、経済の状態としては完全雇用均衡は特殊な状態であり、非自発的失業が存在する不完全雇用均衡が一般的な状態であると主張したのである。『一般理論』には経済の「一般的状態」をうまく説明できる理論、というニュアンスが込められている。

古典派経済学の立場はどうであろうか。古典派経済学の立場からは、ケイン

ズ経済学が前提とする名目賃金率の下方硬直性こそ特殊な前提であり,経済理論的にはアド・ホックで不十分な仮定と主張される。こうした視点から見ると,一般性ないし普遍性をもつのは古典派経済学の体系ということになろう。

かつて,サミュエルソン(P. Samuelson)は新古典派総合(neoclassical synthesis)という概念を提唱し,ケインズ経済学と古典派経済学の共存の可能性を模索した。ケインズ経済学の対象とする不完全雇用経済も,適切なマクロ安定化政策により完全雇用経済に移行されれば,その後は市場メカニズムに全幅の信頼を寄せる古典派経済学の体系によって描写可能,というのがその考え方のエッセンスである。新古典派総合は1960年代の前半頃に主流派となったが,政府のマクロ安定化政策の役割を重視しすぎたため,かえって経済政策運営の失敗を重ねてしまい,ケインズ経済学の本質は何かという議論が高まるにつれて,次第に支持者を減らしていった。

理論的にはミクロの集計としてのマクロという観点からの一貫性に欠けるのが致命的となり,後にマクロ経済学におけるミクロ的基礎付けの意識が高まるにつれ,サミュエルソン自身もこの考え方を放棄してしまうのである。

■時間的視野

しかしながら,最近のマクロ経済学の主流は,再びケインズ経済学と古典派経済学の共存を模索する方向にあり,新しい総合化の試みが積み重ねられている。そこでは,新古典派総合のマクロ安定化政策の役割に代わって,時間的視野の問題がクローズ・アップされているのが特徴の一つであろう。

ケインズ経済学の体系は賃金・物価が硬直性を示す短期のマクロ経済現象の説明が射程であるのに対し,古典派経済学の体系が対象とするのは,賃金・物価が市場の調整能力を取りもどす長期の状態,と考えるのである。このような立場に立てば,古典派経済学とケインズ経済学は必ずしも排他的ではなく,扱う問題の性質によって両者のマクロモデルを使い分けるのが肝要とされる。

ただし,ケインズの有名な指摘「長期には,われわれはすべて死んでしまっている」もあり,短期と長期をどのくらいの時間的視野で区別するかの問題は残されたままといえよう。すなわち,ケインズ経済学では「短期」は相当程度持続されると考えられており,長期の均衡状態は短期の経済状態が調整される方向を示唆する程度,と理解される傾向にある。これに対して,近年の古典派経済学の立場を代表する新しい古典派と呼ばれる人々(第13章と第16章参

照）は，現実の経済が十分長期均衡の状態に近いところに位置していると主張し，長期均衡からの乖離はもっぱら経済主体が直面している情報の不完全性のためと考えるのである。

■主体行動の合理性

古典派経済学の特徴の一つは，マクロの経済分析においても，ミクロ的基礎付けを重視するところにある。労働市場での完全雇用均衡も，古典派の第一公準と第二公準を前提とした必然的な帰結，と主張される。これに対して，ケインズ経済学の体系では第二公準は前提とされず，IS-LM 分析では第一公準さえ放棄するのである。この意味では，古典派経済学の体系のほうが理論的整合性をもっているのは確かであろう。理論的一貫性という意味では，ケインズ経済学の体系はどうしても歯切れが悪い。

ケインズ経済学の体系の歯切れが悪いのは，理論的整合性よりも，現実経済の制度的・歴史的側面を優先するからである。最近ではケインズ経済学の体系でも，できるだけミクロ的基礎を導入するような試みが多くなった。しかし，ケインズ経済学の立場からのミクロ的基礎づけは，経済主体の合理行動を維持しつつ，現実経済の制約を考慮する点で大きな特徴をもつ。その意味では，制度的・歴史的などの制約条件つきであるという意味での限られた範囲での合理性を目指すか，あるいはもともと最大限の合理性を目指すのではなく「ほどほど」の合理性を目指す限定合理性（bounded rationality）の追究が試みられているともいえよう。

こうした研究によって，一見非合理的に見える制度もそれなりの合理性があるとの主張もしばしば耳にするようにもなった。たとえば，古典派経済学とケインズ経済学を分ける名目賃金率の硬直性にしても，それが経済主体間の合理的な選択の結果もたらされている可能性もあるのである（第 11 章参照）。

12.7 まとめ

本章では，古典派経済学の体系とケインズ経済学の体系をさまざまな観点か

ら比較対照してきた。一言でいうならば，古典派経済学の体系は，市場メカニズム——すなわち価格の伸縮的調整機能（プライスメカニズム）に全幅の信頼をおいたマクロ経済学体系である。これに対してケインズ経済学の体系は，市場メカニズムがうまく働かず，分権的市場機構に限界があるとの認識を出発点とする。その端的な例が，名目賃金率の下方硬直性である。このように考えると，両体系の差異を単に名目賃金率の硬直性に求めるよりも，むしろ異なる経済観に求めるべきであろう。

異なる経済観は，なかなか相互に歩み寄らないかもしれない。しかし，徐々にではあるが二つの体系の総合化の試みが積み重ねられている。本書の立場も，そうした総合化の流れを汲んでいるといえよう。

本章の内容は，本章のはじめに掲げた表12.1に凝縮されている。第IV部全体の締めくくりとして，もう一度それに目を通していただきたい。

練習問題

12.1 古典派経済学の体系とケインズ経済学の体系を，次の視点から対比せよ。
(1) 価格調整と数量調整
(2) 供給サイドと需要サイド
(3) 貨幣の中立性と貨幣錯覚
(4) 貸付資金説と流動性選好説

12.2 古典派経済学とケインズ経済学とで，マクロ安定化政策に対する考え方がどう異なるかを説明せよ。両者が異なる根本原因は何か。

12.3 古典派経済学とケインズ経済学の総合化に関連して，以下の問に答えよ。
(1) 経済学の体系として一般的なのはどちらの体系であろうか。
(2) 新古典派総合とは何か。
(3) 時間的視野の違いを説明せよ。
(4) 主体行動の合理性についての考え方の違いを述べよ。

V
インフレーションと景気循環

　第Ⅳ部までで，マクロ経済学の基本的体系の説明は終わった。これからは，その知識を前提とした上で，いままでふれてこなかった問題について考える。マクロ経済学の入門レベルを卒業し，中級から上級レベルへ踏み出す用意ができたと位置付けられよう。具体的には，第Ⅴ部では，インフレーションの問題（第13章）と景気循環の問題（第14章）を取り上げる。以後は，第Ⅵ部の「政府の経済活動とマクロ安定化政策」および第Ⅶ部の「経済成長，国際マクロ経済学」と続く。

　インフレーションは「一般物価水準の持続的上昇」と定義される。この定義から明らかなように，インフレーションは「過程」の問題であり，それを考えるには動学的視点が必要となる。インフレ過程の解明に関しても，古典派経済学とケインズ経済学では考え方に差がある。古典派経済学では，貨幣需要について数量方程式を前提としており，経済の実物的側面と貨幣的側面について二分法が成立し，貨幣は中立的となる。このため，物価水準は貨幣供給量によって決まり，インフレは貨幣供給量の増加によって生ずる。それ以外の原因によっては，インフレは起こらない。これに対して，ケインズ経済学の体系では，貨幣供給量の増加がなくてもインフレは生じうる。

　インフレ過程の特徴を決定する要因として重要なのは，インフレ期待の役割であろう。すなわち，インフレが予想されるだけで実際のインフレを引き起こす可能性がある。このため，インフレ期待がどのように形成されるかは，インフレ過程の理解にとって基本的に重要な論点になる。

　こうしたインフレ過程についての考察が第13章の目的である。そのための予備知識として，本章の前半では，伝統的なインフレ理論を説明する。その後，フィリップス曲線をめぐる議論をくわしく検討する。続いて，インフレに関連

したテーマとして，スタグフレーションとデフレ，および資産インフレについて考察する。

第14章では，景気循環をめぐる諸問題を考察する。インフレーションでは経済の貨幣的側面が焦点になるのに対し，景気循環論では経済の実物的側面が焦点となるであろう（ただし，両者が常に二分されるというわけではない。二分法が成立するのは，古典派経済学の体系だけである）。ここでは，景気循環の特徴について概説し，その後で代表的な景気循環理論を三つ説明する。伝統的な天井・床型景気循環論と，ミクロ的基礎に基づく均衡景気循環論とニュー・ケインジアンの景気循環論である。

13

インフレーション

　本章では，インフレーション（以下インフレと略す）をめぐる諸問題について説明する。インフレが実物面に対して経済効果をもつのは，基本的には古典派経済学の二分法が成立しないときである。二分法が成立しないとき，インフレ率は経済の実体変数に影響を及ぼす。

　インフレの定義や経済効果について概観した後に，そうした側面の理解のために，第12章で考察した *IS-LM* 分析を拡張し，インフレ期待を導入したモデルを考える。このモデルはインフレの経済効果を理解する上でとりわけ有用である。つづいて，伝統的なインフレ理論を紹介する。ディマンドプル・インフレ，コストプッシュ・インフレ，需要シフト・インフレなどがそれである。これらの理論は，均衡の比較として物価上昇を説明できても，インフレ過程（すなわち持続的な物価上昇）は説明できない。持続的な物価上昇を説明するためには，インフレ過程の理論を展開しなければならないのである。

　インフレ過程の理論を展開するにあたって，ここではフィリップス曲線を出発点としよう。フィリップス曲線とはもともとは名目賃金率の上昇率と失業率との間の経験的なトレード・オフ関係をさすが，一定の条件のもとでは，物価上昇率と失業率との間の負の相関関係としても理解できる。そうした理論を前提にすると，失業率が低いときには高いインフレがもたらされる。しかし，この経験的な関係は，急速に現実説明力を落としてしまった。そこで登場したのが，インフレ期待の役割を重要視する立場である。そこでは，短期のフィリップス曲線と長期のフィリップス曲線が区別される。ここで長期とは，期待インフレ率と現実のインフレ率が等しくなる，という期待均衡の条件が達成される

期間をさす。

　インフレ期待が100％実際のインフレに反映されるならば，長期に成立する期待均衡では失業率が自然失業率の水準に等しくなる（これを自然失業率仮説と呼ぶ）。ここで自然失業率とは，有効需要の不足による非自発的失業が存在せず，労働市場の構造的な要因でのみ決まってくる失業率の水準である。

　インフレ過程の理論では，こうした長期の状態に到達する途中のプロセスが大きな問題となる。そこではとくに期待インフレ率がどのようにして形成されるかが決定的に重要である。同時に失業率がどのように決定されるかも問題となるだろう。これらをすべて考慮した動学的なマクロモデルは非常に複雑なため，期待形成仮説についての二つの特殊ケースとして，定常的期待形成仮説と合理的期待形成仮説を取り上げ，それぞれのもとでのインフレ過程を分析する。

　このうち，合理的期待形成仮説のもとでのインフレ過程は新しい古典派と呼ばれる人々によって提示されたものであり，彼らは短期においても自然失業率仮説が成立すると考える。こうした考えは，基本的には第10章で説明した古典派経済学の体系を基礎にした理論といえよう。

　インフレに関する考察を一通り終えた後には，インフレと景気停滞が共存するスタグフレーション，持続的な物価下落として定義されるデフレーション，および財・サービスのフロー・インフレに対照される資産価格についての資産インフレないしストック・インフレについて検討する。資産価格のバブルについても，その発生・持続・崩壊のメカニズムについて考察する。

13.1　インフレの経済効果

　本節では，インフレーションがどのような経済効果をもつかを検討する。インフレは，多くの場合，資源配分上好ましくない効果をもつ。その意味でインフレには社会的コストが介在するのである。

■インフレの定義

　まずインフレとは何かを考えてみよう。いくつかの財・サービスの価格が1回限り上昇しても，それをインフレとは呼ばない。通常インフレとは一般物価水準の持続的ないし継続的上昇と定義される。しかし，一般物価水準とは何か，持続的上昇とは何か，が明らかにされない限り，定義として十分でない。

13.1 インフレの経済効果　　　　**239**

インフレの指標　　インフレは，消費者物価指数（CPI）の上昇率，企業物価指数（CGPI）の上昇率，GDP デフレーターの上昇率などによってはかられるのが普通であろう。これらは，いずれも一般物価水準の上昇率の指標である。しかし，それぞれに対象とする財・サービスが異なっており，各指数ではかられた物価上昇率は同じではない。そのため，どの物価指数でインフレをはかったらよいかという問題が生ずる。金融政策の運営において，アメリカでは食料品とエネルギーを除くコアインフレ指数が重視されるのに対して，イギリスではそれらを含めた総合インフレ指数が重視される傾向がある。日本でも 2007 年 7 月の日銀のゼロ金利政策の解除に際しては，生鮮食料品を除く消費者物価指数の上昇率が安定的にゼロを上回ることが条件の一つとされた。

インフレの持続期間と上昇率　　さらに，どのくらいの期間持続するとインフレと呼ばれるのか，という点も問題となるだろう。これに対しては必ずしも明確な基準があるわけではない。第一次大戦後のドイツや 20 世紀後半の中南米諸国が経験したハイパー・インフレーション期には，レストランで食事を注文したときと食事を済ませて支払いをするときとで価格が異なっていたという逸話もあるが，これはあくまでも例外的状況である。一般には，平均して年率 5％前後の物価上昇が 2～3 年続けば，きわだったインフレと考えてよいだろう。年率 2～3％のマイルドで目立たないインフレはクリーピング・インフレ（忍び足上昇），年率で 2 桁の急激なインフレはギャロッピング・インフレ（駆け足上昇）と呼ぶこともある。

本書でのインフレの定義　　このように，インフレを厳密に定義するのは容易でない。以下ではもっぱら理論的な観点に立ち，一般物価水準 P の持続的上昇をインフレーションと呼ぶことにしよう。ちなみに，P の持続的下落をデフレーション（デフレ）という。また，インフレ率の低下すなわちインフレの減速（しかし物価水準そのものは依然として上昇）は，ディスインフレーションと呼ばれる。さらに，リフレーションという用語もある。ほんらいはマネーストックの再膨張を指し，転じてデフレから抜け出したがまだ激しいインフレにはなっていない状態をいう。物価が緩やかに上昇し，経済活動が活発化しつつある状況である。

デフレはインフレの逆であるが，すべての面で対称的に扱えば済むかというと，必ずしもそれほど簡単な話ばかりではない。デフレにはデフレ特有の経済効果もあり，これは 13.7 節で取り上げる。

■インフレと相対価格体系

　インフレとは一般物価水準の変化であり，理論的には財・サービス間の相対価格は変化しないと考えられている。いいかえれば，相対価格体系を一定に保ちながら，それらの絶対価格水準が同率で比例的に上昇する状況といえよう。連続的にデノミ（denomination：貨幣の呼称単位の変更）を実施している状況に近いが，両者には決定的な違いがある。たとえば100円を新1円と呼ぶデノミによって，経済取引のすべては自動的に新円単位に換算される。しかし，インフレの場合には自動的には調整されない。これが，後に見るように，資産や負債といったストックの評価に影響を与え，経済効果を生み出すのである。

　理論的にはインフレは相対価格体系を変化させないとしても，実際にはインフレの過程で相対価格体系が変化する。どの物価指数を用いるかによってインフレ率が異なるのはそのためである。ただし，インフレが相対価格体系の変動をもたらしているのか，逆に相対価格体系の変動がインフレをもたらしているのかを判断するのは難しい。しかし，短期的な相互作用にとらわれずに長期的視点で見れば，まずインフレが生じる原因があり，それにともなって相対価格体系が変化すると見るのが妥当であろう。

　インフレが好ましくない理由の一つは，こうした相対価格の変動がともなうことである。インフレが相対価格に歪みをもたらすならば，プライスメカニズム（価格機構）において，最も重要な価格のシグナル機能は攪乱され，分権的市場経済での効率的な資源配分の達成が阻害される可能性がある。

■インフレとフィッシャー式

　インフレが理論的には個別の財・サービスの相対価格体系を変化させないというのは，同一時点で成立する相対価格体系についてであって，異時点間の財・サービスの相対価格（たとえば，ある年のりんごの価格と3年後のりんごの価格やみかんの価格との比率）はインフレによって直接影響を受ける。一般に異時点間の相対価格の変化は，家計の消費・貯蓄決定，企業の投資決定などに少なくない影響を与えるであろう。これらの意思決定は実質利子率に強く影響されるからである。

　本書では，これまで名目利子率と実質利子率をとくに区別してこなかった。静学的な世界が分析対象だったからである。持続的に物価が上昇する動学的な世界を考えるときには，両者は明確に区別されなければならない。名目利子率

i，実質利子率 r，インフレ率 π の間には，

$$r = i - \pi \tag{13.1}$$

という関係がある。

実質利子率の定義式　この関係を多少くわしく見ておこう。時点 t と時点 $t+1$ の物価水準を P_t と P_{t+1} で表わす。時点 t での財・サービス 1 単位は貨幣 P_t 円に相当する。これで債券を購入し時点 $t+1$ まで保有すると $P_t(1+i)$ 円になる。これを時点 $t+1$ の財・サービスと交換すると，$P_t(1+i)/P_{t+1}$ 単位の財・サービスが得られる。このようにして，時点 t と時点 $t+1$ の間の実質利子率（財・サービスではかられた利子率）は $P_t(1+i)/P_{t+1}$ から 1 を引いた値となる。ここで $P_{t+1}=(1+\pi)P_t$ の関係を考慮すると，$1+r=(1+i)/(1+\pi)$ が成立するであろう。この関係式の両辺に $1+\pi$ をかけ，$r\pi$ の項（r, i, π に比べると相対的に小さい）を無視すると，(13.1) が導かれる。(13.1) は，事後的に見た（インフレ率 π が明らかになった後）実質利子率の定義式とも解釈される。

(13.1) から，名目利子率を所与とすると，インフレ率が高くなるほど実質利子率は低くなることがわかる。第 5 章や第 6 章の分析を思い出してみよう。そこで説明したように，実質利子率が低下すれば，消費や投資は増加する。したがって，名目利子率を一定とすれば，インフレは有効需要を高める効果をもつと考えられる。

定義式から均衡式へ　こうした結論は，名目利子率に変化がないとの前提に依存していることに十分注意しなければならない。実際には，インフレ率と名目利子率は必ずしも独立には決まらないであろう。名目利子率は時点 t で決定されるのに対し，インフレ率は時点 $t+1$ になってはじめて明らかになるにすぎないのである。時点 t ではインフレ率は決まっていないため，それを期待インフレ率，すなわち予想されたインフレ率でおきかえると，次のフィッシャー式と呼ばれる関係を得る。

$$i = r + \pi^e \tag{13.2}$$

(13.2) は一見すると (13.1) の単なる変形のように見える。しかし，(13.2) はもはや実質利子率の事後的な定義式ではなく，次の意味で名目利子率と実質利子率との間の均衡式と考えなければならない。

フィッシャー式の背後には，実物資産と名目資産（債券）との間の裁定取引

が考えられている。時点 t の財・サービス1単位と時点 $t+1$ の財・サービス $1+r$ 単位とが交換できる投資機会が存在するとしよう。いうまでもなく、こうした状況では、r が実質利子率であり、r（厳密には期待実質利子率 r^e とすべきであろう）とインフレ率 π の和が、この投資機会からの名目収益率になる。(13.2) の右辺はその関係を前提としている。これに対して (13.2) の左辺は債券の収益率にほかならない。(13.2) は、期待値の意味で両者が一致することを示している。両者が均等しないならば裁定の機会が存在するからである。裁定については、第7章でコンソルの収益率と割引債の利子率の間の関係に関連して学んだ。ここでも同じメカニズムが働いているのである[1]。

■インフレと所得分配

税制などの制度的な要因や、資産と負債との非対称性のために、インフレは人々の所得分配に少なくない影響を与える。

インフレによる増税増収　税制の効果の一例として所得税について考えてみよう。各国の所得税制を見ると、一定の控除額（課税最低限）が設定され、所得が増加するにつれて税率が上昇するという累進課税を採用している国がほとんどである。インフレは所得の名目額を引き上げるため、実質的な所得には変化がないのにもかかわらず、インフレがない場合と比較して累進税率がより高い所得階層に移ってしまうブラケット・クリープが起き、適用税率区分の上昇につながる。

したがって、もともと一定の控除額がなく税率も一定という完全な比例税のもとでもインフレは所得税の名目額を増加させるが、累進課税のもとではインフレ率以上の所得税増となる増収効果があるだろう。さらに、課税最低限がインフレにスライドして引き上げられなければ、インフレは低所得者層への増税措置（課税最低限の引き下げ）と同等の効果をもつ。

加えて、インフレによって、利子所得や各種の年金・保険金収入など、名目額で固定された所得を得ている人々の実質所得は減少する。近年インフレにスライドする年金も見られるが、インフレ上昇率に対する年金引き上げ率の割合が十分でない場合が多い。このように、インフレは所得分配に選別的な効果を

---

1)　厳密にいうと、(13.2) が成立するためには、取引コストが無視できなければならない。また二つの名目収益率にはリスクがないか、リスクがあってもそれに無関心といった危険中立的行動が前提とされる。

及ぼす。

　インフレが，逆進的か否かは実証研究等による十分な検討が必要であるが，現行の税制を前提とすれば，インフレによって民間部門全体の税額が増えるのは確かである。インフレは民間部門から政府への所得移転をもたらすのである。このように，マクロ経済的に見ればインフレは課税強化と同様の効果をもつ。しばしば，インフレ税という言葉が用いられる一つの理由はここに求められる。

名目資産の目減り　インフレは，資産と負債に非対称的な影響をもたらす。インフレによって名目（金融）資産の実質価値は目減りし，逆に負債の実質価値は軽減される。資産の利子収入と負債の利子支払いに対しても，同様の効果をもつ。この意味で，インフレは資産の保有者から負債者へ実質的な所得移転をもたらすといえるだろう。

　大量の国債残高を抱えた政府は，しばしばインフレを容認する政策に走りがちである，といわれてきた。この背景には，インフレによる実質国債残高の減少という「うま味」が誘因として存在するのである。狭義には，このインフレによる実質国債残高の減少分をインフレ税と呼ぶ。また，財政赤字を埋めるために政府が得た貨幣発行によるシーニョレッジ（造幣益）を，貨幣保有に対する課税相当としてインフレ税と呼ぶ場合もある。これらでは，いずれも保有する名目資産の実質価値の目減り分が，明示的な意味では税金として徴収されるわけではないものの，実質的な意味での民間部門から政府への所得移転が起こっているとみなすのである。

シーニョレッジとインフレ税　第8章で，シーニョレッジを「無から有を生み出す魔法」(169頁) にたとえたが，その際にはインフレは考慮しなかった。シーニョレッジが生まれる源泉は，「外部貨幣は通貨当局の負債であっても名ばかりの負債」だからだが，インフレがこの部分の実質価値を下げたとしても，通貨当局（政府でもある）にとっての収入増につながるわけではない。もともと負債でないとの認識なのであるから，実質価値が上がろうが下がろうが無関係である。政府の収入としてのシーニョレッジはあくまでも新規の貨幣発行によってもたらされるのであり，その副作用としてインフレが引き起こされ，実質貨幣残高の目減り分のインフレ税を負担すると考えるのが適切であろう。

13.2 インフレ期待と IS-LM 分析

インフレがどのような経済効果をもつかを見るために，IS-LM 分析にフィッシャー式を導入してみよう。IS-LM 分析は物価水準が所与のときのマクロモデルであるから，インフレは考えられていない。しかし，以下に見るように，IS-LM モデルを用いてもインフレ期待の役割を考察できる。このモデルは，インフレが起ころうとしている初期の状態を描写している，と考えると理解しやすいであろう。将来のインフレは視野に入ったが，実際のインフレはまだ生じていない段階である。

■**インフレ期待のマクロモデル**

第 11 章の記号を用いると，ここでのマクロモデルは，

《IS 曲線》
$$Y = C\left(Y, \frac{A}{P}\right) + I(r) + G$$
$$\quad\quad (+)(+) \quad (-)$$

《LM 曲線》
$$M = L(i, PY)$$
$$\quad\quad (-)(+)$$

《フィッシャー式》
$$i = r + \pi^e$$

の三つの式の連立方程式体系で表わされる。このマクロモデルのポイントは，IS 曲線に含まれる実質利子率と LM 曲線に含まれる名目利子率を，期待インフレ率を導入したフィッシャー式を介在役として関係づけているところにある。

IS-LM 分析の均衡点 第 11 章で説明したように，横軸に総産出量（GDP），縦軸に利子率をとると，IS 曲線は右下がり，LM 曲線は右上がりの曲線として描かれる（図 13.1）。第 11 章ではインフレ期待がなく，名目利子率と実質利子率が同じだったため，IS 曲線と LM 曲線の交点 E が均衡であった（図 11.8）。しかし，ここでのモデルでは点 E は均衡点ではない。LM 曲線の縦座標と IS 曲線の縦座標の差 AB がちょうど期待インフレ率 π^e と等しくなる状態が均衡であり，均衡 GDP は Y^*，均衡名目利子率は i^*，均衡実質利子率は r^* となる。

図 13.1 から明らかなように，期待インフレ率が 0 の場合と比べると，イン

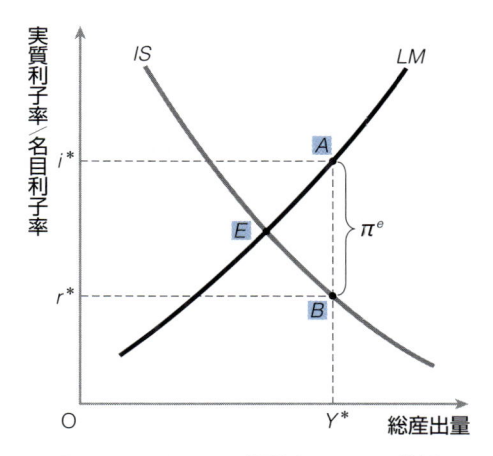

図 13.1　インフレ期待と IS-LM 分析

フレ期待が発生したため，均衡名目利子率は上昇し，均衡実質利子率は下落する。その結果，均衡 GDP は増加するであろう。GDP が増加するのは，実質利子率が下落したため，消費や投資が増えるからにほかならない。このように，インフレ期待は，実体経済に拡張的な効果をもたらすのである。

13.3　伝統的インフレ理論

　インフレはなぜ発生するのであろうか。これに答えるのがインフレ理論の課題であるが，残念ながら必ずしも確立されたインフレ理論体系が存在するわけではない。既存のインフレ理論は大きく二つのカテゴリーに分けられるだろう。一つは，異なる均衡状態を比較する比較静学的な観点から物価水準の上昇を説明しようとする理論であり，ここではこれを伝統的なインフレ理論と呼ぶ。いま一つは，インフレを動学的観点からとらえる理論であり，物価上昇の過程を考察の対象とする。
　第 11 章で，物価水準は総需要曲線と総供給曲線の交点で決定されることを見た（図 11.4）。この分析枠組を用いれば，一般に需要曲線の右上方へのシフトと総供給曲線の左上方へのシフトが物価上昇をもたらすことは明らかであろう。このため，比較静学的なアプローチでは，総需要曲線と総供給曲線の交点がどのような要因によってシフトするかが重要な論点となる。

■ディマンドプル・インフレ

図 13.2 に示されるように，総需要曲線の右上方へのシフトとは，同一物価水準のもとでの実質総需要の増加を意味する。換言すると，総需要曲線の右上方へのシフトは，物価水準以外の要因で総需要が増加するときに生ずるのである。その具体的内容を検討するには，総需要を構成する有効需要の各項目について考えてみればよい。たとえば，家計の選好シフト（時間選好率の上昇による消費性向の上昇など）による消費増，技術革新にともなう企業の投資増，海外部門の景気拡大による需要（輸出）増や輸入財から国内財への需要シフト，拡張的な財政政策（政府支出の増加），金融緩和政策，等々があげられるだろう。

総供給を所与とすると，総需要の増加は財・サービスの超過需要をもたらし，物価水準の上昇を引き起こす。需要増が物価水準を引っぱり上げるため，総需要の増加による物価上昇はディマンドプル（demand pull）・インフレと呼ばれる。

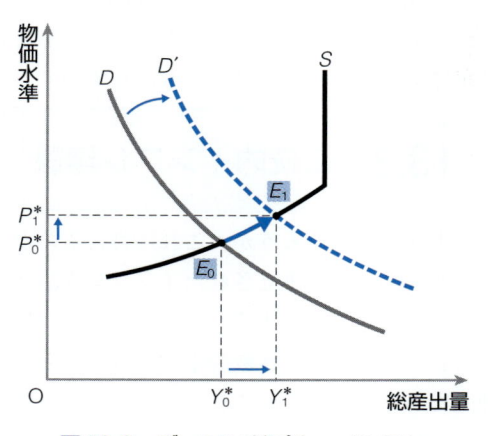

図 13.2 ディマンドプル・インフレ

図 13.2 では総供給曲線が右上がりのため，総需要曲線の右上方シフトにともなって GDP も増加する。もし図 13.3 のように，すでに完全雇用が達成されている状況では，総需要の増加にともなって物価上昇のみが生ずるであろう。こうした状態は，ケインズによって真正インフレと命名された。

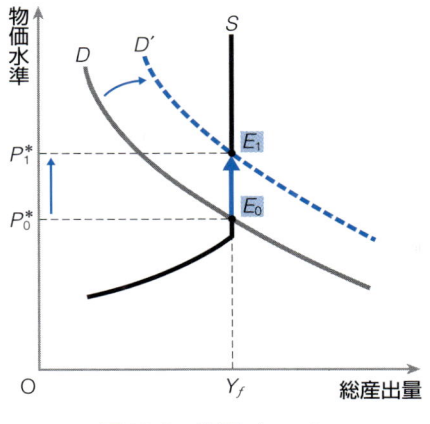

図 13.3 真正インフレ

■コストプッシュ・インフレ

次に、総供給曲線の上方シフトを考えよう（図 13.4）。総供給曲線の上方シフトによる物価水準の上昇は、コストプッシュ（cost push）・インフレと呼ばれる。第 11 章の考察から、総供給曲線の上方シフトは、名目賃金率の上昇によって生じることがわかっている。名目賃金率は労働サービスの価格であり、生産者（企業）から見れば費用の重要な部分を占める。生産費用の上昇は、与えられた物価水準のもとで利潤を最大化させる生産量を減少させる効果をもつ。同一の生産量が維持されるためには物価水準が上昇しなければならないのは明

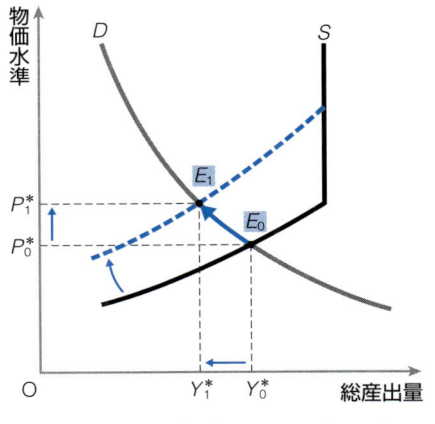

図 13.4 コストプッシュ・インフレ

らかだろう。

コストプッシュ・インフレは，労働以外の生産要素の価格の上昇によっても引き起こされる。総需要・総供給分析では十分に考慮されてはいないが，石油価格や一次産品などの原材料価格上昇による物価上昇がそのよい例である。

■需要シフト・インフレ

総需要は一定のままでも，需要構成が変わることによって超過需要部門と超過供給部門が生じ，インフレが起こることもある。これを需要シフト・インフレと呼ぶ。超過需要部門では価格上昇が起こる反面，超過供給部門では価格が下落しない（価格の下方硬直性），といった非対称性が見られるために部門間の需要シフトによってインフレが生じるのである。ケインズ経済学が前提とする世界では，こうした状況は比較的頻繁に起こっていると考えられている。

■貨幣数量説

古典派経済学の体系ではすべての価格は完全に伸縮的なため，需要シフト・インフレは起こらず，たかだか相対価格の調整が生ずるに過ぎない。古典派経済学では，物価水準の絶対的上昇が起こるのは真正インフレの状況だけであり，しかもそれは貨幣供給量の増加によって生じる。

第7章において貨幣需要との関連で考察した数量方程式をいま一度振り返ってみよう。M＝貨幣供給量，k＝マーシャルのk，P＝物価水準，Y＝実質産出量，とすると，数量方程式は，

$$M = kPY$$

と表わされた。完全雇用均衡の条件によって実質産出量も一般物価水準とは独立に決定されるため，マーシャルのkを一定とするとMとPは一対一に対応する。したがって，物価水準の上昇は貨幣供給量の増加によってのみもたらされる。このような考え方を貨幣数量説（quantity theory of money）と呼ぶが，この妥当性は古典派経済学における貨幣の中立性の成立と表裏の関係にある。

第16章でくわしく紹介するが，古典派経済学の一派であるマネタリストの総帥といわれたフリードマンが，「インフレはいつの世でもどこにおいても貨幣的現象である」と述べたのは，まさにこの貨幣数量説が念頭にあったからといえよう。

13.4 フィリップス曲線

前節で考察したように伝統的インフレ理論は，比較静学的観点から物価上昇を説明する。これに対し，インフレの特徴の一つである「物価水準の持続的上昇」という側面が把握されていない，とくり返し批判されてきた。こうした批判に応えるためには，インフレの動学的過程を分析対象とする必要がある。現代のインフレ理論は，こうした問題意識を共有しているといってよいだろう。

■失業率と賃金インフレ

まず，インフレの調整過程を問題とする代表的理論であるフィリップス曲線の考え方から説明しよう。フィリップス曲線とは，失業率と名目賃金率の上昇率（名目賃金上昇率）との間のトレード・オフ（逆相関）の関係をいう（図13.5）。このトレード・オフの関係は，イギリスの19世紀半ばからの100年間のデータに基づいて，1950年代後半にフィリップス（W. Phillips）によって観察され，後に彼の名が冠されることになった。フィリップス曲線は，理論的に導かれた関係ではなかったが，その後の研究によって，こうしたトレード・オフ関係が労働市場での需要と供給の法則によって説明可能であることが明らかとなった。

労働市場の超過需要 N^D = 事前的労働需要量，N^S = 事前的労働供給量，N

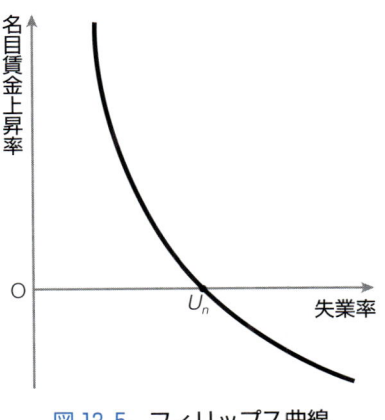

図 13.5 フィリップス曲線

= 事後的労働雇用量，U = 失業率，V = 未充足求人率，としよう。ここで，事前的とは経済主体にとっての計画値を，事後的とは実現値をさす。このとき，失業率と未充足求人率は，それぞれ $U = (N^S - N)/N$，$V = (N^D - N)/N$ で定義されるから，労働市場での事前的な超過需要量は

$$N^D - N^S = (N^D - N) - (N^S - N) = (V - U)N \tag{13.3}$$

と表わせる。

　すなわち，N と V を短期的に所与と仮定すれば，労働市場での超過需要量と失業率は負の関係をもつ。経験的には，未充足求人率と失業率の間にも負の関係が認められており，これを図に描くと，ベバリッジ曲線と呼ばれる図13.6の関係になる。第二次世界大戦中に提出され，戦後イギリスが福祉国家路線を歩むことになった『ベバリッジ報告』（委員長が W.H. Beveridge）の資料にちなむものである。これらの事実を考慮すれば，労働市場での超過需要量と失業率の負の関係はより一層増幅される。

労働市場の需要と供給の法則　　労働市場が超過需要のとき名目賃金率は上昇する，と仮定しよう。これは，労働市場の需要と供給の法則そのものである。上で導出した（13.3）が示すように，失業率が低いときには超過需要が発生し，この法則によって労働市場で名目賃金率が上昇する。しかも失業率が低い水準にとどまる限り，名目賃金率は上昇し続けるであろう。こうして賃金インフレ（名目賃金率の継続的上昇）が生ずるのである。逆に，失業率が高水準にとどまるときには，名目賃金率は下落し続け，賃金デフレ（名目賃金率の継続的下落）が生ずるであろう。

　このようにして，労働市場の調整過程からフィリップス曲線が得られる。失業率 U（unemployment rate）と未充足求人率 V（vacancy rate）を用いてフィリップス曲線を理論的に導出するこうした立場は，UVアプローチと呼ばれる。

■自然失業率

　(13.3) をみればわかるように，$V = U$ が成立する失業率の水準では労働市場が均衡し，賃金インフレも賃金デフレも発生しない。この失業率の水準 U_n は，図13.6のベバリッジ曲線と45°線の交点に対応しており，ベバリッジ曲線の形状，すなわちそれを特徴付ける労働市場の構造に依存する。

　ここで労働市場の構造とは，労働と資本（たとえばロボット）の代替がどれ

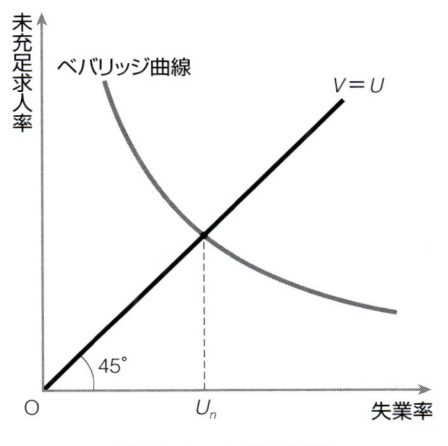

図 13.6　自然失業率

くらい可能か，どれくらい容易に転職が可能か，失業保険制度がどれくらい整備されているか，等を意味し，ミクロ的・制度的要因によって決定される。重要なのは，これらがマクロの有効需要の動向に直接的には左右されない点である。このため，U_n を**構造的失業率**ないし**自然失業率**と呼んでいる。失業と未充足求人が並存するところから，労働市場での**摩擦的失業**と呼ばれる場合もある。

　自然失業率の水準では $V=U$ であり，$N^D=N^S$ が成立している点には十分に注意しなければならない。これまでは $N^D=N^S$ が成立すれば完全雇用が達成されると考えてきた。これは厳密には，有効需要量の不足に基づく非自発的失業がないという意味であって，自発的失業や労働市場特有の事情によって発生する失業の存在は排除していない。

　図 13.5 に示されるように，フィリップス曲線は自然失業率 U_n の水準で横軸と交差し，賃金インフレ率はゼロとなる。

■賃金インフレと物価インフレ

　フィリップス曲線とは，賃金インフレ率と失業率との間のトレード・オフ関係である。この関係に加えて，名目賃金率と物価水準との間に安定的な正の関係が存在するならば，物価水準のインフレ率と失業率の間にもトレード・オフ関係が見られるであろう。インフレ率と失業率のトレード・オフ関係は，何通

りかの方法で説明されてきた．

外生的な生産性上昇　実質賃金率は外生的な水準に決定される，と仮定するのが第一の方法である．古典派の第一公準から，

$$（名目賃金率）＝（物価水準）・（労働の限界生産力）$$

が成立する．両辺の変化率をとれば，

$$（賃金インフレ率）＝（インフレ率）＋（生産性上昇率）$$

という関係が導かれる[2]．

名目賃金率に関するフィリップス曲線を，

$$\frac{\Delta W}{W} = f(U - U_n), \quad f(0) = 0, \quad f' < 0 \tag{13.4}$$

で表わそう．ここで $\Delta W/W$ は名目賃金率の上昇率である．労働の限界生産力（労働の生産性）の上昇率 g を一定と仮定すれば，上の関係を用いて，物価水準についてのフィリップス曲線，

$$\frac{\Delta P}{P} = f(U - U_n) - g \tag{13.5}$$

が導かれる．ここで $\Delta P/P$ は物価水準の上昇率を表わす．g は外生的に与えられ一定の値をとると仮定したから，物価版フィリップス曲線は名目賃金版フィリップス曲線を，g だけ下方へシフトして求められるだろう（図 13.7）．

このアプローチの問題点は，生産性上昇率を外生的とした点にある．一般には労働生産性が労働雇用量，したがって失業率に依存する可能性を無視できないであろう．

マークアップ原理　古典派の第一公準のかわりに，物価水準が名目賃金率をもとにしたマークアップ原理によって決定される，と考えるのが第二の方法である（マークアップ原理については第 11 章の 11.4 節参照）．すなわち，

$$（物価水準）＝（1＋マークアップ率）・（名目賃金率）$$

を想定するのである．この場合にも，マークアップ率を一定と仮定すれば，イ

---

[2]　数学的には，両辺の自然対数をとってから時間について微分すると，求める関係式が得られる．

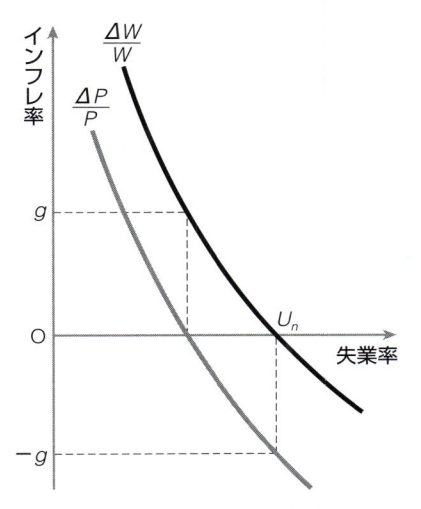

図 13.7　賃金版フィリップス曲線と物価版フィリップス曲線

ンフレ率と失業率のトレード・オフ関係が導かれる。

生産物市場の需要と供給の法則　第三は，名目賃金率を明示的に考慮しない方法である．直接生産物市場に注目し，財・サービスに対する超過需要があれば物価は上昇し，逆に超過供給があれば物価は下落する，と想定しよう．生産物市場の需要と供給の法則であり，数学的に表現すれば次のようになる．

$$\frac{\Delta P}{P} = h(Y^D - Y^S), \quad h(0) = 0, \quad h' > 0 \tag{13.6}$$

ここで Y^D は事前的総需要，Y^S は事前的総供給を表わす．

生産物市場での GDP ギャップ率と失業率が自然失業率を上回る程度との間には，安定的な正の相関関係が観察されてきた．これを，

$$\frac{Y_n - Y}{Y_n} = j(U - U_n), \quad j' > 0 \tag{13.7}$$

で表わそう．ここで，Y = 事後的産出量，Y_n = 潜在産出量である．潜在産出量は自然失業率水準に対応する産出量であり，自然産出量ともいう．有効需要量の不足に基づく非自発的失業がないという意味では，理論的には自然失業率は古典派経済学体系での完全雇用均衡に対応するものであり，自然産出量は完全雇用 GDP に対応することになる．

オークン法則　(13.7) は，もともとはアメリカのデータをもとに発見され

た経験的な関係であり，発見者であるオークン（A. Okun，オーカンと表記される場合もある）にちなんでオークン法則と呼ばれる。くわしい説明は省略するが，財・サービスに対する超過需要 $Y^D - Y^S$ と GDP ギャップ率 $(Y_n - Y)/Y_n$ に負の相関を想定すると，(13.6) と (13.7) とから，(13.5) と同様な物価版フィリップス曲線が導かれる。

■**インフレ期待**

すでに述べたように，フィリップス曲線は，もともと経験的な関係として注目されるようになった。しかし，イギリスの過去 100 年間の安定的な関係として見い出され，その後他の多くの先進工業国でも同様の関係の存在が確認されたにもかかわらず，1960 年代の後半から 70 年代初頭にかけて，その安定性に疑問が投げかけられるようになる。フィリップス曲線の寿命は 1950 年代の後半に発見されて以来，たかだか 10 余年にすぎなかったのである。フィリップス曲線の不安定化は，何が原因で，なぜこの時期に顕在化したのであろうか。インフレ期待（将来のインフレ予想）の導入によって，この疑問に対する一つの理論的解答が与えられた[3]。

インフレ期待が重要な役割を果たす理由は，それが生じるだけで，実際にインフレが引き起こされるためである。たとえば，ある耐久財の価格が来月には上昇する，とすべての消費者が予想すれば，その財を購入しようとしていた消費者の少なくとも一部は，今の時点でそれを購入するであろう。この結果，その財の需要は増え，価格は来月までまたないで上昇しはじめる。このような状況が，多かれ少なかれ一般物価水準についても当てはまり，インフレが引き起こされるのである。

13.5　自然失業率仮説

インフレ期待を導入すると，フィリップス曲線は次のように修正される。

$$\frac{\Delta P}{P} = f(U - U_n) + \kappa \left(\frac{\Delta P}{P}\right)^e \tag{13.8}$$

---

[3]　本書では，インフレ期待とインフレ予想（あるいは，期待インフレと予想インフレ）のように，「期待」と「予想」は相互に交換可能な同じ意味をもつ用語として使用される。

ここで，$(\Delta P/P)^e$ は予想物価上昇率（インフレ期待）を，κ（カッパ）はインフレ期待が実際のインフレに反映される割合を表わす。一般に κ は 0 と 1 の間の値をとるであろう。インフレ期待が 100％ 実際のインフレに反映されるとすれば $\kappa=1$ である。

なお，(13.8) では，物価版フィリップス曲線 (13.5) の生産性上昇率 g を 0 とみなしていると考えてもよいし，あるいは便宜上関数形 $f(\cdot)$ に含まれていると考えてもよい。いずれにしても，この点は本質的な問題ではない。

■短期と長期のフィリップス曲線

比較的短期間を考えれば，インフレ予想は一定にとどまると考えてもよいだろう。(13.8) で，期待インフレ率を一定とすると，これまで説明してきたフィリップス曲線を平行移動した関係が得られる。こうした想定のもとでの失業率とインフレとの関係は短期フィリップス曲線と呼ばれる。

期待均衡と長期フィリップス曲線　時間が経つにつれてインフレ期待は，どのように変化するであろうか。期待形成についてはいろいろな仮説が提唱されているが，ここでは人々は過去のインフレ予想の誤りに応じて期待インフレを改定し（これを適合的期待形成仮説ないし適応的期待形成仮説という），こうした改定過程を経て，いずれはインフレ率を正確に予想できるようになると考えよう。この想定のもとでは，十分な時間を経た後には，

$$\left(\frac{\Delta P}{P}\right)^e = \frac{\Delta P}{P} \tag{13.9}$$

が成り立つであろう。こうした状態は，期待均衡（expectations equilibrium）の状態と呼ばれる。

期待均衡の条件 (13.9) を (13.8) に代入すれば，

$$\frac{\Delta P}{P} = \frac{f(U-U_n)}{1-\kappa} \tag{13.10}$$

という長期フィリップス曲線が導かれる。ただし $\kappa \neq 1$ とする。$1/(1-\kappa) > 1$ であるから，期待インフレ率を考慮しないとき，あるいは $(\Delta P/P)^e = 0$ の場合のフィリップス曲線と比較すると，長期フィリップス曲線の傾きは急になる。

図 13.8 に，短期と長期のフィリップス曲線が図示されている。短期フィリップス曲線は，期待インフレ率の水準に応じて無数に描ける。各短期フィリップス曲線上で (13.9) の関係が成立する点を結ぶと，長期フィリップス曲

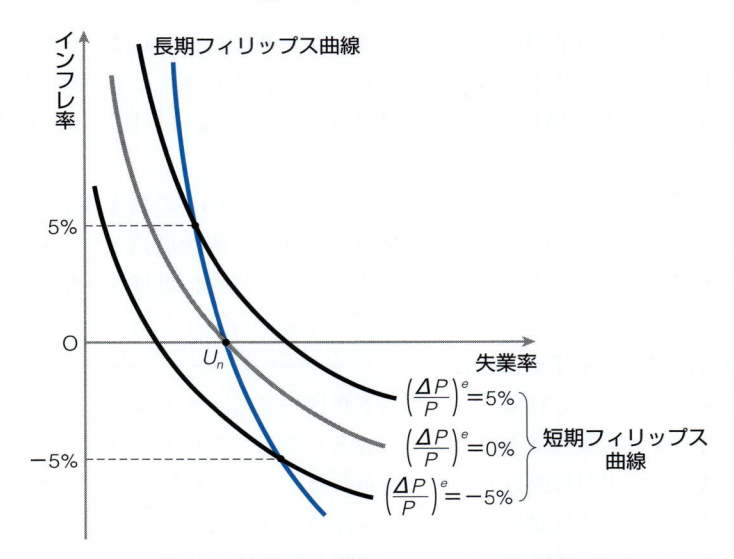

図 13.8　短期と長期のフィリップス曲線

線になる。

■自然失業率仮説

短期と長期のフィリップス曲線を比較すると、$\kappa \neq 1$ である限り、トレード・オフの厳しさが変わるだけであり、トレード・オフ関係そのものが消失するわけではない。しかし、κ が 1 に等しいときには、重要な相違が生ずる。$\kappa=1$ のとき、(13.8) と (13.9) から、長期フィリップス曲線は、

$$f(U-U_n)=0$$

となり、(13.4) の前提 $f(0)=0$ を考慮すると、

$$U=U_n$$

が導かれる。すなわち、$\kappa=1$ のとき、失業率は常に自然失業率に一致し、長期フィリップス曲線は U_n で垂直な直線となる。

自然失業率仮説の必要条件　　長期的に見ると失業率は自然失業率の水準に決定される、という考え方を自然失業率仮説（natural rate hypothesis）という。自然失業率仮説が成立するための必要条件は、長期における期待均衡の達成と

$\kappa=1$ の2点である。とくに後者は，インフレ予想がそのまま実際のインフレに反映されるという条件であり，この条件が成立するか否かは，経済主体がどれだけインフレ期待を織り込んで行動するかといった合理性の程度や，そうした行動がどれだけ実際の価格変動をもたらすかといった価格調整のスピードに依存するだろう。

NAIRU 自然失業率の水準で垂直な長期フィリップス曲線を前提とすると，自然失業率を下回った水準で失業率を無理やり政策的に維持しようとすると，インフレ率は加速して高まり続けてしまうはずである。インフレがインフレ期待を招き，それがさらなるインフレをもたらしてしまう悪循環にはまってしまうのである。その意味で，自然失業率は長期間にわたってインフレを加速させない最低水準の失業率になり，その特性を強調する場合には NAIRU （non-accelerating inflation rate of unemployment）と呼ばれている。文字通り訳すとインフレ非加速化失業率であるが，その意図するところは安定インフレ共存失業率といえよう。

13.6　インフレ過程

　前節で考察した自然失業率仮説が成立するのは，あくまで期待均衡が達成されたときである。こうした状態は，期待形成に関して，十分な学習過程をへたのちに達成されると考えられる。人々の学習過程には時間を要するため，調整は徐々になされるであろう。調整期間が続く限り，一般にはインフレ率と期待インフレ率は完全には一致せず，失業率は自然失業率の水準と異なった値をとり続ける。この間，物価水準は持続的に変化するであろう。これを，インフレ過程と呼ぶ。

　実際のインフレ過程がどのような経路をたどるかは，インフレの学習過程や失業率を決定するメカニズムに依存する。フィリップス曲線は，失業率の決定メカニズムを提供する理論ではなく，あくまでも失業率の動向を所与として，インフレ率の決定に注目した理論なのである。NAIRU の議論のように，失業率を長期間政策的に自然失業率以下に抑えようとするならば，インフレ過程は加速化されるインフレの悪循環となるであろう。

　失業率に関する特段の政策がない場合のインフレ過程を明らかにするには，失業率がどのようにして決定されるかを同時に考えなければならない。そのた

めには,マクロ経済の一般均衡を定めるマクロモデルを考える必要がある。

■ **マクロモデル**

マクロモデルの一つの候補は,13.2 節で考察したモデルである。これを再掲しておこう。

《IS 曲線》
$$Y = C\left(Y, \frac{A}{P}\right) + I(r) + G \qquad (13.11)$$
$$(+)(+) (-)$$

《LM 曲線》
$$M = L(i, PY) \qquad (13.12)$$
$$(-)(+)$$

《フィッシャー式》
$$i = r + \pi^e \qquad (13.13)$$

13.2 節では,物価水準 P と期待インフレ率 π^e は所与と考えていたが,これらも内生的に決定される必要がある。そのために,モデルを拡張しなければならない。

インフレ率の決定については,(13.8) の物価版フィリップス曲線を前提としよう。

《物価版フィリップス曲線》
$$\pi = f(U - U_n) + \kappa \pi^e \qquad (13.14)$$
$$(-)$$

ここで,$\pi = \Delta P/P$ である。失業率と GDP の間には,次のオークン法則,

《オークン法則》
$$\frac{Y_n - Y}{Y_n} = j(U - U_n) \qquad (13.15)$$
$$\phantom{\frac{Y_n - Y}{Y_n} = }(+)$$

が成立し,U と Y は一対一に対応するとしよう(負の相関)。最後に,期待インフレ率については適合的期待形成仮説

《適合的期待形成仮説》
$$\pi^e = \pi^e_{-1} + \beta(\pi_{-1} - \pi^e_{-1}), \quad \beta \geq 0 \qquad (13.16)$$

を仮定する。ここで,π^e_{-1} は前期の期待インフレ率であり,(13.16) は前期の実際のインフレ率と前期に形成されたインフレ期待との間の事後的な誤り分 $(\pi_{-1} - \pi^e_{-1})$ の一定割合(ないし一定倍)β だけ,前期と比べて今期の期待イン

フレ率が改定されることを意味している。

なお，適合的期待形成仮説としては（13.16）のかわりに，実際のインフレ率のタイミングをかえて

$$\pi^e = \pi^e_{-1} + \gamma(\pi - \pi^e_{-1}), \quad 0 \leq \gamma \leq 1 \tag{13.17}$$

とする定式化も考えられる。（13.16）の定式化だと，今期の期待インフレ率は今期の実際のインフレ率とは独立に決定されるのに対し，（13.17）の定式化だと今期の期待インフレ率と今期の実際のインフレ率は同時に決定されることになる。インフレの動向が不確定であり，それを見極めながらインフレ期待を形成する様相のモデル化と考えればよいであろう。

（13.16）と（13.17）の定式化について敷衍しておくならば，期待の誤り分にかかる調整係数 β と γ の取り得る範囲が異なる点に注意する必要がある。（13.16）では β は無限大を含めて非負の値すべてが対象となるのに対して，（13.17）では γ は 0 と 1 の間の範囲となる。その意味については，以下で特殊ケースを想定する際に明らかになる。

インフレ過程の解　（13.11）〜（13.15）および（13.16）ないし（13.17）の合計 6 つの式からなる連立方程式体系において，前期の物価水準 P_{-1} とインフレ率 π_{-1} および前期の期待インフレ率 π^e_{-1} は前期に決定済みであり，今期には所与となる。さらに，今期の物価水準 P は，インフレ率 π が決まれば，$P = (1+\pi)P_{-1}$ の関係式から求まる。したがって，内生変数（すなわち連立方程式体系の未知数）は，Y, i, r, U, π, π^e の 6 変数となる。式の数と未知数の数は一致しており，原理的にはすべての内生変数が決定されることになる。このようにして決定されるマクロモデルの解を，時間を通じてトレースしたものがインフレ過程である。

このマクロモデルは，*IS–LM* 分析が出発点にあることから基本的にはケインズ経済学の体系に基づいており，有効需要の原理によって失業率が決まる。インフレ率は財・サービスの需要と供給に密接に依存している。したがって，インフレ過程は複雑な要因が絡み合って進行する動学過程であり，各関数の形状やパラメータの値によっては，さらには政策次第では，安定的な状態に収束しないで不安定化する可能性がある。インフレ過程が不安定化するのは，インフレと実体経済との間の相互作用の結果両者が発散してしまったり，インフレ期待自体が不安定化する（すなわち，インフレが一層のインフレ期待を招く）

可能性のためである。

二つの特殊ケース　このマクロモデルの性質を具体的に明らかにするのは容易ではない。一般的な場合について厳密に追究するのは，本書のレベルを超えている。そこで，以下では，二つの単純化されたケースについて考察を加えることに留める。これらは，(13.16) において $\beta=0$ あるいは $\beta=\infty$ とするか，または (13.17) において $\gamma=0$ あるいは $\gamma=1$ とする特殊ケースであり，結果的に，適合的期待形成仮説がそれぞれ $\pi^e=\pi^e_{-1}$（これを<u>定常的期待形成仮説</u>という）と $\pi^e=\pi$（これを<u>合理的期待形成仮説</u>という）に帰着する場合である。

(13.16) の $\beta=0$ と (13.17) の $\gamma=0$ のケースが同じく $\pi^e=\pi^e_{-1}$ となり，結果的に期待インフレが毎期同一になる定常的期待形成仮説を意味するのは明らかであろう。問題は (13.16) の $\beta=\infty$ と (13.17) の $\gamma=1$ のケースであるが，前者では (13.16) の両辺を β で除した後に $\beta\to\infty$ の極限をとって $\pi_{-1}=\pi^e_{-1}$ が導かれ，後者では (13.17) の右辺が整理されて $\pi^e=\pi$ が導出される。すなわち，タイミングが異なるものの，いずれも期待インフレ率と実際のインフレ率が等しいという合理的期待形成仮説を意味することになるのである。

■定常的期待形成仮説

定常的期待形成仮説のもとでは，期待インフレ率は時間を通じて一定となる。まず，この一定の期待インフレ率が 0 でないとしよう。この場合には，失業率の水準を任意に与えると，(13.14) で決まる実際のインフレ率も 0 とならないのが一般的である。しかるに，所与の失業率の水準に対応して (13.15) のオーケン法則から決まる総産出量 Y が，(13.11)〜(13.13) の体系の解として実現されるためには，(マネーストック M を一定とするかぎり) 物価水準 P が特定の水準に固定されなければならない。したがって，実際のインフレ率が 0 となる状態（この場合には特定の失業率が実現される）を例外として，そうでない一般的な場合には，一定の期待インフレ率が 0 でない状態は長期的には均衡として維持されないことがわかる。とりわけ，自然失業率仮説は成立しない。

一定の期待インフレ率が 0 の場合には，(13.14) で実際のインフレ率が 0 となるのは失業率が自然失業率に等しい場合となる。このもとで，インフレなき均衡が実現される。

マネーストックの調整　以上のシナリオも，毎期毎期マネーストック M が受動的に調整されて供給されるならば，状況は異なったものとなる。マクロモ

デルの体系での六つの内生変数 Y, i, r, U, π, π^e のうち，期待インフレ率 π^e を特定の水準に固定しても，外生変数である M が調整的に変化するならば，もともとの五つの内生変数の自由度が高まるからである。

たとえば，0でない期待インフレ率（$\bar{\pi}^e$ とする）のもとで任意の失業率の水準（$\bar{U}$ とする）が維持可能かを確かめよう。そのためには，(13.14) より実際のインフレ率が加速化されることなく，特定の水準（$\bar{\pi}$ とする）で維持される必要がある。このとき，過去の物価水準を所与として今期の物価水準も $\bar{P}$ で所与となり，$\bar{U}$ に対応する $\bar{Y}$ も与えられたものとして，原理的には (13.11)～(13.13) の三つの式から残りの三つの内生変数 i, r, および M の解を求めることが可能となる。したがって，特定の水準の値で制約されたマクロモデルの解として求められるマネーストックが供給される限り，一定の期待インフレ率が維持されるインフレ過程が可能となる。

このインフレ過程では，一般に期待インフレ率 $\bar{\pi}^e$ と実際のインフレ率 $\bar{\pi}$ は永遠に異なり，長期における期待均衡は達成されない。維持される失業率の水準 $\bar{U}$ がたまたま自然失業率と等しく，なおかつ (13.14) で $\kappa=1$ のときに限って，$\bar{\pi}^e=\bar{\pi}$ となる。定常的期待形成仮説自体が，期待形成の学習過程を排除してしまうために，たまたま最初から期待均衡が達成されていない限り，長期においても期待は的中しないのである。

■合理的期待形成仮説

期待形成の学習過程は相対的に短い期間で収束するとの認識に基づいて，短期においても期待均衡 (13.9) を前提として議論すべきである，と主張する人々も少なくない。期待均衡を学習過程が行きつく均衡状態としてとらえるのではなく，各経済主体が「期待均衡」の状態を予想し，期待形成をしていると解釈するのである。この考え方を定式化したのが合理的期待形成仮説であり，(13.16) の $\beta=\infty$ と (13.17) の $\gamma=1$ のケースが対応する。これらでは，タイミングが異なるとはいえ，ともに $\pi^e=\pi$ が各期で成立することを意味するからである。

合理的期待形成仮説（rational expectations hypothesis）は，もともとは期待形成時には利用可能な情報を最大限効率的に活用することを前提としており，その帰結としてあらかじめ予想可能なシステマティックな誤りは犯さないと考える。すなわち，予想は平均的には的中するのであり，確率的な要素が存在し

ない決定論的な世界では完全予見（perfect foresight）を意味する。

短期における自然失業率仮説　（13.9）の期待均衡の条件が短期的にも成立し，かつ $\kappa=1$ ならば，（13.14）において自然失業率仮説が成立し，短期的にもフィリップス曲線は垂直となる。このとき，（13.14）と（13.15）からそれぞれ $U=U_n$ と $Y=Y_n$ が達成される。この自然産出量 Y_n の水準において，（13.11）〜（13.13）を同時に満たす物価水準 P ないしインフレ率 π（前期の物価水準 P_{-1} が与えられたもとでは一方が決まれば他方も決まる），名目利子率 i，実質利子率 r のユニークな均衡解が存在する（三つの未知数に対して三つの方程式があることから保証される）。合理的期待形成仮説のもとでのインフレ過程は，インフレ率が時間を通じて一定になるとは限らないことに注意しなければならない。

自己実現的な期待形成　短期における自然失業率の成立には，あらゆる価格が伸縮的に調整される状況が想定されていることにも注意したい。価格の変更が容易になされるとともに，経済主体には貨幣錯覚はなく完全に合理的に行動すると仮定しよう。このような想定のもとでは，インフレが予想された瞬間に，経済主体はそれを前提として最適な行動をとるため，インフレ予想は自己実現的となる。この結果（13.9）で表わされた期待均衡が短期的にも実現される。実は，こうした前提のもとでは，経済主体の合理的行動と矛盾しないのは（13.8）で $\kappa=1$ の場合に限られることが証明できる。

このように，自己実現的な期待形成を前提とする考え方が，マクロ合理的期待学派や新しい古典派（new classical school）の名のもとに，1970年代になって急速に盛んになった。1970年代には，為替相場が固定相場制から変動相場制へ移行したり，二度の石油ショックが起こったりと，世界的にも価格変動が激しかった時代背景がある。主要先進国では，年率にして2桁台のインフレも稀でなかった。

第12章で整理したように，第二次世界大戦後に影響力を増したケインズ経済学の体系が数量調整を基本とするのに対して，これだけ大きな価格変動をともなったマクロ経済の描写として，価格調整に立脚する古典派経済学の体系が影響力を増すことになったのは必然のシナリオであったともいえよう。

■新しい古典派の考え方

（13.9）の関係が短期的にも成立するならば，短期のフィリップス曲線は垂

直となり自然失業率仮説が成立する。自然失業率仮説は，失業率が自然失業率の水準に決定されることを主張するだけであり，インフレ率に関しては何も語ってはくれない。これを確認するのは容易だろう。(13.8) で $\kappa=1$ とおけば，インフレ率は不決定となり，インフレ率の決定は別のメカニズムによらざるをえないのである。

　読者は，こうした主張が，労働雇用量の決定に関する古典派経済学の体系に似ていると思われるのではなかろうか。第10章で説明したように，古典派経済学の体系では，労働雇用量は労働市場の均衡条件によって完全雇用水準に決定されてしまう。自然失業率はもっぱら労働市場の構造的要因によって決定され，基本的には非自発的な失業は含まれていないという意味で，古典派経済学での完全雇用水準に対応する失業率の水準，と考えてよい。完全雇用の状況で失業が存在するのは矛盾ではないかと思われる読者は，完全雇用が非自発的失業が存在しない状況と定義されたことを思い出していただきたい（第3章参照）。完全雇用といえども自発的失業の存在は排除しないのである。

　「新しい古典派」という名は，彼らのよって立つ世界が基本的には古典派経済学の体系であるためである。古典派経済学では，経済の実物的側面と貨幣的側面は二分され，物価水準の決定はもっぱらマネーストックの水準に依存した。「新しい古典派」体系でも，基本的にはインフレ率の決定はマネーストックの上昇率に依存することになる。

　名の由来　　新しい古典派の「新しい」という形容詞は，経済主体の最適化行動や合理的期待形成仮説を前提とするなど，理論の精緻化がはかられ，装いが新たにされたことに由来する。

　ついでながら，経済学には新古典派（neoclassical school）という用語もあり，新しい古典派はそれと区別される。新古典派は曖昧な概念でありいろいろな意味で用いられるが，特定の経済学者の集団をさすというよりは，現実から一歩離れて経済の理想状態を念頭におき，市場メカニズムに全幅の信頼をおきながら経済分析をする姿勢そのものをさす感が強い。ミクロ経済学の体系を「新古典派理論」と呼ぶのがその例である。本書が広義に古典派経済学と呼ぶ体系を人によっては「新古典派経済学」と呼ぶ場合もある。この場合は，内容をかなり狭義にとらえていると解釈するのが適当と思われる。

13.7　スタグフレーションとデフレ

本節では，名目賃金上昇率や生産物市場でのインフレーションの問題に関連して追加的考察を加える。取り上げるテーマは，スタグフレーションとデフレ（デフレーション）についてであり，とくにデフレに関しては1990年代から21世紀初頭にかけての日本経済の経験を念頭に置いて議論する。

■ **スタグフレーション**

フィリップス曲線は，インフレと失業率との間のトレード・オフ関係を経験的に明らかにし，新しい古典派の自然失業率仮説は，両者間の関係を否定した。1970年代以降，世界各国で，両者の間に正の相関が認められる時期があった。すなわち，インフレであるにもかかわらず，失業率も高く，経済活動も停滞するという状況がみられたのである。こうした現象は，インフレーションとスタグネーション（stagnation）が併存するという意味で，**スタグフレーション**（stagflation）と呼ばれる。スタグフレーションも本来インフレ同様持続的プロセスである。しかし，ここでは便宜上伝統的インフレ理論の枠組に立脚して簡単な説明を試みよう。

総供給曲線のシフト　　総需要曲線上では，物価水準と実質GDPが負の関係にある。したがって，もし経済が持続的に総需要曲線上を動いているならば，スタグフレーションが観察されるであろう。コストプッシュ・インフレを考察した図13.4を見ていただきたい。総供給曲線が上方にシフトすれば，均衡は総需要曲線上を左上方へ動くため，物価上昇と産出量の下落が生ずる（図13.4の $E_0 \to E_1$）。このように考えると，総供給曲線を上方にシフトさせる要因がスタグフレーションの原因になる。

第11章で説明したように，総供給曲線が上方にシフトするのは，名目賃金率が上昇する場合であった。そこでの分析を多少拡張すれば，同様のシフトは，労働以外の可変的生産要素の価格上昇によっても生ずると考えられるだろう。たとえば，生産に要する輸入原材料の価格が上昇すれば，生産コストは増加し，総供給曲線は上方にシフトする。

1970年代にスタグフレーションが見られたのは，二度にわたる石油ショックによる原油価格の上昇や，生産性上昇率の低下（トレンドを下回る技術進歩）

が総供給曲線を上方シフトさせたところに原因の一つがあったと考えられる。こうしたコストプッシュ要因が，いく度となく総供給曲線を上方にシフトさせ，スタグフレーションが持続したと考えるのである。もちろん，この過程で，インフレ期待が高まり，それがインフレを助長したという側面も見逃せない。

価格のシグナル機能の低下　高インフレが相対価格体系に攪乱をもたらし，資源配分の効率性を確保する上で重要な価格のシグナル機能が低下したためにスタグフレーションが発生したとの見方もある。相対価格体系が攪乱されたために，経済構造のシフトがスムーズにいかず，そうした構造調整の乱れが高失業をもたらし，経済が停滞するという考え方は，より長期的視野に立っている。スタグフレーションが 1980 年代に入ってからもしばらく続いた事実を考慮すれば，こうしたメカニズムが働いたことを必ずしも否定できないであろう。

原油価格の高騰　1979 年の第二次石油ショック後高止まりしていた原油価格も，1980 年代の中頃からは逆石油ショックともいわれる程の下落基調となった。このため 2000 年代央になって原油価格の高騰が起こるまでの期間には，先進国の間ではスタグフレーションは死語になっていたといっても過言ではない。

しかしながら，21 世紀に入る前後から BRICs（ブラジル，ロシア，インド，中国）に代表される遅れた大国も高度成長の段階に到達し，大量の原油消費国となり，必然的に原油価格の高騰が起こることとなった。穀物などの一次産品の状況も同様であり，総体的にスタグフレーションを惹起する環境となっている。ただし，以下で考察するように，マクロ経済全体では原油価格高騰と同時に IT（情報通信）革命などの技術革新による生産性上昇の効果もあり，それが総供給曲線のシフトを相殺する可能性もある点に注意する必要がある。

■デフレ

デフレ（デフレーション）の本来の定義は「持続的な物価下落」であり，その意味ではインフレの逆であるから，マイナスのインフレとして対称的に扱えばよいと思われる読者もいるだろう。実際，図 13.7 においても，賃金版フィリップス曲線でも物価版フィリップス曲線でも，それぞれのインフレ率がマイナスになる領域もあると考えられている。

それで間違いでない場合もあるが，そう簡単な話にはならない。確かに，フィリップス曲線の関係が発見された初期の古いデータではインフレ率がマイ

ナスになることもあったが，多くの先進諸国において，データが新しくなるにつれてそうした頻度は激減することになったのである。

賃金・物価の下方硬直性　本書では，古典派経済学の体系とケインズ経済学の体系を対照する際に，前者では賃金や物価は上下に伸縮的であるが，後者では上方には伸縮的であっても下方には硬直性を示すことが，両者を分かつ分水嶺になることを強調してきた。少なくても，ケインズ経済学の体系では，物価水準が下落することはあっても，名目賃金率には絶対的な下方硬直性があると整理してきた。

11.3 節や 12.1 節で言及したように，ケインズと古典派経済学者のピグー等の間で展開された名目賃金論争においても，名目賃金率が十分なだけ下落するならば完全雇用が実現されることは，理論的には（ただし，静学的な世界において）正しい主張であるとして古典派経済学のピグーに軍配を上げたのであった。したがって，ケインズ経済学にとっては名目賃金率の下方硬直性が死活問題となり，これを踏襲するならば，ケインズ経済学の体系とデフレはそもそもミスマッチということになろう。

デフレギャップ　しかし他方で，ケインズ経済学では不完全雇用経済が想定されることから，ときに「不況の経済学」ないし「デフレの経済学」と呼ばれ，ケインズが『一般理論』で考察対象とし有効需要原理による景気浮揚策の必要性を処方したのも，1930 年代の世界的大不況（大恐慌）に苦しむイギリス経済やアメリカ経済であった。この際のデフレは，第 4 章の 4.4 節で学んだデフレギャップの存在を意味しているが，それから先は必ずしも物価下落には直結しない。ケインズが提起したのは価格調整ではなく数量調整であり，デフレギャップがあっても，その分有効需要が増加しない限り，完全雇用 GDP は達成されない。価格下落によって総需要が増加するメカニズムが欠如しているというのが，ケインズ経済学のエッセンスでもあった。

日本経済の失われた日々　1980 年代後半期のバブル経済が崩壊した後の日本経済において，90 年代から 2000 年代にかけての十数年は「失われた 10 年ないし 15 年」と称された長期デフレ不況に見舞われた。この間，マイルドなものではあるが実際に物価の下落が起こったが，景気面では依然として拡張期と後退期の短期循環を経験した。景気循環の面での拡張期と物価下落が共存する長期不況のジレンマに直面して，政府も 2001 年にはデフレの定義を見直し，それまでの「物価下落をともなった景気低迷」から「持続的な物価下落」に改

定した。

　この改定の意義は，景気循環とデフレを分離し，物価動向のみでデフレと認識する道筋をつけたことにある。確かに，くわしくは次章で考察するが，日本における短期の景気循環の局面判断は，経済活動の変化方向に注目したものであり，必ずしも経済活動の活況レベルとは対応しない。国際的には「対前年度の物価下落が数カ月間続けば，それはデフレ状態」との認識が主流の中での改定であったが，判断材料を物価水準の持続的下落に絞ったことから，覚悟の上とはいえ，物価下落の原因を問わない（問えない）あらたなジレンマにも直面することになった。

スタグフレーションの逆＝好況下の物価下落　　前節で見たスタグフレーションは「不況下の物価上昇」であったが，その逆の「好況下の物価下落」を考えよう。前節でも取り上げた図 13.4 において，スタグフレーションとは逆に総供給曲線が右下にシフトしたとすれば，生産物市場の均衡が E_1 から E_0 へ移り，物価水準の下落と実質 GDP の増加が起こる。

　こうした好況下の物価下落が，日本経済の失われた日々（なかでもその後半期）に実現していた可能性は否定できない。この時期の日本経済は，バブル経済の崩壊によって生じた不良債権問題やグローバル化に曝された日本的経済システムの機能不全など，確かに前半期は総供給曲線を上方シフトさせる要因が強かったが，後半期に向けては状況が変わった[4]。既述の IT（情報通信）革命などの技術革新による生産性上昇の効果や，終身雇用制をなし崩しに解消しリストラ効果をあげ競争力を高めた大企業の再生など，総供給曲線を下方シフトさせる要因が優勢になったといえる。

　もしこのシナリオが正しければ，総合効果としては総供給曲線が下方シフトし，結果として「好況下の物価下落」が持続する。しかし，物価下落だけが判定材料とすれば，こうした状況下ではいつまでたってもデフレからの脱却宣言はできないことになる。実際，2000年代後半になって日本銀行が「消費者物価指数上昇率のプラス基調が定着し，堅調な景気回復が続くなど」として量的緩和政策やゼロ金利政策を解除したのに対して，GDP デフレーターの上昇率に注目する政府（内閣府）はデフレ脱却宣言を公のものにしないで推移した。

---

[4]　この間に物価が上昇せずにかえって下落したのは，過剰設備による設備投資の低迷，国と地方の財政再建路線による公共事業の抑制などによる有効需要の停滞によって，総需要曲線が左下方にシフトしたからと考えられよう。

そうこうするうちに，2008年9月に顕在化した世界金融危機とその後の世界同時不況に直面してしまい，まわりに有無をいわせないデフレ脱却のシナリオは頓挫し，振り出しに戻ってしまった。

デット・デフレーション　日本経済は必ずしもそうではないが，もし生産物市場で大きなデフレギャップが生じたときに物価下落が起こるとするならば，ここでデフレがデフレを呼ぶ悪循環の**デフレ・スパイラル**が始まる可能性がある。デフレ・スパイラルを議論するには，物価水準を一定とする $IS = LM$ 分析のようなオーソドックスなマクロ経済学の教科書的世界では不適切であり，物価の伸縮性を前提とする世界を考える必要がある。

この世界でデフレが起きると，資産残高の実質価値が高まることから資産効果（ピグー効果）がプラスに働くことが期待される。しかし，有効需要が低迷しデフレ・スパイラルが問題となる状況下では，資産所有者に働くプラスの資産効果に比して，複式簿記的に資産に見合う負債を抱える経済主体に働く負債残高の実質価値が増大するマイナスの資産効果（負債効果）のほうがより問題となるのが常である。そして，この負債効果はデフレが続く限りその効果を強くし，まさに螺旋状にデフレ・スパイラルを持続・拡大させる。これがマクロ的に不安定な**デット**（debt）**・デフレーション**（**負債デフレーション**）と呼ばれるメカニズムである。

13.8　資産インフレとバブル

本章で問題としてきたインフレは，あるいは通常単にインフレという場合には，財・サービスの一般物価水準の上昇率が対象となる。これはフロー価格のインフレ（**フロー・インフレ**）であるのに対して，土地や株式など資産価格の上昇率はストック価格のインフレ（**資産インフレ**ないし**ストック・インフレ**）になる。本節では資産インフレについて考察する。

■**ファンダメンタルズ・モデル**

まず，資産価格がどのように決まるかについて，ファンダメンタルズ・モデルを説明する。ほんらい，資産価格は資産市場の一般均衡が達成されるように決まる。この際に，他の資産価格が具体的にどれだけ当該資産の価格形成に影響を及ぼすかは，資産間の代替性の程度にかかわってくる。代替性が高い場合

には，資産間で裁定が働き，（リスクの程度が同じクラスに属する資産は）同じ期待収益率をもつことになる。

資産価格のファンダメンタルズ　資産間の裁定については，すでに第7章の7.4節でコンソルと割引債の間で説明した。ここでは，それをふまえて債券（利付国債とする）の利子率を一定とした上で，株式の<u>裁定株価</u>を求める。株式と国債では実際には株式のほうがリスクは高いが，ここでの目的にとっては二つの資産が完全代替としても本質は変わらないので，リスクの程度は同じとする（リスクの違いを考慮するには，<u>リスクプレミアム</u>を導入した後に裁定を考えればよい）。

株式保有による収益と国債保有による収益率の均等化は

$$\frac{p_{t+1}+d_{t+1}}{p_t}-1 = i \tag{13.18}$$

となる。ただし，左辺は株式保有の収益率であり，$p_t=t$期の株価，$d_t=t$期の配当を表わす。右辺は国債の利子率であり，簡単化のために，時間に関係なく一定としている。さらに，（ここでの目的にとっては本質的ではないことから）将来の配当流列に関する不確実性はないものとし，<u>完全予見</u>を仮定する。

株式と国債の間での裁定条件式（13.18）は，書き換えると

$$p_t = \frac{p_{t+1}}{1+i} + \frac{d_{t+1}}{1+i} \tag{13.19}$$

となり，右辺のp_{t+1}のかわりに（13.19）を1期間先にずらしたものを代入する．さらにp_{t+2}のかわりに（13.19）を2期間先にずらしたものを代入する，…，と逐次代入してT期まで先送りしていくと

$$p_t = \frac{p_{t+T}}{(1+i)^T} + \sum_{j=1}^{T} \frac{d_{t+j}}{(1+i)^j} \tag{13.20}$$

が導かれる。ここで，Tを無限大にしてみる。このとき，（13.20）の右辺第1項が0に収束する

$$\lim_{T\to\infty} \frac{p_{t+T}}{(1+i)^T} = 0 \tag{13.21}$$

と仮定すると，右辺第2項の極限をp_t^*

$$p_t^* = \sum_{j=1}^{\infty} \frac{d_{t+j}}{(1+i)^j} \tag{13.22}$$

と定義するとして，

$$p_t = p_t^* \tag{13.23}$$

となる。

株式は満期のない資産であるから、それを永久に保有し続けるとした場合を想定し、無現先までの予想配当流列を代替資産である国債の利子率で割り引いたのが p_t^* である。この裁定株価の水準は、株式の<u>マーケット・ファンダメンタルズ</u>（以下、MF）と呼ばれる。

実際には、個別の投資家は永遠に株式を保有するのではなく、中途で売却するのが一般的といえよう。しかし、その場合でも、新たに株式を購入する投資家がいるはずであり、将来配当の予想について投資家の間に合意がある限り、市場で評価される株式価値は誰が株主であろうが関係ない。すなわち、<u>MFはあくまでも市場での評価であり、投資家については匿名性をもっている</u>。ここでは完全予見を前提としているが、一般論としては、将来の配当流列の予想値はおのずから市場の平均的なものとなるであろう。

■バブル

MFの定義式（13.22）の両辺に $(1+i)$ を掛けて整理すると

$$\begin{aligned} p_t^*(1+i) &= \sum_{j=1}^{\infty} \frac{d_{t+j}}{(1+i)^{j-1}} \\ &= \sum_{j=1}^{\infty} \frac{d_{t+1+j}}{(1+i)^j} + d_{t+1} = p_{t+1}^* + d_{t+1} \end{aligned} \tag{13.24}$$

となる。したがって、この両辺を $(1+i)$ で割ると明らかなように、$p_t = p_t^*$ は（13.18）を満たす。つまり、株価がMFに等しい場合には、確かに裁定条件が成立していることになる。換言すれば、MFは裁定株価の十分条件となる。

株価が（13.22）のMFだけで決まり、資産インフレが続くとすれば、それは配当が成長し続けるとの予想があるからということになる。しかし、裁定株価はそれ以外の要因でも変動する。これを見るために、

$$p_t = p_t^* + b_t \tag{13.25}$$

としてみよう。容易に確かめることができるように、b_t の動学経路について

$$b_t(1+i) = b_{t+1} \tag{13.26}$$

が満足される限り，MF に b_t が加わったものも（13.18）の裁定条件を満たすことになる。b_t は株価が MF から乖離した部分であり，以下では，バブル（投機の泡）と呼ぶ。(13.26) より，$j \geqq 1$ に対して

$$b_{t+j} = (1+i)^j b_t \tag{13.27}$$

であるから，バブルは発散的な経路をたどると予想される。

ファンダメンタルズ・モデルでこうしたバブル解が排除されたのは，ポンジ・ゲーム排除条件（no-Ponzi game condition）あるいは横断性条件と呼ばれる (13.21) を仮定したからであり，この条件によってバブルの存在する余地はなくなる[5]。しかし，これはあくまでも仮定であって，ほんらいこの項が 0 に収束する必然性はない。

合理的バブル　いままでの議論は，株式と国債の間での裁定条件の成立を前提としている。すなわち，投資家の合理的行動を前提とした上でも，バブルが存在し得ることになる。この意味で，以上の条件を満たすバブルは合理的バブル（rational buble）と呼ばれる。

合理的バブルの直観的な説明としては，MF は特定の株価水準で定義されるのに対して，(13.18) の裁定条件は株価の上昇率を含む株式保有の収益率が問題となっていることにある。バブルを持続させる鍵は投資家の期待形成にあり，株式の取得価格が MF を上回っているとしても，株価がさらに上昇すると期待されるならば，国債の利子率を確保することは十分可能なわけであり，そのために，株式は需要されることになる[6]。換言すれば，裁定条件はあくまでも期待収益率の均等化が問題となるのであって，そのための株価の変動が満たす

---

[5]　Ponzi game（または Ponzi scheme）は 1920 年前後のアメリカで起きた「国際郵便返信用クーポン」の国別価格差の裁定取引を謳ったネズミ講で，詐欺師で創始者の Charles Ponzi に由来している。ネズミ講は新規の加入者が増加し続けること（すなわち，出資金と時間の二重の意味での無限性）が必要であるが，これは実質不可能で歴史的にはすべてのスキームが破綻してきた。ポンジ・ゲーム排除条件はそうした顛末にならない条件であり，動学的最適化問題の必要条件である横断性条件（transversality condition）に対応する。もともとは等号を含めた不等号条件であり，資産残高が正であり続け，極限でも 0 にとどまることを意味する。

[6]　この考え方は，ときにバブルの持続に関する greater fool 仮説と呼ばれる。自分が非合理的で間抜け（馬鹿）だと自認しても，遅れてくるもっと間抜けな者に売り抜けられると確信した行動であり，いわば「間抜け・大間抜け」仮説というべきものである。

べき条件が決まるが,それを満たしていれば株価の水準自体は問題とならない。

株価の上昇が期待されるということは,市場の大勢(厳密には,少数であっても株価形成に影響力をもつ投資主体であればよい)がその株式を需要するだろうとの判断をともなう。他の投資家も同様の行動原理にしたがっているものとすれば,ケインズの美人投票のように,自分自身の判断はともかく他人の行動の推測が重要となる[7]。すなわち,ここでは各投資家にとってお互いに自分以外の投資家がもつ将来の株価予想が関心事となり,結果として,何段階ものラウンドでお互いを推測し合うという期待の連鎖が生じる。そうした連鎖がどのような結末を迎えるかは定かではない(すなわち,いろいろな可能性が考えられる)が,一つの可能性として期待形成が自己充足的ないし自己実現的に働いた場合,バブルが実際に持続することになる。裁定条件が成立する背景では,そうした投資家行動が考えられているわけである。

バブルの崩壊　以上ではバブルの崩壊は考慮しなかった。バブルの崩壊を考慮するならば,崩壊前の株価の膨張はスピード・アップする。期待収益率は国債の利子率と同じなのに対し,崩壊のリスクがある分,それを埋め合わせるためにはバブルが持続する場合のキャピタル・ゲインはより大きなものでなければならないからである。

これをみるために,株価を(13.25)のようにMFとバブルに分解し,バブルについては

$$b_{t+1} = \begin{cases} \beta b_t & 確率 \quad \pi \\ 0 & 確率 \quad 1-\pi \end{cases}$$

としてみよう。つまり,確率 π でバブルが持続し,確率 $1-\pi$ でバブルが完全に崩壊すると考えるのである。すると,株価が全体として(13.18)の裁定条件式を満たすためには

$$\beta = \frac{1+i}{\pi}$$

となる必要がある。確率については $0<\pi<1$ であるから,バブルが持続する場合の膨張スピードは確かに国債利子率を上回ることになる。持続する確率が

---

[7] ケインズの美人投票は,最終的に選ばれる Miss Pageant を当てる投票であって,必ずしも自分の好みの美人に投票するものではない。

13.8 資産インフレとバブル

低ければ低いほど，膨張スピードは速くなる。

ここでは便宜的に完全予見を仮定しているが，バブルの崩壊を考える場合には，当然ながらバブルの崩壊時点は不確定でなければならない。崩壊時点が確定している場合には，その直前の期に株式を需要する投資家は存在せず，もしそうならばその前の期にも需要者はいない，……というわけで後ろ向きの推理を通じて結局現時点でも需要者がいなくなってしまうからである。同様の論理から，国債のような満期が存在する資産には合理的バブルは発生しないことがわかる。満期時の価格が確定しているからである。さらに，資産価格が下落するような下方バブルも合理性と相容れないと主張される。資産価格には，それが負にはならないという絶対的下限があり，下落幅が逓増するバブルは早晩確定時点で下限を打ってしまうと予想されるからである。

■バブルと実体経済

株価や地価の下落が実体経済に及ぼす影響を理論的に整理しておこう。経済主体の合理的行動を前提とした議論と，必ずしもそれを前提しない通説を紹介する。以下では，便宜上バブルが発生・持続するときの経済効果を記すが，バブルが崩壊するときは原則的には効果は逆方向に働くと考えてよい。そうでない非対称性が重要となることもあるが，その場合は，ある行動を起こすのに必要な固定費用がしばしばサンクコスト（埋没費用）となり，回収できないことによって生じると考えてよい。こうした効果は一般に履歴現象（hysteresis）と呼ばれる。

通説の場合　　出発点として，しばしば指摘される通説を取り上げる。これにはいくつかのチャネルがある。まず第一は資産効果である。すなわち，バブルによって株価や地価等の資産価格が上昇すれば，それだけ総資産価値が高まり，それが経済主体の消費行動や資産選択行動に影響を及ぼす効果である。他の事情が不変として，総資産価値の増大は一般的にはフロー面では消費性向を高めマクロの消費需要を増加させ，ストック面では貨幣に対する需要も増大させる。

第二は，投資に与える影響である。株価が高いと時価発行増資や転換社債・ワラント債の発行といったエクイティ・ファイナンスが，社債発行や銀行借り入れと比べてより安価なコストで可能となる。安いコストで資金調達が可能になった分，投資にプラスに働く。

第三は，バブルによって資産価値が上昇し資産の「含み」が増すと，それがより大きな担保価値をもつことである。担保価値が高いとその分借り入れが容易になり，設備投資や住宅投資にプラスの効果をもたらす。貸手の銀行側からみれば，土地を中心とした担保を確保することによって，いわば安心して貸し進みができたのである。バブルが崩壊した際に最も問題となったのは，資産デフレによってバブルで膨らんだ資産を担保として貸し出された債権が不良債権化したことであり，金融システム全体の不安定性の原因となった。

以上のほかにも，資産分布や税制を通じた効果，あるいは銀行の自己資本比率に関する BIS 規制との絡みが取り沙汰されている。また，一般論として，バブルの現状に対する認識は，経済主体の期待形成に大きな影響を及ぼす。バブルが膨張している間は楽観的な期待形成に陥りやすいであろうし，バブルが崩壊すると逆に悲観的な期待形成に陥りやすいであろう。この意味では，そこに至るまでの過去の経緯によって，同じ株価の水準であっても経済主体の期待形成に与える効果が異なったものとなる可能性がある。これも一種の履歴現象の表れである。

合理的バブルの場合　　上で考察したバブルの影響は，そのミクロ的基礎を考えるに当たって，必ずしも経済主体が合理的な行動をとっているとは前提していない。経済主体が合理的に行動するならば，バブルの実体経済への影響が変わってくる可能性がある。

十分に時間的視野が長い経済主体が完全に合理的行動をとった場合，そして市場に何の歪み（distortion）も存在しなければ——この場合には，原則としてそもそもバブルは発生しない。しかし，市場が不完全であったり市場に何らかの歪みがあると，たとえ経済主体が合理的に行動したとしてもバブルが発生する可能性がでてくる。もっとも，このときのバブルの存在は実体経済には中立的になる。こうした基本的性質は，バブルの定義にもどって考えると理解しやすい。すなわち，バブルとは実体価値から乖離した部分であるのに対し，実体価値そのものは多くの場合バブルとは独立な内在的メカニズムによって決まるのである。

裁定条件の部分均衡分析　　以上は，一般均衡論的にバブルをとらえた場合の理論的帰結である。もっとも，もう少し弱い意味で，部分均衡論的に資産価格が動学的な裁定条件を満たすという意味での「合理的バブル」でも，以下の理由により，実体経済には影響を及ぼさないと考えられる。

第一に，バブルの膨張によって資産価格が上昇し続けたとしても，その資産の割引現在価値はまったく変わらない。逆にいえば，バブルの膨張は資産の割引現在価値を時間を通じて一定に保つ上で必要なのであって，毎期毎期追加的な資産効果が生じることはない。第二に，裁定条件が成立する合理的バブルの場合には，そもそもエクイティ・ファイナンスと債券発行あるいは銀行借入れの調達コストは等しくなる。したがって，機会費用としての債券利子率ないし借入れ金利が変わらないとすると，バブルが膨張しようがしまいが実物投資には中立的に働く。第三に，担保価値を通じる効果も，資産の割引現在価値が変化しない限りは発揮されないと考えるのが筋であろう。

■ **インフレと資産インフレ**

　ストック価格の資産インフレは合理的バブルの膨張によって引き起こされる可能性を指摘したが，本節の説明から明らかなように，これは貨幣供給量の動向とは無関係に起こりうる。この点は，貨幣数量説を前提に「インフレーションは貨幣的現象」として，貨幣供給量の増加がフロー・インフレの必要条件であるとの見方とは一線を画するといえる。端的には，フロー・インフレとストック・インフレの間には，「両者は同時に起こる」といったような必然的な関係は存在しないといえよう。

　実際，1980年代後半期の日本のバブル経済時代にはしばらくの間地価や株価の資産インフレが継続したが，この間財・サービス価格はそれほど上昇しなかった。また，1990年代に入ってそのバブルが崩壊し，一転して長期間の激しい資産デフレが起こったが，この間にフロー・デフレがあったものの，その幅は資産デフレの幅と比べるならば相対的には小幅である。

13.9　まとめ

　本章では，インフレについて学んだ。インフレがおだやかな場合には，実質利子率の低下を通じて有効需要を拡大させる効果を持つが，その点を除くと資源配分の歪みをもたらし社会的ロスを発生させる。この意味で，インフレは望

ましくない。インフレが進行するインフレ過程は複雑な要因が絡み合っており，動学的に不安定化する可能性がある。そのような場合には，インフレを抑制する政策介入が必要となろう。この点は，マクロ安定化政策の政策目標の検討課題になり得よう（第 16 章参照）。

インフレと同じく，デフレも資源配分上の損失をもたらす。1990 年代以降の日本経済も，長期間にわたってデフレに悩まされた。インフレもデフレも優れて動学的なプロセスであり，その沈静化には期待形成への働きかけが重要となる。この点は，次章の 14.5 節で取り上げる，ミクロ的な基礎から理論的に導出されるニュー・ケインジアンのフィリップス曲線での議論で明確になる。資産価格のバブルを回避する方策も同様と考えられる。

練習問題

13.1 インフレの経済効果をまとめよ。

13.2 *IS-LM* 分析にインフレ期待を導入したモデルに関して次に答えよ。

(1) 実質利子率が一定に留まり，インフレ期待の変動がそのまま名目利子率の変動に反映されるのはどのような場合か。

(2) (1) とは逆に，インフレ期待の変動がそのまま実質利子率の変動に反映されるのはどのような場合か。

13.3 次の問に答えよ。

(1) 一般消費税が初めて導入されたときに，物価上昇が起こった。これとインフレは同じ問題であろうか，それとも異なった問題であろうか。

(2) インフレがあったときに，それがディマンドプル・インフレかコストプッシュ・インフレかを判断する基準があるだろうか。

(3) 未充足求人率と失業率の間の関係を示すベバリッジ曲線が右下がりとなるのはなぜか。

(4) 自然失業率の水準はどのような要因に依存するであろうか。

(5) オークンの法則を一次式，

$$\frac{Y_n - Y}{Y_n} = j_0 + j_1(U - U_n)$$

で表わしたとき，j_1 をオークン係数と呼ぶ．日本のオークン係数はアメリカのオークン係数よりもかなり大きいことが知られている．オークン係数の大小は何を意味するか．

(6) 期待均衡の状態では何が達成されるか．

13.4 短期の修正されたフィリップス曲線を

$$\frac{\Delta P}{P} = a + \frac{b}{U} + \kappa \left(\frac{\Delta P}{P}\right)^e$$

としよう．$\kappa=1$ のときの自然失業率は $U_n=5\%$ である．さらに $\kappa=0.5$ とすると長期における期待均衡では，$U=4\%$ のときインフレ率が 3% になるという．a と b の値を求めよ．

13.5 (13.11)〜(13.16) の六つの式からなるマクロモデルを考えよう．(13.14) において $\kappa=1$ とし，さらに，(13.16) の期待インフレ率 π^e についての適合的期待形成仮説に関し，以下の二つの極端な状況を考える．

《定常的期待形成仮説》 $\beta=0$

《合理的期待形成仮説》 $\beta=1$

(1) π^e が定常的期待形成仮説に従うとき，均衡状態においては自然失業率仮説は成立しない．この主張の正否を吟味せよ．

(2) π^e が合理的期待形成仮説に従うとき，物価水準 P は特定の値に決定されるか．

13.6 13.2 節の *IS-LM* 分析にデフレ期待を導入する．このときの，Y^*, i^*, r^* はどのようになるか．

13.7 スタグフレーションが発生し，拡大するメカニズムを説明せよ．

13.8 資産価格のバブルが，実体経済に及ぼす影響をまとめよ．

13.9 国債など満期のある債券価格には合理的バブルは発生しない．その理由を説明せよ．

14

景気循環

　「インフレーションの理論」が経済の貨幣的側面の変動に焦点を当てるのに対し，経済の実物的側面の変動に焦点を当てるのが「景気循環論」である。「景気変動の解明はマクロ経済学の最大の使命である」としばしばいわれる通り，それに応えるには，マクロ経済学の知識を総動員しなくてはならない。第Ⅳ部で展開したマクロ諸変数の同時決定のメカニズムの理解も，そのための準備となる。というよりも，それ自体が広い意味では景気循環の考察といえよう。本章で追加して考察されるのは，景気変動の循環的側面，すなわち周期性の解明である。

　そのためには，まずはじめに景気循環の定義が明らかにされなければならないだろう。次に，循環周期の違いによる景気循環の分類を説明する。

　景気循環の理論は数多い。これらを一つ一つ説明するのは容易でないので，いくつかの基準によって分類し，それぞれの特徴を簡単に説明する。景気循環の理論は数だけは多いものの，多くの人々に共通に受入れられる理論はいまだ存在しない，といっても過言ではないだろう。いずれもが「帯に短し襷に長し」といった状況にある。その中では代表的な天井・床型景気循環論，均衡景気循環論，ニュー・ケインジアンの景気循環論の三つの理論を紹介する。

　天井・床型景気循環論は伝統的な景気循環論がどのようなものかを理解する上で有用であり，景気変動の循環的側面がてっとり早く説明される。しかしながら，はたして背後で経済主体が合理的に行動しているのか，といったミクロ的基礎付けに欠ける。その点，均衡景気循環論とニュー・ケインジアンの景気循環論は，ともにミクロ的基礎から出発した景気循環論であり，第12章で対

照した古典派経済学の体系とケインズ経済学の体系を，それぞれの観点から拡張・発展させたものである。

14.1　景気循環の特徴

景気循環（business cycle, または trade cycle）とは「マクロ経済の諸変数がほぼ同一周期で変動を繰り返す現象」と定義できよう。とはいえ，実際には各変数が文字通り同じパターンを保って変動するのではなくて，変動のタイミングが多少ずれる経済変数が多数存在する。このずれはたまたまのものであったり，その国民経済のミクロ構造の集計から生じる必然的なもの（すなわち，構造的なもの）であったりする。後者の見地で産業別や地域ごとのずれが問題とされる場合には，しばしば景気の跛行性といった様相が注目される。

■**景気指標と景気局面**

　景気循環の局面をどのように判断するかについては，いくつもの考え方がある。一つのサイクルを好景気と不景気の二つの局面に分割するのをはじめとして，四局面（たとえば，回復→好況→後退→不況）や六局面に分割する方法などである。ここでは二局面分割法のみ取り上げるが，それでも，経済活動水準を基準とするか，それとも経済活動の変化方向に注目するかによって，異なった局面判断がありえる。

　二通りの局面分割法　　二通りの局面判断があり得るのは，そもそも景気循環の局面分割そのものに，二通りの考え方があるからである。一つの局面分割法は，一つの景気循環のサイクルを拡張期と後退期の二局面に分けるものであり，ときにミッチェルの二局面法と呼ばれる。図 14.1 に見られるように，景気の波動の谷から山までが拡張期，山から谷までが後退期であり，一つのサイクルは谷から次の谷までで完結する。

　もう一つの局面分割法は，シュムペーターの二局面法と呼ばれるものであり，好況期と不況期の二局面に分割する。拡張期・後退期が経済活動の変化の方向で局面を分割するのに対し，経済活動の水準を拠り所として局面を分割しようとするものである。すなわち，図 14.1 でいえば，変動幅の中央に横線（一般的にはトレンド線）を引いたときに，点 A から点 B の期間は経済活動が平均的な水準を上回ることから好況期に分類され，逆に点 B から点 C までの期間

は不況期に分類されることになる。

　問題は，二通りの局面分割法で，「景気の良し悪し」のタイミングが異なることである。逆にいえば，このタイミングのずれを正しく認識しておけば，変化方向と水準による景気判断を整合的に使い分けることが可能となる。具体的に二つの分割法を比較すると，仮にサイクルが正弦曲線（sine curve）で厳密に表わされるとするならば，景気基準日付は「好況・不況」法によった場合には「拡張・後退」法によった場合よりも，4分の1のサイクル分だけ遅れて区分されることになる。

　景気の波　既述のように，景気循環の波は谷（底，床とも呼ばれる）→山（天井とも呼ばれる）→谷という転換点をたどり，一つのサイクルが描かれる（図 14.1）。ミッチェルの二局面法に従えば，景気の谷から山への期間が景気拡張期，天井を打った後から次の谷までの期間が景気後退期である。景気循環の波は，かならずしも図 14.1 のように規則的になるとは限らず，むしろ景気拡張期と景気後退期の期間の長さが異なるのが一般的である。多くの場合拡張期が長く，後退期のほうが短い。好景気を持続させようとする政府の財政・金融政策がこうした非対称性の原因の一つとなっている可能性が指摘されよう。

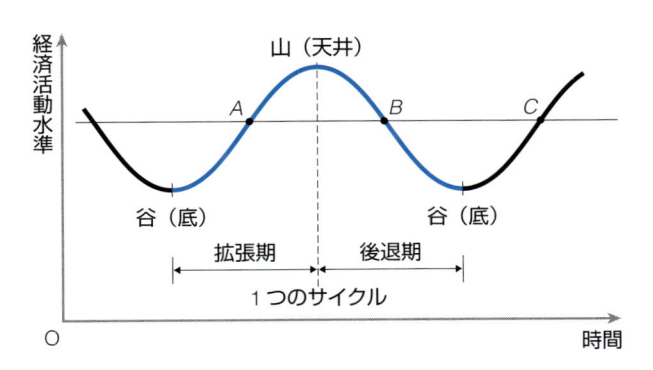

図 14.1　景気局面の分割法

　景気指標　景気のサイクルをどの指標で代表させるかは現実経済では重要であり，日本では内閣府がいくつかの経済変数の系列から景気動向指数（diffusion index, 以下 DI）やそれをさらに加工した CI（composite index）等を作成し，毎月公表する政府の景気判断である月例経済報告や景気循環の局面の転換点である景気基準日付の決定の拠り所にもしている。DI や CI はミッチェルの二局

面法の考え方に基づいており，これが日本では事実上「景気の良し悪し」の基本となっている。

しかし本書では，理論的な考え方を中心に説明することとし，景気のサイクルは実質 GDP の変動を基準にとらえられるものと想定する。この際，既述のように，経済変数は多かれ少なかれ跛行し，各変数は実質 GDP の変動と比べてそれよりも変動が先行する変数，一致する変数，遅行する変数に区別される。それぞれ，先行変数，一致変数，遅行変数と呼ばれるが，DI に採用される経済変数などに対しては，「変数」の代わりに「系列」が使われている。たとえば，先行変数のかわりに先行系列というが如きである。

■景気の波の種類

現実の景気循環は，波長の異なる複数の波の合成として捉えられる場合が多い。景気循環は周期の違いによってさまざまに分類されるが，おもなものは周期が短い順に，それぞれの発見者にちなんで，(1) キチン循環，(2) ジュグラー循環，(3) クズネッツ循環，(4) コンドラチェフの波と呼ばれている。

波の周期　キチン循環（Kitchin cycle）は周期 2〜4 年の最も短い循環であり，短期循環とか小循環ともいう。キチン循環は在庫投資の変動によってもたらされると考えられており，それを強調するために在庫循環と呼ばれる場合もある。ジュグラー循環（Juglar cycle）は，周期が 10 年前後であり，ほぼ設備投資の更新時期に一致する。そのため，中期循環，主循環，あるいは設備投資循環と呼ばれる。クズネッツ循環（Kuznets cycle）は周期が 20 年前後に達し，住宅や工場などの建造物の更新に関係している。そのため，建築・建設循環という呼び名もある。最後のコンドラチェフの波（Kondratieff cycle）は周期が 50〜60 年にもわたる長期の循環であり，技術革新による産業構造の大きな変化によってもたらされると考えられている。

これらの循環周期には，次のような経験則が観察されてきた。すなわち，コンドラチェフの波の中には，2 個ないし 3 個のクズネッツの波があり，クズネッツの波の中には，2 個のジュグラーの波が存在する。さらに，ジュグラーの波の中には，2 個ないし 3 個のキチンの波が観察されるのである。

14.2 景気循環理論

景気循環を説明する理論は多い。しかし，いずれの理論も景気循環の一面を捉えるものでしかなく，理論としてかならずしも十分とはいえない。もっとも，「不必要な要因は極力排除し，すべからく理論は簡単であるべきだ」とのオッカムの剃刀（Ockham's razor）の考え方からいえば，多様なそれぞれの理論は単純であるがゆえに有用性があるといえよう。関心外の要因は剃刀で削り落とすことによって，エッセンスがより明確になるのである。

■景気循環理論の分類

多様に提唱されてきた理論は，景気循環の発生源をどこに求めるのか，景気循環のどの側面を強調するのかによって，いくつかの観点からの対立的な比較が有用であろう。対照されるべき観点は，以下のように分類できる。

外生 vs 内生　第一に，景気循環の発生・持続メカニズムをどこに求めるかで，外生的景気循環理論と内生的景気循環理論とに分けられる。厳密にいえば，いずれの景気循環理論も循環が発生するきっかけは何らかの外生的ショックである。外生・内生の区別は，外生的ショックを受けた後の持続性にかかわっている。

外生的景気循環理論では，外生的ショックが絶え間なく発生するために，景気循環が持続すると考える。これに対して，内生的景気循環理論には，一度かぎりのショックでもそれが経済システムの中で増殖され，経済全体に伝播し，かつそれが持続するメカニズムが内包されている。そうした内生的伝播過程は，プロパゲーション・メカニズムの具体例としてモデル化される。14.3 節で見る乗数・加速度型モデルや，土地などの不動産を担保とした銀行借入による設備投資と資産デフレの相互作用に注目したファイナンシャル・アクセラレーター・モデルなどがある。

実物 vs 貨幣　第二は，景気循環を引き起こすショックが実物面でのショックか貨幣面・金融面でのショックかによる分類である。実物的ショックを重視する理論では，古典派経済学に立脚して貨幣の中立性を前提とすることが多い。貨幣が中立的（および 14.4 節でくわしく取り上げる特性である超中立的）であれば，実体経済面は貨幣面に関係なく決まるからである。

実物面でのショックとして最も重視されるのは，技術進歩（technical progress）や技術革新（innovation）と総称される生産技術の高度化である（技術の陳腐化や何らかの規制導入による不適格化など，マイナスの技術進歩もありえよう）。これらは，第17章でくわしく見るように生産性を高め，生産関数をシフトさせる。生産技術に次いでは，家計の選好シフトや，人口成長率の変動，人口構成のシフト，労働市場の構造，等が問題とされる。

こうした実物面ないし経済の実体面を規定する要因は，その国民経済にとって固有の特性であるとして，経済的メカニズム以外の要因で律しられるとする。それらをモデル化する際の関数形のパラメータをディープ・パラメータ（deep parameter）と呼び，その変動は外生的ショックになる。

他方，貨幣的ショックを重視する理論では，銀行部門による信用供与の過不足が景気循環の局面を決定する際に重要な役割を果たすことが少なくない。既述のファイナンシャル・アクセラレーター・モデルが代表的な例となるが，景気の反転が起こるのも信用の供与次第なのである。貨幣的なショックを重視するのは，ケインズ経済学の体系を基礎とした理論に多い。繰り返しになるが，古典派経済学の体系で二分法が成立してしまうと，貨幣の変動が実体経済に伝播することはないからである。

ただし，以上は厳密にいえば貨幣的ショックが予想されたものである場合であり，仮に貨幣的ショックの発生が予想外であった場合にはこの限りではない。予想された貨幣的ショックが中立的な古典派経済学の世界においても，予想外の貨幣供給量の変化は実体経済に影響を及ぼすのが一般的である。この点は，第16章の16.4節でのLSW命題に関連して再度言及する。

線形 vs 非線形　　第三は，経済構造が線形か非線形かというややテクニカルな分類である。線形の経済構造とは動学的な経済モデルを構成するさまざまな方程式が，簡単な線形定差方程式や線形微分方程式として表現されるモデルをいうが，こうした単純な構造を前提とすると，ごく限られた構造の場合を除いて持続的な循環は観察されない。他方，さまざまな非線形性が経済構造に内包されているならば，どんな循環のパターンが生まれても不思議ではない。それゆえ，非線形性は，内生的景気循環理論にとって不可欠な要素となっている。

非線形景気循環モデルは，具体的には，線形以外の複雑な定差方程式や微分方程式による非線形動学体系として記述される。こうした中で周期性を示す解がえられれば，景気循環が説明できることになる。完全な周期解がえられなく

ても，変動が一定の範囲内に収まる場合にも同様の説明が可能であろう。こうした分野は複雑系の経済学として研究が進められている。

なお，非線形性には典型的な非線形動学体系のほかにも，線形定差方程式や線形微分方程式に非負制約が付加されて生じる場合もある。経済変数の多くは正の値をとることから，定差方程式や微分方程式の解に非負制約を課すのである。

決定論 vs 確率論　　第四は，景気循環を決定論的にとらえるか，確率論的にとらえるかによる分類である。決定論的理論では，一見複雑な景気循環の発生と持続が，経済主体の行動にもとづいて記述が可能である。これに対して，確率論的理論では次々に発生するランダムなショックが時間の経過とともに蓄積され，それが全体として経験的な規則性に適合する景気循環を生み出すと考えられている。

確率論的な景気循環モデルは，循環を生み出す外生的なショックが確率変数であるものと想定する。この確率変数が時系列として自己相関するようなものであれば，景気循環を律する内生変数がサイクルを描くのは自然であろう。もともとの外生的ショックがそれ自体はホワイト・ノイズ（自己相関をもたないランダムなショック）であるとしても，それが時系列的に蓄積されるか，あるいはモデルの内生変数のシステムが動学方程式体系で表わされるならば，循環を導く確率過程となる。離散モデルで考えるとして，前者は移動平均過程，後者は自己回帰過程で表わされるが，いずれも自己相関のある確率過程になるからである。

なお，確率過程の確率的定常状態（stochastic stationary state）と呼ばれる状態では，個々の経済主体はランダムなショックが起こるたびにそれぞれ的確に対応しているとして，マクロ経済全体ではある程度規則的な変動に従う。これはときに蚊柱理論と呼ばれる。夕暮れ時に個々には乱れ飛ぶ蚊の集団が全体として塊を作って漂う様から，アナロジーとして命名されている。

一方，決定論的な景気循環モデルの多くは，その方程式体系をチェックすることにより循環のメカニズムが明確に理解されることから，景気循環の特性を分析したり将来予測をするのに適している。しかし，決定論的なモデルであるにもかかわらず，ある種の非線形動学方程式で記述されるカオス現象のように，メカニズムが複雑すぎて何が起こるか理解不能になり，将来予測が不可能に近い景気循環理論もある。

ここでカオス（chaos）とは，文字通りには混沌とした状態のことを意味するが，非線形動学方程式に関連しては，初期値等のわずかな違いがやがて大きな違いに展開するメカニズム（バタフライ効果と呼ばれる）を総称している。カオスの重要な点は，複雑で予測不可能なことであっても，決して確率論的なものではなく，非線形動学方程式によって完全に描写されることである。その特殊ケースが循環を繰り返す経路になるか，無限に発散するのでなく，一定の範囲内（アトラクターと呼ばれる）に収まることになる[1]。

均衡 vs 不均衡　　第五は，景気循環を均衡現象と見るか，不均衡現象と見るかによる分類である。景気が良くなったり悪くなったりするにつれて，インフレギャップの状態とデフレギャップの状態が繰り返されており，景気循環の過程ではマクロ的不均衡が存在する，というのが後者の考え方である。これに対して，一見不均衡に見える景気循環も，外生的ショックに対する各経済主体の合理的反応の表われであり，常に市場均衡は達成されている，と考えるのが前者である。

均衡と見るか不均衡と見るかは，「市場均衡」の意味では景気循環を古典派経済学の体系で考えるか，ケインズ経済学の体系で考えるかに対応しているといえよう。一般均衡分析では，均衡不均衡は「主体均衡」の意味でも用いられ，経済主体が最適化行動を行っているか否かも問題となる。第12章の12.6節で見たように，近年のマクロ経済学では——とりわけ理論モデルを構築しその含意を論じる際には——ミクロ的基礎にもどって現実妥当性を判断するのもしばしばである。

■景気の反転

1990年代のアメリカでは好景気が長期間持続し，一部ではニューエコノミー論の名のもとに「景気循環は死んだ」ともてはやされた。しかしながら，永遠に好景気が続くことはなかった。IT（情報通信技術）バブルの崩壊やサブプライムローン問題と，アメリカでもいくたびも好況と不況を繰り返してきた。日

---

[1]　バタフライ効果は，「ブラジルで蝶がはばたくことによってテキサスで大竜巻が起きる」というような，一見何の関係もなくありえなそうな因果性をいう（ブラジルのかわりに北京，テキサスのかわりにニューヨークなど臨機応変に別地名も用いられる）。気象学者のローレンツ（E. N. Lorenz）の講演の演題に由来するが，彼が例示したカオスのアトラクターの図が見た目に羽を広げた蝶に似ているからという異説もある。

本をはじめとして，他の国民経済でも同様である。

なぜ景気循環が繰り返されるのであろうか。経済主体のほとんどは，景気の拡張期なり好況期（好景気）が永遠に持続するのを望んでいるのに違いない。にもかかわらず，なぜ景気の反転が起こるのであろうか。本章の導入部分で，「景気変動の解明はマクロ経済学の最大の使命である」と書いた。解明の中には，この問いに対する解答も含まれるはずである。

協調の失敗 しかしながら，景気循環の理論が多様にあることからも，この問いに対して唯一の正解というのはない。もっともらしい解答としては，分権的市場経済の宿命としての，経済主体間の協調の失敗（coordination failure）が考えられる。

すなわち，好景気が相当期間続くと，そろそろ景気が反転するのではないかとの期待形成が優勢となり，他の経済主体に先んじて景気が反転した場合に備えて行動をする。企業ならば設備投資を控え，意図した在庫の積み増しを停止したりする。家計ならば，将来の所得の減少に備えて貯蓄を増加させ，現在の消費を減少させる。これらが，多くの経済主体にとって同時に起こるならば，現在時点での有効需要（総需要）を実際に減少させ，期待の自己実現（self-fulfilling）という形で景気の反転が起こる。もし，すべての経済主体が協調しあって有効需要の減少となる行動を差し控えるならば，景気の反転が自己実現することはなく，好景気は持続するはずである。

経済主体が競って「抜け駆け」的な行動をとり，それが一斉に起こる協調の失敗の様相は，第13章の13.8節で取り上げた資産価格のバブルが崩壊するプロセスに似ている。分権的市場機構の下での効率的な資源配分の達成（パレート最適性）には，動学的な観点では，将来に対する完全予見なり，不確実性がある場合にはすべての可能性に対して条件付き債券（アロー=デブリュー証券と呼ばれる一種の保険契約）が存在して市場で取引されることが前提となる。バブルの崩壊や景気循環における協調の失敗には，こうした前提が満たされない現実があるといえよう。

非協力ゲームの繰り返し 協調の失敗は，ゲーム理論でいう代表的な非協力ゲームである「囚人のジレンマ」のケースと同様の構造をもっている。唯一アナロジーが成立しないのは，非協力ゲームも繰り返されることによって協調が生まれる可能性（囚人のジレンマ・ゲームのスタグハント・ゲーム化）がしばしば指摘されるが，景気循環は何度も繰り返されるのにもかかわらず，経験

による学習効果が見られず，なかなか協調が生まれないことである[2]。繰り返しの回数が不十分な可能性もあるが，根本には経済主体間に戦略的補完（strategic complimentality）関係になるような相互信頼感が欠如していることがあげられよう。目先の利益を追求するインセンティブが強く，むしろお互い同士が潜在的に戦略的代替となる利害関係にある帰結として，抜け駆け行動による景気の反転が引き起こされてしまうと考えられる。

ともあれ，経験による学習効果が見られないのには，アメリカでのニューエコノミー論が象徴するように，景気循環に関連しては循環ごとに空前の新しい要素が浮上することが理由なのかもしれない。なお，政府による景気対策の発動が戦力的補完関係の構築に役立つ可能性があるが，この点は第16章で考察する。

■実証研究

景気循環をめぐっては，多様な理論が提唱されていることもあって，実証研究の蓄積にも膨大なものがある。これらの研究は，国民経済ごとの景気循環の特徴ともいうべき定型化された事実（stylized facts）の発見・整理を企図したファクト・ファインディングや，特定の景気循環理論の仮説検定を中心に行われてきた。景気の転換点（景気基準日付）の決定や景気予測，そして政策分析としてのシミュレーションに関連しても，多くの文献が発表されている。

景気循環の研究に関連して，時系列分析やダイナミック・パネルデータ分析などの計量経済学の手法も開発され，実証研究の精緻化も進んだ。近年では，ファクト・ファインディングと仮説検定やシミュレーション分析を融合したカリブレーション（calibration）が多くの研究者の人口に膾炙している。

何を実証するのか？　　多様な景気循環理論がある中で，当然ながら，実証研究によって何を目指すのかが問題となる。たとえば，カオス理論が示唆するまでもなく，現実の経済が確率論的景気循環理論に従っているのか，それとも

---

[2] 囚人のジレンマ（prisoner's dilemma）は，別室に隔離されて尋問を受ける共犯の囚人2人が，ともに自白しなければ軽い禁固刑で済むのにもかかわらず，自らが自白せず相手側が自白した場合の刑の重さに耐えられず，互いに自白してしまうというペイオフ（利得）構造になっている。スタグハント・ゲーム（stag hunt game）はやはり2人のゲームであるが，1人ずつ独立に野兎を捕まえるか，2人で協力して雄鹿（stag）を捕まえるかを決めるゲームである。大型の雄鹿は2人でしか狩りができず，成功すると互いにとって野兎よりもペイオフが大きいことから，協調を生み出すゲームの構造になっている。

決定論的景気循環理論に従っているかは，もともと実証研究によって判別することは不可能であろう。不可能な試みでなく，かわってプラクティカルな観点から問題になるのは，現実の景気循環を観察する際に，どの理論に基づいた場合に，現実のデータを最も整合的に（すなわち，理論と矛盾しないで）解釈可能かという視点である。近年盛んに行われている，時系列分析やカリブレーションによる景気循環理論の現実適合度の比較分析は，そうした要望に応えるものといえよう。

しかしなんといっても，景気分析で期待されるのは，現時点での景気判断と将来の景気予測であろう。「あらゆる物理法則を制御し何事も正確に予測する」というラプラスの悪魔のごとき存在は，自然科学である物理学の分野でも否定されている。経済主体の意思決定が絡む景気循環の分野では何をかいわんやであるが，それでも景気予測に当たっての景気循環理論に期待される役割には大なるものがあるのである。

三つの景気循環理論 以上が多様な景気循環理論の分類である。以下では，代表的な景気循環理論を三つ取り上げ，よりくわしく説明することにしよう。

14.3 天井・床型景気循環論

最初に紹介するのは，天井・床型景気循環論である。これは，基本的には乗数過程と設備投資についての加速度原理を組み合わせ，それに天井と床の存在という非線形性を導入した理論といえよう。上で対照した分類を用いれば，外生・実物・非線形・決定論的・不均衡景気循環理論である。

t 期について，Y_t ＝実質 GDP，C_t ＝消費，I_t ＝投資とすると，生産物市場の均衡条件，

《生産物市場の均衡条件》　　$Y_t = C_t + I_t$ 　　　　　　　　(14.1)

が成り立つ（政府支出は捨象する）。消費に関しては，所得と消費の間には1期間のタイムラグ（時間的な遅れ）があるケインズ型消費関数を前提としよう。

《ケインズ型消費関数》　　$C_t = \bar{C} + cY_{t-1}, \quad 0 < c < 1$ 　　　　(14.2)

所得と消費のタイムラグは，所得・支出ラグあるいはロバートソン・ラグと呼ばれる。投資については，第6章で説明した加速度原理を採用する。すなわ

ち、t 期の投資は t 期から $t+1$ 期にかけての所得の増加予想に依存して決定される。ただし、簡単化のために、実現値をうまく的中させるような将来予想を前提としよう（このような期待形成仮説は、第 13 章では**合理的期待形成仮説**と呼んだ）。こうした想定のもとでは、

《加速度原理》 $\qquad I_t = \nu(Y_{t+1} - Y_t) \qquad (14.3)$

となる。ここで ν は**資本係数**と呼ばれるディープ・パラメータである。(14.3)では暗黙のうちに、資本ストックの減耗率はゼロと仮定されている（くわしくは第 6 章参照）。

定差方程式の解 　(14.2)と(14.3)を(14.1)に代入すると、

$$\nu Y_{t+1} - (1+\nu)Y_t + cY_{t-1} + \overline{C} = 0 \qquad (14.4)$$

が得られる。数学的にいうと、(14.4)は Y_t についての二階の線形定差方程式にほかならない（パラメータは定数）。このような定差方程式の解は、一般に、

$$Y_t = A_0 + A_1 \lambda_1^t + A_2 \lambda_2^t \qquad (14.5)$$

と表わされることが知られている。ここで λ_1, λ_2 は、λ を未知数とする**固有方程式**（または**特性方程式**）と呼ばれる二次方程式、

$$\nu \lambda^2 - (1+\nu)\lambda + c = 0 \qquad (14.6)$$

の二つの解であり、A_0, A_1, A_2 は初期条件等から決定される定数である。(14.6) の左辺を $g(\lambda)$ とおくと、$g(0) = c > 0$, $g(1) = -(1-c) < 0$, $g(\infty) > 0$ であるから、二つの解は（小さいほうを λ_1 とすると）$0 < \lambda_1 < 1$, $\lambda_2 > 1$ を満たすことがわかる。すなわち、一つの解 λ_2 の絶対値は 1 を上回るため、時間の経過とともに λ_2^t はいくらでも大きくなり、Y_t は発散する。A_2 の符号次第で、発散方向は上方方向（$+\infty$）にも下方方向（$-\infty$）にもなり得る。A_2 が正ならば上方、負ならば下方であることはいうまでもない。

天井と床 　しかし、Y_t がいくらでも大きくなったり、あるいはマイナスになると考えるのは現実的でないだろう。Y_t に天井（上限）と床（下限）が存在するならば、その範囲内で循環を繰り返すというのが、ここでの考え方である（図 14.2 参照）。なぜ、Y_t に天井があるのだろうか。生産要素が完全に雇用されてしまうと、それ以上の成長は望めないからである。完全雇用の水準自

体が成長する可能性は無視できないが，無制限に大きくはならず，いずれはY_tが制約を受けるであろう．Y_tに天井が存在すれば$Y_{t+1}-Y_t$が何らかの外生的ショック（たとえば，消費マインドの減退による独立消費の減退）を受けて負になると，下方方向の加速度原理が働いて，Y_tはそれ以降下方にむかって動き出す．

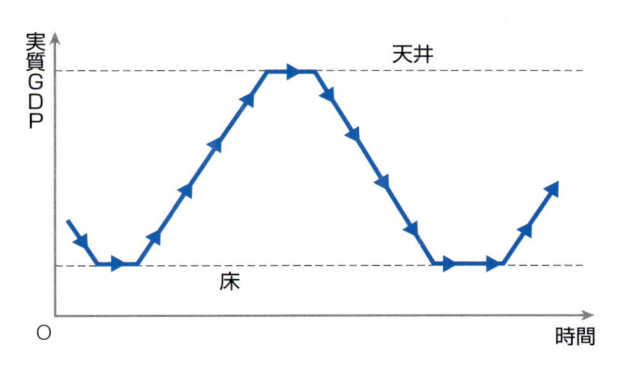

図 14.2 天井・床型景気循環理論

これに対して，床の存在根拠は，粗投資が負にならないところに求められる．経済的価値が正である工場・建物などのストックを壊してしまうときには粗投資は負となるが，経済主体の合理的行動を前提とすれば，こうした事態は生じない．このため，粗投資には0という下限が存在するのである（ただし，この事実は（14.3）の投資関数にはうまく反映されていない）．下限の近辺で停滞したのち，粗投資が正になるような経済環境の変化があれば，再び経済は上昇局面に移行するであろう[3]．

このような天井・床型景気循環論は乗数理論と投資の加速度原理を組み合わせた理論であるため乗数・加速度型モデルとも，あるいはその形状から，ビリヤード（玉突台）・モデルとも呼ばれている．

14.4　均衡景気循環論

景気循環は実質GDPやマクロ経済の主要な変数が変動を繰り返す現象のた

---

[3] 天井と床の存在は，（14.4）の線形定差方程式への非線形制約の導入となっている．

め，不均衡現象ととられやすい。前節で取り上げた天井・床型景気循環論では，景気循環を不均衡現象として理解した。生産物市場が均衡しているとしても，背後の労働市場では失業が存在し不均衡になっている。しかも，乗数・加速度原理は必ずしも企業の最適化行動から導かれていないからである。

これに対して，「景気循環自体はなんら不均衡を意味しておらず，各経済主体が最適化行動をとっており，各市場では需要と供給が一致しているという意味で，一般均衡のもとでも起こり得る現象」との理解もある。14.2節で見た景気循環を均衡現象と理解する立場であり，均衡景気循環論と呼ぼう。この見方によると，景気循環自体は資源の効率的配分とは矛盾しない。こうした見方は，古典派経済学の世界観に立脚しているといってよいだろう。

景気循環は均衡点の変動　古典派経済学では，完全雇用均衡の成立が前提となっていた。しかし，完全雇用水準が，常に一定の値にとどまるとは限らない。たとえば労働市場の均衡は，労働需要と労働供給の両曲線の交点で決定されるが，こうして決定される完全雇用水準は，労働需要曲線や労働供給曲線のシフトによって変化する。古典派経済学の立場に立った均衡景気循環論では，こうした均衡点の変動が景気循環として観察される，と考えるのである。

労働需要曲線や労働供給曲線のシフトは，労働需要や労働供給が実質賃金率以外の要因で変化する場合に生ずる。したがって，均衡景気循環論では，景気循環を引き起こす要因として，企業の生産技術の変化や家計の選好の変化（レジャー志向や時間選好率の変動）などのディープ・パラメータの変動を考える。これらはマクロモデルにとって外生的な要因として理解されてきた。こうした外生的要因が不規則な形で時間のずれをともないながら蓄積されると，循環的な変動パターンが繰り返されることになる。これが確率論的景気循環論の見方である。

政策介入と期待形成　均衡論的な世界でショック要因となり得るのは，技術や選好（嗜好）の変動ばかりではない。政府の（不必要な）介入が変動を引き起こす可能性もある。政府の民間経済活動への介入は必ずしも望ましい効果をもたらさず，逆にそれが経済の不安定化要因になる可能性が指摘されているのである。予想外の貨幣的ショックの変動が実体経済に影響を及ぼす可能性については14.2節で指摘したが，予想外のショックという意味では財政政策の場合でも同様である。

一般に景気循環のような動学的過程では，期待形成が重要な役割を果たす。

14.4 均衡景気循環論

たとえ合理的な期待形成であったにしても期待形成が100%確実ではありえず，事後的には誤りをともなうであろう。そうした誤りは，確率的な期待誤差とみなされるが，これが蓄積されると循環的な変動をもたらすことになる。

太陽黒点論　さらに，ほんらい実体経済とはまったく関係ない事柄でも，多くの人々がそれに基づいて共通した期待を形成するならば，それが実体経済に影響を与え得る。こうした問題は，太陽黒点論（sunspots）と呼ばれるが，これらも景気循環を引き起こす要因になり得るのである。

太陽黒点は黒点数で代表される活動の周期がほぼ11年であることもあって，古くから気象現象を介して景気循環との関連が注目されてきた。太陽黒点論はそうした経緯をふまえたものではあるが，必ずしも因果関係を真剣に受け止めたものではなく，むしろ実体面での直接の因果性が存在しない要因が循環の原因になり得るという点で，期待形成の重要性を強調したものといえよう。

■RBC モデル：基本枠組

均衡景気循環論の具体例として，RBC（real business cycle）モデルを紹介しよう。このモデルの特徴は一方ではミクロ的基礎付けをもった一般均衡分析を展開するところにあるが，他方でカリブレーションという分析手法を導入したところにもある。後者によって，解析的な分析手法によった従前には不可能だった非線形一般均衡分析を，コンピュータによる数値解析を駆使することによって一定の洞察が得られるところまで引き上げたのである。RBC モデルの基本は，外生・実物・非線形・確率論的・均衡景気循環理論である。

代表的個人の想定　RBC モデルの出発点は，家計や企業といった経済主体の最適化行動による，主体均衡のミクロ的基礎付けである。これについてはいろいろな想定が可能であるが，以下では最も簡単な枠組を考える。すなわち，経済には家計と企業の区別のない唯一の経済主体がいると考える。いわば，無人島に漂流したロビンソン・クルーソーである。経済主体が1人というのは非現実的とすれば，この1人は代表的個人（representative agent）でほかに同質的な経済主体が多数いると考えてもよい。皆がまったく同じ行動をするので，1人だけ取り上げて考察すれば十分なのである。別の想定としては，中央集権当局がプランナーとして青写真を描く計画経済をイメージしてもよい。

経済には1種類の生産物と2種類の資産がある。代表的個人は，生産から得られる所得 Y_t を消費 C_t に回すか貯蓄に回すかの選択を行う。貯蓄に回した部

分は資産の蓄積になる。資産は資本ストック（K_t）と外部貨幣の2種類であり，A_t＝実質資産総額，M_t＝名目貨幣ストック，P_t＝物価水準として

$$A_t = K_t + \frac{M_t}{P_t} \tag{14.7}$$

となる[4]。

実質資産については，代表的個人は<u>動学的予算制約式</u>に相当する<u>資産蓄積式</u>

$$A_{t+1} = A_t + X_t + Y_t - C_t - \delta K_t - \pi_{t+1} m_t \tag{14.8}$$

に直面する。ただし，追加の変数は X_t＝貨幣の実質トランスファー所得，m_t＝実質貨幣残高（＝M_t/P_t）を表わし，$\pi_{t+1} = (P_{t+1} - P_t)/P_t$ は t 期から $t+1$ 期にかけてのインフレ率である。<u>ストック変数である A_t は t 期の期首時点での値であるのに対して，消費などのフロー変数は t 期の期間中で実現する値で定義される</u>。なお，t 期の期首時点は $t-1$ 期の期末時点とも解釈できることに注意しよう[5]。

(14.8) の右辺の最後の項は，資産として貨幣を保有した場合にインフレによって生じる資産価値の減価（キャピタル・ロス）分を表わしている。その前の項は，資本ストックで資産保有した場合の資本減耗分である。インフレで実質価値が減価する貨幣を，代表的個人がなぜ保有するかについては，この経済の貨幣の役割をめぐって後述する。

なお，貨幣の供給においては，マクロ的には名目貨幣成長率が一定の率 $\overset{\text{シータ}}{\theta}$ になるが，個々の経済主体には（直前の貨幣保有額には依存しない）固定額方式（lump-sum）でトランスファーされるものとする。文字通りただ1人からなる

---

[4] 第9章のマクロ経済の一般均衡での (9.3) や第11章でのケインズ経済学の体系の (11.3) では，実質資産の定義での資本ストックにはトービンの q がかかっていたが，ここでは暗黙裡に投資の調整コストをゼロとすることにより，トービンの q は1になると前提している。また，資本ストックはすべて民間部門で保有されており，(9.3) や (11.4) での K_p は K そのものに等しいとする。

[5] 変数の期間のタイミングは別の考え方もありうる。たとえば，t 期の投資がそのまま t 期の資本ストックになり，t 期の生産に貢献する定式化も考えられる。この場合には，(14.8) を

$$A_t = A_{t-1} + X_t + Y_t - C_t - \delta K_{t-1} - \pi_t m_{t-1}$$

と書き改めるのが適切であろう。どちらかでなければならないといった問題ではなく，分析目的次第で使い分けられる。ちなみに，連続時間の定式化ではこの問題は解消される。

経済や計画経済では矛盾を孕んだ想定ではあるが，要は，主体均衡の段階では貨幣のトランスファー所得を織り込んで行動することはないものと仮定する。

生産関数と全要素生産性　生産所得は生産活動による付加価値として得られるが，生産には資本（K_t）と労働（N_t）を投入する必要があり，その関係を

$$Y_t = F(K_t, N_t) = \Gamma_t K_t^\alpha N_t^{1-\alpha} \tag{14.9}$$

と，一次同次の<u>コブ=ダグラス型生産関数</u>で表わす。<u>一次同次</u>とは，投入するすべての生産要素を同時に一定倍（a 倍としよう）にした場合，生産量も a 倍になるという関数形の性質であり，経済学的には<u>規模に関して収穫一定</u>ということを意味する（第 6 章の練習問題 6.2 参照）。ちなみに，この性質は一つの生産要素の投入を単独で増加させた場合の<u>収穫逓減の法則</u>とは矛盾しない。

（14.9）の生産関数の係数 Γ_t（ガンマ）は生産技術を体化したパラメータであり，第 17 章でくわしく説明される<u>全要素生産性（TFP）</u>の指標となる。Γ_t は外生的な確率過程で規定され，具体的にはその成長率が平均 γ，分散 σ^2（ともに一定）の正規分布に従うものとする。

■代表的個人の最適化行動

代表的個人の選択は各期（いまは第 0 期とする）の期首の段階で，当期も含めた無限時点先までの効用の割引現在価値

$$\sum_{t=0}^{\infty} \left[\frac{1}{1+\beta}\right]^t U(C_t, L_t, m_t) \tag{14.10}$$

を，資産蓄積式（14.8）と時間総数の制約条件のもとで最大化する[6]。後者の制約は，各期の時間総数を外生的に所与の $\bar{N}_t$ で表わすとして，

$$N_t + L_t = \bar{N}_t \tag{14.11}$$

となることを意味する。いうまでもなく，各期の効用は消費 C_t，レジャー L_t，そして実質貨幣残高（$m_t = M_t/P_t$）にプラスに依存する。消費とレジャーが効用を高めるのは自明としても，実質貨幣残高が効用を高めるのは理解しにくい

6）個人には寿命があり，無限大先までの視野は非現実的との批判があるかもしれない。実は，親が子孫の幸せを願い（すなわち，子孫の効用が高いと自分の効用も高まる）遺産を残すという<u>遺産動機</u>が有効に機能すれば，実質的に無限大先までの視野をもつこととモデルの構造上は同等になる。こうした想定は<u>王朝モデル</u>（dynasty model）と呼ばれている。

かもしれない。

貨幣の役割　第7章で学んだ取引動機や投機的動機は，ミクロ的基礎に戻って貨幣が需要される要因としてはモデル化しにくく，それらを踏まえた上でより直截的に貨幣需要を導く方策として，単刀直入に貨幣保有が効用を高めると定式化する。これを効用関数内貨幣（money-in-utility-function）アプローチと呼んでいる。

別のアプローチとしては，まず消費に対して一定割合の貨幣を必要とする前払い制約（cash-in-advance）があり，そのために貨幣が需要されるとするモデルがある。また，有限の寿命を持つ個人のグループが世代を構成し，世代間の取引を媒介する価値保蔵手段としての貨幣に注目する世代重複（overlapping generations，OLG）モデルの考え方もある。貨幣が媒介することによって，生存期が重ならない世代間では不可能であった取引が可能となり，パレート最適性の意味での改善となる資源配分が実現されるのである。

これらのモデルの枠組にそって以降の説明を展開することも可能であり，その場合にはあえて効用関数内に実質貨幣残高を含める必要はない。しかしながら，ここでは分析が相対的に簡明な効用関数内貨幣アプローチを採用する。

最適化問題の解法　代表的個人の効用最大化問題を具体的に解くことを考えよう。この際の解法としては，数学にくわしい読者にとっては，ここでのモデルのような期間分析の離散モデルの場合には動的計画法（ダイナミック・プログラミング），そして連続時間モデルの場合には最大値原理や変分法が用いられることを利用した説明のほうが理解しやすいかもしれない。しかし，こうした手法の解説は本書のレベルを超えていることからここでは行わず，経済学的な直観を頼りとする。

期待形成仮説の特定　動学的最適化問題を解く上で決定的に重要になるのは，意思決定の対象外の外生的な変数の将来の値をどのように予想するかであり，期待形成仮説を特定化する必要がある。しかも，期待形成は外生変数ばかりでなく，外生変数との相互連関の中で決定される将来の内生変数の動向についても期待形成をしなければならない。均衡景気循環論など動学的一般均衡理論を展開する際には基本的に合理的期待形成仮説（不確実性がない場合には完全予見）を前提とするが，このことは，既述のように，最適化の際の目的関数を同一のものとするなど一定の条件のもとでは，中央集権当局がプランナーとして青写真を描く計画経済を想定することと同等となる。

14.4 均衡景気循環論

消費の決定　t期の消費をどのように決めるのが（14.10）の効用の総和を最大化するであろうか。この問題を考えるに当たって，消費の限界効用を表わす偏微分，$\partial U/\partial C$ の t 期における評価値を $U_c(t)$ で表わすものとする。厳密には $U_c(t) = U_c(C_t, L_t, m_t)$ と表記すべきであり，節目節目ではそのようにするが，経済学的な説明にあたって混乱がない範囲で簡略化する意図である（以下，他の偏微分についても同様）。

さて，将来の t 期において，限界的に ΔC（デルタ）だけの消費を減らして投資に振り向け，次の $t+1$ 期に目一杯に消費を増やすとしよう。ここで，t 期の ΔC の消費減により，$U_c(t)\Delta C$ だけ効用が減少するが，$t+1$ 期にはもともと持ち越す分（限界生産力1に相当）に加えて，増えた資本ストックの限界生産力から資本減耗分を控除した $[1+F_K(t+1)-\delta]\Delta C$ の消費増が可能であり，それによって $[1+F_K(t+1)-\delta]U_c(t+1)\Delta C$ の効用増となるが，これを t 期の現在価値に直すために $1+\beta$ で割ると直接比較可能となる。

これらの効用減と効用増を天秤（てんびん）にかけて，もし効用増のほうが大きければ t 期の消費をさらに減少させ，逆に効用減のほうが大きければ t 期の消費減を控えることになろう。こうして t 期の消費水準を決めるが，最適化行動の結果としては限界的に

$$U_c(C_t, L_t, m_t) = \left[\frac{1+F_K(K_{t+1}, N_{t+1})-\delta}{1+\beta}\right] U_c(C_{t+1}, L_{t+1}, m_{t+1}) \quad (14.12)$$

が成立するように，$t=0, 1, 2, \cdots$ とすべての t 期の消費を決めていくことになる。ただし，一般的には（14.12）だけから消費が決められるわけではない。消費の限界効用は消費水準に加えて，レジャーにも実質貨幣残高にも依存するからである。

（14.12）からは，右辺の大括弧内の係数が1よりも大きいか否か，すなわち一般に t 期において資本の限界生産力について

$$F_K(K_t, L_t) > (<) \beta + \delta \quad (14.13)$$

の条件によって，$U_c(t) > U_c(t+1)$（$U_c(t) < U_c(t+1)$）となり消費の限界効用が動学的に減少していくか（増加していくか），すなわち消費の限界効用が逓減することから経時的に消費を増やしていくか（減らしていくか）が最適解の特徴になる（複号は括弧内が対応）。こうした性質を示す（14.12）を異時点間の消費経路についてのケインズ＝ラムゼイ・ルールと呼ぶが，より広くは動学

的最適化問題の<u>オイラー方程式</u>としてしられており，最適化のための一階の必要条件（first order condition，FOC）になっている。この条件の経済学的な意味については，くわしくは経済成長を扱う第17章を参照されたい。

労働供給の決定　次に労働の決定について取り上げよう。既述のように，労働供給については，労働所得とレジャーの間の選択を考える。労働供給を限界的に ΔN だけ増やすと，生産所得は $F_N(t)\Delta N$ 増加し，これを消費に回すことによって効用が $U_c(t)F_N(t)\Delta N$ だけ増加する。他方，(14.11)の総時間数の制約を踏まえると，レジャーが $\Delta L_t = -\Delta N$ だけ減少することから，効用は $-U_L(t)\Delta N$ だけ減少する。主体均衡の段階では，これらが等しくならなければならず，$U_c(t)F_N(t) = U_L(t)$ が成立する。すなわち

$$\frac{U_L(C_t, L_t, m_t)}{U_c(C_t, L_t, m_t)} = F_N(K_t, N_t) \tag{14.14}$$

となるが，左辺はレジャーと消費の<u>限界代替率</u>（レジャーを1単位減らした場合に効用を保つのに必要な消費の単位）であり，右辺は労働の限界生産力である。

市場経済においては第3章の3.1節での設定のように，左辺はレジャーと消費の相対価格に等しくなるが，レジャーの機会費用は名目賃金率であるから，結局実質賃金率となる。すなわち，(14.14)は実質賃金率と労働の限界生産力の均等化を主張する古典派の第二公準に対応する。

貨幣需要の決定　貨幣需要の決定も労働供給と同様に考えることができる。すなわち，t 期において，期首に所与の資産残高 A_t を貨幣と資本ストックとの間で配分するのであるが，その際には貨幣を限界的に増やした場合の効用の変化に注目する。

実質貨幣需要を限界的に Δm だけ増やすと，効用は $U_m(t)\Delta m$ だけ増加する。(14.7)より，貨幣保有を増やすとその分資本ストックの保有が減少し，生産所得が資本の限界生産力から資本減耗分を控除し，逆にインフレ率を上乗せした分だけ全体として減少し，その結果消費と効用の減少につながる。すなわち，限界的には $U_m(t) = U_c(t)\{F_K(t) - \delta + \pi_{t+1}\}$ が成立し，書き換えると

$$\frac{U_m(C_t, L_t, m_t)}{U_c(C_t, L_t, m_t)} = F_K(K_t, N_t) - \delta + \pi_{t+1} \tag{14.15}$$

となる。

左辺は貨幣と消費の限界代替率であり，右辺は貨幣保有の機会費用となって

いる。市場経済とのアナロジーでいけば、左辺は貨幣と消費の相対価格（すなわち物価水準の逆数）に等しくなるが、ここでの貨幣保有の機会費用は資本ストックの保有減をともなうことから、資本の純収益率になる。(14.15) は投資の調整費用を考慮しない世界においては、第6章6.2節で見た望ましい資本ストックを決定する (6.1) の条件式に対応するものである。なお、(14.15) の右辺にインフレ率が加わるのは、インフレによって貨幣の実質価値が低下し、代替資産としての資本の魅力が増すからであり、その分機会費用が高まる。

■RBC モデル：マクロ経済の均衡

　この経済のマクロ経済の均衡をチェックしよう。以下では、記号としてはいままでのミクロの分析とまったく同じ表記法を採用するが、内容としては経済全体を集計したマクロの変数になる。同質的な代表的個人の分析においての常套手段であり、分配など集計にかかわる複雑な問題を回避する便法となっている。

　この経済に存在する財・サービスとしては、生産物と労働があり、さらに資産として資本ストックと貨幣がある。

生産物の供給と需要　　この経済での生産物の需要は消費と粗投資であり、生産物の需給一致は

$$Y_t = C_t + (K_{t+1} - K_t) + \delta K_t \tag{14.16}$$

と表わせる。右辺の括弧内の $K_{t+1} - K_t$ は資本ストックの事後的に見た増加分で純投資、δK_t は資本減耗分の更新投資であり、これらを合わせたものが粗投資になる。これに消費を加えたものが総需要となり、(14.16) はその総需要が左辺の総供給に等しいことを示しており、市場経済での生産物市場の需給均衡式に対応する。

　果たして (14.16) が実際に成立するか否かは、後に吟味する。

労働の供給と需要　　労働に関しては、(14.14) で決まる最適な労働が、(14.11) の総時間数制約を満たす内点解であれば、それがマクロの均衡でもあると解釈できる。市場経済ならば、労働市場での完全雇用均衡が達成されることに対応する。

貨幣の供給と需要　　貨幣の需要が (14.15) から導かれるとして、これと貨幣供給が等しくなる。貨幣供給量は毎期一定の θ の率で増加されており、これ

が期首になされ期末まで維持される。すなわち，$t+1$ 期の名目貨幣供給量は

$$M_{t+1} = (1+\theta)M_t \tag{14.17}$$

となり，増加した分 θM_t は t 期中の名目トランスファー所得 $P_t X_t$ になる。このような形での貨幣供給量（外部貨幣）の発行は，貨幣が唐突に経済に注入されることから，貨幣経済の理論モデルの世界では，ヘリコプターから空中散布されるイメージでヘリコプター・マネーと呼ばれることがある。より立ち入っていえば，ヘリコプター・マネーは経済を構成する各経済主体に定額ないし一括方式（lump-sum）でトランスファーされる場合をいい，貨幣保有残高に応じて新規のトランスファー類が決定される発行形態（いわば貨幣の利息支払い）などを除外している。一括方式での発行であることから，最適化の際の限界条件には無関係になるのが理論モデルで多用される理由である。

さて，(14.17) の両辺を P_t で割って実質値に直して整理すると，

$$(1+\pi_{t+1})m_{t+1} = (1+\theta)m_t \tag{14.18}$$

となる。(14.7) を (14.8) に代入した式に (14.18) と $X_t = \theta m_t$ を代入して整理すると，

$$K_{t+1} - (1-\delta)K_t + C_t - Y_t = \pi_{t+1}(m_{t+1} - m_t) \tag{14.19}$$

が導かれる。

生産物の供給と需要が一致し (14.16) が成立すれば，(14.19) の左辺は 0 となるから，右辺もゼロとならなければならない。これは，インフレ率が 0 でないとすれば，$m_{t+1} = m_t$ と実質貨幣残高が期間によらずに一定になることを意味する。(14.18) からは，m_t が一定とすれば，どの t に対しても

$$\pi_{t+1} = \theta \tag{14.20}$$

と，インフレ率も一定となり名目貨幣ストックの増加率に等しく，$\theta > 0$ であるから確かにゼロではない。念のためにどの t にも $\pi_t = 0$ と仮定すると，(14.18) より m_t は発散過程にあることになり，後述する横断性条件に反することから長期的な観点での合理的期待形成の要請によって排除される。

一般均衡の概観　いままでに得られた RBC モデルの体系を，$m_{t+1} = m_t = m^*$ と (14.20) を踏まえた上でまとめると，変数関係が明らかな生産関数 (14.9)

14.4 均衡景気循環論

を除いて五つの連立方程式体系となる。なお，t 期に焦点を合わせるために，(14.12) は 1 期間前の式にタイミングをシフトした。

$$U_c(C_{t-1}, L_{t-1}, m^*) = \frac{1+F_K(K_t, N_t)-\delta}{1+\beta} U_c(C_t, L_t, m^*) \tag{14.21}$$

$$\frac{U_L(C_t, L_t, m^*)}{U_c(C_t, L_t, m^*)} = F_N(K_t, N_t) \tag{14.22}$$

$$\frac{U_m(C_t, L_t, m^*)}{U_c(C_t, L_t, m^*)} = F_K(K_t, N_t) - \delta + \theta \tag{14.23}$$

$$N_t + L_t = \bar{N}_t \tag{14.24}$$

$$K_{t+1} - (1-\delta)K_t + C_t - Y_t = 0 \tag{14.25}$$

このマクロ経済の一般均衡の詳細は順に観察するとして，まず全体像を概観しよう。t 期の期首においては，資本ストック K_t は所与であり，実質貨幣残高 m^* も過去から一定の値をとっている。t 期の期中に内生的に決定される財・サービスとしては，消費 C_t，レジャー L_t，労働 N_t の 3 変数があり，これらが決定されればほかの変数が順繰りの recursive な形で（実際は同時に）決定される。すなわち，総供給ないし生産物 Y_t は (14.9) によって求まる。すると，(14.25) で $t+1$ 期の資本ストック K_{t+1} が決まり，t 期と同様にして $t+1$ 期の各変数が決まれば，$t+2$ 期の資本ストック K_{t+2} が決まる，…と連鎖していくことになる。

初期値と横断性条件 ここでの代表的個人の最適化問題が本質的に動学問題であることは，いまのところ (14.12) ないし (14.21) のケインズ=ラムゼイ・ルールに反映されているだけであるが，実は長期的な観点での期待形成の妥当性についての判断材料も提供する。

ケインズ=ラムゼイ・ルールは $t-1$ 期と t 期，あるいは t 期と $t+1$ 期の間での消費選択が満たすべき条件を示しているが，この関係は消費水準の変化分についての条件を指定するものの，消費の絶対水準については特別限定しているわけではない。いいかえるならば，ケインズ=ラムゼイ・ルールは短期の消費経路に指針を示すものの，連続する短期の延長としての消費経路の長期的な動向についてはオープンクエスチョンになっている。

それに答えるには，(14.12) ないし (14.21) を無限先まで続けた場合の極限

状態を見極める必要がある。この経済の設定では、後述の技術進歩を除くと、一定率の人口成長のように経済が長期的に拡大する要因を想定していないために、経済は長期的には定常状態に収斂すると予想される。代表的経済主体もそうした期待形成の下で最適化すべきであるとの条件を課すのが<u>横断性条件</u>（transversality condition）であり、具体的には $t \to \infty$ のときに $F_K(K_t, L_t) \to \beta + \delta$ と、(14.13) が最終的に等号で成立することが必要条件となる。<u>無限時点先に横断性条件を満たす経路に乗っているように、初期時点で調整するのである。</u>

横断性条件は前章の 13.8 節で見た合理的バブルを排除するための<u>ポンジ・ゲーム排除条件</u>と相通じるものがある。ポンジ・ゲーム排除条件は分権的な市場経済が健全に機能するための仮定であるのに対して、ここでの横断性条件は<u>動学的に最適化する経済主体にとっての必要条件、あるいは計画経済でのダイナミックな最適化のための必要条件になっている。</u>

■貨幣の超中立性

RBC モデルの一般均衡に戻ると、t 期の期中に内生的に決定される消費 C_t、レジャー L_t、労働 N_t の3変数は、具体的にはケインズ=ラムゼイ・ルール (14.21)、古典派の第二公準 (14.22)、および総労働時間 (14.24) の三つの式を連立させて解くことができる。

長期定常状態　RBC モデルのほんらいの意図とは異なるが、この経済に追加的な外生的ショックが発生しないとして、長期的な定常状態に注目しよう。長期定常状態では、すべての変数が一定の値に収斂するために、各変数に"*"印を付けて表わすとして、(14.21) と (14.25) からは

$$F_K(K^*, N^*) = \delta + \beta \tag{14.26}$$

$$Y^* = F(K^*, N^*) = C^* + \delta K^* \tag{14.27}$$

が得られる。これら二つの方程式に加えて (14.22)、(14.23)、(14.24) の三つの方程式を加えた合計五つの方程式体系には、K^*, N^*, L^*, C^*, m^* の五つの未知数があり、方程式の数と未知数の数が一致するという意味では長期定常状態がさまざまなディープ・パラメータの関数として解かれることになる[7]。

---

[7] Y^* も含めると合計六つの内生変数があるが、その場合でも (14.27) に二つの式があると解釈すれば、方程式の数と未知数の数は一致する。

貨幣の中立性と超中立性　　この長期定常状態の特徴としてあげられるのは，(14.22)の左辺のレジャーと消費の間の限界代替率が実質貨幣残高 m^* から独立ならば，他の四つの変数 K^*, N^*, L^*, C^* は m^* の動向とは無関係に決定されることである。もしそうであるならば，(14.23)において名目貨幣ストックの増加率 θ が変化しても，それは m^* にだけ影響を与えるだけであって，他の実物変数 K^*, N^*, L^*, C^* は θ から独立になる。

　実体経済が，実質貨幣残高を除いて，名目貨幣供給量の増加率から独立になる場合に，貨幣の超中立性（superneutrality）が成立するという。貨幣が超中立的であれば，名目貨幣供給量の水準が実体経済に影響を及ぼさないのは自明であるので，第10章の10.2節で学んだ意味で貨幣は中立的であって古典派の二分法が成立する。その意味で，貨幣の超中立性は単なる貨幣の中立性よりは強い含意がある。

　長期定常状態で貨幣が超中立的になる十分条件が，レジャーと消費の間の限界代替率（すなわち，それぞれの限界効用の比率）が実質貨幣残高 m^* から独立になることであるが，通常前提される効用関数では満足されると考えてよい[8]。また，貨幣の導入に際して，効用関数内貨幣アプローチの代わりに前払い制約や世代重複モデルを採用するならば（古典派経済学の基本前提を離れてそれ以外に特別の追加的な想定をしないかぎり），長期定常状態においては無理なく成立する性質でもある。

　しかし，貨幣の超中立性は，経済主体の動学的最適化行動をともなわないマクロ経済学では，むしろ成立しないのが当然視されてきた経緯がある。第13章の13.2節での *IS-LM* 分析にフィッシャー式を導入したマクロモデルで，インフレ期待が実体経済にプラスの拡張効果を発揮したのは，まさにその典型例である。伝統的インフレ理論やフィリップス曲線の議論においても，インフレが実体経済に何らかのインパクトを及ぼすのは当然と想定しているといっても過言ではない。もちろん，(14.20)のように，インフレ率と名目貨幣ストックの増加率が厳密に一対一に対応するか，には留保が必要である。とはいえ，理論的には，ここでの θ の変化とインフレ率の変化を大筋では同一視しても問題

---

8)　たとえば，後出の(14.28)の効用関数など一般に効用関数が C, L と m について分離可能（$U = u(C,L)u(m)$）となるか C, L, m の各冪乗（累乗）項のかけ合わせ（$U = C^\alpha L^\beta m^\gamma$，ただし α, β, γ は便宜的なもので既出のパラメータとは無関係）で表わされるようなものであれば，必然的に満たされる性質である。

定常状態以外での超中立性 　もっとも，インフレが実体経済に全く関係ないかを，長期定常状態の特性だけで判断するのは適切でない。そこで，次に，定常状態に収斂するまでの過渡期の経路（transition path）上での超中立性の成否が理論的に問題となる。それに対しての解答としては，効用関数が分離可能であればそもそも t 期において（14.21）と（14.22）に実質貨幣残高 m^* が登場しないことから，確かに超中立性が成立する。しかし，効用関数が分離可能でなければ，一般論としては transition path 上では超中立性は成立しない可能性が高い。

これは，(14.21) や (14.22) に m^* が残ったままだと，(14.23) および (14.24) との連立方程式体系として t 期の内生変数の全体である N_t, L_t, C_t と m^* の四つの変数が同時決定され（K_t は前期末に決定済み），それぞれに θ が影響を及ぼす可能性があるからである。

■RBC モデルのカリブレーション

RBC モデルの基本的な枠組とその理論的な特性を見てきたが，名が体を表わすように，典型的な RBC モデルには貨幣は導入されていない。もともとの RBC モデルの関心対象は，長期定常状態で貨幣が超中立的か否かにはなく，全要素生産性のショックがどのように実体経済の変動を引き起こすかにあるからである。

以下では，本節の目的もほんらいの RBC モデルのカリブレーションに転じることにする。ここでのモデルは必ずしも数値例によるカリブレーションを必要としない程度に単純化されたものになっているが，RBC モデルの多くはより複雑なモデルになっており，コンピュータによる数値解析を必要とする。

RBC モデルの展開としては，生産関数（14.9）の全要素生産性 Γ_t に乱数を発生させてシミュレーションを行うところにある。その際，Γ_t が従う正規分布の平均と分散，γ と σ^2，生産関数内のパラメータ α，総効用（14.10）の割引率 β，各期の時間総数 $\bar{N}_t$，資本ストックの減耗率 δ などのディープ・パラメータについては，さまざまな実証分析の結果や観察されるデータ特性を踏まえて，現実経済での値に近いパラメータ値を設定する。もちろん，なかには利用可能なデータから直接推計することも考えられる。

さらには，(14.10) 内の t 期の効用関数を特定化して，たとえば

$$U(C_t, L_t, m_t) = \frac{1}{1-v}(b_c C_t^{1-v} + b_L L_t^{1-v} + b_m m_t^{1-v}) \quad (14.28)$$

と消費，レジャー，実質貨幣残高で分離可能で，それぞれの限界効用の弾力性ないし相対的危険回避度と呼ばれるパラメータが $\overset{\text{ニュー}}{v}$ で一定になるとする[9]。すると，この v の値をいくつか比べることによって，さまざまに発生された全要素生産性 Γ_t の変動に対して，対応する生産 Y_t，消費 C_t，労働 N_t，資本ストック K_t についての変動パターンが得られる。これを数千回ないし数万回繰り返すというモンテカルロ実験を行い，最も現実のデータの変動に合致するパラメータの組合せを見出し，それらをいったん確定する分析手法がカリブレーションである。

その後は，全要素生産性やその他のショックがどのように内生変数の体系に影響を及ぼすかを調べるインパルス応答関係の分析，変数間の条件付き予測可能性に依拠した因果性分析，いったん特定化したパラメータを順次変化させて他の変数に対する効果を調べるシミュレーション分析などが行われる。さらには，モデルと現実データのギャップを埋めるには，想定したショックがどれだけなければならないかを逆算する分析も行われ，景気循環会計（business cycle accounting）と呼ばれている。

RBCモデルの到達点　本節で説明したRBCモデルは最も単純なモデル版といってよく，実際には多くの点でより複雑な要素を合わせもったモデルになっている。たとえば，産業レベルまで財の種類を増やしたり，労働や資本の異質性を導入し，さらにはモデルに銀行部門などの金融セクターも追加する。そうした上で，財政金融政策の効果などを分析するのである。もちろん，カリブレーションの目的ができるだけ現実経済に近い変動パターンの再現にあることから，次々とモデルの拡張がなされてきた経緯もある。

そうした拡張によって多くの点で現実に類似するデータの変動パターンを再現できることが判明したが，同時にいくつかの点で現実と合致させるのが困難な側面が残ることもわかってきている。もちろん，これらは日本やアメリカなどモデル化する国民経済によっても異なったものになるのが一般的であるが，ある程度共通する側面があることが指摘されている。

---

[9]　$-CU_c/U_{cc} = v$ のことをいう。ただし，U_{cc} は C に関する二階の偏微分である。なお，(4.28)は C, L, m の三つの引数について分離可能な効用関数の例となっており，b_c, b_L, b_m は偏微係数でなく単なる正のパラメータを表わす。

■RBC モデルの限界

RBC モデルの現実妥当性に関して指摘される問題点は、大別すると二つある。一つはそもそもの景気変動の出発点としての全要素生産性の変動が、モデルが想定するように真に外生的ショックであり、しかもそれが重要なのかとの疑問であり、もう一つはモデルが再現したり予測する内生変数の変動や内生変数間の変動関係が現実に合っているかとの疑問である。

第一の全要素生産性に関する論点は第 17 章でくわしく説明することから、ここではもっぱら二つ目の論点を整理しよう。細かい論点は国民経済によって多々あるが、生産の変動パターンを現実に近づけるカリブレーションにおいては、大きな問題点は主に消費と労働の変動パターンに集約される。消費に関しては異時点間の平準化が現実に比べて過度になされる傾向があること、労働に関しては労働の変動と実質賃金率の変動との関係に理論と現実のギャップがあることが問題点である。

消費の異時点間変動　RBC モデルによって生産に（過去の生産活動との間での）自己相関が認められ、したがって景気変動に持続性があることが説明されるが、その程度と比べるとモデルに従った消費の異時点間変動は小さく、現実のデータと比べると過度に平準化されてしまう傾向にある。過度の平準化を抑制するには、異時点間の消費の平準化の目安になる異時点間消費の代替の弾力性を小さくする必要があるが、そのディープ・パラメータは (14.15) の効用関数の特定化の下では限界効用の弾力性のパラメータ ν の逆数となる（一般の効用関数では、そうなる必然性はない）[10]。

したがって、現実の消費の変動を説明するためには、(14.28) の効用関数で ν の設定値を相当程度大きくする必要がある。この点は消費と資産選択を同時に説明する消費・資本資産評価モデル（consumption CAPM）の視点からの要請と共通点があり、現実のデータの動きを追跡するためには想定範囲を超えたパラメータ値を考えなければならないパズル（危険資産プレミアム・パズルと呼ばれる）となっている。なお、この問題の別の解釈として、カリブレーションの際にアロー＝デブリュー型債券の存在を前提とした条件を課すために、過度の消費の平準化が進んでしまうとの説もある。

---

[10]　異時点間消費の代替の弾力性は、t 期と $t+1$ 期の消費の相対価格である $1+r$（ただし r は実質利子率）が 1％変化したときに消費比率 C_{t+1}/C_t が何％変化するか、のパラメータを表わす。

労働と実質賃金率の変動　次に，労働の変動についてみよう。RBC モデルでは，全要素生産性のショックに対して労働がプラスに反応する。すなわち，(14.9) の Γ_t にプラスのショックが発生すると，当初 (14.14) の右辺の $F_N(t)$ が大きくなることから左辺のレジャーと消費の限界代替率も上昇し，相対的に消費が増えレジャーが減少する。その結果，(14.11) の総時間数の制約条件の下では，労働 N_t が増える。この効果は N_t が増えて労働の限界生産力が低下することによって相殺されるが，相殺は部分的なものになる。したがって，$F_N(t)$ は実質賃金率に等しいことから，景気変動において実質賃金率と労働雇用量が順相関（procyclical comovement）の関係にあることを意味する。

　これは，第 3 章での労働需要に関する古典派の第一公準が意味する実質賃金率と労働雇用量の逆相関（countercyclical comovement）とは反対であり，古典派の第一公準（そして第一公準のみ）を認めるケインズ経済学の体系に対する実証面からの古くからの批判（ダンロップ=ターシス批判と呼ばれる）に与する意味合いがある。しかしながら，現実は RBC モデルが示唆するほど実質賃金率が変動しない。一般に，RBC モデルは価格や賃金の上下方向への伸縮性を前提とするが，現実は賃金にも物価にも，名目値の意味でも実質値の意味でも粘着性が認められるのである。

14.5　ニュー・ケインジアンの景気循環論

　前節では，マクロ経済の動学的一般均衡分析を展開した均衡景気循環論を説明したが，この枠組自体は RBC モデルに限定されるものではない。第 9 章でも述べたように，経済主体の経済行動においての主体均衡とマクロレベルでの市場均衡の条件が備われば，それがマクロ経済の一般均衡になる。RBC モデルでは，経済主体の動学的最大化問題を明示的に解いた形でモデル化しているのが斬新な点であり，数値解析によるカリブレーション分析も非線形方程式体系の解析的な分析での限界を打破するものであるが，同時に現実説明力の上では問題点があることも理解された。

　とりわけ RBC モデルの課題としての賃金や物価の粘着性は，ケインズ経済学の体系が前提してきた名目賃金の下方硬直性に軍配を上げる側面があることから，その延長上の景気循環論が有望になる。第 12 章でも総括したように，元来ケインズ経済学の体系には明示的な最適化問題を解くといったミクロ的基

礎が欠けていた経緯があり，RBCモデルの延長上でありながら，ケインズ経済学の体系内で景気循環論が模索されることになった．そうした試みは広くニュー・ケインジアンの景気循環論と呼ばれている．

ニュー・ケインジアンの景気循環論の基本認識は，賃金・価格の粘着性である．名目賃金率の下方硬直性をはじめとして，賃金・価格の変動が上方にも下方にも狭い範囲に納まる傾向があることについては，第11章の11.1節で相対賃金仮説，効率賃金仮説，暗黙の契約仮説などを紹介した．ニュー・ケインジアンの景気循環論は，そうした理論をミクロ的基礎として，その上で動学的なマクロ経済の一般均衡分析を展開することになる．

RBCモデルをめぐって多様なカリブレーション分析が行われてきているように，ニュー・ケインジアンの景気循環論をめぐっても多種多様なモデルの展開がある．マクロモデルのテクニカルな面での展開手順は均衡景気循環論と同じであるが，細部で異なった前提が置かれ，その違いによって結論が異なったものになるのがニュー・ケインジアンの景気循環論の特徴となっている．

■メニューコスト・モデル

ここでは，ニュー・ケインジアンの景気循環論の中でも代表的なメニューコスト・モデルを説明する．マクロモデルの一般均衡分析の方法論は均衡景気循環論と異曲同工であるので，ここでは重複は避けて節目となる考え方のみを説明する．

独占的競争下の企業行動　独占的競争（monopolistic competition）に直面する企業を考える．すなわち，各企業は製品差別化された財・サービスの独占的供給者であり，各財・サービスの価格は利潤が最大化するように設定する．独占企業が利潤を最大化する設定価格は，一般論としては「限界収入と限界費用が等しい」水準であり，この水準は企業が直面する需要曲線や費用曲線の形状やそれらに影響を与える諸要因の変動によって異なったものになる．したがって，全要素生産性や経済の構造を規定するディープ・パラメータに外生的なショックが起これば，それに応じて利潤を最大化する独占価格も変動させなければならない．

ただし，こうしたストーリーが完全に成立するにはいくつかの前提条件が必要である．前提が違ったものになれば，たとえその違い自体は小さなものであっても，マクロ経済レベルでは結論が大きく異なったものになる可能性があ

14.5 ニュー・ケインジアンの景気循環論

る。メニューコスト・モデルが重要視するのは、まさにその点である。

具体的には、各独占企業がショックに反応して価格を改定しようとすると、価格改定の調整費用が必要になるという想定によって、価格の変動に粘着性がもたらされる。価格改定によって利潤が増加するとしても、その増加分が価格改定費用を下回るものならば、あえて価格改定は行わないのが賢明だからである。こうした価格改定費用は、商品の値札やレストランの価格表（メニュー）の交換にかかる諸費用であり、**メニューコスト**と総称する。

価格の粘着性の機会費用 以上を、簡単なモデルで確認しよう。価格変更を促す何らかのショックが発生したとする。ショック発生前に設定していた価格を P_0 とし、ショック発生後に独占利潤を最大化する価格を P^* で表わす。すると、ショック発生後の状況下で価格を P に設定した場合の利潤を $\Pi(P)$ で表わし、内点解を前提すれば、定義により

$$\Pi(P^*) > \Pi(P_0)$$

が成立する。価格改定によるメニューコストは毎回定額の ζ（ツェータ）だけかかるとしよう。すると、

$$\Pi(P^*) - \Pi(P_0) < \zeta \tag{14.29}$$

の大小関係にあれば、価格改定によるメリットがメニューコストを下回ることになり、企業にとって価格改定を控えたほうが得策になる。したがって、(14.29) を別の観点から解釈するならば、左辺の利潤差は価格を硬直化させる代償であり、**機会費用**としての逸失利潤になっているといえよう。

逸失利潤の大きさ 逸失利潤がどのくらい大きいかを確認するために、利潤関数 $\Pi(P)$ を独占価格 P^* を中心として、**テイラー展開**（Taylor expansion）によって2次の項までで線形近似すると

$$\Pi(P) \approx \Pi(P^*) + \Pi'(P^*)(P - P^*) + \frac{\Pi''(P^*)}{2}(P - P^*)^2 \tag{14.30}$$

となる（"$\approx$" は近似式であることを示す）。ここで、(14.30) の右辺第2項において、P^* は独占利潤を最大化することから、その価格での利潤の限界的な増加に関しては

$$\Pi'(P^*) = 0$$

でなければならず，(14.30) を硬直化する改定前の価格 P_0 で評価した後に整理すると，(14.29) の左辺である価格硬直化の機会費用は，近似的に

$$\Pi(P^*) - \Pi(P_0) \approx -\frac{\Pi''(P^*)}{2}(P^* - P_0)^2 \tag{14.31}$$

と書けることになる。

利潤最大化の 2 階の条件から $\Pi''(P^*) < 0$ でなければならず[11]，確かに機会費用は正になるが，$(P^* - P_0)$ の 2 乗に比例することから大きさとしては 2 次のオーダー（second-order）であり，相当程度小さなものになる。なぜならば，ほんらいそれほど大きくない価格差 $(P^* - P_0)$ を 1 次のオーダーの基準として，$(P^* - P_0)$ の 2 乗の項は 1 次のオーダー同士の積であることから，より小さなものになるからである[12]。

メニューコスト・モデルの含意　メニューコスト・モデルの含意は，価格の粘着性の機会費用が小さなものであることから，メニューコスト ζ 自体はそれほど大きなものでなくても，価格の粘着性がもたらされる可能性が高いことが示されたところにある。もちろん，価格の改定を誘発する外生的ショックによっては，(14.29) の不等号が逆転する場合もあり，その際には価格の改定が実際になされることになる。

たとえ完全な固定性でなくとも価格変動に粘着性がもたらされると，ショックに対する企業の反応は数量調整が優勢になると考えられる。多くの企業が，ミクロレベルでこうした行動パターンに従うならば，マクロ経済の一般均衡も RBC モデルとは異なった様相を呈することになる。

■マクロ経済の一般均衡

ミクロ的基礎での分析結果を実践する代表的企業を念頭に置いた上で，メニューコスト・モデルでのマクロ経済の一般均衡をスケッチしてみよう。とくに，名目貨幣ストックを増加させる金融政策と全要素生産性の外生的ショックが景気循環に及ぼす効果を考える。前節の RBC モデルと同様のモデル分析やキャリブレーション分析も可能であるが，ここでは定性的な理論分析にとどめる。

---

[11]　財・サービスの需要関数が右下がり，費用関数で費用逓増となれば，利潤関数の二階微分は負になる。

[12]　テイラー展開による近似式では，冪乗のオーダーが高くなるにつれて，より高次の無限小となる。その条件が満たされない範囲では，テイラー展開自体が不可能となる。

14.5 ニュー・ケインジアンの景気循環論　　311

貨幣の非中立性　　金融政策としての名目貨幣ストック増により名目総需要が増加した際に，個別の名目需要に直面した多くの企業（理論的にはごく一部の企業であっても，定性的には同様）が価格を据え置いたとすれば，一般物価水準が粘着性を示し，結果的にはマクロ経済の実質総需要増となる。すなわち，価格の粘着性が導入されたメニューコスト・モデルでは貨幣の中立性は成立せず（いわんや超中立性をや！），名目貨幣ストックの変動は実体経済に影響を及ぼすことになる。

　なお，念のために確認しておくと，企業が独占的競争下にあること自体は貨幣の中立性の不成立には直結しない。独占価格の設定段階では，独占による資源配分上の社会的損失（死荷重）が発生するものの，これは世の中に貨幣があるかないかとは無関係である。貨幣が非中立的になるのは，あくまでも名目貨幣ストックが変動したにもかかわらず，それに比例して変動することのない価格の粘着性によるのである。

全要素生産性と景気循環　　プラスの全要素生産性ショックに対しては，費用低下要因となることから，利潤を最大化する独占価格には低下圧力が働く。しかし，その際の利潤増がメニューコストを上回ることがなければ，価格は高く据え置かれたまま，生産量のみの増加となる。

　価格が下がった場合と比較すると，価格低下に需要増が反応する分だけ生産増は少なくなる。すなわち，RBCモデルの枠組と比べてメニューコスト・モデルでの生産性ショックは，一般論として，景気循環に対する牽引力としては貢献が小さなものになるであろう。このことは，生産性ショックによる景気拡大での雇用拡張効果が限定的であることを示唆するが，同時に，マイナスの生産性ショックに対する雇用減少効果がRBCモデルよりも小さいことも意味しており，全体的には上方にも下方にも働き景気循環の振幅が小さくなる。

総需要外部性　　メニューコスト・モデルでは貨幣が非中立性を示すことが理解できたとして，金融政策が社会的な厚生を高めるか否かを考えてみよう。独占的競争下にある企業が前提になるために，各企業の生産水準は価格を所与として行動する完全競争（perfect competition）下にある企業と比べて過小となる。これが社会的損失が発生する原因であるが，貨幣が非中立的であることから，拡張的な金融政策によってこの社会的損失を減少させることが可能である。

　拡張的な金融政策によって，各企業の需要が増加し，独占的競争下にある各企業は価格引き上げの誘因をもつが，メニューコストの存在によって，価格水

準は改定せずに保留する。これが経済の平均的な代表的企業の行動とすれば，結局マクロ経済の一般均衡では一般物価水準が変化しないこととなり，数量面での実質総需要の増加となるのでる。

逆に，名目貨幣ストック減が起こったとすると，各企業は価格引き下げの誘因をもつが，これもメニューコストの存在によって，実際には価格水準は改定せずに維持する。個々の企業にとっては，こうした行動は二次のオーダーの機会費用をもたらすだけであるが，それがマクロ経済全体で集計されると，実質貨幣ストックの減少となりマクロ経済に少なくないマイナス効果をもたらす。

このように，メニューコストの存在による価格の粘着性によっては，個々の企業レベルでは価格を改定しない機会費用は二次のオーダーに過ぎないが，マクロ経済全体では社会的厚生に小さくない影響をもたらすことになる。このような効果は，ときに総需要外部性（aggregate demand externality）と呼ばれる。総需要外部性は，外生的ショックがプラス方向では外部経済として，マイナス方向では外部不経済として働くが，これはメニューコスト・モデルでは独占によって社会的損失が発生している状態が出発点となるからである。

■ニュー・ケインジアンのフィリップス曲線

ニュー・ケインジアンの景気循環論にとって鍵となるのは価格の粘着性であるが，それはインフレ理論としてのフィリップス曲線をめぐる論点ともなっている。第13章の13.4節で紹介したUVアプローチは，経済主体の最適化行動によってフィリップス曲線を説明したものではなく，その意味ではよりしっかりしたミクロ的基礎が望まれる。

その要請に応えるのがニュー・ケインジアンの考え方であるが，理論モデルとしては，文字通りのメニューコスト・モデルでなく，定性的に同様の結論を導く別のモデルがより有用である。そのために，まず企業の合理的な行動によって価格の粘着性を説明するには，メニューコストの存在を仮定しなくても，別の想定によっても説明可能なことを示そう。

時間依存型粘着性　　有用な想定には，二つのタイプがある。一つは，いつでも価格改定が可能なわけではなく，年に一度の契約更改や四半期ごとの価格見直しなど一定の間隔をおいて定期的に行われるとするもので，提唱者にちなんでテイラー（Taylor）型と呼ばれる。もう一つの想定は，すべての企業が常に価格改定可能なわけではなく，毎期一定割合の企業のみに価格改定機会が確

率的に訪れるとするもので，これも提唱者にちなんでカルボ（Calvo）型と呼ばれる。どちらのタイプにも共通なのは，メニューコスト・モデルの場合と異なって，価格改定の機会（ないしその到来確率）が価格改定幅に依存して内生的に決まるのではなく，時間のみによって外生的に定められていることであり，その意味で時間依存型粘着性になっている。

テイラー型の場合には，追加的に企業によって価格改定のタイミングに時間差があると想定しよう。すると，テイラー型にせよカルボ型にせよ，マクロ経済の一般均衡では，すべての企業が一斉に価格改定を行うことはなく，各期において集計した一般物価水準に粘着性が発生する。このため，メニューコスト・モデルの場合と同様に，貨幣の中立性が成立せず全要素生産性の変動に起因する景気循環も定性的に同様のパターンを示すことになる。

改定価格の計算　　価格に時間依存型粘着性が生じることを予知している企業は，価格改定時にどのように価格を決定するであろうか。いま，独占的競争下にある企業が，毎期価格改定が可能な場合に設定する t 期の（限界収入と限界費用が等しくなる）独占価格を P_t^* とする。これを前提として，今期価格改定を行う際には，来期以降次の価格改定機会が訪れるまでの期間だけ維持する t 期においての最適改定価格 $\overline{P}_t$ を設定するのが，長期的な観点での利潤最大化になる。

いま，理論計算が容易なカルボ型の毎期確率 η（エータ）での価格改定機会の到来を想定すると，動学的な観点で利潤最大化する際の $\overline{P}_t$ の具体的な理論値は[13]，次の価格改定機会が到来する時点が $t+j$ 期となる確率 $= \eta(1-\eta)^j$ で $t+j$ 時点の独占価格 P_{t+j}^* を加重平均した

$$\overline{P}_t = \eta P_t^* + \eta(1-\eta)P_{t+1}^* + \eta(1-\eta)^2 P_{t+2}^* + \cdots$$
$$= \sum_{j=0}^{\infty} \eta(1-\eta)^j P_{t+j}^* \tag{14.32}$$

となる（将来の価格は期待値）。

一般物価水準の粘着性　　ミクロ的基礎からマクロ経済に視点を移すにあ

---

13)　ほんらいは将来の利潤を現在価値に割り引く必要があるが，ここでは簡単化のために捨象している。利子率を0と想定するのが別の解釈になる。

14)　次の価格改定時が確定しているテイラー型においても，結果的に毎期価格改定を行う企業の割合を η で一定とすると，同様の式が得られる。ただし，テイラー型の場合には $\overline{P}_t$ の計算が多少複雑になる。

たって，ここでも代表的企業の想定を踏襲し同じ記号を用いる。マクロ経済全体で価格改定をする企業の割合も毎期一定の η であるので[14]，t 期の一般物価水準 P_t は

$$P_t = \eta \bar{P}_t + (1-\eta) P_{t-1} \tag{14.33}$$

と，最適改定価格と前期の物価水準との加重平均値になる。前期の物価水準が今期の物価水準に影響を及ぼすことから，価格の粘着性が生じるのが確かめられよう。

しかし同時に，(14.32) を (14.33) に代入すると明らかなように，現在の物価水準は将来の物価水準の動向にも依存して決定されることになり，期待形成が決定的に重要であることが理解される。

インフレ率の導出 将来にわたる独占価格 P^*_{t+j} や最適改定価格 t の流列がどのようなものになるかは，マクロ経済の他の部分がどのようにモデル化されるかに依存する。しかしながら，ここではできるだけ全体のマクロモデルを明示しないで，(14.32) と (14.33) のみを前提してインフレ率を求めよう。まず，(14.32) に倣って $\bar{P}_{t+1}$ を求め，それを用いると (14.32) より，

$$\bar{P}_t = \eta P^*_t + (1-\eta) \bar{P}_{t+1} \tag{14.34}$$

が導かれる。

以下では，物価水準の変化率であるインフレ率 π_t を求めやすくするために，(14.32)〜(14.34) の関係はすべて物価水準の自然対数値について成立しているものと再解釈する[15]。この仮定によって，インフレ率がそれほど大きくならない範囲では

$$P_t - P_{t-1} = \log(1+\pi_t) \approx \pi_t$$

と近似可能になる。

$t+1$ 期と t 期についての (14.33) の関係を，辺々引き算し階差を求めると

$$\pi_{t+1} = \eta \bar{\pi}_{t+1} + (1-\eta) \pi_t \tag{14.35}$$

---

15) この再解釈によっては，多くの変数のミクロからマクロへの集計は算術平均（相加平均）でなく幾何平均（相乗平均）を用いることになるが，数学的な意味での相異はわずかであり，経済学的には何も見当たらない。

が得られる。ただし，$\bar{\pi}_t$ は $\bar{P}_t$ のインフレ率である。また，(14.34) を整理して (14.33) も用いると

$$\eta(P_t^* - P_t) - (1-\eta)\pi_t + (1-\eta)\bar{\pi}_{t+1} = 0 \tag{14.36}$$

となる。したがって，(14.35) と (14.36) から $\bar{\pi}_{t+1}$ を消去すると

$$\pi_t = \pi_{t+1} + \frac{\eta^2}{1-\eta}(P_t^* - P_t) \tag{14.37}$$

が得られる。

ニューケインジアン・フィリップス曲線 (14.37) は，今期のインフレ率が将来のインフレ率の期待値と，当期の独占価格と一般物価水準との相対価格である実質独占価格，$(P_t^* - P_t)$，に依存することを示している。実質独占価格は全体としてのマクロモデルの特定化によって異なったものになり，その意味では (14.37) は最終形ではない。実際，多くのマクロモデルでは，実質独占価格に関係した項が当期の GDP ギャップと一対一に対応することが示され，結果的に (14.37) はインフレ率に関するフィリップス曲線に相当するものとして，ニューケインジアン・フィリップス曲線と呼ばれる。第13章の13.5節の (13.8) の $\kappa = 1$ の場合に対応するものである。

　ニューケインジアン・フィリップス曲線にとって重要な特徴は二つある。一つは，今期のインフレ率が将来のインフレ率の期待値に依存することであり，前向きのフォワードルッキングなものになっている。もう一つは，(14.37) には過去のインフレ率が関与しないことから，物価水準とは異なりインフレ率には粘着性が認められないことである。

インフレ率には粘着性があるかないか　もっとも，第2番目の特徴であるインフレーションの粘着性の欠如をめぐっては現実のデータには合わないとの批判がある。(14.37) の右辺第2項を当期の GDP ギャップとしたフィリップス曲線に過去のインフレ率を追加的な説明変数として加えると，それがかなり強く統計的に有意になるのである。

　このインフレ率についての粘着性は，後向きのバックワードルッキングな経済主体の存在を示唆するものであり，現実には，将来を見通した上での最適化行動がすべての経済主体には共通ではないのであろう。これを説明するために，(14.37) に登場する独占価格 P_t^* に粘着性（具体的には，P_t^* のマークアップの対象となる賃金等の粘着性）を導入するアプローチや，企業が瞬時に利用可能

としている最新情報の伝達にタイムラグを想定する「情報の粘着性（sticky information）」アプローチなどが有望な試みになっている。

14.6 まとめ

　本章では，景気循環をめぐる諸問題について，とくに景気循環の周期性に注意を払いながら説明した。景気循環の存在は資本主義経済の宿命といわれる。そのためか，景気循環を説明しようとした理論は数多い。しかし，どれも，景気循環の一側面を強調するだけであり，総合的な景気循環論になっていないのである。景気循環の複雑さを考えると，それも無理からぬことであろう。

　また本章では，均衡景気循環論とニュー・ケインジアンの景気循環論の基本的な考え方を説明した。これらはミクロ的基礎を出発点としてマクロ経済の一般均衡分析を目指すものであり，さまざまな側面で第12章で対照点を整理した古典派経済学の体系とケインズ経済学の体系を，それぞれの観点から拡張・発展させたものといえる。実は，12.6節でも言及したように，この段階になると両者の間には理論的にはそれほど大きな違いはない。違いが出てくるのはマクロ安定化政策への考え方や，局面局面での具体的な政策処方箋のあり方についてである。

　本章で見てきたように，景気循環の存在が資本主義経済の宿命ならば，それを安定化させることがマクロの経済政策の最大の目標となろう。本書では，そうした問題認識に立って，次の第VI部に進むことになる。

練習問題

14.1　景気循環理論についての次の分類基準を対比しながら説明せよ。
(1) 外生的景気循環理論と内生的景気循環理論

(2) 貨幣的ショックと実物的ショック
(3) 線形モデルと非線形モデル
(4) 決定論的理論と確率論的理論
(5) 均衡現象と不均衡現象

14.2 次の問に答えよ。
(1) 現実の景気循環が波長の異なる複数の波の合成としてとらえられるのはなぜか。
(2) 多くの場合,景気の拡張期の方が後退期よりも長くなるのはなぜか。
(3) 天井・床型景気循環論で,天井と床が存在するのはなぜか。
(4) 均衡景気循環論の立場では,景気循環を引き起こす根本的要因は何と考えられているか。
(5) ニュー・ケインジアンの景気循環論では,価格の粘着性が生じる原因は何と考えられているか。

14.3 消費の異時点間代替の弾力性をめぐって次の問に答えよ。
(1) (14.28) の効用関数を前提とした上で,(14.12) ないし (14.21) のケインズ=ラムゼイ・ルールに当てはめ,t期と$t+1$期の消費の異時点間代替の弾力性がvの逆数になることを確認せよ。なお,(14.12) において,306頁の脚注10) で相対価格について $1+F_K-\delta=1+r$ としてよい。
(2) 同じく (14.28) の効用関数を前提とした上で,t期と$t+2$期の消費の異時点間代替の弾力性を求めよ。異時点間消費の相対価格が $(1+r)^2$ になることに注意。
(3) t期の効用関数が (14.28) にかわって
$$U(C_t, L_t, m_t) = C_t^{1-v} L_t^{1-v} m_t^{1-v}$$
と書ける場合の,消費の異時点間代替の弾力性はいくつになるか。
(4) t期の効用関数が (14.28) にかわって
$$U(C_t, L_t, m_t) = [b_c C_t^{1-\mu} + b_L L_t^{1-\mu} + b_m m_t^{1-\mu}]^{1/(1-\mu)}$$
の場合はどうか。

VI

政府の経済活動とマクロ安定化政策

　これまでの分析対象は主として民間部門の経済活動であり，政府の経済活動については最小限の考察を加えただけだった。第VI部の目的は，政府によるマクロ安定化政策の目標や手段，政策運営方法，政策効果等についての考察にある。第14章で見たように，現実経済には景気循環がある。景気循環の発生と持続のメカニズムを解明し，そこでの理解をもとにして景気循環を平準化するための有効な政策を模索することがマクロ経済学の最大の使命であろう。すでにみたように，古典派経済学とケインズ経済学ではマクロ経済学の体系が異なるために，両者の政策処方箋も異なっている。

　古典派経済学では，基本的に政府は特別の政策をとる必要はない，と考える。景気循環が見られたとしても，それは完全雇用水準を変動させる諸要因の変動によってもたらされたのであり，問題にするには当たらない。なぜならば，諸要因は変動していても，市場均衡は依然として達成されており，各経済主体も主体均衡の状態にあるからである。景気が循環することがパレート最適なのである。このような状況のもとで政策介入をすれば，市場経済に追加的な攪乱を導入し，かえって景気循環を増幅させてしまうだろう。これが古典派経済学の主張である。

　原理的にはこうした理解を前提とはするが，古典派経済学も，実際には具体的な政策処方箋をいくつか提示する。すでにケインズ経済学の処方箋による誤った政策介入がなされてしまっており，それを正しい方向に軌道修正しなければならない，という考えが古典派経済学の政策的立場である。ここに政策論争が生じる余地が生ずる。いくつもの政策論争のなかで最も有名なのは，1960年代を通して展開されたマネタリスト・ケインジアン論争であろう。マネタリストとは，古典派経済学者のなかでもとくに貨幣供給量の役割を重視するマネ

タリズム（貨幣主義）を信奉する人々の呼称である。この論争は，1970年代の合理的期待革命に受け継がれた。こうした論争の回顧も第Ⅵ部の課題の一つである。

　第Ⅵ部は二つの章からなる。第15章では，政府の経済活動について説明する。政府のさまざまな経済活動のうち，マクロ経済学の対象となるのがマクロ安定化政策である。具体的には財政政策と金融政策が議論の対象といえよう。

　第15章では，財政・金融政策の目標と手段について説明し，さらに政策を運営する際の基本原理となるティンバーゲンの定理とマンデルの定理を紹介する。また，政策発動に関連して，実際に政策を発動してから現われる効果と，政策発動前から現われる効果があることから，政策運営上のタイミングの問題として政策のアナウンスメント効果について考察する。

　第16章では，マクロ安定化政策をめぐる論争を回顧する。論争の争点は極めて多岐にわたっているが，これらをいくつかの視点で整理して解説する。論争の原点は古典派経済学とケインズ経済学の対立であり，マクロ安定化政策をめぐっての論争は三つの段階に分けられるだろう。第一ラウンドは，財政政策と金融政策のどちらがより有効か，あるいは金融政策として何を操作手段とするかを論点とする，いわば相対的有効性の問題。第二ラウンドは，政策をどのように運営するかを論点とする政策遂行上の進め方（implementation）ないし政策運営上の積極主義（activism）にかかわる論争である。第三ラウンドは，政策効果そのものを疑問視した絶対的有効性にかかわる問題である。

　論争は必ずしもすべてがこの順番で進んだわけではなく，第三ラウンドでの論争の結果絶対的有効性が確認され，争点が第二ラウンドにもどった問題もある。最適政策の動学的不整合性や政策協調をめぐる問題はそのような例であろう。

15

政府の経済活動

　資本主義経済では，分権的な意思決定が原則である。とはいえ，現実には，政府も一国の経済活動に大きく関与してきた。いまでは，どこの国でも政府がかなりのウェイトで民間部門と共存している。こうした経済を混合経済(mixed economy)という。政府は，混合経済の構成員としてさまざまな経済活動を担う。第2章で見たように，政府の主たる経済活動は，民間部門（家計，企業）や海外部門からの租税の徴収と，政府消費や政府投資の支出である。租税収入が政府支出を下回る場合には，赤字部分は国債の発行によってまかなわなければならない。これらの意思決定が政府の主たる役割といえよう。

　明白な意図（目標）をもつ政府の経済活動を，広く経済政策と呼ぼう。経済政策の中でマクロ経済学が考察の対象とするのが，マクロ安定化政策である。具体的には，財政政策と金融政策による有効需要管理政策やインフレの管理をさす。次の第16章ではマクロ安定化政策をめぐるさまざまな考え方を整理する。本章では，その準備を兼ねて，財政・金融政策の目標と手段について解説を加え，経済政策の運営に際しての一般原理として，政策目標の数と政策手段の数の関係を問題とするティンバーゲンの定理と政策手段の最適な割当問題を対象とするマンデルの定理を説明する。

　さらに，政策効果のうち，政策のアナウンスメントないし民間部門が政策発動を察して反応することから生じる政策発動前のアナウンスメント効果と政策が発動されてからの民間部門の反応である直接効果，およびそれらの総合効果である長期的効果の間の関係を考察する。本章の最後に，政策の最終目標と中間目標の関係についてもふれる。

15.1 政府の役割

　政府の経済活動は，民間部門だけでは充足することのできない公共的な需要を充足する役割を担う。政府がそうした役割を果たすためには資金を調達しなければならず，それは主として税金という形で家計や企業から徴収される（出資先の公的企業からの納付金・上納金や国有資産の売却など税外収入もないわけではない）。税収でまかないきれない財政赤字部分は，新規の公債発行で調達される（中央政府の公債は国債，地方政府の公債は地方債と呼ばれる）。徴収された資金は，政府がその役割を果たすことによって，再び国民経済のなかに還流される。

　このように，政府の活動を賄う財源を国民経済のなかから調達し，それをまた国民経済へ還元していくのが財政（public finance）である。また，それを具体的にどのように実行するかを決めるのが財政政策（fiscal policy）の問題となる。

■小さな政府と大きな政府

　政府の役割をめぐっては，古くから「政府は社会の秩序を維持してゆく上で必要な最小限のサービス（警察，消防など）を提供するにとどめるべきである」というように，小さな政府を標榜する夜警国家論（watchman state），あるいは安価な政府論（cheap government）があった。ここで最小限のサービスの提供とは，いわゆる公共財の供給をさすと考えてよいであろう。公共財は市場の失敗をもたらし，民間部門では適切な水準が供給されないという性質をもつため，その供給は公共部門の役割と考えられる[1]。安価な政府論は，何が何でもというのではなく，民間部門と競合するような経済行動は政府がすべきではない，との主張なのである。

　安価な政府論は歴史上繰り返し主張されたにもかかわらず，政府・公共部門が拡大し大きな政府となった一つの理由として軍事費の膨張があげられるが，より重要な理由は政府の福祉政策（シヴィル・ミニマムの保障）の重視とマクロ安定化政策の役割の増加である。福祉政策とは，公平性の観点からの所得分

---

[1] 公共財に関しては，ミクロ経済学や公共経済学の教科書を参照されたい。

配や資産分配への直接的介入を意味し，資源の再配分をもたらす。他方，マクロ安定化政策は，ケインズ経済学的な発想による有効需要管理政策が基本となる。

■マクロ経済学の中での政府

　マクロ経済学で重要となる政府の経済活動は，このマクロ安定化政策である。政府は，景気循環の平準化やインフレの鎮静化をはかることによって，マクロ経済を望ましい方向へ誘導する役目を果たさなくてはならない。第12章で考察し，第16章でよりくわしく議論するように，政府による介入はまったく必要ないという立場もあり得るだろう。古典派経済学の発想がそれである。しかし，ここではこの立場はとらず，マクロ安定化政策は政府の重要な経済活動であるとの前提で考察を進めたい。

　マクロ安定化政策の中心になるのは，具体的には財政政策と金融政策である。そこで，次の二つの節では，財政政策と金融政策の目標と手段を説明する。

15.2　財政政策の目標と手段

　財政には三つの機能がある。資源配分機能，所得再分配機能，そしてマクロ経済の安定化機能である。これらの機能それぞれに，政府の意図を実現するという意味で財政政策の目標が対応するが，前二者の機能は，どちらかといえばミクロ・個別的な視点に立っている。資源配分機能は，公共財の供給が中心であり，所得再分配機能は租税政策や補助金政策が基本だからである。

■財政政策の目標

　もちろん，資源配分面でも生産基盤の社会資本（インフラストラクチャーないし単にインフラとも呼ばれる）の蓄積，教育制度や医療・保健制度の整備・拡充のように，生産性向上を通じて国民経済全体の経済成長に貢献することもある。しかし，これはどちらかといえば長期的なものであり，本書では第17章で取り上げる。

　また，所得再分配機能の面でも一部の税制や年金問題などは，マクロ的にも国民経済の動向を左右する要因となる。税制としては，税収額全体のなかでのシェアとしては高くないが，累進所得税，相続税，贈与税などによって所得や

資産の分布が不平等化する傾向を是正してきた。社会保障や年金等の補助金も，収入が多い経済主体から少ない経済主体への所得移転の役割をになっている。このように，公平な所得分配も財政政策の一つの目標ではあり，それによって国民の経済厚生が全体として高まった可能性がある

マクロ経済の安定化機能　しかしながら，短期的な時間的視野でマクロ経済の一般均衡に影響を及ぼすチャネルとしては，財政のマクロ経済の安定化機能がもっとも太いものである。前章で考察した景気循環を安定化させるために，とりわけ景気後退が長引き，利潤の低迷や非自発的失業の長期化が問題になるにつれて，減税や政府支出増による有効需要の創出が期待されるといえよう。経済が停滞し低成長に甘んじている場合には，政府支出の増加や減税を実施して有効需要の拡大をはかる。逆に経済にインフレギャップが認められる場合には，政府支出を抑制し，増税をはかる。これが財政政策によるマクロ安定化政策である。

次節で見る金融政策によるマクロ安定化政策には期待薄で，とりわけ財政政策に期待される政策目標としては，地域間での景気の跛行性に対する対処があげられる。日本の場合の地方交付税交付金の制度や地方に厚い公共事業などは，財政の所得再分配機能を地域間に当てはめるものであるが，同時にマクロ経済の安定化にも資するものである。

■**税収最大化とラッファー曲線**

ここで，若干本題からは離れるが，財政政策の目標として税収を最大化することを考えよう。具体的には，所得税を考える。所得は所得税率 τ（タウ）によって影響を受けるが，税率が高いと勤労意欲が減退し，マクロ全体の所得は伸びないものと想定しよう。すなわち，勤労意欲を介して所得税率（τ）の関数としての GDP ないし国内所得 $Y(\tau)$ について，$Y'(\tau) < 0$ とする。

以上の設定では所得税収は

$$T(\tau) = \tau Y(\tau) \tag{15.1}$$

となる。税率が 100% のときにはまったく勤労意欲がなくなり，$Y(1) = 0$ になるとすれば，(15.1) の総税収は 0% と 100% でゼロとなり，$0 < \tau < 1$ のどこかの税率で最大化されることになる。

ラッファー曲線と最適税率の条件　税収が所得税率に関して連続的なものと

すれば，(15.1) の関係は図 15.1 のように平べったい釣鐘状の曲線となるだろう。これをラッファー曲線と呼ぶ。ラッファー曲線が主張する最適税率を求めるために，(15.1) を微分して 0 と置くと

$$T'(\tau) = Y(\tau) + \tau Y'(\tau) = 0$$

であるから，最適税率の条件として

$$\left.\frac{\tau Y'(\tau)}{Y(\tau)}\right|_{\tau=\tau^*} = -1 \tag{15.2}$$

が導かれる。すなわち，「所得の税率弾力性が絶対値で 1」になる税率が最適になるが，これは (15.1) の税収が税率と所得をかけ合わせた比例税であることを踏まえると自然な条件といえよう。

(15.2) の条件と第 11 章の 11.1 節の効率賃金仮説での，効率賃金の決定条件 (11.1) と類似点がある。すなわち，(15.1) を最大化する最適税率 τ^* と硬直性がもたらされる効率賃金水準 w^* のどちらもが，所得税率を引数（説明変数）とする所得関数 $Y(\tau)$ と，名目賃金を引数とする労働者の努力意向関数 $e(w)$ の，それぞれの関数形の形状のみに依存し他の要因には依存しないことである。

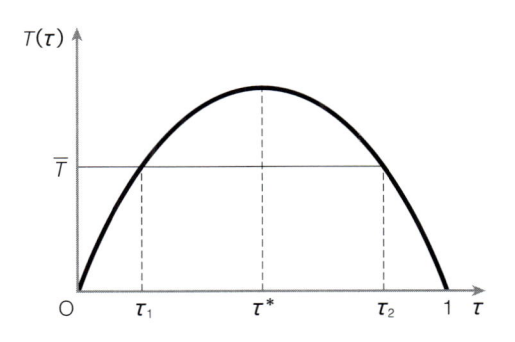

図 15.1 ラッファー曲線

減税によって税収は増えるか？　　図 15.1 のラッファー曲線からは，現実の税収が $\overline{T}$ であるとして，それをもたらす税率が τ_1 と τ_2 の 2 つの水準があることが分かる。もちろん，現実にはラッファー曲線がどのような形状をしているかは不明であり，最適税率がどの水準かもわからない。そもそもの関数形 $Y(\tau)$ の形状が不明だからである。

ラッファー曲線は，1980 年代アメリカのレーガン大統領時代のレーガノミ

クスと呼ばれた経済政策の象徴となったものである[2]。現実は税収を最大化する税率 τ^* よりも高い水準 τ_2 にあり，税率を下げることによってかえって税収は増加するとの減税政策を提唱した。

■財政政策の手段

マクロ的な財政政策の手段は，政府財政の収入を操作する租税政策と支出を操作する支出政策の二つに分けられる。各種の課税対象の税率を操作するミクロ的政策も租税政策の一つと考えられるが，既述のようにマクロ経済学では細部にはこだわらず，増税か減税かが主な関心事となる。

支出政策の場合も，消費財への支出か，将来の生産力増をもたらす投資財への支出か，あるいは支出目的が指定された補助金（benefit in kind）か目的が指定されない補助金（benefit in cash）か，等が重要な課題といえよう。しかし，これらもすべて主としてミクロ政策の範疇であり，マクロ経済学における支出政策では，支出増か支出減かが問題となるだけである。

政府の予算制約式　租税政策と支出政策は，次の政府の予算制約式を満たさなければならない。

$$\Delta B = G - T + iB \tag{15.3}$$

ここで，$G=$ 政府支出，$T=$ 租税収入，$B=$ 国債残高（$\Delta B=$ 国債の新規発行額），$i=$ 利子率である。このうち既発行国債の利息の支払い iB はすでに決まっており自由に変更できないことから，財政政策の手段としては G, T, ΔB の間の選択が考えられる。ただし，これらのすべてを独立には決められず，二つを決めれば残りの一つは自動的に決まってしまう。

さらに新規に発行した国債を民間非銀行部門に売却するかそれとも銀行部門に引き受けてもらうかを選択しなければならない。前者の場合にはマネーストック（マネーサプライ）は不変であるが，後者の場合にはマネーストックが増加する。国債引き受けの結果として，銀行部門の負債としての貨幣供給量が増えるからである。

財政収支の均衡　なお，(15.3) の政府の予算制約式は，事後的には国債の

---

[2] 供給サイド重視のサプライサイド・エコノミクスの提唱者の一人であるラッファー（A. Laffer）が，レストランのナプキンに描いたといわれている。

新規発行で調整される恒等式として成立するものである。事前的な関係としての制約条件式としては，たとえば国債の新規発行額を0に設定した上で，

$$T = G + iB \tag{15.4}$$

と，健全財政とも呼ばれる「政府支出と国債費の合計を租税収入で賄う」均衡財政（balanced budget），あるいは，

$$T = G \tag{15.5}$$

となるプライマリー・バランス（基礎的財政収支）の均衡が，区切りになる財政収支の均衡概念になる。

　もちろん，こうしたいくつかの段階での財政収支の均衡化を目論んでも，結果的には達成されずに国債の新規発行がなされる可能性がある。より悪い状況としては，「予算をオーバーしても何とかなる」と当初の予算による規律が働かない状況もありうる。当初の予算制約が制約とならず，事後的にも満たされずに緩やかな予算制約で終始してしまう状況をソフトバジェット問題，その予算制約をソフトバジェット（soft budget）と呼んでいる。

15.3　金融政策の目標と手段

　金融政策の究極的な目標もまた，安定したマクロ経済活動の維持にある。もちろん，こうした考え方それ自体が，古典派経済学とは異なって，経済の貨幣的あるいは金融的側面から実物的側面への実体的なインパクトの存在を前提としている。財政政策が，政府支出や租税の操作によって，経済の実物的側面に直接影響を与えるのに対し，金融政策はマネーストックや政策金利などの金融変数を操作し，それによって間接的に経済の実物変数に影響を及ぼす。

■プルーデンス政策

　金融政策には金融市場および金融システムの安定性維持という目標もあり，そのための諸政策は広くプルーデンス政策と呼ばれる。金融市場および金融システムの安定性とは，信用不安がなく，金融資産・負債の秩序だった取引が可能な状態として定義できるだろう。その手段として，法的規制，いわゆる道徳的説得（moral suasion）や窓口指導（window guidance），金融庁検査・日銀考

査等の監督や行政指導，そして直接的な資金面での介入（公的資金の投入）などが用いられる。

1970年代の後半から急速に進展した一連の金融革命や90年代に打ち出された金融ビッグバンのもとでは，いかに金融市場の安定性を維持してゆくかが，金融政策当局に課された役割であった。バブル経済崩壊後の長期デフレ不況の日本経済では，少なくない金融機関が破綻し金融システム不安が現実のものになった。短期金利がほとんどゼロまで低下し，金融市場で金利の調整による資金配分が正常になされないという事態にも陥ってしまった。第7章の7.4節で理論的可能性を論じた流動性の罠の状況ともいえるが，これには伝統的な金融政策は有効性を失ってしまったのである。

■伝統的な金融政策の手段

マクロ経済の安定化に関する限り，金融政策は，どちらかというと，実物経済の安定化よりもインフレを重視する傾向にある。この点については，第16章で再びふれることにしよう。代表的な金融政策の手段として，公定歩合操作，預金準備率操作，公開市場操作があげられる。日本においては，かつては窓口指導などの中央銀行信用の直接的アベイラビリティー操作や，道徳的説得も金融政策の一手段とみなせたが，金融市場や金融システムの変貌を経て，いまではその役割を終えたといえよう。

それにかわって，近年の金融政策運営においては，金融市場での金利調整を通じて市場参加者との情報共有を目指す，市場との対話を重視する傾向にある。この点は次章で多少くわしく検討する。本章では，伝統的な政策手段についてみてゆこう。

公定歩合操作　公定歩合は，中央銀行による市中銀行への信用供与（貸出）に対して課される利子率であり，優良商業手形などの再割引に際して適用される。公定歩合の引き上げは中央銀行信用のコスト増を意味するため，その需要が減少し，ひいては市中銀行の対民間信用供与（信用創造）が減少し，金融引締め効果が現われる。逆に，公定歩合の引き下げは金融緩和をもたらす。

かつての日本では，公定歩合を基準にして銀行の貸出金利や預金金利をはじめとして各種金融商品の金利体系が決まっており，公定歩合の引き上げや引き下げは，そのまま金利体系全体の調整をもたらした。すなわち，諸金利は公定歩合に「連動」する直接的効果をもったため，金利体系の指標となっていた。

そうしたこともあって，公定歩合の操作にはアナウンスメント効果も付加され，中央銀行の基本的な政策スタンスを表明する効果も合わせもっていた。

公定歩合が金利体系の中心にあったのは，公定歩合の利率が最も低く，どの市中銀行にとっても，他の資金調達手段よりも日銀借入れが有利であったからである。日銀は意図的に需要に見合った貸出しをせずに超過需要の状況を保ち，割当によって調整した。当時は，中央銀行信用量の各市中銀行への割当が，短期金融市場の主要な調節手段になっていた。

しかし，1994年の市中銀行の預貯金金利自由化によって金利の連動が消失し，公定歩合が最も低い金利でなくなった。その後，日銀自体が，透明性に欠ける面がある裁量的割当を放棄し，公開市場操作による金融調節を志向したことから，公定歩合操作の役割は低下した（政策金利であるコールレートの誘導目標の上限の位置付けはある）。この流れに棹差すように，日本銀行は2006年以降公定歩合の名称は使わないと宣言し，かわって「基準割引率および基準貸付利率」と呼んでいる。市中銀行にとって，日銀の信用供与が割当から基準金利を支払えばいつでも借りられる体制になり，「公定歩合」は短期金融市場の動きを後追いする形で変動するようになったのである。

預金準備率操作　預金準備率操作も有力な金融政策の一つである。銀行は顧客の払い戻し要求に応じるために，預金に対して一定の準備を用意しておかなければならない。どれだけ準備したらよいかの最低限が定められており，それが法定準備率である。日本の場合には，法定準備部分が日本銀行へ預金として預けられる。この法定準備率の変更を預金準備率操作という。法定準備率はかなり低い水準に定められており，信用乗数（準備率の逆数）の値はかなり大きい（第8章参照）。このため，法定準備率のわずかな変更も，民間信用供与を大幅に変動させる。

公開市場操作　公開市場操作（open market operation）とは，中央銀行が金融市場において国債などの債券や手形を売買することである。市場で市中銀行から債券を購入し，その代金を中央銀行にある市中銀行預金勘定に支払うのが買いオペレーション（買いオペ）である。買いオペレーションによって，銀行準備は増加し，それが銀行の信用創造の基盤となる。これと逆の操作，すなわち市中銀行に債券を売却し銀行準備を減少させるのが売りオペレーション（売りオペ）である。

このように預金準備率操作と公開市場操作は，同じような効果を与えるが，

貨幣供給量に対する実質的なインパクトは両者の間にかなりの差が認められる。貨幣供給量は，中央銀行の負債であるハイパワード・マネーと貨幣乗数の積であった。預金準備率操作は，貨幣乗数に影響を与えるのに対し，公開市場操作はハイパワード・マネーに影響を与える。このため両者に差が生ずるのである。これらについては，第8章をもう一度読み直していただきたい。

15.4 政策運営の一般理論

政策目標と政策手段が与えられると，次に問題となるのが，具体的な政策運営の方法であろう。政策運営については二つの一般原理，「ティンバーゲンの定理」と「マンデルの定理」がある。

■ティンバーゲンの定理

ティンバーゲンの定理とは，経済政策の政策目標の数と政策手段の数に関する定理である。政府はさまざまな政策目標をもっているが，これらのすべてを達成するのは可能であろうか。その答が第一回目のノーベル経済学賞を共同受賞した1人であるティンバーゲン（J. Tinbergen）によって主張された次の定理である。

> 「独立な政策目標が n 個あるとしよう。これを同時に達成するためには，少なくとも n 個の独立な政策手段が必要である」

ここで重要なのは，政策目標も政策手段も独立という点である。ただし，独立とは，他の目標や手段には依存しないという意味である。

たとえば，「政府予算の均衡」と「政府支出を維持した上での減税」は，明らかに独立な政策目標ではない。フィリップス曲線によって表わされるインフレと失業のトレード・オフ関係が成立していれば，「インフレ抑制」と「失業率の引き下げ」も独立でない政策目標の例である。どちらも，いわばトレード・オフの関係にあり，同時に達成することはできない。逆に，「社会保障の充実」と「所得分配の平等化」，「内需拡大」と「経常収支の黒字縮小」のように，一方の目標達成が，もう一方の目標をも同時に達成してしまうといったケースもある。

政策手段についても独立でないものがある。政府予算制約式を考慮すれば，

増税，国債発行，政府支出には，一定の関係があり，三つを自由には決定できない。たとえば，国債発行を一定とすれば，政府支出を増加させるには増税をしなければならない。外国為替市場への介入は，国の外貨準備高を変化させ，ハイパワー・マネーの変化をもたらす。ハイパワー・マネーを一定に保とうとすれば，公開市場操作を発動しなければならない（これを不胎化政策と呼ぶ）。

政策目標や政策手段が独立でない場合には，ティンバーゲンの定理は修正を必要とする。政策目標がトレード・オフ関係にあれば，どちらかを犠牲にするか，両者の組合せを目標とせざるをえない。逆に，同時に到達可能な目標であれば，ティンバーゲンの定理が示すよりは政策手段の数が少なくて済むのである。

■マンデルの定理

マンデル（R. Mundell）によって提唱されたマンデルの定理は，独立な政策手段の割当についての定理である。その内容は，

> 「各政策手段は，それが相対的に最も効果を発揮する政策目標に割り当てられるべきである」

と表現できるだろう。ここで重要なのは，「相対的に」という点にあり，国際貿易の基礎であるリカード（D. Ricardo）の比較優位（comparative advantage）の考え方と本質的には同じ内容であるため，比較優位の原理とも呼ばれる。

たとえば，有効需要の拡大が，財政政策によっても金融政策によっても達成できるとしよう。財政・金融政策の中には減税，公共投資の増加，貨幣供給量の増加，公定歩合（基準割引率および基準貸付利率）の引き下げなどさまざまな手段がある。このような場合に，どの政策手段を選択すべきか，という問いに答えるのがマンデルの定理といえるだろう。

政策目標の割当てを問題にする際には，複数の政策目標があり，すべての政策手段がどの目標達成にも効果があることが前提となる。ある政策手段がすべての政策目標に対して最も強い効果をもつ（絶対優位）としても，それのみではすべての政策目標を同時に達成することはできない（ティンバーゲンの定理）ため，他の政策手段を導入せざるをえない。こうした状況では，比較優位の原理による割当が最も望ましいというのが，マンデルの定理である。

15.5 政策発動のアナウンスメント効果

政策発動の効果として、実際に政策を発動してから現われる効果と、政策発動前から現われる効果がある。政策によっては政策当局が意識して事前にアナウンスする場合があり、経済主体もそれを織込んで行動するがゆえに、実際の政策発動前に効果を発揮することがある。このような場合、政策を公表するタイミングに十分考慮する必要がある。タイミングを誤ると、政策の効果が現われるまでの政策効果ラグ (lag in effect) 同様、かえって景気循環の振幅を増大させてしまう可能性もありえる。政策効果ラグの場合には、実際の政策効果が遅れることが問題であるが、アナウンスメントによる効果は政策効果が前倒しされリードが発生することが問題となる。なお、以下のメカニズムが働くには、文字通り政策当局が政策を公表する必要はなく、民間の経済主体がそれを察知して予想しだせば同様の議論が成立する。

■擬似誘導形モデルによる分析

出発点として、Y_t = GDP（国内総生産）、Z_t = 財政金融政策の変数（以下代表して政府支出）を表わすとして、

$$Y_t = aE(Y_{t+1} | \Omega_t) + bZ_t \tag{15.6}$$

との擬似誘導形モデルを考える。ここで、$E[Y_{t+1} | \Omega_t]$ は t 期に利用可能な情報量 Ω_t の下での、$t+1$ 期の GDP の条件付き期待値を表わす。情報量 Ω_t のなかには、t 期においてアナウンスされる政策の将来経路も含まれることになる。なお、(15.6) 式が擬似誘導形 (pseudo-reduced form) というのは、右辺の期待値の項は外生変数ではなく、最終的には (15.6) 式のモデルにそって内生的に決定されるべきものだからである。a, b は時間を通じて不変のパラメータである。なお、Y_t も Z_t も複数の変数を含むベクトルと考えてもよい。

まず1回かぎり (once and for all) の恒久的政策変更を考える。政府支出 Z_t は t 期までは特定の水準に固定されており（これを一般性を失うことなくゼロと仮定する）、$t+1$ 期には ΔZ だけ増加させ、かつそれ以降は新しい水準にとどめるものとする。さらに、この恒久的な政策変更は、t 期に政策当局によってアナウンスされるか、民間経済主体には正しく（合理的に）予知されている

ものとしよう．すなわち，t 期に利用可能な情報のもとでは，$t+1$ 期以降すべての $j \geqq 1$ について

$$E(Z_{t+j}|\Omega_t) = \Delta Z \tag{15.7}$$

が成立する．

政策の三つの効果　政策経路に対する (15.7) の予想を (15.6) のモデルに課すと，政策が公表された時点（t 期）の<u>アナウンスメント効果</u>によって，政策発動前でも

$$Y_t = \left(\frac{a}{1-a}\right)b\Delta Z \tag{15.8}$$

と 0 から乖離する．また，政策が実際に発動される $t+j$ 期の<u>直接効果</u>は

$$b\Delta Z \tag{15.9}$$

であり，政策発動後の総合効果である<u>長期的効果</u>は $j \geqq 1$ に対して

$$Y_{t+j} = \left(\frac{1}{1-a}\right)b\Delta Z \tag{15.10}$$

となる．

　三つの効果 (15.8)〜(15.10) を相互に比べることによって，

$$(アナウンスメント効果) + (直接効果) = (長期的効果) \tag{15.11}$$

が成立することがわかる．この関係式を踏まえれば，たとえば，<u>政策の長期的効果がゼロとなるような場合には，アナウンスメント効果は直接効果を相殺する</u>．将来の拡張的財政政策に対して現時点で金利の上昇・円高が起こり，それが景気に対してマイナスに働くといったメカニズム（第 18 章で考察する<u>マンデル＝フレミング・モデル</u>）は，そのような可能性をもたらす好例である．別の視点から解釈すれば，この際の政策発動の直接効果は，たかだかアナウンスメント効果のマイナス分を相殺するにとどまるのである．

s 期前のアナウンスメント効果　もっとも，(15.11) の関係は恒久的な政策変更に対して成立し，一時的な政策変更などの場合には成立しない．さらにアナウンスメント効果も直前の期のものであり，2 期以上前のアナウンスメント効果に対しては (15.11) の関係式は成立しない．実際，s 期前のアナウンスメント効果は，(15.8) にかわって

$$Y_{t-s} = \left(\frac{a^s}{1-a}\right) b \Delta Z \tag{15.12}$$

となる。(15.6) の擬似誘導形モデルにおいて合理的期待経路が収束するためには，パラメータ a は $0 < a < 1$ となる必要がある。したがって，(15.12) より示されることは，アナウンスメント効果は小さく始まり，やがて実際の政策発動が近づくにつれて徐々に大きくなってくることである。

■アナウンスメント効果と政策運営

　以上，簡単なモデルを通じてアナウンスメント効果がどのようなものであるかを考察した。アナウンスメント効果が重要となる場合にはいくつかの政策運営上の問題が発生する。

　第一は，既述のように，景気循環の平準化の観点からは，アナウンスメントと政策発動の二つのタイミングの取り方に配慮しなければならない。換言すれば，タイミングを適切に選択することによって，あたかも独立な政策手段が増えたのと同じ効果を期待できることになる。たとえば，アナウンスメント効果が意図する政策を後押しする場合には，そして，政策効果が発揮されるまでラグが存在する場合には，早期の政策公表が好ましいものとなる。これに対して，現実には想定しにくいが，もしアナウンスメント効果が政策発動後の長期効果と逆の方向に働く場合（次章で言及する財政政策の非ケインズ効果が候補ではある）には，景気下降局面において将来時点の拡張政策の公表をすると，かえって現時点での景気を引締めることになりかねない。

　第二に，理論的なアナウンスメント効果は意図された政策をサポートする場合であっても，政策が公表された途端にまったく逆の反応が現われる場合がある。こうした意外な反応は，公表された政策の規模が大方の予想を下回り「失望」された場合に起こり，失望効果と呼ばれる。失望効果は新しい情報に反応した短期的なものであり，やがて公表された政策規模が織込まれるにつれて，（下方修正された形で）政策発動日を目指したアナウンスメント効果の理論経路をたどることになる。失望効果は不必要な撹乱をもたらすわけであるから，政策当局としては，実態をともなわないなかで過大な期待を抱かせないように政策運営を心掛ける必要があろう。

　第三には，次章でくわしく取り上げる最適政策の動学的不整合性の問題がある。これは，アナウンスされ事前には望ましいと考えられていた政策が，実際

に発動される段階になるともはや最適ではなくなってしまい，この意味で動学的観点から矛盾が生じることをさす．動学的不整合性が発生するのは，公表時点では想定していなかった新しい事態が発生するからである．新しい事態を所与として最適政策を再度デザインし直すと，当初のデザインと異なったものとなるのは往々にして有りうることである．問題は，民間経済主体がそれを見越して行動する結果，政策のアナウンスメントに対する信認が低下することである．一度限りならともかく，しばしば政策変更があると政策当局に対する不信認は決定的なものとなり，文字通りの政策公表時のアナウンスメント効果は発生しなくなるであろう．

15.6 中間目標と最終目標

　政策を運営する際に，その最終目標（target, final goal）を直接的にはコントロールできない場合，あるいは最終目標の経済データが集まるまでに時間がかかる（タイムラグが存在する）場合には，コントロールが容易な中間目標（intermediate target）や操作目標（operational instrument）を設定したり，中間段階での経済指標（indicator）の動向に注目する必要がある．

　とくに金融政策の場合には，こうした段階的アプローチをとらざるをえない．GDP（国内所得）とインフレの安定化などの最終目標を達成するために，たとえばマネーストックを適切な水準にコントロールするといった手段がとられる．この場合，マネーストックの管理が中間目標となる．

　操作目標は中間目標よりも身近な目標であり，日々レベルでの目標達成が期待される．日本銀行の日々の金融調節においては，通常は（すなわち平常時においては）金融機関同士の短期資金の貸借に適応される利子率である無担保コール翌日物が該当し，かつての公定歩合にかわって政策金利と呼ばれる誘導目標となっている．ただし，政策金利が実質的にゼロとなったゼロ金利政策以上の金融緩和を目指した量的緩和政策（2001年3月から06年3月までのほぼ5年間）においては，日銀当座預金残高が操作目標とされた．

　最終目標か中間目標か？　最終目標と中間目標の判別が困難なものもある．一つの例は，望ましいインフレ率の達成を目標とするインフレ・ターゲット政策である．この政策目標はしばしばマクロ経済の安定性の目安として，とりあえずの中間目標に位置づけられる．この目標達成には背後でマネーストックの

コントロールが工夫されなければならないことから、とりわけ強くコミットした中間目標は最終目標に近い位置付けとなるであろう。

　もう一つの例は、変動相場制下での為替レートの安定化目標である。為替レートそのものの安定にはさしたる意味はなく、問題は為替レートの安定化によって支えられる実体的経済活動の安定化であろうから、為替レートの安定化目標はほんらいは中間目標としての位置付けが適切であろう。しかしながら、時に大規模な為替市場への介入によって特定の為替レートの達成や維持を図る段階となると、ほとんど最終目標といっても過言ではないであろう。「1ドル100円の死守」という場合などがその具体例である。

中間目標の条件　中間目標やインディケーターとしては、コントロールが容易であり、最終目標と密接な関係をもっている経済変数を選択しなくてはならない。最終目標に対して先行性がある経済変数ならば、より好ましいであろう。マネーストックとして、日本では伝統的にM_2（旧マネーサプライ統計のM_2ないしM_2+CD）を、アメリカではM_1を重視してきたのは、貨幣の流通速度の安定性など、最終目標との安定的な関係が両国により異なっていたためである。

15.7　まとめ

　本章では、政府の経済活動のうちマクロ安定化政策について、その目標と手段を説明した。具体的には財政・金融政策の目標と手段が対象となった。次いで、政策運営の際の一般原理として、ティンバーゲンの定理とマンデルの定理の考え方を説明し、政策発動時のアナウンスメント効果、直接効果、長期的効果の間での関係についても一般論を展開した。最終目標と中間目標の関係についても言及したが、これらについての知識は次章でマクロ安定化政策について総合的な考察を加える際の準備となるものである。

練習問題

15.1 次の問に答えよ。
(1) 安価な政府論とは何か。
(2) 財政政策の目標について述べよ。
(3) 財政政策の手段をあげよ。
(4) 金融政策の目標について述べよ。
(5) 金融政策の手段をあげよ。
(6) 中間目標となるための条件を述べよ。
(7) 失望効果とは何か。

15.2 経済政策に関する以下の問題は，①ティンバーゲンの定理に関係するだろうか，②マンデルの定理に関係するだろうか，それとも③どちらとも関係ないか。
(1) 赤字国債を発行しない条件で，所得税減税を考える。
(2) 景気対策として，公共投資の支出を増やすべきか，所得税減税を実行するべきか論争が展開された。
(3) インフレ抑制と円安対策を同時に達成するために，公定歩合を引き上げる（短期金利の誘導目標を引き上げる）。
(4) フィリップス曲線が存在する限り，財政政策と金融政策をどのように組み合わせても，インフレの沈静化と失業率の低下を同時に達成することはできない。
(5) 金融政策の手段として，利子率を誘導するアプローチをとるか量的規制を導入するかを選択する。

15.3 (15.1)で $Y(\tau) = \bar{Y}(1-\tau)$ とする。このときのラッファー曲線を描け。

15.4 政策のアナウンスメントの直接効果として，民間部門がまったく反応しなかったとする。この場合のアナウンスメント効果と長期的効果の可能性について論じなさい。政策のアナウンスメントの長期的効果がゼロの場合の可能性はどうか。

16

マクロ安定化政策

　マクロ安定化政策をめぐっては，さまざまな論争がある。ここでも，論争の原点は古典派経済学とケインズ経済学の対立である。論争の一方の当事者は，ケインズ経済学を信奉するケインジアン（Keynesian）であり，もう一方の当事者は，基本的には古典派経済学に立脚するマネタリスト（monetarist）や新しい古典派（new classical school）である。

　ケインジアンについては説明を要しまい。マネタリストは，古典派経済学の体系を信奉するものの，短期的には完全雇用均衡からの乖離もありうるとの立場をとる。ただし，あくまでも短期においてであり，長期的には貨幣の中立性や自然失業率仮説が成立し，インフレ率は貨幣供給量の増加率に収束する，と考える。短期のマクロ安定化政策としては，名目所得（名目GDP）の安定化を心がけるのが肝要であり，そのためにはマネーストック（マネーサプライ）の安定的な供給が必要と説く。名目所得の変動は，実質所得の変動と物価水準の変動に分解できるが，両者の構成については問わない。新しい古典派については，すでに第12章や第13章で登場した。彼らはマクロ合理的期待学派，マクロ合理派，マネタリズム・マークⅡとも呼ばれる最も急進的な古典派経済学の信奉者であり，短期的にも自然失業率仮説が成立すると考えるのである。

　マクロ安定化政策をめぐる論争の歴史は三つの段階に分けられるだろう。第一ラウンドは，財政政策と金融政策のどちらがより有効か，あるいは金融政策として何を操作手段とするかを論点とする，いわば相対的有効性の問題，第二ラウンドは，政策をどのように運営するかを論点とする政策遂行上のインプリメンテーションや政策発動の積極主義にかかわる問題，第三ラウンドは，政策

効果そのものを疑問視した絶対的有効性にかかわる問題である。

このうち，1960年代のマネタリスト・ケインジアン論争はもっぱら第一ラウンドと第二ラウンドの論点をめぐる論争であり，第三ラウンドは，1970年代に入ってからの新しい古典派による合理的期待革命によって触発された論争である。その後1980年代央以降は，均衡景気循環論のRBCモデルとニュー・ケインジアンの景気循環論の間のせめぎ合いとなっている。また，第二ラウンドの政策運営上の諸問題をめぐっての論争も，政策効果の定量的評価に対するルーカス批判，最適政策の動学的不整合性，ルールと裁量，政策協調の意義，など第三ラウンドの論争を踏まえた上でのものになっているのが近年の傾向である。

16.1 金融政策の伝播経路

マクロ安定化政策の有効性についての議論の前に，政策効果の伝播経路ないし伝播メカニズム（transmission mechanism）について考察しておこう。マクロ経済政策の効果は，経済の実物面に対する影響の程度ではかられる。財政政策は経済の実物面への直接的介入であるため，その伝播経路は明らかである。問題は，金融政策の伝播経路にある。そのため，以下では主として金融政策の伝幡経路を検討しよう。財政政策については，16.3節でクラウディング・アウトとの関連で言及する。

金融政策の効果については，マネタリストとケインジアンの間で理解が異なる。「金融政策の影響は短期的には経済の実物面に及ぶものの，その効果は長続きせず，長期的には実物面になんら影響を与えない」とマネタリストは考える。ここでの「長期」はそれほど長い期間をさしておらず，金融政策が雇用や実質GDPなどの実物面に与える影響は長くは続かない，というのがマネタリストの主張となる。とくにマネタリストの流れをくむ，新しい古典派の人々は，「極めて短期をとってみても，あらかじめ予知された金融政策は無効である」と極論する。

これに対してケインジアンは，マネタリストの想定する「長期」を問題とし，長期均衡にいたる時間は非常に長く，長期均衡にいたるメカニズムは内在的な不安定性が存在するため，絶えまない政策介入が不可欠である，と反論する。マネタリストが「短期的には金融政策の効果がある」と認めるならば，「全面

的に金融政策の効果がある」ことを認めなければならない，というのがケインジアンの主張なのである．

　伝播メカニズムについて，マネタリストの代表者的存在であるフリードマンは「われわれはすべてケインジアンである」といい，それに対して代表的ケインジアンであるモディリアーニは「われわれはすべてマネタリストである」と応酬した．これからも示唆されるように，マネタリストとケインジアンの間で強調するポイントに差こそあれ，両者の間での根本的相違はほとんど見られないといってよい．そこで，以下では四つの代表的な伝播チャンネルをとりあげ，順次説明していこう．

■ポートフォリオ調整と利子率

　各経済主体は，さまざまな資産の利子率（収益率）やリスクなどを考慮しながら，資産を運用している．運用対象となる主要な資産は，貨幣，債券，実物資本の生み出す利益に対する請求権である株式の三つである．第9章で展開した簡単なマクロモデルでは，債券と株式を「収益を生むがリスクのある資産」として一括した．そうした取り扱いは，債券と株式の完全代替性を仮定するに等しい．しかし現実には，債券と株式ではリスクの程度が異なり，両者は完全に代替的ではない．

　各資産に対する個別経済主体の需要は資産の収益率体系に依存し，収益率体系を決定するのは資産市場での需要と供給である．金融政策は，貨幣および債券の供給量の操作によって，各種資産の収益率体系に影響を与える．供給量が変化すれば，需給を均衡させるように，収益率体系が調整されるからである．貨幣の名目利子率が固定されている（単純化のために貨幣の利子率は0と仮定した）ならば，貨幣市場の需給の不一致は貨幣以外の資産の収益率の調整に委ねられねばならない．たとえば，貨幣供給量を増加させれば，貨幣市場では超過供給が，債券や株式市場では超過需要が発生し（ワルラスの法則），債券や株式の市場価格は上昇，債券利子率や株式収益率は低下することになる．収益率の低下によって債券や株式から貨幣へ需要シフトが起こり，貨幣需要の増加が当初の貨幣供給量の増加分に一致するまで収益率の下落が続くのである．

　債券や株式の収益率が低下すると，実物投資を遂行する上で必要な資金の調達コストが低下し，企業の設備投資が促進される．同様のことは，個人による住宅投資などにもあてはまるだろう．くわしい説明は省略するが，投資が，銀

行借入れや内部留保によって実行される場合でもやはり投資促進の効果をもつ。

ケインズ=トービン効果　このような，ポートフォリオ調整を通じて投資に影響を与えるメカニズムは，金融政策の伝播経路のうちで最も重要なものと考えられており，*IS-LM* 分析のエッセンスでもある。この伝播メカニズムが実際にどれほど機能するかは，貨幣供給量の変動が債券利子率や株式の収益率にどれだけ影響を与えるか，そして収益率の変化がどれだけ投資に影響を及ぼすか，の 2 点にかかっている。前者は貨幣需要の利子弾力性，後者は投資の利子弾力性の大きさにそれぞれ依存する。貨幣需要の利子弾力性が小さければ小さいほど，また投資の利子弾力性は大きければ大きいほど，金融政策の相対的な有効性は大きい。金融政策のこうした伝播経路は，第 11 章でケインズ=トービン効果と呼んだメカニズムにほかならない。

■資産効果

次に重要な伝播経路は，金融政策が消費に与える効果である。これはもっぱら資産効果（富効果）から生じる。第 5 章で見たように，資産効果とは，個人や家計の消費が，その期間の可処分所得だけではなく，保有している資産のレベル（すなわち過去の貯蓄と運用益の総和）にも依存する効果をさす。家計は消費と貯蓄の決定と同時に，ライフサイクルの各局面で望ましい資産水準も決定するのである（第 5 章をもう一度見てもらいたい）。もし資産の現在価値が予想外の上昇や下落を示せば，今期の貯蓄によって（少なくとも部分的には）資産水準が調整され，その結果消費も調整される。

金融政策によって貨幣供給量が増加すれば，債券利子率の低下をもたらし，債券利子率の低下はキャピタル・ゲインの発生を意味する。また，人的資本の割引現在価値も高まる。これらもまた，消費を刺激させる効果をもつ可能性がある。

■流動性制約と信用供与

金融政策が経済の実物面に及ぼす第三の効果は，流動性制約と密接に関係する。第 5 章で見たように，流動性制約とは，企業や個人が必要な資金の借入れなどが自由にできないため，資金が超過需要の状態にあり，信用割当を受けている状態をさす。こうした状況のもとで金融緩和政策がとられれば，資金の利用可能性（アヴェイラビリティ）が増し流動性制約は緩和されるとのアヴェイ

ラビリティ効果である。その結果，それまで以上の信用供与を受けられるようになった企業や個人にとっては，運転資金や住宅，耐久消費財などの購入に向けられる資金が増加し，有効需要の増大につながるであろう。

第 14 章の 14.2 節でいろいろな景気循環理論を分類したなかで，貨幣的ショックを重視する理論としてファイナンシャル・アクセラレーター・モデルのさわりを紹介したが，この考え方では担保となる土地や株式などの資産価値が銀行の信用供与量を左右する。これも一種の流動性制約であり，金融緩和政策によって担保制約が緩まり，企業にとって銀行借入によるキャッシュ・フローの増加があれば設備投資資金や運転資金に回ることになる。

こうしたキャッシュ・フローの増減につながるチャネルは，金融政策がもたらすバランスシート調整効果と呼ばれる場合もある。中央銀行による買いオペならば市中銀行のバランスシート（貸借対照表）上では準備預金（ハイパワード・マネーの一部）が増え，その分銀行貸出増につながり信用創造がなされる。これによって企業のバランスシートの上でも，貸方（負債サイド）の銀行借入が増える見合いとして，借方（資産サイド）の投資などが可能となるのである[1]。

マネービューとクレジットビュー　流動性制約の緩和やバランスシート調整効果は，貨幣供給量を増やす金融政策の効果が銀行貸出を通じて実体経済に影響が及ぶとするもので，ポートフォリオ効果は必ずしも銀行をはじめとした金融仲介機関による信用創造を想定していない（排除もしない）ことから，異なった伝播経路と解釈できる。そこで，前者をクレジットビュー（クレジット・パラダイムともいう），後者をマネービュー（マネー・パラダイムともいう）として一線を画すことがある。両者の間での理論的な争点を誇張するならば，金融政策が実体経済に影響を及ぼすに当たって，銀行等の金融仲介機関が関与しているか否か，あるいはそもそも銀行は必要か否かといった論点にまで立ち入ったものになっている。

こうした対立の源流として，19 世紀のイギリスで論争となった通貨主義と銀行主義の考え方がある。通貨主義の考え方の基本は，物価は通貨量によって

1）　バランスシート調整は，資産・負債の間でバランスが崩れた結果，受動的な調整を強いられる状況を指すこともある。たとえば，1980 年代後半のバブル期における日本では，多くの企業や銀行で資産と負債が同時に膨張したが，バブルの崩壊によって地価や株価が暴落し資産の目減りが生じた一方，負債はそのまま残ってしまった。その結果，資産売却や債務返済などのバランスシート調整が不可避になったというがごときである。

騰落することから，通貨は正貨（金準備）に裏づけられた兌換銀行券に限るべきだとする。これに対して，金準備に拘束されずに国民経済の需要に応じて，銀行の自由裁量による通貨発行を認めるべきだというのが銀行主義である。

この対立を敷衍すれば，一国の貨幣供給量としては銀行部門が信用創造する内部貨幣が重要な役割を演じるというのが銀行主義であり，この点でクレジットビューに通じるものがある。通貨主義の考え方では，一国の貨幣供給量は金準備次第であるか中央銀行が供給する外部貨幣に主導されることになる。これをさらに敷衍すれば，多少拡大解釈になるが，直接金融が優位なアメリカ型の金融システムは通貨主義的でマネービューが妥当し，間接金融が優位な日本型の金融システムは銀行主義的でクレジットビューが適切な世界ということになろう。

銀行の情報生産機能　　クレジットビューに従って金融政策の伝播経路として銀行の役割を重視するとして，単に銀行貸出による流動性制約の緩和にとどまらず，貸出先の企業について特別の情報を発信するという銀行の情報生産機能に注目する論点もある。

日本のメインバンク制（主要取引銀行制）を念頭に置くならば，メインバンクとなる銀行は企業の経営財務状況を把握しており，その上で貸出を決行することによって，その企業の貸出リスクの程度を顕示する情報生産機能を果たし，メインバンク以外の金融仲介機関も安心して追随できるというものである。企業の経営が困難な状況になれば，それを最後まで支えるのもメインバンクに期待される役目である。このようなメインバンクの存在は，それ以外の貸し手にとっての審査手間（広くモニタリング・コストという）を低減させ貸出リスクも低め，借手の企業にとっては他の銀行からの借入金利が低まる要因となる。一般にモニタリング・コストも含めた非対称情報の下での取引費用をエイジェンシー・コストというが，メインバンクはそれを節減することによって金融仲介機能を高めるのである。

日本のメインバンク制では，メインバンクとなる銀行が企業によって分散しており，全体として情報生産機能を役割分担していた。ところが，日本のメインバンク制は1990年代に入ってからのバブル経済の崩壊によって，なし崩し的に役割を終えてしまったとの見方がある。自らの不良債権問題で余裕のなくなった銀行が，倒産の危機に直面した企業を支えられずに終始し，メインバンクとしての権威が失墜してしまったという。

銀行システム全体としても，貸し倒れリスクの高い中小企業への貸出しには過度に慎重になり貸渋りや（既存の貸出しを回収する）貸剥がしが横行し，一方大手の企業の銀行離れを助長し，間接金融のウエイトが低下する金融仲介中断（disintermediation）が引き起こされクレジットビューの後退が見られた。

■期待形成とアナウンスメント効果

経済主体は不確実性のもとで将来にわたる意思決定をしなければならないが，その際に重要な役割を演ずるのが期待形成であった（たとえば第7章でのコンソルの予想収益率や第13章のインフレ期待など）。期待形成時に，将来の経済環境がどうなっているか，将来の経済政策がどのようなものかの判断が重要なのはいうまでもない。したがって，政策当局が将来の政策方針をアナウンスすれば，経済主体の期待形成に影響を与え，実体経済にも少なくない影響が及ぶだろう。

こうした効果一般を前章ではアナウンスメント効果と呼んだが，ここでは多少狭義にとらえて金融政策のアナウンスメント効果を考察する。かつての公定歩合の変更などがその典型的な例であるが，近年では折りにつけ政府の要人や金融政策当局が積極的な発言により政策意図を市場に伝えており，発言内容への信認の程度やその時々の背景にもよるが，経済主体の期待形成に大きな影響を与えている。

アナウンスメント効果の重要性を数量的に計測するのは容易ではないが，いろいろと工夫された近年の実証研究は，その存在を強く支持している。さらに，アナウンスメントをどれくらい信じて期待形成するかという信認（credibility）の問題や，政策発表の失望効果なども重要な要素として認識されるようになった。政策当局に対する信任がなければ，アナウンスメント効果は発揮されない。また，政策のアナウンスメントが，民間の経済主体があらかじめ予想していたものと大幅に異なったり，とくにそれが期待はずれであったりする場合には，アナウンスメント効果が予想された方向と逆に働く。これが前章でも考察した失望効果である。

利子率の期間構造　将来の期待形成が最もストレートに反映されるという利子率の期間構造（term structure）についての期待理論によれば，長期利子率は将来にわたる予想短期利子率の平均値に等しくなる。長期債券の保有と短期債券の継続的買い代え（これを短期資金を「ころがす」という）とでは，平

均的には同じ収益が得られなければならない，という考えがその背後にある．さもなければ，少しでも有利な投資対象に資金が流れ，流入した先の債券の価格は上昇（利子率は低下）し，流出した債券の価格が下落（利子率は上昇）するからである．これが，短期債券と長期債券との間で働く裁定である．

　横軸に満期までの期間をとり，縦軸に期間ごとの利子率をプロットした軌跡を利回り曲線（yield curve）という．この利回り曲線が図 16.1 の A のように右上がりとすれば，長期利子率のほうが満期が短い利子率よりも高く，将来の短期利子率は上昇することが期待されている．逆に，B のように右下がりならば，将来の短期利子率は下落局面にあることが期待されているはずである．

　ここで，金融政策のアナウンスメントがあり，将来のある限られた期間だけ

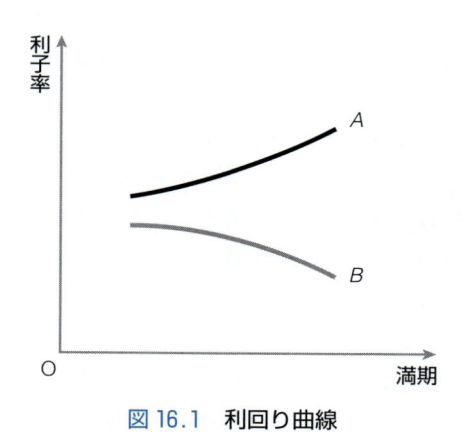

図 16.1　利回り曲線

図 16.2　反転する利回り曲線

短期利子率の上昇が見込まれ，その先には逆に短期利子率が低下すると期待されれば，これを反映した利回り曲線は図 16.2 のように満期までの期間によって中途で反転したものになるであろう．

ゼロ金利政策と時間軸効果　1990 年代央以降の日本経済では，バブル経済崩壊後の長期デフレ状況が続き，短期金融市場の利子率がほとんどゼロまで低下する超金融緩和状況になった．実際は，この時期は物価が下落する文字通りのデフレが継続し，名目利子率が 0 でも実質利子率は正の水準に保たれていた．金融機関が大量の不良債権を抱え，実際に破綻する金融機関も散発するなか，大規模な金融システム不安がいつ噴出するかという懸念とデフレ景気への対応でゼロという下限にへばりついた名目利子率のもとで，さらなる金融緩和策を狙ったのが時間軸効果として「今後も当面ゼロ金利政策を持続する」とコミットし短期金融市場での信認を期待したのであった．

ゼロ金利政策は結果的には不十分で，その後量的緩和政策に転じることになったが，時間軸効果は市場参加者の期待形成に訴えるという意味ではアナウンスメント効果の有効性を追求した具体的な好例といえよう．日本銀行も，この経験もあって，その後積極的に「市場との対話」による金融調節を心掛けると表明している．

■為替レートと開放経済効果

金融政策の伝播経路としては，以上の四つの代表的経路に加えて，海外部門が関係するチャネルもある．第 18 章で説明する IS–LM 分析を開放経済に拡張したマンデル=フレミング・モデルで扱うように，金融政策の有効性は固定相場制か変動相場制かといった為替相場制の動向によって，また国際間で資本移動が自由に行われているかそれとも移動に制限があるかといった資本移動の程度によって，その効果が異なったものになる．

変動相場制で資本移動が自由としよう．金融緩和政策として国内で貨幣供給量を増加させたとする．これによって当初国内利子率に低下圧力が働き，それによってより有利な運用先を求めて海外に資本流出が起こる．この際に為替レートの減価（日本の円安）が引き起こされ，これは日本からの輸出に有利（輸入には不利）となり経常収支の好転と国内の実体経済にも好影響を及ぼす．こうした連鎖は資本流出が当初の貨幣供給量の増加を相殺し，国内利子率が元の水準にもどるまで続くことになる．

16.2 マネタリスト・ケインジアン論争：相対的有効性

本節では，古典派経済学の体系とケインズ経済学の体系の間で展開された**マネタリスト・ケインジアン論争**を整理する。これはいろいろとある政策のうちどの政策が最も有効かとの，**相対的有効性**をめぐる論争である。マネタリストとケインジアンの間で多くの論点が争われたが，それらを大胆に整理すれば次のようになろう[2]。

■マネタリスト・ケインジアン論争

それぞれの処方箋　ケインジアンの主張は，(1) 深刻な不況時には，金融政策よりも政府支出増による財政政策がはるかに有効である，(2) 小幅で循環的なマクロ経済の変動に対しては，財政政策と金融政策の併用による有効需要の積極的な微調整（**ファイン・チューニング**）が望ましい，(3) 金融政策としては，利子率を重視する，(4) 政策発動はケース・バイ・ケースで裁量的に行なう，の4点にまとめられる。

これに対して，マネタリストの主張は，(1) マクロ経済の安定にとっては安定的な金融政策が不可欠であり，財政運営に関しては常に均衡財政を心掛ける，(2) 貨幣供給量を長期的な経済成長率に見合うように増加させる金融政策（これを **$k\%$ルール**という）をとる，(3) 政策はあらかじめ設定されたルールに従って運営し，いたずらに変更しない，の3点である。

処方箋の背景　1930年代の世界的大不況の下で書かれたケインズの『一般理論』が，深刻な不況下では金融政策は無力であり，積極的な財政政策が必要であると唱えた。これが，不況時の対策としては財政政策が相対的に有効とする主張のはじまりである。これに対してマネタリストは，当時貨幣供給量が減少していた事実を根拠として，大不況の経験は適切な金融政策の無効性を示してはおらず，むしろ「誤った金融政策の有効性」を事実によって証明するもの

---

2) マネタリスト側は，当時のシカゴ大学のフリードマンを総帥とし，カーネギー・メロン大学のブルンナー (K. Brunner) とメルツァー (A. Meltzer) の各教授およびセントルイス連銀のエコノミストが代表的な論客である。ケインジアン側の代表としては，ハーバード大学のハンセン (A. Hansen)，イェール大学のトービン，MITのサミュエルソン，ソローおよびモディリアーニ各教授があげられる。

であると反論する。

　ケインジアンが金融政策として利子率を重視するのは，次のような理由からである。すなわち，金融活動は経済の実体的側面から乖離して変動する傾向があり，それに応じて利子率も変動する可能性が高い。利子率は企業の設備投資などの重要な決定要因であるから，利子率の不安定な変動はいたずらに実物面の変動をもたらし，景気変動を増幅する。これを避けるには利子率を安定化しなければならない。これに対して古典派経済学では，貨幣を本質的には中立的と考えており，マネタリストが貨幣供給量を重視するのは一見矛盾するように思われるかもしれない。しかし，経済の金融面の役割は実物的経済活動を円滑に進めていくことにあり，その役割を果たすには，貨幣供給量を安定的にコントロールしなければならない，とマネタリストは考えるのである。さらに，貨幣供給量と物価水準，ないし貨幣供給量の増加率とインフレ率の間には安定的な比例関係があるとの認識をもとにして，貨幣供給量のコントロールがインフレ対策として最も有効，と主張するのである。

■ショックの源泉と望ましい政策

　政策の相対的有効性の代表的な議論として，第 11 章で展開した *IS-LM* 分析の枠組を利用したプール（W. Pool）によるショック源別の望ましい政策の洞察がある。ここでは生産物市場を源泉とするショックと貨幣市場を源泉とするショックがあり，これらによる *IS* 曲線と *LM* 曲線のシフトによって生じる生産量の変動を，「貨幣供給量を一定とする政策」（以下 *M* 政策）と「利子率を一定とする政策」（以下 *i* 政策）とのどちらによって，より安定化が可能か？ との問いの解答を考えるとしよう。

　IS 曲線のシフト　　まず，生産物市場の需要サイドないし供給サイドでのショックの発生により，図 16.3 のように *IS* 曲線が IS^0 を中心として IS^+ と IS^- と左右にシフトするとしよう。これに対して，*M* 政策をとると総産出量は *AB* の範囲に収まる。他方，*i* 政策によると，総産出量は *CD* の範囲となり，*M* 政策よりも変動幅が広範囲となる（右上がりの *LM* 曲線を前提）。

　LM 曲線のシフト　　次に，貨幣市場の需給両サイドでの何らかのショック（もっぱら需要サイド）の発生により，図 16.4 のように *LM* 曲線が LM^0 を中心として LM^+ と LM^- と左右にシフトするとしよう。これに対して，*M* 政策をとると，*LM* 曲線のシフトはそのまま放置されるので，総産出量は *AB* の範囲

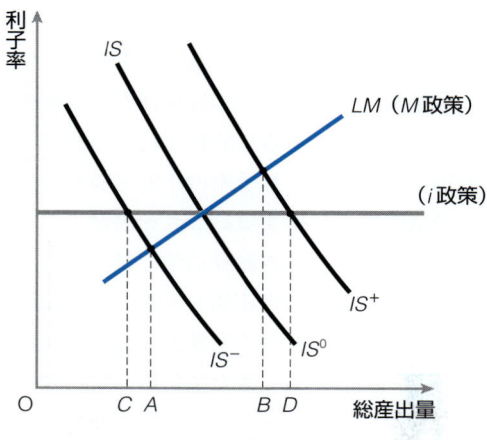

図 16.3　IS 曲線のシフト

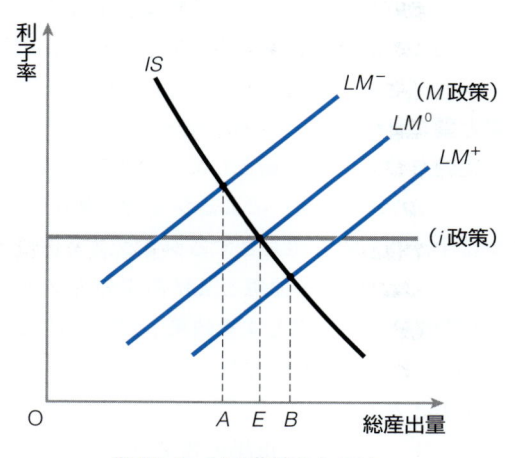

図 16.4　LM 曲線のシフト

で変動する．他方，i 政策によると，LM 曲線のシフトは完全に相殺されるので，総産出量は E で固定される．

　結果の解釈　　二種類のショックの源泉によって，総産出量の変動幅を小さくするという意味で望ましい政策は，異なったものになった．すなわち，生産物市場を源泉とする IS 曲線のシフトに対しては M 政策が望ましく，貨幣需要のショックを源泉とする LM 曲線のシフトに対しては，i 政策が望ましい．

　こうした結果が得られた原因としては，望ましい政策として総産出量の変動

幅を狭い範囲に抑える基準であることが関係する。総産出量はIS曲線とLM曲線の交点で決まる。ショックが発生して交点が変動する際に，ショック源そのものを制御可能ならば直接排除し，排除できなければそれが伝播することを抑えるのが適切な政策となろう。

生産物市場のショックに対しては，金融政策によってショックそのものを排除することは不可能なことから，次善策としてはIS曲線のシフトがもたらす利子率の変動に注目する。LM曲線が右上がりであるので，IS曲線の左右シフトは利子率と総産出量のプラスの相関をもたらし，それに対してi政策として利子率を一定に抑えると，貨幣供給量を順循環（すなわち，総生産が増えて利子率が上昇する際に貨幣供給量を増やし，総生産が減る際に貨幣供給量を減らす）に調整する必要があり，それが総産出量の変動幅を広げてしまうのである。すなわち，この場合には貨幣供給量を一定に保つM政策が賢明な選択となる。

貨幣市場の供給ショック（たとえば内部貨幣の不規則変動）には，外部貨幣の供給量の操作で完全に相殺可能と考えられる。貨幣市場の需要ショックに対しても，そのショックをふまえた上で利子率の変動を抑えるように貨幣供給量を調整することが可能であり，利子率を一定に保つi政策が，利子率の変動を容認し総生産量の変動も引き起こすM政策を凌駕(りょうが)するのである。

政策の割当て　このように，政策介入を必要とするショックがどこで発生しているかは相対的有効性にとって重要な論点である。ここでのM政策とi政策の比較に限らず，ショックの発生源によって財政政策と金融政策などの相対的な有効性が異なり，それらを適切に対応させなければならない。これは一種の割当問題であり，マンデルの定理が適用できる。

マネタリスト・ケインジアン論争では，暗黙裡に政策手段が二つないしそれ以上あるのに対し，政策目標が一つであるかのように扱われている。政策目標も複数個あるとすれば，適切な組合せが見つけられる可能性がある。

■政策の機動性と制御可能性

財政政策と金融政策の相対的有効性を評価する際には，政策の機動性にも注目する必要がある。望まれる政策手段を正しく発動できるかという，政策手段の制御可能性の問題もある。政策の機動性をめぐっては，政策発動の積極主義にも関係する問題であり，16.5節でも議論する。

政策ラグの分類　まず，政策ラグを分類しておこう。政策の発動を必要と

するショックが発生してから実際に政策が発動されるまでを内部ラグ，政策が発動されてからそれが効果を発揮するまでを外部ラグと呼ぶ。内部ラグは，ショックの発生を政策当局が認識するまでの認知ラグと，認識してから実際に政策発動に移るまでの行動ラグからなる。外部ラグは，政策効果ラグ（lag in effect）と呼ばれる部分である。内部か外部かは，不可抗力か否かは別として，あくまでも政策当局の責任範囲か否かが基準となっている。

内部ラグは短いに越したことはないであろう。認知ラグは，現実問題としての政策判断には慣性が働き現状維持的になりやすいことをふまえるならば，無視できない要因である。政策対応の誤りを指摘される大多数のケースは，政策当局の経済理論の誤りというよりも，政策発動の必要性を看過するといった意味での認知ラグの存在が大きいであろう。

財政金融政策の政策ラグ　認知ラグに関しては財政政策と金融政策の間で基本的に差はないと考えられるが，行動ラグと効果が発揮されるまでの政策効果ラグには大きな相違が存在する。

財政政策には多くの場合予算措置が必要なことから，国会や地方議会での予算の審議が必要であり，この意味でどうしても行動ラグが長くなる。その意味で内部ラグは長く機動性に欠けるが，政策発動後の効果は即効性をもち政策効果ラグは短い。それに対して，金融政策の場合，行動ラグは短いが，効果が発揮されるまでの期間が長い。

確かに，一般論としては，政策効果ラグは金融政策では長く財政政策では短いであろう。もっとも，公共投資が景気を牽引する即効効果は期待されるほど大きくはないとの試算もあり，第4章の4.6節で見た乗数過程が浸透するまでには相応の時間を必要とする。逆に，金融政策も経済主体の期待形成を一新するような劇的なものであると，前章で見たように政策の発動以前のアナウンスメント段階で反応（アナウンスメント効果）が現われ，政策効果ラグが短くなる場合もあり得よう。

政策手段の制御可能性　望まれる政策が正しく実行されているか否かは，理論的な議論としては問題とならないが，現実の世界に目を転じるならば無視できない問題である。

財政政策に関連しては，日本の経験として1990年代の長期不況に際して総合経済対策の一環として公共投資の大幅な増額を盛り込んだものの，自己負担をともなう地方政府レベルでの公共事業が推進されず，結果的に公共投資はマ

イナスの成長となってしまった「笛吹けど踊らず」というエピソードもある。そもそも総合経済対策や緊急経済対策などのパッケージのなかで，真の景気対策となりうる公共投資等（＝泥水との対比での真水）の額は見かけよりもかなり小さいとの「真水論争」もある。収入面での租税収入も，当初の見込みを下回ったり上回ったりするのは例年のことであり，そもそも脱税や地下の闇経済活動が横行するのも日常茶飯事である。

金融政策についても事情は同様であり，貨幣供給量を一定の率で増加させるk％ルールを意図通りに実行できるかには疑問が残る。前章の15.6節で見たマネーストック管理において，世界にはマネーストックの動向を中間目標として設定することに難色を示す中央銀行があるが，それには中間目標自体を達成できない環境にある場合も多いと聞くところである。

政策手段の不安定化　政策手段の制御可能性をめぐっては，次のような問題もある。すなわち，政策目標を達成しようとして次々に政策手段の発動規模が大きくなる可能性であり，これを政策手段不安定化（instrument instability）と呼んでいる。この問題は，政策手段が技術的な観点から制御不能になっているわけではないが，政策目標を維持する「表面」に対して「裏面」での危機的状況を警告するものであり，コインの両面を一体としてとらえる際に非常に重要な論点になる。

最もわかりやすい例は，固定相場制下で通貨危機に陥った中央銀行が為替レートを維持するために必要とする為替介入額の規模であり，殺到する資本流出の前では，幾何級数的なスピードで膨張しやがて力尽きるのである。ゼロ金利政策を上回る金融緩和政策として量的緩和政策に移行した日本銀行も，その目安として設定した日銀当座預金残高の目標額を当初の5兆円規模から，段階的に3年のうちに30〜35兆円程度の規模まで引き上げたのであった。

このように，政策手段不安定化は金融政策において問題が発生する可能性が高いが，財政政策にとっても無縁で済むわけではない。たとえば，進捗中の公共事業の費用が予算額を上回ってしまった場合の措置や，国債利子率の上昇による国債費（利払い費と借換費）の上昇も，現行の政策を維持する観点からは政策手段不安定化になっているといえよう。

■その他の論争点

マネタリスト・ケインジアン論争は古典派経済学の体系とケインズ経済学の

体系との間の論争の一環であるから，マクロ経済学の体系全般を論争点とし，しかも理論・実証および歴史上のエピソードをめぐる論争として繰り広げられた。したがって，論点は本節で指摘した点以外にも多岐にわたり，しかもそれぞれの論点も細部に立ち入っている。たとえば，ショックの源泉別の最適政策手段の選択でも，ショックとして IS 曲線と LM 曲線のシフトという総需要・総供給分析（AD-AS 分析）ではともに総需要曲線のショックになるものだけでなく，総供給曲線のショックも導入する。LM 曲線のシフトには，貨幣供給量の推移式での恒常的なショックと貨幣需要関数の一時的なショックの区別をして，確率的定常状態での比較も行っている。

さらなる論点としては，前節での金融政策の伝播経路でも言及したように，閉鎖経済と開放経済では政策効果が大きく異なる。開放経済では，固定相場制をとっているか変動相場制をとっているかで，マクロ経済の均衡が定性的に大きく異なるため，財政政策と金融政策の効果に大きな影響を及ぼすのである。政策効果を考える場合，国内バランスのみを考えるか対外バランスをも考えるかも重要な論点となる（開放経済の問題は，第 18 章を参照）。

16.3　クラウディング・アウトと公債の中立命題

第 4 章で説明した簡単なモデルでは，均衡財政の乗数は 1 という結論が得られる（第 4 章の練習問題を参照）。この結論は，均衡財政のもとでさえ政府支出には有効需要創出効果が存在するのであり，ましてや赤字財政のもとでは，さらに大きな効果が期待できるという含意をもつ。こうした常識に再検討をせまるのが，クラウディング・アウトと公債の中立命題である。

■クラウディング・アウト

クラウディング・アウト（crowding out）とは，政府部門の支出の増加が民間部門の需要の減少をもたらし，その意味で政府の経済活動が民間の経済活動を「締め出す」現象をいう（第 10 章参照）。クラウディング・アウトが起こる可能性はいくつか考えられる。

第一は，いままで民間で供給されていた財・サービスを政府がかわって供給する場合に生じる直接的クラウディング・アウトである。学校給食の実施や病院の公営化が一例として考えられるだろう（この逆が国鉄や郵便事業の民営

化などの民活導入である)。このようなケースでは，政府支出の増加分だけ民間部門の支出が減少するため，乗数効果は働かない。すなわち，政府支出が増加しても，マクロ経済でのGDPの水準には変化は生じない。

第二は，取引に基づくクラウディング・アウトである。これは，IS-LM分析においてLM曲線が右上がりである限り生じる。すなわち，政府支出が増加すると乗数効果が働き所得は増加するが，それとともに利子率が上昇するため民間投資が抑制され，乗数効果は弱められる (第11章では，これをヒックス効果と呼んだ)。利子率が上昇するのは，所得の増加にともなって取引動機に基づく貨幣需要が増大し，貨幣市場で超過需要が生じるからである (第11章の図11.9を参照)。

第三はポートフォリオ・クラウディング・アウトであり，政府支出増が公債 (国債や地方債) の発行でまかなわれる場合に生ずる。公債の発行は，債券供給の増加を意味するから，債券市場で超過供給 (裏返せば貨幣市場の超過需要) をもたらし，利子率を上昇させる (ポートフォリオ効果)。利子率の上昇は民間投資を抑制し，クラウディング・アウトを生じさせるのである。

問題はマクロでのクラウディング・アウトの程度 こうした各種のクラウディング・アウト効果は，多かれ少なかれ現実経済において認められるであろう。問題は，マクロ経済レベルでクラウディング・アウトが完全か，あるいは部分的か，である。いいかえるならば，部分的で第二の取引に基づくクラウディング・アウトのように乗数を小さくさせるくらいの相殺部分ならば，依然政策効果は残ることになる (地域経済などミクロレベルでは，公共事業が民間による関連事業を誘発することも稀ではなく，クラウディング・アウトの逆にクラウディング・インを引き起こすことも想定できよう)。

もちろん，経済が完全雇用の状態にあり，それ以上生産量を増加できないという意味で供給サイドの制約があるならば，政府支出の増加が民間部門の支出の減少をもたらすのは直観的に明らかであろう (第10章で見たように，完全雇用経済では100%のクラウディング・アウトが生ずる)。たとえ完全雇用にはなくとも，LM曲線が垂直ならば完全な取引クラウディング・アウトが生ずる。

LM曲線が垂直となるのは，たとえば貨幣需要の利子弾力性が0の場合である。こうした状況で，仮に政府支出の増加が所得を増加させたとしよう。この結果貨幣需要も増加するだろう。しかし，貨幣供給量が一定である限り，貸幣

市場が均衡を回復するには貨幣需要が減少する以外にない。一般に，貨幣需要の減少は利子率の上昇と所得の減少によって生ずるが，貨幣需要の利子弾力性が0の場合には，所得が減少せざるをえない。このため，政府支出の増加をちょうど相殺するだけの民間投資の減少が生ずるまで利子率が上昇するのである。

■公債の中立命題

財政赤字を公債でまかなうときには，クラウディング・アウトと並んで重要な問題が生ずる。政府支出を増税でまかなえないならば，公債の発行によってまかなうしか方法はない。公債はいずれ償還されなければならず，それは将来の増税を意味する（公債の利払い分も増税によってまかなわれる）。ライフサイクル仮説や恒常所得仮説によると，将来の増税は，生涯所得の割引現在価値を減少させる。もし公債の市場利子率と民間資金の貸借に適応される利子率（割引率）に差がなければ，公債が発行される場合と現在増税される場合とで，生涯所得は変わらない。

次のようにいいかえてもよいだろう。公債を発行し，それに等しい減税をしても生涯所得には何の変化もない[3]。生涯所得に変化がなければ，現在の消費も変わらないはずであり，そのため増税にかえて公債を発行したときには，公債の発行分だけ貯蓄が減少する。公債部分は（それが将来償還され，その時点で増税されるという意味で）政府によって決定されてしまった，現在時点での強制貯蓄と考えられるであろう。そのように解釈すれば，総貯蓄に変化はないのである。これを，公債の中立命題ないしリカードの等価定理（Ricardian equivalence theorem）という。

---

[3] これを確かめるのは容易である。簡単化のために，2期間モデルで考えよう。公債が発行されない場合の生涯所得を，$Y_1 + Y_2/(1+r)$ としよう。ここで Y_1, Y_2 は，現在と将来の所得，r は割引率である。公債が B だけ発行され，その分の減税がなされたとすると，現在の可処分所得は B だけ増加し，$Y_1 + B$ となる。しかし，将来に公債の元利合計分 $(1+i)B$ の増税がなされるから，将来所得は $Y_2 - (1+i)B$ となるだろう。したがって，生涯所得は，

$$Y_1 + B + \frac{Y_2 - (1+i)B}{1+r} = Y_1 + \frac{Y_2}{1+r} + \frac{(r-i)B}{1+r}$$

となり，公債利子率 i と割引率 r が等しい限り，B が発行されようがされまいが，生涯所得には差はない。この論理を敷衍すると，公債残高は民間部門にとって純資産とならないことが理解されよう。$r > i$ の場合にのみ，公債の資産性が発揮されるのである（第9章参照）。

ネオ・リカーディアンの主張　この命題を援用してさまざまな政策的主張をする人々は，ネオ・リカーディアンと呼ばれる。ネオ・リカーディアンの主張は，次の2点を前提としている。第一に，公債の発行に際して，民間部門が将来時点の増税を正しく認識し，合理的に期待を形成していること。第二に，流動性制約がなくライフサイクル仮説が当てはまること。この2点である。たとえば，「公債が償還される以前に死んでしまうから，将来の増税を考慮して行動することはない」という主張も，ネオ・リカーデイアンは理論的に非合理的として排除する。各家計には子孫があり，子孫の効用を考慮して行動するのが合理的と考えるのである[4]。しかしながら，こうした前提が現実世界で満たされているとは考えにくいと，距離を置く人々もいる。ニュー・リカーディアンは，実は古典派経済学を信奉する人々とかなり重複し，距離を置くのはケインジアンが多い。クラウディング・アウトに対してと同様，ケインジアンはその可能性は定性的には認めても，現実は理論の前提が成り立っていないとの立場をとるのである[5]。

非ケインズ効果　公債の中立命題に関係して，国債発行による財政支出拡大に際して，将来の償還負担が現在の消費を抑制する効果について，効果がちょうど相殺されるとの中立性の限度を超えて，財政拡大が意に反して景気抑制効果をもつという主張も現われた。逆に言うならば，増税や政府支出削減など財政抑制が景気拡大に繋がる早道という主張であり，これを財政政策の非ケインズ効果（non-Keynesian effect）と呼んでいる。将来の負担増や財政破綻リスクに対する過剰反応の可能性であるが，EU（欧州連合）加盟前に緊縮財政を強いられたヨーロッパ諸国で実際に検証されたという実証分析も現われた。

しかしながら，こうした「期待形成による反動効果」があるとしても普遍的なものではなく，特殊な状況に置かれた履歴性のある国民経済でありうる効果と考えられる。結論は異なるものの，反対方向に働くメカニズムを強調したも

---

4)　第14章でも言及したが（295頁の脚注），こうした発想は王朝モデルと呼ばれる。王朝モデルの考えを拡張すると，現在異なる家系の家計も幾代か後の世代で婚姻によって姻戚関係になるかもしれず，それを合理的に予想するならば，人類全体を相手に利他的行動をとる可能性がでてくる。

5)　公債の中立命題は，19世紀初頭にリカード（D. Ricardo）が公債の発行が実体経済に影響を及ぼすことがないことを理論的に指摘したことに端を発する。ただし，リカード自身も，人間はそこまで理論通りに合理的に行動することはないので，公債の発行は控えるべきだと主張した。

のとしては，前章の 15.2 節で紹介した「減税によって税収が増える」とのラッファー曲線の論点と相通じるものがある。しかしながら，非ケインズ効果の存在が，安易な「景気対策としての財政政策不要論」の根拠とされるならば，ラッファー曲線同様やや短絡的過ぎるとの謗りは免れないであろう。

16.4　合理的期待革命：絶対的有効性

　完全なクラウディング・アウトや公債の中立命題は，財政政策の有効性を否定するものである。同様のことを金融政策について主張したのが，LSW 命題である。この命題は，あらかじめ予知された政策の非有効性を主張した新しい古典派に属する3人の経済学者であるルーカス（R. Lucas），サージェント（T. Sargent），ウォレス（N. Wallace）の名にちなんでいる。マクロモデルに合理的期待形成仮説を導入し，予知された安定化政策の非有効性を唱えた LSW 命題を紹介しよう。

■LSW 命題

　生産物市場の総供給と総需要が次式で決定されると仮定しよう。

$$y_t^S = \alpha(p_t - E_{t-1}p_t) + u_t^S, \quad \alpha > 0 \tag{16.1}$$

$$y_t^D = \beta(m_t - p_t) + u_t^D, \quad \beta > 0 \tag{16.2}$$

ここで，y_t^S と y_t^D は実質の総供給と総需要，p_t は物価水準，m_t は名目貨幣供給量である（すべて自然対数ではかられている）。u_t^S と u_t^D は外生的にランダムに変動する攪乱項であり，それぞれ平均はゼロ，分散は一定とする。$E_{t-1}p_t$ は $t-1$ 期に形成される t 期の物価水準 P_t の期待値を表わす。ここでは，期待形成について合理的期待形成仮説を前提する。すなわち，$E_{t-1}p_t$ は，$t-1$ 期に利用可能なすべての情報に基づいて計算される，t 期の物価水準の数学的期待値に等しい。

　ルーカス型総供給関数　(16.1) はルーカス型総供給関数と呼ばれ，t 期の市場価格が $t-1$ 期に予想した価格水準よりも高い場合には，供給が均衡産出量を超えて増加することを示している。そのときの（価格差に関する供給の）弾力性が α である。(16.1) の背後には，次のようなミクロ的基礎がある。

すなわち，フェルプス（E. Phelps）の島国の寓話（island parable）といわれるもので，価格を与えられたものとして行動する完全競争下にある各企業は自ら生産する財・サービスの価格が上昇したとして，（情報が隔離された島国にいるために）それがその財・サービスに固有の価格上昇かマクロの一般物価水準の上昇によるのかを完全には区別できない。しかし，各期においてそれぞれが起こる確率分布の知識はあるので，あらかじめ前期に収集可能な情報のもとで計算を行い，自ら生産する財・サービスの価格について期待形成し，その期待値（平均値）と比べて現実に実現している価格が高ければ平均的な生産量を上回って生産し，低ければ下回るというものである。

別の想定は，将来の価格予想をもとにして，企業と労働者はあらかじめ名目賃金率について契約を結ぶと考える。すると，実現した価格水準が予想した水準よりも相対的に高いとき，実質賃金率は低くなり，その結果より多くの生産によって利潤を増加できる。逆に，実現した価格水準が低い場合には，生産を縮小するのである。

こうした解釈のほかに，(16.1)を自然失業率仮説に基づくフィリップス曲線として理解することもできる（練習問題参照）。

総需要と市場均衡　　(16.2)は生産物市場での総需要関数であり，簡単化のために実質貨幣残高にのみ依存すると仮定されている。m_t も p_t も自然対数値であり，$m_t - p_t = \log(M_t/P_t)$ に注意したい。ここで，M_t と P_t はそれぞれ名目貨幣供給量と物価水準である[6]。

t 期の物価水準は，生産物市場が均衡するように決定される。すなわち，$y_t^S = y_t^D$ から，

$$(\alpha + \beta)p_t - \alpha E_{t-1} p_t = \beta m_t + u_t^D - u_t^S \tag{16.3}$$

が導かれる。$t-1$ 期の情報量に基づく，u_t^D と u_t^S の条件付期待値はともに 0 であるから，(16.3) の両辺の条件付期待値を求めれば，

$$(\alpha + \beta)E_{t-1} p_t - \alpha E_{t-1} p_t = \beta E_{t-1} m_t \tag{16.4}$$

となる。これより，

---

[6] ここでのノーテーションは第14章のそれとは異なっているものがあることに注意。第14章では，m_t は実質貨幣供給量そのものを表わしたが，ここでは名目貨幣供給量の自然対数値を表わしている。

$$E_{t-1}p_t = E_{t-1}m_t \tag{16.5}$$

を得る。合理的期待形成を前提とすれば，予想される物価水準は予想される名目貨幣供給量と同率で変化する。これが（16.5）の意味するところである。(16.3) から（16.4）を辺々引いて整理すると，

$$p_t - E_{t-1}p_t - \frac{\beta}{\alpha+\beta}(m_t - E_{t-1}m_t) - \frac{1}{\alpha+\beta}(u_t^D - u_t^S) = 0 \tag{16.6}$$

が得られ，これを（16.1）に代入すれば，

$$y_t = \frac{1}{\alpha+\beta}\{\alpha\beta(m_t - E_{t-1}m_t) + \alpha u_t^D + \beta u_t^S\} \tag{16.7}$$

となる。ここで y_t は均衡 GDP である。

 (16.7) から，y_t の変動は名目貨幣供給量のうちあらかじめ予想されなかった部分 $m_t - E_{t-1}m_t$ と撹乱項 u_t^D, u_t^S だけに依存することがわかる。あらかじめ予想された名目貨幣供給量 $E_{t-1}m_t$ の変動は，実質産出量に何らシステマティックな影響を与えない。(16.5) が示唆するように，予想された名目貨幣供給量の変動は，予想された物価水準の変動に反映されてしまい，事前的な意味での実質貨幣供給量には何ら影響を与えないのである。事前的な実質貨幣供給量に変動がなければ，事前的な意味での総需要量も不変である。事後的な実質産出量の変動は，予知されなかった物価水準の変動，すなわち予知されなかった金融政策（名目貨幣供給量の操作）と需要・供給スケジュールの撹乱項のシフトによってのみ生ずる。

■新しい古典派の盛衰とルーカス批判

 以上が LSW 命題のエッセンスである。当初こうした命題を主張する学派はマクロ合理的期待学派，マクロ合理派，あるいはマネタリズム・マークⅡと呼ばれていた[7]。これからも推測されるように，LSW 命題は合理的期待形成仮説の前提から導出される，と考えられていた。しかしその後の研究によって，LSW 命題が成立するためには，厳しい条件を必要とすることが明らかとなった。LSW 命題は，マクロモデルへの合理的期待形成仮説の導入だけから導か

---

[7] いうまでもなく，マネタリズム・マークⅠはマネタリスト・ケインジアン論争段階でのマネタリストをいう。

れるのではなく，LSW 命題を主張する人々が新しい古典派とも呼ばれるように，古典派経済学の考え方が重要な役割を演じているのである（第 13 章の 13.6 節も参照）。

たとえば，古典派経済学の世界を離れて，名目賃金率に硬直性を導入すると，もはや LSW 命題は成立しない[8]。合理的な期待形成の背景となる「情報」をどのように捉えるかも重要である。政府と民間部門での情報量に差異がある（政府のほうが多い）か，差異がなくとも当期の情報が利用可能であれば，金融政策は y_t の水準に対して無力でも，y_t の変動（分散）は小さくできる（つまり，景気循環の平準化という意味では政策が有効となる）。

新しい古典派の意義　LSW 命題についての実証研究を見ると，それに否定的な研究が相次いで報告され，現在では，LSW 命題を厳密な形で主張する学者はほとんどいないといえよう。少なくとも，予知されなかった名目貨幣供給量のショックによって景気変動が引き起こされるというメカニズムについては総じて否定的であり，1980 年代後半期頃から新しい古典派に分類される研究者の関心も徐々に RBC モデルに代表される実物的ショックに移ることとなった。

とはいえ，LSW 命題が提起した論点に傾聴すべきものが含まれているのは否定できない。マクロ合理的期待学派は，政府や民間の研究機関で進められている数百本にのぼる大型マクロ計量モデルを用いた政策分析や，そこから提示される政策処方箋の信頼性に疑問を投げかけた。民間経済主体が，政策をある程度合理的に予想すれば，政策効果が完全には消滅しないにしても，政策当局が予期していた効果とは異なる可能性は十分に存在するのである。この点について経済学者ルーカスが，ルーカス批判として知られる鋭い指摘をしている。

ルーカス批判　ルーカスは，経済予測やシミュレーションなどの政策分析をする際に，異なる政策を比較したり，最適政策を求めて政策ルールを変更すると，分析の基礎である構造方程式体系のパラメータ自体が変化してしまい，その点を考慮しない政策分析は必然的に誤りを内包せざるをえない，との批判を展開した。民間経済主体が，政策期待によってその行動様式を調整するからである。ルーカスの指摘は原理的には正しい。しかし，それによって，すべての政策分析が無意味になるというわけでもないだろう。定性的には正しい指摘

---

[8]　名目賃金率に硬直性がもたらされる諸原因については，第 11 章で考察した。価格そのものに粘着性を導入するニュー・ケインジアンの考え方もすでに学んだ，第 14 章の 14.5 節を参照。

だとしても，その定量的なインパクトの大きさに対しては，大型マクロ計量モデルのユーザーから懐疑的な見解が表明されている。

ルーカス批判を真剣に受け止めて政策分析を行うには，政策の変更によっても変わることのないディープ・パラメータのみの知識に基づく政策分析が望まれることになる。実は，第14章で展開したRBCモデルに代表される均衡景気循環論やニュー・ケインジアンの景気循環論に基づくカリブレーション分析やそれを踏まえた政策分析は，（少なくとも部分的には）ルーカス批判を意識した上での対応策になっているといえよう。とくに，第14章の (14.37) として導出されたニュー・ケインジアンのフィリップス曲線では，フォワードルッキングな期待インフレ率が現実のインフレ率の重要な決定要因になっており，しかもその他の説明要因も基本的にディープ・パラメータのみの知識を必要とする形になっているのである。

16.5 政策運営の積極主義

マクロ安定化政策が有効である，との前提を受け入れるとしよう。次に問題となるのが，それではどのようにして政策を発動するのがよいかという政策運営の積極主義（activism）ないし政策遂行上の進め方（implementation）に関する論点である。ケインジアンとマネタリストの間には，この点にこそ大きな隔たりがあるといってよい。

ケインジアンは，政策介入の必要性が認められる場合，積極的かつ速かな介入が必要と主張する。さらに，ショックが積み重ならないように，小さな変動に対してもファイン・チューニング（微調整）で対処すべきと考える。これに対して，マネタリストないし広い意味での古典派経済学の信奉者は，政策介入が効果を発揮するには，政策当局が経済構造の正しい知識をもった上で，適切なタイミングで介入する必要があるが，ルーカス批判にも見られるように，経済構造自体が政策次第で変化する上に，不確かな政策の遅れも考慮しなくてはならず，適切な政策を適切なタイミングで発動するのは不可能に近いと考える。

このため，介入は経済を安定化させるよりもむしろ経済の不安定化要因となってしまう可能性が高く，政府がマクロ経済の安定化を目指すならば，裁量的な介入ではなく，あらかじめ経済行動に組み込まれた自動安定化装置（built in stabilizer）に委ねるか，あるいは簡単なルールに基づく介入にとどめるべし，

と考えるのである。

こうした観点からの政策処方箋の一つがマネタリストの k%ルール（マネーストックを経済成長に見あう一定の率で増加させる政策）であり，できるだけ簡単なルールのもとで中間目標を設定し，その実現に心掛けるべきだとの提案である。期待形成の誤りをできる限り回避するために，政府のもつ情報を速やかに公表するのが政府の役割とも主張される。

■ショックの持続性と積極主義

政策運営上の積極主義の是非論争の争点の一つに，ショック自体の持続性の評価がある。これを理解するために，ベースラインとして経済構造や政策効果ラグが完全に既知の場合の積極主義を評価しておこう。すなわち，政策によってショックを完全に打ち消せるとした場合，ショックにすぐに反応すべきか否か？　認知ラグはないものとして，行動ラグも最短にすべきか，あるいはしばらく様子を見るべきか？　この状況での望ましい対応は，実はショック自体の持続性と政策の効果の持続性次第である。

いま，ショックとして，一度起こったショックもすぐに自然消失する一時的なショックと，いったん起こったショックはそのまま持続する恒久的ショックの2種類を考えよう。政策効果は持続性があるとする。すると，直観的に理解できるように，一時的ショックに政策介入すると，ショックが自然消滅した後には不必要な政策介入分が残ることになり，政策介入をしなかったほうがよかったということになる。これに対して，ショックが恒久的なものである場合には，素早く政策介入したのが正解になる。

以上をふまえるならば，政策介入の積極主義には，政策ショックの持続性に対する見極めが一つの争点になることが理解される。もちろん，政策効果が持続しなければ，政策発動の頻度を高めるのが望ましい。

政策介入を必要とするショックの持続性は，次に説明する経済構造の不確実性の争点とは別個の問題である。仮に，経済構造の不確実性のために，どのくらいの政策効果が期待できるか正確にはわからないとしても，平均的な政策効果で評価する限り，ショックの持続性と政策効果の持続性との組合せによる望ましい積極主義は不変になる。

■経済構造の不確実性と保守主義

次に，経済構造に不確実性があり，政策効果も不確実な場合を想定する。ショックは一時的なものであるが，経済構造にそのショックを引きずるメカニズム（GDPの自己相関やショックの持続性）が内包されているものとする。具体的には，政策発動上の内部ラグは無視できるのに対し，政策発動から政策効果が発揮されるまでの外部ラグである政策効果ラグ（lag in effect）は相当程度長いとする。その上で，繰り返し訪れる景気循環の波を平準化することを考える。

仮に経済構造や政策効果に何ら不確実性がなければ，たとえ政策発動にともなうラグがどんなに長くとも，適切な政策発動によって景気循環を完全に平準化することができる。ラグが長い分，あらかじめその分を織込んで早めに政策発動すればよいだけである。すなわち，景気循環の平準化にとってはラグの長さ自体は問題外であり，政策効果にとって真の障害となるのは，それが不安定で確実に織込めないことにある。

実際，経済構造に不確実性がある場合や政策の外部ラグが確率的に変動する場合には，不確実性がない場合と比べて最適政策の積極主義（activism）の程度は低下させる必要があるとの政策介入の保守主義（conservatism）は，次の簡単なモデル分析で確認できる。

確率的定常状態のモデル分析　　簡単な誘導形モデル

$$Y_t = a(t)Y_{t-1} + b(t)Z_t + U(t) \tag{16.8}$$

を出発点としよう。ただし，前章の15.5節でのアナウンスメント効果のモデル分析同様，Y_t = GDP（国内総生産），Z_t = 財政金融政策の変数（以下代表して政府支出）とする。$U(t)$は平均0，分散σ^2のショック項であり，$a(t)$と$b(t)$も経済構造の不確実性を反映して確率項とする。これらの確率変数はt期において互いに独立であり，どれも系列相関もなく，その分布は時間tに依存せず一定と仮定する。

政策の外部ラグを体現する自己回帰係数$0 < a(t) < 1$においては，$a(t)$が1に近づくにつれて政策の外部ラグは長くなる。一方，乗数を表わす係数$b(t)$は乗数不確実性（multiplier uncertainty）を表わす。$a(t)$，$b(t)$の平均はa，bとするが，便宜上分散はそれぞれσ_a^2，$b^2\sigma_b^2$と非対称的に定式化する。

政策当局の目標は，$Y(t)$の確率分布が経時的に不変となる定常状態におい

て，平均的に GDP をできるだけ目標値 $\bar{Y}$ に近づけるものとする．すなわち，定常状態における GDP の確率変数を Y で表わし，E で期待値のオペレーターを表わすとき，損失関数

$$L = E(Y - \bar{Y})^2 \tag{16.9}$$

を最小化させる．くわしい導出過程は省略するが，このときの最適政策は

$$Z^* = \frac{(1 - a^2 - \sigma_a^2)\bar{Y}}{b(1-a)(1+\sigma_b^2)} \tag{16.10}$$

と求められる[9]．(16.10) より容易に確かめられるように，$a(t)$, $b(t)$ に不確実性がない場合（$\sigma_a^2 = \sigma_b^2 = 0$）と比べて，$Z$ の値が小さくなるという意味で最適政策はより保守的なものとなる．

　不確実性下において最適政策が保守的になる直観的な理由は，そうしない場合に起こる GDP のオーバーシューティングから生じる損失に対して，重いウエイトが課せられているからである．これは，(16.9) の最小化する 2 次のモーメントの基準が，目標値から解離する幅が大きくなるにつれて損失を逓増させるからである．

　政策の外部ラグの不安定性に注目するために，平均的には政策ラグはないもの（$a = 0$）とし，さらに政策乗数の不確実性を捨象（$\sigma_b^2 = 0$）する．このときのロスの値は，若干の計算の結果

$$L = \frac{1}{1 - \sigma_a^2}(\sigma_a^2 Y^{*2} + \sigma^2) + (Y^* - \bar{Y})^2 \tag{16.11}$$

となる．ただし，$Y^* = bZ^*$ は最適政策 Z^* を発動したときの定常状態での GDP の平均値であり，政府支出の水準に比例して決まってくる．(16.11) より，政策の外部ラグの不安定性の増大は，GDP の平均値の 2 乗に比例して損失を増大させることがわかる．GDP の平均値は政府支出の水準によってコントロール可能であるから，損失を小さくするには政策の発動をできるだけ抑えたほうがよいことになる．ただし，(16.11) の右辺第 2 項の存在により，政策を抑制し過ぎて GDP の平均値を目標値から遠ざけ過ぎると元も子もなくなる．したがって，最適政策においては両者のロスのバランスをとることが必要となり，その結果が (16.10) ということになる．

---

9) どのように導出するかは，本章の練習問題 16.5 のヒントを参照．

■最適政策の動学的不整合性

次に，政策運営の積極主義の観点から問題となる最適政策の動学的不整合性（dynamic inconsistency）または時間不整合性（time inconsistency）について取り上げよう。事前には望ましいと考えられていた政策が，実際に実行される段階になると必ずしも最適ではなくなってしまい，この意味で動学的観点から矛盾が生ずることがある。これが動学的不整合性である。この問題のエッセンスを直観的に理解するため，まずは特許政策の例で説明しよう。

特許政策のジレンマ　政策当局が技術開発を振興する目的で，特許制度を設けたとしよう。特許制度は開発者に技術開発のインセンティブを与えるため，振興策としての有効性をもつ。しかし，ひとたび新技術が開発された状況を考えると，社会的厚生の観点からは，開発主体に独占的供給権をもつ特許は与えず，広く社会に普及させるほうが望ましい。したがって，特許の認可が政策当局の裁量に委ねられている場合には，特許制度はうまく機能しない。しかも，このような帰結を各開発者があらかじめ知ってしまうと，技術開発自体が進まなくなってしまうのである。

この例が示しているように，当初アナウンスされていた政策（特許の認可）が事前的には最適政策の一部であったとしても，実際にそれが発動される段階になると，当初のアナウンスメントを変更して政策発動を控えるかほかの政策を発動する方が好ましくなり，当初の政策に矛盾が生じてしまう。これが最適政策の動学的不整合性の問題である。動学的不整合性の発生を予知した経済主体は，政策のアナウンスメントをはじめから信用せずに行動する（技術開発への不参加）のが，いわば整合的（consistent）な帰結になる。重要なのは，この動学的に整合的な帰結が，政策当局が当初のアナウンスメント通りに政策を発動した場合よりも，（効率的な資源配分を問題とするパレート最適性の意味で）好ましくない均衡になってしまう点である。まったく技術開発が進まないよりは，発明された製品が独占的にでも供給されたほうが，社会的には望ましいのである。

マクロ安定化政策の信認　こうした問題は，そのままマクロ安定化政策のかかえる問題でもある。異時点間にわたる動学的側面を考慮すると，あらかじめアナウンスされた政策を変更するほうがマクロ経済のパフォーマンスを改善する場合が少なくない。そのため，実際にも政策変更が行われるならば（あるいは行われると懸念されるならば），政策当局への信任とアナウンスされた政

策自体の信認（credibility）はともに低下せざるをえないだろう。

■政策反応と期待形成

マクロ安定化政策における動学的不整合性のメカニズムをモデルで確かめよう。政府（ないし中央銀行）は，次のフィリップス曲線

$$\pi = \pi^e + (U_n - U) \tag{16.12}$$

に直面しているものとする。ただし，$\pi=$インフレ率，$\pi^e=$期待インフレ率，$U=$失業率，$U_n=$自然失業率である。簡単化のために（しかし一般性を失うことなく），単位を適当に調整したものとして失業率にかかる係数パラメータは1としてある。

政府には，インフレ率と失業率について目標値の組合せ $(\bar{\pi}, \bar{U})$ があり，それぞれ実現値が目標値から乖離した程度の2乗の損失が発生するものと想定する。すなわち，政府の損失関数（loss function）を

$$L = (\pi - \bar{\pi})^2 + (U - \bar{U})^2 \tag{16.13}$$

とする。（16.13）でインフレと失業による損失を同じウエイトにしているのは簡単化のためであり，一般性を失うことはない。政府は，（16.12）の制約のもとに（16.13）の損失を最小化するように，インフレ率と失業率を選択することになる。

いま，具体的な政策目標として，$\bar{\pi}=0$，$\bar{U}=\alpha U_n$ としよう。ここで $1>\alpha>0$ であり，自然失業率を下回る失業率が目標に設定されているのが味噌である。最小化のための条件の導出は本章の練習問題として読者に委ねるが，結果は，期待インフレ率 π^e を所与として

$$U = \frac{1+\alpha}{2}U_n + \frac{\pi^e}{2} \tag{16.14}$$

となり，このときのインフレ率は

$$\pi = \frac{\pi^e}{2} + \frac{1-\alpha}{2}U_n \tag{16.15}$$

となる。（16.14）と（16.15）は，民間のインフレ期待を与えられたものとした政策反応関数（policy reaction function）になっている。通常の政策反応関数は政策手段について定義するものであるが，ここでは政策手段を介せずに直接

インフレ率と失業率を選択できるものとモデル化しているために，こうした解釈が可能になる。なお，(16.14) と (16.15) を (16.3) に代入すると，最適な政策運営によって発生する損失は，一般に

$$L = \frac{\{\pi^e + (1-\alpha)U_n\}^2}{2} \tag{16.16}$$

と計算される。

新政権の発足と目標設定　さて，話はこれからである。当初，長い間の経験から，インフレ率と期待インフレ率がともに0，失業率は自然失業率の水準にあったとしよう。ここで新政権が発足し，政策目標の組合せ $\bar{\pi}=0$, $\bar{U}=\alpha U_n$ をアナウンスしたものとする。その時点（0時点とし，いまだ政策発動はしていない）での政府の損失関数の値は

$$L(0) = (1-\alpha)^2 U_n^2 \tag{16.17}$$

と見積もられる。もっとも，これは架空の損失ないし未実現損失に過ぎない。政策発動前には，失業率が目標値と乖離していることによる損失のみが計上されるのである。

次の第1ラウンドでは，期待インフレ率が0で与えられたものとして新政権によって最適政策が発動されたとする。失業率の目標は自然失業率を下回る水準 αU_n に設定したのであるが，結果的に最適政策では $U(1)=(1+\alpha)U_n/2 > \alpha U_n$ と目標よりも高めの失業率が実現し，インフレ率は $\pi(1)=(1-\alpha)U_n/2 > 0$ とプラスになる。なぜ失業率をストレートに目標水準にしないかは，フィリップス曲線のトレード・オフ関係によって生じるインフレからの損失にも配慮するからである。

第1ラウンドで実際のインフレ率が0でなくプラスになったのを受けて，民間部門もインフレ期待をプラスに修正するが，仮に実現したインフレ率を期待インフレ率としたとしよう。すなわち，$\pi^e(2)=\pi(1)=(1-\alpha)U_n/2$ の静的期待形成仮説を前提とすると，(16.14) と (16.15) に従った最適な政策対応により，第2ラウンドでは第1ラウンドよりも高い失業率 $U(2)=(3+\alpha)U_n/4 > U(1)$ とインフレ率 $\pi(2)=3(1-\alpha)U_n/4 > \pi(1)$ が実現する（インフレ率は期待した率よりも高い）。第3ラウンドでは，より高くなった第2ラウンドのインフレ率に対応した期待インフレ率に改定したとして，それに対してはさらに高い失業率とインフレ率が損失を最小にする最適政策になることを確かめることがで

きる。

　このような政策当局と民間部門の反応を繰り返していくと，やがて定常状態に収斂（しゅうれん）することが予想される．定常状態の条件は実際のインフレ率と期待インフレ率が等しくなる期待均衡（第 13 章の 13.5 節参照）の到達であり，そこでは（16.15）より

$$\pi^* = (\pi^e)^* = (1-\alpha)U_n > 0 \tag{16.18}$$

とインフレ率はプラスになるのに対し，定常状態での失業率は（16.14）より明らかに

$$U^* = U_n \tag{16.19}$$

と，政策目標とは乖離した自然失業率仮説が成立する．

モデル分析からの知見　さて，以上のモデル分析の結果得られた知見は次の通りである．失業率を自然失業率よりも低く保とうとする政策は，期待インフレ率が 0 の第 1 ラウンドには成功し，失業率は目標値よりは高いが，確かに自然失業率よりは低く誘導することができた．しかも，このときの損失関数の値は

$$L(1) = \frac{(1-\alpha)^2 U_n^2}{2} \tag{16.20}$$

と政策発動の前の水準 $L(0)$ よりも低く，確かに政策発動の意味があったことになる．

　ところが，民間部門がインフレを察知するや否やインフレ期待に織込むことを学習し，その結果実際にインフレが発生し，第 2 ラウンド以降は $L(2) = (9/8)(1-\alpha)^2 U_n^2$，$L(3) = (49/32)(1-\alpha)^2 U_n^2$，と損失値は期待均衡が達成されるまで単調に増加し，定常状態での損失関数の評価は

$$L^* = 2(1-\alpha)^2 U_n^2 \tag{16.21}$$

となり，（16.17）の政策発動前の損失 $L(0)$ の 2 倍，（16.20）の第 1 ラウンドでの損失の 4 倍になっている．フィリップス曲線や政府の損失関数のパラメータの設定次第でこうした倍率関係は変動することからそれ自体にはたいした意味はないが，それでも概（おおむ）ね相対的な大小関係は維持されるであろう．

　すなわち，ゼロ・インフレと自然失業率を下回る失業率の達成を政策目標と

したことにより，当初は部分的にせよ目標が達成され成功したかに見えた政策も，終わってみれば失業率の目標は自然失業率仮説の壁によって達成できずじまいで，インフレだけが残ってしまったことになる。これは，政策当局から見れば，最悪のシナリオである。

政策当局から見て，ベストなシナリオは，民間部門が期待インフレ率をゼロで維持してくれることであるが，民間部門から見れば（ここでは明示的には定式化されていないが）期待形成を誤ると何らかの損失を被ることが考えられ，みすみす期待インフレ率をゼロで維持するわけにはいかないであろう。したがって，ここでの結果は，失業率を自然失業率を下回るように画策したことの必然の顛末といえるのである。

■ルールと裁量

動学的不整合性の問題はよく起こることであるが，必ず起こるわけでもない。上でみたマクロ安定化政策における最悪のシナリオも，自然失業率仮説を前提にしなければ，必ずしも民間部門が合理的期待形成を実践したからといって，最悪の事態に陥るわけではない。前章の 15.5 節で考察したアナウンスメント効果は，文字通りの政策のアナウンスばかりでなく，民間経済主体が自然発想的に政策発動を予知した場合にも当てはまるが，そこでは期待形成がむしろ政策発動の効果を強める例も考えられたのであった。

動学的不整合性とルール政策　動学的不整合性問題への解決策として，「ルール」に基づく政策の導入が提案されている。ここで，政策当局が一度アナウンスした政策をそのまま実行する政策運営をルールに則った政策運営といい，一般論としての自動安定化装置やフィードバック政策，および金融政策の k％ルールやアメリカの政策金利である FF レートに見られるテイラー・ルール（Taylor rule）などが具体的な例になろう。これに対して，状況に応じて政策を変更する政策運営を裁量的政策運営という。

裁量の余地をなくしたルールに則った政策は，確かに繰り返し発動される政策については，有効な解決策と考えられる。動学的不整合性をもたらす政策運営は，状況に応じた裁量的な政策変更を認めるから発生するのであって，そもそも裁量の余地を一切封じてしまえば不整合性は発生しないという主張である。一切封じないまでも，規模の小さい政策発動に限れば，それほど不都合が生じないという意味では，通常は裁量政策に分類される伝統的なケインジアン流の

ファイン・チューニング（微調整）は，ここではむしろルール政策に分類されよう。しかし，ほんらいならば，真の裁量政策が必要となるのは機械的なルール政策の適用では間に合わない事態が発生するからである。ルールの対象外の事態に対しては，定義によって裁量的に対処せざるをえないと考えられる。

ルールと裁量の再検討　ここでの「ルール」と「裁量」の定義は，伝統的な解釈とは微妙に異なっており，伝統的な意味での裁量政策を全面的に否定するものではない。しかし，政策期待が重要な要素となる場合には，何らかの拘束的なコミットメントの導入が政策の整合性を保つ上で必要となるとの認識はきわめて重要である。

「ルール」による直接的コミットメントに対し，経験による政策当局への自発的な信頼を重視するのが信認をめぐる研究であり，そこでは政策当局が信認を得るための条件や具体的な方策が追求されている。信認が得られる状況として指摘されているのは，一度限りでなく何度も政策が繰り返される状況，あるいは政策当局の施政方針などに信頼がありすでに名声（reputation）が広まっているような状況等である。こうした問題を分析するには，戦略的な行動を分析するゲーム理論の援用が非常に有用である。

第14章14.2節では，景気循環の局面の反転につながる「抜け駆け」行動をめぐって，戦略的補完関係の樹立が好景気の持続に重要である旨を指摘したが，政策の有効性を高める上でも同様のことが肝要である。

16.6　まとめ

本章では，マクロ安定化政策をめぐる論争を紹介しながら，政策効果についてみてきた。第12章で説明したように，古典派経済学の体系とケインズ経済学の体系を総合化する試みがあり，その際に時間的視野の問題が重要なポイントであった。理論的には，短期と長期を役割分担することによって，両者は総合化される。しかし，マクロ安定化政策の効果をめぐっては，まさにその時間的視野が問題となるのであって，その意味ではなかなか歩み寄れない。

マクロ安定化政策をめぐる論争の歴史は長いが，1970年代に「合理的期待

革命」を経験したマクロ経済学は，LSW 命題やルーカス批判を契機とし，経済主体のミクロレベルでの最適化行動と期待要因の重要性を認識するようになった。こうした流れは，従来からのケインジアンとマネタリストの論争に，異なる視点を提供している。公債の中立命題，最適政策の動学的不整合性の問題，ルールと裁量の問題，あるいは政策協調の問題は，このような流れの延長上に登場したのである。

練習問題

16.1 以下の問に簡潔に答えよ。
(1) 金融政策が経済の実物面に影響を及ぼす源泉をあげよ。
(2) マネービューとクレジットビューを比較せよ。
(3) マネタリスト・ケインジアン論争の論点をあげよ。
(4) クラウディング・アウトの源泉をあげよ。

16.2 公債の中立命題が成立するとき，以下の政策が総需要に及ぼす影響について前提を明確にした上で説明せよ。
(1) 減税の財源を公債発行でまかなう。
(2) 増税のかわりに公債を発行する。

16.3 (16.1) のルーカス型総供給関数と自然失業率仮説に基づくフィリップス曲線は，見かけ上同等であることを示せ。

16.4 次の語句を説明せよ。
(1) ヒックス効果
(2) ネオ・リカーディアン
(3) LSW 命題
(4) ファイン・チューニング
(5) ルーカス批判
(6) 動学的不整合性

16.5 (16.10) と (16.11) を導出せよ。この際，次のヒントを参考にせよ。
((16.8) の両辺を 2 乗した式の辺々の期待値をとった後に，定常性から
$$E(Y_t^2) = E(Y_{t-1}^2) = E(Y^2)$$

とおく。この際 $a(t)$, $b(t)$, $U(t)$ は互いに独立で系列相関もないことから，Y_{t-1} とも相関がなく，たとえば
$$E(a(t)^2 Y_{t-1}^2) = E(a(t)^2) E(Y_{t-1}^2) = (a^2 + \sigma_a^2) E(Y^2)$$
となることも利用する。以上の準備の上で，まず次の関係式を導出する。
$$E(Y^2) = (a^2 + \sigma_a^2) E(Y^2) + b^2(1 + \sigma_b^2) Z^{*2} + \sigma^2$$
さらに，定常状態での最適政策 Z^* のもとでは，平均値は
$$Y^* = E(Y) = bZ^*/(1-a)$$
となることを利用する。これから（16.9）の損失を計算し，それを Z^* について最小化すれば（16.10）と（16.11）が求められる。)

16.6 2008年9月に勃発した世界金融危機とその後の世界同時不況に直面して，アメリカやヨーロッパを中心に新興国も巻き込んでの世界的な政策協調として，金融危機対策（協調利下げや公的資金の注入）とケインジアン的な財政発動による大規模な景気対策が打ち出された。それまでのグローバル化の流れは「市場経済への政策不介入」を標榜する新自由主義（ネオ・リベラリズム）の流れが優勢であったといえるが，このパラダイム・シフトともいうべき大転換はどのように評価されるか。

VII

経済成長，国際マクロ経済学

　第VII部では，重要でありながらこれまでは考察の対象とされなかったテーマを二つ取り上げる。一つは経済成長の問題であり，もう一つは対象を開放経済に拡張した国際マクロ経済学の問題である。

　マクロ経済学の主要な目的は経済諸変数の短期的変動の分析であり，本書でもこれまでは短期の問題を中心に考察してきた。マクロ経済学でも長期的視野からアプローチする必要があるのが，資本蓄積と経済成長の問題であり，これが第17章の課題である。ここで長期とはどのような期間をさすのであろうか？　完全雇用が実現される期間が，長期の一つの定義であった（第12章参照）。資本ストックの蓄積の効果が現われる期間を長期と定義することもできるだろう。前章までの分析では，第6章の「企業の投資行動」を例外として，資本ストックは一定と仮定してきた。一方で投資を考慮しながら，他方で資本ストックを一定と仮定するのは，少し問題かもしれない。有効需要の構成要因としての投資に注目し，投資がもつ供給能力の増大効果は無視しても，短期の議論としては問題は少ないだろう。しかし，長期においては，投資の二面性を同時に考慮しなければならない。

　経済成長を考察の対象とするときには，長期を上の二つの条件が同時に満たされる期間と定義するのが適切だろう。すなわち，長期とは生産要素の完全雇用の達成と，資本ストックの蓄積が満たされる状況であり，ここでも，基本的にはそのように想定する（ただし，経済成長モデルの一つであるハロッド＝ドーマー型成長モデルでは，必ずしも完全雇用の条件は満たされない）。こうして，長期の経済成長の牽引役としては資本蓄積を中心にとらえて取り上げるが，それに加えて技術進歩による生産性の増進も重要な役割を演じるであろう。

　次に，第VII部の後半では国際マクロ経済学を取り上げる。これまでは，主と

して海外部門との取引がない閉鎖経済を対象としてきた。しかし，現在では海外部門との経済取引を抜きにして日本経済を語ることはできず，海外との取引が国内経済に及ぼす影響についても考察する必要がある。このため，第18章と第19章では，分析の対象を開放経済に拡張する。国内経済と海外部門とはどのようなチャネルで結ばれているのか。外国での景気循環が国内経済に悪影響をもたらすとすれば，政策によってそれを隔離できるであろうか。開放経済下での望ましい経済政策とはなにか。第18章と第19章ではこうした問題を考える。

第18章では，開放経済の特徴を説明する。これによって，海外部門と国内経済との結びつきが明らかになる。次いで，マンデル=フレミング・モデルと呼ばれる *IS-LM* 分析の開放経済モデルを用いて，開放経済下での財政・金融政策の効果を分析する。開放経済下では，国内バランス（たとえば，完全雇用の達成）に加えて対外バランス（国際収支の均衡）の達成も考慮しなくてはならない。このような場合の，最適な政策割当の問題についても考える。

第19章では，経常収支と為替レートの決定について検討した後，マクロ経済の国際連動性について説明する。さらに，国際的な連動性がある場合の，国際的な政策協調のありかたについても検討したい。

17

資本蓄積と経済成長

　長期には、ほとんどどの国民経済も成長しているし、人々の生活水準も上昇している。「ほとんどどの国も」と記したが、世界には経済成長率が著しく低いか場合によってはマイナスとなり、経済発展に取り残されている国がないわけではない。こうしたことから、経済成長理論の課題は、まず第一に多くの国で観察された経済成長についての定型化された事実の説明にある。第二には、経済成長や経済発展に取り残されてしまったままの国を発展させたり、ほどほどに発展した国をより効率的に成長させるための、望ましい成長経路をデザインする規範的な分析も期待される。

　経済成長は、生産要素（資本と労働）の投入量の増大と技術進歩によってもたらされる。とくに技術進歩の果たす役割が予想以上に大きいことが指摘されてきた。本章では、どちらの要因の重要性も分析対象とするが、まずは生産要素の内生的変動に焦点を当て、経済成長のメカニズムを考える。技術進歩のためには研究開発投資が不可欠であろう。その意味では、技術進歩も内生的に決まると考えねばならない。この点は17.5節の内生的成長論で考察するが、当初は技術進歩は外生的要因として考慮するにとどめる。

　生産要素の投入による経済成長を説明する伝統的理論には、新古典派成長モデルとハロッド＝ドーマー型成長モデルがある。二つのモデルの基本的相違点の一つは、生産要素としての資本と労働が代替的か否かにあるといってよいだろう。この違いによってモデルのインプリケーション（含意）が大きく異なる。資本と労働が代替的であれば、生産要素市場で価格メカニズムが機能すると両者の完全雇用が実現される。これに対して、代替的でないならば、偶然に資本

と労働が完全雇用される場合を除いて，資本か労働の一方がボトルネックとなって経済成長を阻害することになる．この結果，新古典派成長モデルでは資本ストック，労働，実質GDPが同じ率で成長する均斉的成長状態が安定的に達成されるのに対し，ハロッド=ドーマー型成長モデルでは成長経路が不安定になることが示される．両者がよって立つ経済観は，それぞれ古典派経済学とケインズ経済学である．それが，ここにも反映されているといってよい．

　17.2節では新古典派成長論に沿った上で経済成長の源泉をさぐる成長会計の考え方を説明する．この際に必要な理論的前提である限界生産力原理と成長会計によって結果的に推計される全要素生産性についても解説する．次いで，17.4節では新古典派成長モデルでの定常状態における黄金律の条件と，一般の最適成長のためのケインズ=ラムゼイ・ルールについて解釈する．

　17.4節の最適成長論や17.5節の内生的成長論の説明では，やや難しい数式の展開をともないながら理論モデルの説明が行われるが，第14章での景気循環のメカニズムの理解と同様，読者は必ずしも数式モデルの導出に苦心惨憺とする必要はない．むしろ，導出された数式が物語る経済メカニズムの解釈に重きをおいて，経済学の知見を高めていただきたい．

17.1　新古典派成長モデル

　これまでの分析では，企業の設備投資を議論した第6章を除いて，資本ストックの値は一定と仮定してきた．資本ストックは投資によって蓄積される．資本ストックの増加は生産能力の増大をもたらすから，短期的には資本ストックの蓄積の効果を無視できたとしても，長期的には考慮しなければならない．

　モデルの基本　　生産量 Y は資本ストック K と労働の投入量 N に依存するとしよう．生産関数に関して，規模に関して収穫一定の関係を仮定する．数学的には，生産関数 $F(K, N)$ が K と N について一次同次であることを意味する（第6章および第14章参照）．

　この仮定によって，

$$Y = F(K, N) = F\left(\frac{K}{N}, 1\right) N = f(k) N \tag{17.1}$$

とかき直せる．ここで，$k = K/N$ は資本労働比率である．$f(k)$ は，

$$f(k) = F(k, 1)$$

で定義される1人当たり（労働1単位当たり）の生産量であり，一次同次の場合にはそれが資本労働比率のみに依存する。資本や労働の限界生産力が逓減的と仮定されているため，$f'(k) > 0$, $f''(k) < 0$ が導かれる（第6章の練習問題6.2を参照）。

投資と資本ストックの間には次のような関係がある。

$$\Delta K = I - \delta K \tag{17.2}$$

ここで，ΔK は資本ストック K の増分，δ は資本ストックの減耗率である。投資と資本減耗の差は資本の増加にほかならない。これが（17.2）の意味である。以下では，簡単化のために $\delta = 0$，すなわち資本減耗はないと仮定しよう。なお，(17.2) では左辺の増分は，厳密には単位期間当たりの増分と書くべきであるが，ここでの単位期間を離散時間で表現するか連続時間で表現するかは，以下の議論にとっては本質的ではない[1]。

人々は，常に所得の一定割合 s を貯蓄するとしよう。このとき，貯蓄を S とすると，

$$S = sY \tag{17.3}$$

となる。

労働供給量は実質賃金率に依存せず一定（労働供給曲線は垂直）であり，しかも名目賃金率が完全に伸縮的であるため，常に完全雇用が達成されるとしよう。さらに，労働（人口でもある）は一定の率 n で増加する，すなわち，

$$\frac{\Delta N}{N} = n \tag{17.4}$$

を仮定する。

貯蓄と投資の均衡　　第4章で説明したように，生産物市場の均衡では投資と貯蓄が等しくなければならない。それゆえ，

$$I = \Delta K = S = sY = sf(k)N$$

---

[1] とはいえ，基本的には連続時間モデルを念頭に置き，暗黙のうちに ΔK は時間 t についての微分 dK/dt で置き換えて解釈するものとしよう。以下同様である。

が成立し、これから、

$$\frac{\Delta K}{N} = sf(k) \tag{17.5}$$

を得る。一方、簡単な計算によって、

$$\Delta k = \Delta\left(\frac{K}{N}\right) = \frac{N\Delta K - K\Delta N}{N^2} = \frac{\Delta K}{N} - \left(\frac{\Delta N}{N}\right)\left(\frac{K}{N}\right)$$

となり、この式に（17.4）と（17.5）を代入すると、

$$\Delta k = sf(k) - nk \tag{17.6}$$

が導かれる。

（17.6）を、経済成長の基本方程式と呼ぶ。図 17.1 を用いて（17.6）の意味を考えてみよう。同図では、生産関数に貯蓄性向をかけた曲線（青色の実線）と原点を通って傾きが労働増加率（人口成長率）である直線が描かれており、両者が交わる資本労働比率を k^* としている。すなわち、k^* は

$$sf(k^*) = nk^*$$

を満たす[2]。この k^* を基準として、もし $k < k^*$ ならば、

$$sf(k) > nk \quad であるから \quad \Delta k > 0$$

となり、k は時間とともに増加する。逆に、$k > k^*$ ならば、

$$sf(k) < nk \quad であるから \quad \Delta k < 0$$

となり、k は時間とともに減少する。

定常状態への収束 こうしたメカニズムが働き、k は k^* に安定的に近づく。$k = k^*$ では $\Delta k = 0$ になるため、k の値は変化せず、k^* の値をとり続ける。このような状態を、定常状態（steady state）と呼ぶ。定常状態では資本労働比率 $k = K/N$ が一定であるのに対し、N は n の率で成長するため、K も n の率で成長しなければならない。さらに、1 人当たり GDP $Y/N = f(k^*)$ も一定値をと

---

[2] このような k^* が確かに存在するための一つの十分条件が、生産関数 $f(k)$ において、$f'(k) > 0$, $f''(k) < 0$ に加えて、$f(0) = 0$, $f'(0) = \infty$, $f'(\infty) = 0$ となることである。これらの条件を稲田条件（Inada condition）と呼び、稲田条件を満たす生産関数を新古典派生産関数という。故稲田献一大阪大学教授（1924-2002）にちなんだもの。

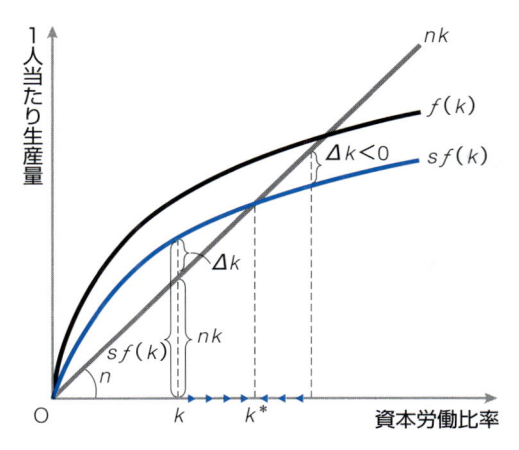

図 17.1 安定的な定常状態

るため,実質 GDP も n の率で成長する。すべての変数が同じ率で成長するこのような状態を均斉的成長(balanced growth)と呼ぶ[3]。

ここまで展開してきた経済成長モデルは新古典派成長論(neoclassical growth theory)ないし新古典派成長モデル,さらにはソロー=スワン・モデル,あるいは単独でソロー・モデルと呼ばれる。独立に研究した経済学者のソローとスワン(T. Swan)にちなんだものである。新古典派成長モデルでは資本と労働が代替的であり,二つの生産要素の投入量は自由に調整される。生産要素市場では資本と労働の価格が伸縮的に調整され,各時点での資本労働比率は,資本と労働について超過需要も超過供給も発生しないように決まるのである(この点は,限界生産力原理と絡めて次節でくわしく説明する)。モデルの背景ではこのような価格メカニズム(プライスメカニズム)が機能しており,新古典派成長モデルと呼ばれる所以である。

17.2 技術進歩と経済成長

長期には均斉的成長が達成される。これが新古典派成長モデルの帰結であっ

---

[3] 定常状態はすべての変数が一定となるのではなく,特定の比率が一定になる状態として定義される場合が多い。人口成長率がゼロであれば,定常状態では文字通りすべての変数が通時的ないし経時的(over time)に一定となる。このような状態は,定常状態のなかでも stationary state(静的均衡状態)と呼ばれる。

た。いいかえると，均斉的成長経路では，労働者1人当たりの GDP，すなわち労働の平均生産性が一定になる。しかし，現実を見ると労働の生産性には上昇トレンドがあり，その点で新古典派成長モデルの帰結は事実と大きく異なるだろう。この点は，1950年代末に総括された「カルドアの六つの定型化された事実」（本章の練習問題 17.1 参照）としても指摘されており，早くから問題視されていたのである。この矛盾を説明するのが，技術進歩である。

■技術進歩の種類

t 期の生産関数を，一般に

$$Y_t = A_1(t)\, F(A_2(t)K_t, A_3(t)N_t) \tag{17.7}$$

と書くとして，$A_1(t)$，$A_2(t)$，$A_3(t)$ がそれぞれ大きくなることを，ヒックス (Hicks) 中立的技術進歩，ソロー (Solow) 中立的技術進歩，ハロッド (Harrod) 中立的技術進歩という。ソロー中立的技術進歩とハロッド中立的技術進歩は，それぞれ資本と労働が増えたのと同じ効果をもつことから，資本増大的技術進歩と労働増大的技術進歩ともいう。

これに対して，ヒックス中立的技術進歩には異なった意味合いがある。いま，説明の便宜のために $A_2(t)$ と $A_3(t)$ は捨象すると，(17.7) で $F(K_t, N_t)$ を資本と労働の二つの生産要素の総合指標と解釈すれば，

$$A_1(t) = \frac{Y_t}{F(K_t, N_t)} \tag{17.8}$$

であるから，ヒックス中立的技術進歩はすべての生産要素を考慮した平均生産性に相当し，その意味で全要素生産性（total factor productivity, TFP）あるいは総要素生産性と呼んでいる。

全要素生産性の意義　$A_1(t)$ の値が大きくなると資本と労働の平均生産性（それぞれ，Y_t/K_t と Y_t/N_t）が高まる。仮に同じ生産量を保つのに，労働に代替するロボットが導入され，これが資本ストックとなる状況を考えよう。労働投入量が減少することによって労働の平均生産性は高まり，逆に資本投入量が増えたことにより資本の平均生産性は低下する。もし労働にかわってロボットが次々に導入されるならば，労働の平均生産性は無限大にまで上昇することもありうるが，しかし，生産量には変化がない。

このような統計上の綾がありうることを踏まえるならば，生産性としては個

17.2 技術進歩と経済成長 　　**383**

別の生産要素の平均生産性よりも，生産要素全体をひとくくりにした生産性指標が望まれよう。全要素生産性 $A_1(t)$ がそうした役目を果たすと考えられるのである。全要素生産性の概念は，第14章の（14.9）の Γ_t として，すでに導入済みである。

ハロッド中立的技術進歩と生産性上昇　　さて，労働の生産効率性が上昇してゆくハロッド中立的技術進歩を前提とする。(17.7) での表記法を変更し，効率単位ではかった労働 L を，

$$L = AN$$

で表わし，A が a の率で成長すると考えよう。L をこれまでの N に置き換え，k を K/L で定義し直すと，17.1 節とまったく同じ論理展開を経て，定常状態では K/L が一定となることを証明できる。

L の成長率は A の成長率 a と N の成長率 n の和 $a+n$ になるため，K も $a+n$ の率で成長しなくてはならない。同様に，Y も $a+n$ の率で成長するであろう。労働は n の率で成長するから，1人当たり GDP の成長率は Y の成長率と N の成長率の差 a になる。このように，技術進歩を考えれば，新古典派成長モデルでも理論的には現実をかなりの程度説明できるとの結論に至るのである（練習問題 17.1 参照）。

■経済成長の源泉

新古典派成長モデルの含意として，理論的には，現実が定常状態での均斉的成長経路上にあるとの認識で大過ないとのメッセージがある。17.5 節では，その認識の再検討から触発された内生的成長論に言及するが，その前にここでは経済成長の源泉について考察しよう。

経済成長の要因分析　　労働生産性 Y/N の上昇要因が，定常状態に収束する過程での資本労働比率の上昇（資本の深化という）によるのか，あるいは技術進歩によるのかは，実証分析によって明らかにされねばならない。こうした成長の源泉をさぐる試みは成長会計（growth accounting）と呼ばれるが，1950年代に発表されたアメリカの実証研究では，1/8 が資本の深化による貢献部分，残りの 7/8 は技術進歩の貢献部分であるという驚くべき結論が導かれた経緯がある。経済成長にとっては資本の深化よりも技術進歩のほうが決定的に重要であることを示唆されたのである。しかし，その後の詳細な研究によって技術進

歩の貢献度はそれほど大きくないことがわかってきた。同時に資本や労働の異質性（たとえば，技術や熟練度の差異）をどこまで考慮して計測するかによって，結論が変わってくる可能性も指摘されるようになった。

■成長会計の手順

成長会計を進めるに当たっては，前提を設けなければならない。それは，「資本と労働はそれぞれの貢献分に応じて報酬を得る」との前提であり，「貢献分に応じて」とは具体的には限界生産力原理（marginal productivity principle）の貫徹である。

(17.7) の生産関数で，資本と労働の効率性の上昇となる技術進歩は捨象して $A_2(t)=1$, $A_3(t)=1$ と仮定し，さらに $A_1(t)=A$ とノーテーションを改め，時間 t の添字と引数での言及も省略する。その上で資本と労働に関して一次同次の制約を課した生産関数を

$$Y = AF(K, N) \tag{17.9}$$

としよう。一次同次関数であることから，

$$Y = AF_K K + AF_N N \tag{17.10}$$

が成立する（本章の練習問題 17.5 参照）。

限界生産力原理　ここで限界生産力原理とは，資本については第6章の (6.1) で見たように，「資本の限界生産力と実質レンタル価格である実質利子率と資本減耗率の和が等しくなる」ことであり，労働については第3章の (3.3b) や第6章の (6.2) で見たように，「労働の限界生産力と実質賃金率が等しくなる」との古典派の第一公準が成立することをいう。すなわち，

$$AF_K(K, N) = r + \delta \tag{17.11}$$

$$AF_N(K, N) = \frac{W}{P} \tag{17.12}$$

が成立する。したがって，これらを (17.10) に代入すると

$$Y = (r+\delta)K + \left(\frac{W}{P}\right)N \tag{17.13}$$

が導かれる。(17.13) の両辺に P をかけて名目値にした上で，両辺を名目

GDP で割ると

$$1 = P(r+\delta)\frac{K}{PY} + \frac{WN}{PY} \tag{17.14}$$

が得られる。(17.14) の右辺第1項は名目 GDP に占める資本の取分のシェア，第2項は労働報酬の分配シェア（以下では s_N とする）を示す。当然ながら，生産要素が資本と労働の二つであるので，これらのシェアを足すと1になるのである。

成長率の分解　一方，(17.9) の両辺を対数微分することから

$$\frac{\Delta Y}{Y} = \frac{\Delta A}{A} + \left(\frac{F_K K}{F}\right)\frac{\Delta K}{K} + \left(\frac{F_N N}{F}\right)\frac{\Delta N}{N}$$

が導かれるが，$F_N N/F = WN/PY = s_N$，$F_K K/F = 1 - s_N$ であることを確かめられるので，結局

$$\frac{\Delta A}{A} = \frac{\Delta Y}{Y} - (1 - s_N)\frac{\Delta K}{K} - s_N \frac{\Delta N}{N} \tag{17.15}$$

が得られる。(17.15) の右辺はすべて観察可能なデータであることから，ヒックス中立的技術進歩としての全要素生産性（TFP）の成長率が求められる。この求め方が，Y の成長率から資本と労働が貢献する部分を控除した残差としてのものであるため，TFP の成長率をソロー残差（Solow residual）と呼ぶ場合もある。ソロー・モデル（新古典派成長モデル）をベースとして求められるからである。

ここで注意が必要なのは，(17.15) で求められるのは TFP の成長率であり，TFP の水準は不決定ということである。(17.8) で見たときに，TFP をすべての生産要素を考慮した平均生産性と解釈するとして，その投入量の指標部分 $F(K_t, N_t)$ が水準については自由度が残されているからである。したがって，あくまでも TFP は特定の時点を基準とした指数として理解すべきである。

17.3　非均斉的成長の可能性

新古典派成長モデルにおいて，完全雇用を保ちながら均斉的成長が可能（しかも，その状態が安定的）である一つの理由は資本と労働の代替性に求められるだろう。両者に代替性がなければ，成長経路はどうなるのであろうか？　それを，ここでは考えよう。

■ レオンチェフ型の生産関数

次のような生産関数を想定しよう。

$$Y = F(K, N) = \min\left[\left(\frac{1}{\nu}\right)K, \gamma N\right]$$

ここで $\min[a, b]$ とは，第 11 章の 11.2 節でと同様，a と b のうちの小さいほうを表わす演算記号である。こうした生産関数は固定係数の生産関数，あるいはそれを考えた経済学者であるレオンチェフ（W. Leontief）の名をとってレオンチェフ型生産関数と呼ばれる。ν は資本係数と呼ばれる定数，γ は労働の生産性を表わす定数である。レオンチェフ型生産関数では資本と労働の代替がまったく不可能であり，一方の生産要素だけが増えても他方の生産要素がボトルネックとなって，産出量は増えない。所与の生産量を生産するのに必要な資本と労働の組合せを図示したのが，図 17.2 の等産出量曲線（isoquants）であり，L 字型ないし直角のカギ型がレオンチェフ型生産関数を表わす等産出量曲線の特徴である。この生産関数も一次同次性を満たす。このため，

$$\frac{Y}{N} = \min\left[\left(\frac{1}{\nu}\right)k, \gamma\right] = f(k) \tag{17.16}$$

と書き直せる。

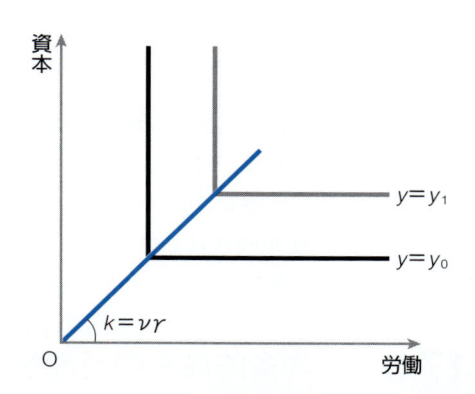

図 17.2　レオンチェフ型生産関数の等産出量曲線

■ ハロッド=ドーマーの成長モデル

(17.16) を経済成長の基本方程式 (17.6) に代入すると，

17.3 非均斉的成長の可能性

$$\Delta k = \min\left[\left(\frac{s}{v}\right)k, s\gamma\right] - nk$$

となる。均衡的成長を可能とする定常状態が存在するか否かは，s/v と n の大小関係に依存する。

① $n > s/v$（図 17.3） この場合には，Δk はどの k に対してもマイナスとなり，資本労働比率は時間とともに 0 に向かう。労働の成長スピードに比べて資本蓄積のスピードが遅すぎるケースといえよう。

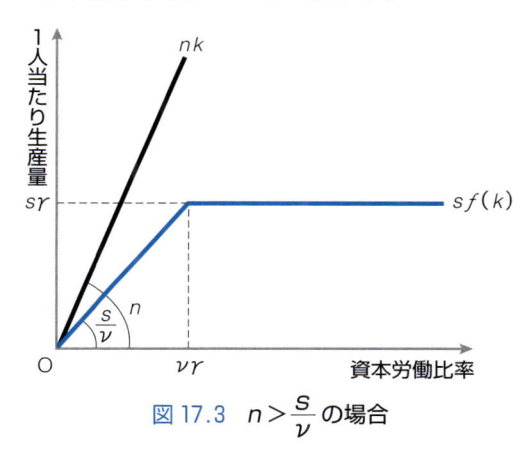

図 17.3 $n > \dfrac{s}{v}$ の場合

② $n < s/v$（図 17.4） この場合には，新古典派成長モデルと同様に，資本労働比率は k^* に向かって安定的に収束する。しかし，$v\gamma < k^*$ であるため $(1/v)K > \gamma N$ となり，労働がボトルネック（不足）となって資本の過剰が生

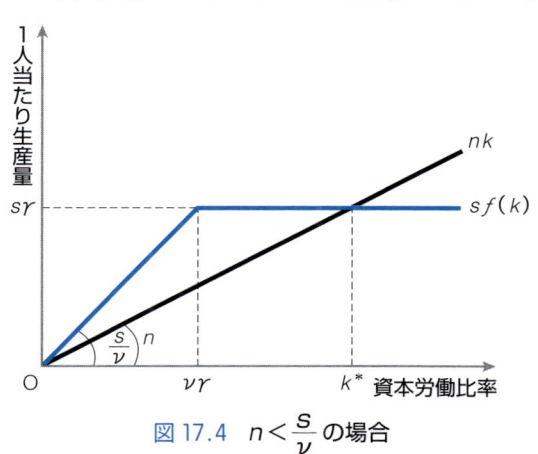

図 17.4 $n < \dfrac{s}{v}$ の場合

③$n=s/\nu$（図17.5）　この場合には，$k \leqq \nu\gamma$を満たすどのkも定常状態になる。その中で，資本も労働も過剰とならないのは，$k^* = \nu\gamma$の場合だけである。

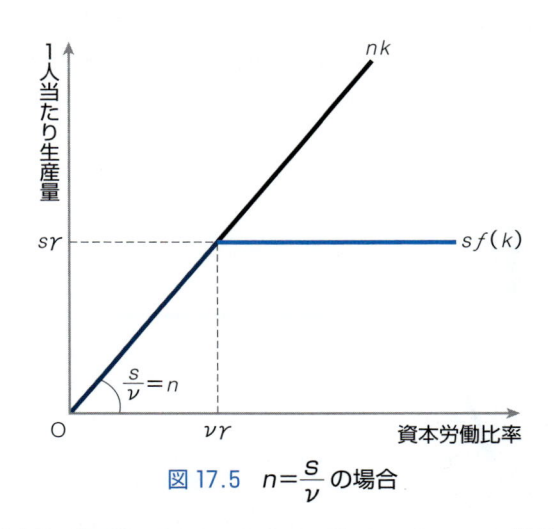

図17.5　$n=\dfrac{s}{\nu}$の場合

自然成長率と保証成長率　このように，資本ストックと労働のどちらもが完全雇用を保ちながら均斉的成長を達成するためには，少なくとも$n=s/\nu$の条件が満たされなければならない。成長率nを自然成長率，成長率s/νを保証成長率（warranted growth rate）と呼ぶ。定義から明らかなように，保証成長率は，貯蓄性向sと資本係数νに依存する。完全雇用が達成された後，経済が自然成長率で成長するならば，完全雇用は維持されるであろう。同様に，経済が保証成長率で成長するならば，資本ストックが遊休することはない。資本ストックと労働のいずれもが完全に雇用されながら均斉成長を達成できるのは，自然成長率と保証成長率が等しいときに限られるのである。

　ナイフエッジの原理　ハロッド（R. Harrod）やドーマー（E. Domar）は，独立な三つのパラメータ間に$n=s/\nu$の関係が成立する必然性はないと主張し，資本主義経済の不安定性を強調した。彼らは，安定的な成長経路はあたかもナイフの刃の上を渡るように困難であるという意味を込めて，ナイフエッジの原理と呼んだ。上で展開した成長モデルは，彼らにちなんでハロッド=ドーマー型成長モデルと呼ばれる。

ハロッドやドーマーの成長モデルは，1930年代の世界的大不況時の長期間にわたる大量失業の存在や，マイナスの経済成長を念頭において発展したモデルである（その意味では，ケインズの『一般理論』と相通じる）。第二次世界大戦後は，多くの国で順調に経済成長を謳歌することとなった。新古典派成長モデルは，このような時期（具体的には1950年代や60年代）に発展した理論である。二つの成長モデルは，それらが誕生した異なった時代背景を如実に反映しているのである。

資本と労働の代替性　二つの成長モデルの決定的な違いは，資本と労働の代替性にある。新古典派成長モデルで資本労働比率が伸縮的に調整される背後には，プライスメカニズムの働きがあることはいうまでもない。相対的に過剰な生産要素の価格は下落して，その利用が促進され，相対的に不足している生産要素の価格は上昇して，その利用が抑制される。こうして，資本ストックと労働が常に完全雇用されるように調整されるのである。ハロッド＝ドーマー型成長モデルでは，このようなメカニズムは働かない。生産要素の間に代替性がないため，相対的に過剰な生産要素はいくら安くても利用されないのである。

　たとえば，雇用されてない労働（失業）が存在していても，賃金の下落によって完全雇用が達成されるといったメカニズムは働かない。結果的には価格に伸縮性がない世界と同じ状況が生じているのである。ハロッド＝ドーマー型成長モデルがケインズ経済学の体系と似たインプリケーションをもつのは，そのためである。

17.4　黄金律と最適成長

　新古典派成長モデルやハロッド＝ドーマー型成長モデルは，経済がどのように成長するか，を分析の対象としている。経済学では，こうした分析を事実解明的分析（positive analysis）と呼ぶ[4]。それに対して，「あるべき状態はどのような状態か」を対象とする分析を，規範分析（normative analysis）という。経済成長における規範分析は最適成長論と呼ばれる。どのような成長経路をたどったときに最も望ましい状態になるか，が最適成長論の課題といえよう。望

---

4)　ポジティブな分析は，ときに「実証分析」と訳されるが，同じ訳語が現実のデータを分析する empirical analysis にも用いられるため，まぎらわしい。

ましい状態の判断基準としては，1人当たりの消費の最大化，将来の消費水準から得られる効用の割引現在価値の最大化などが用いられる。

■黄金律

一般に最適成長論では，かなり難しい数学が分析に用いられる。それを避け，議論を簡単にするため，まず問題を定常状態の比較に限定して考えよう。新古典派成長モデルでは，経済はいずれは定常状態に収束する。このため，新古典派成長モデルを前提とすれば，どのような定常状態が望ましいかの検討にも一定の意義が認められるであろう。

新古典派成長モデルでの定常状態は，(17.6) において $\Delta k = 0$ になるとき，すなわち，

$$sf(k^*) - nk^* = 0 \tag{17.17}$$

を満たす k^* のとき達成される。定常状態は貯蓄性向 s に依存し，s の値が異なれば，それに応じて異なった定常状態が生起する。ここでは，さまざまな定常状態のうちで，1人当たり（労働1単位当たり）の消費量が最大となる状態を最適と考えよう。この意味で最適な定常状態はどのような条件を満たさなくてはならないのだろうか。これが，ここでの課題である。

平均貯蓄性向が s で一定ならば，定常状態での1人当たりの消費量 c^* は，

$$c^* = (1-s)f(k^*) \tag{17.18}$$

で与えられる。最適な定常状態は，(17.17) の制約のもとで (17.18) が最大となるときに達成される。(17.17) を s について解き，(17.18) に代入すると，

$$c^* = f(k^*) - nk^* \tag{17.19}$$

となる。c^* を最大化する k^* を求めるには，(17.19) の右辺を k^* について微分し，それをゼロとおけばよい。こうして，最適な k^* は，

$$f'(k^*) = n \tag{17.20}$$

を満たす k^* になる。

(17.20) の左辺は，資本労働比率が限界的に増加した際の1人当たりの生産量の増加分であるが，一次同次の生産関数であるので，資本の限界生産力 F_K

17.4 黄金律と最適成長

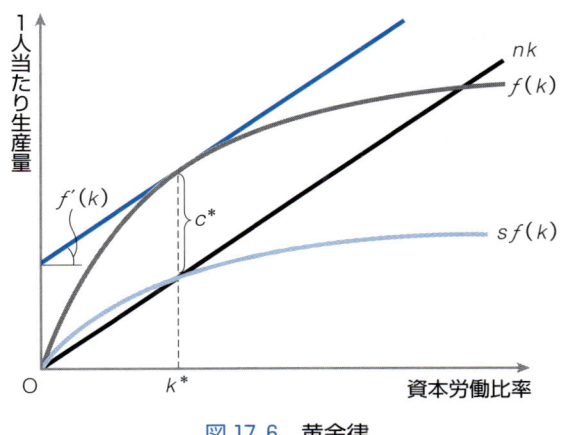

図 17.6 黄金律

の別表現になる（第 6 章の練習問題 6.2 参照）。すなわち，(17.20) の最適条件は，資本の限界生産力が労働成長率に等しいときに，定常状態での消費量が最大になることを示している。この条件は経済成長の黄金律（golden rule）と呼ばれる（図 17.6）。

黄金律の背景　黄金律の条件を (17.19) に代入すると，

$$c^* = f(k^*) - f'(k^*)k^* \tag{17.21}$$

となる。(17.21) の右辺は労働の限界生産力に等しい（これも第 6 章の練習問題参照）。労働の限界生産力と実質賃金率が等しいという古典派の第一公準が満たされるならば，(17.21) の右辺は 1 人当たりの賃金収入になる。すなわち，黄金律の状態では，消費は賃金収入に等しい。このため，所得のうち消費されなかった部分，つまりマクロの貯蓄（投資にも等しい）は利潤総額に一致する[5]。

---

[5]　労働所得がすべて消費され，資本からの所得はすべて更新投資として再投資される状態はケネー（F. Quesnay）やマルクス（K. Marx）がいう単純再生産の経済になっている。しかしこのことは，マルクスの世界で労働者が労働所得をすべて消費することによって，常に最大消費を享受し幸福であることを意味するわけではない。黄金律はあくまでも限界生産力原理が成り立った上で，定常状態に到達した後の話である。たとえば，資本労働比率が黄金律よりも低い水準で資本の拡大再生産がなされるならば，投資によって資本労働比率が増加する分は労働者からの「搾取」によってなされ，その分は労働の限界生産力からの乖離になる。このとき，当然ながら黄金律は成立しない。

■最適成長論

　黄金律は1人当たりの消費を最大にする定常状態の条件であり，定常状態に達するまでの過渡期の状態については不明である。しかし，読者はこの問題にすでに遭遇済みである。実は，第14章の14.4節の均衡景気循環論でのRBCモデルの枠組は，そのまま最適成長論の分析に適用可能なのである。むしろ，景気循環論としてのRBCモデルは一般論として展開したために多少複雑になっており，以下ではこれを簡略化しよう。

　RBCモデルの一般均衡を特徴付ける（14.21）～（14.25）の連立方程式体系から労働と余暇の選択と貨幣を捨象し，そのかわり労働が一定の率 n で増加するものと修正する。資本減耗率 δ も0とする。すなわち，直截的には $U_L=0$，$U_m=0$ とおき

$$U_c(c_{t-1}) = \frac{1+F_K(K_t, N_t)}{(1+\beta)(1+n)} U_c(c_t) \tag{17.22}$$

$$N_t = (1+n) N_{t-1} \tag{17.23}$$

$$K_{t+1} - K_t + C_t - Y_t = 0 \tag{17.24}$$

の連立方程式体系が得られる。ただし，$c_t = C_t/N_t$，$Y_t = F(K_t, N_t)$ である。

　第14章のRBCモデルでは人口は一定とし各期の効用はマクロの消費量に依存するとしたが，ここでは人口成長が経済成長の牽引要因であるので，異時点間の効用の評価においても，各期の効用は1人当たりの消費から得られる効用にその期の人口をかけたものと仮定する。すなわち，

$$U(C_t) = U(c_t) N_t$$

が成立する（両辺の効用関数の形状は異なるのが一般的だが，ここでは便宜的に同形の表現を用いる）。その結果，（17.22）の右辺で，分母に $(1+n)$ が入ることになる。これは，異時点間の効用の評価において，将来世代は n の率で増加するために，現時点での1人当たりの効用を基準とすれば，将来世代を割引く時間選好と同様の割引効果をもたらすからである。

　一般均衡の概観　（17.22）～（17.24）のマクロ経済の一般均衡では，t 期において，期首に $t-1$ 期の（17.24）によって資本ストック K_t が決まっており，（17.23）で労働 N_t も与えられる。その結果，t 期の生産量 Y_t と資本の限界生産

力 $F_K(K_t, N_t)$ が決まり，所与の C_{t-1} との間のケインズ=ラムゼイ・ルール
(17.22) によって t 期の消費 C_t が決まり，すると (17.24) より次期の資本ストック K_{t+1} が決まり，…という形で $t+1$ 期の一般均衡に移っていくことになる。

対数線形効用関数とケインズ=ラムゼイ・ルール　　ここで，以下の計算を容易にするために，効用関数について相対的危険回避度（限界効用の弾力性）が 1 となる対数線形型とする。すなわち，$U(c_t) = \log c_t$ と仮定し，限界効用が $U'(c_t) = 1/c_t$ と消費量の逆数となることを利用する。また，一次同次の生産関数では資本の限界生産力が $f'(k)$ と表記できること（第 6 章の練習問題 6.2 参照）も利用すると，(17.22) は

$$\frac{c_t}{c_{t-1}} = \frac{1+f'(k_t)}{(1+\beta)(1+n)} \tag{17.25}$$

と書き直せることになる。

書き改められたケインズ=ラムゼイ・ルールによれば，

$$f'(k_t) \gtreqless \beta + n + \beta n \quad \text{であれば} \quad c_t \gtreqless c_{t-1} \tag{17.26}$$

であるから（複号同順），β も n も小さい範囲の値として相対的に小さな項である βn の項をゼロとみなせば

$$f'(k^{**}) = \beta + n \tag{17.27}$$

となる資本労働比率 k^{**} を基準として，$k_t < k^{**}$ の範囲では経時的に消費を増加させ，逆に $k_t > k^{**}$ の範囲では経時的に消費を減少させるのが最適な意思決定になる。

資本労働比率の動学方程式　　(17.23) と (17.24) より，資本労働比率については

$$(1+n)k_{t+1} - k_t + c_t - f(k_t) = 0 \tag{17.28}$$

が得られる。これは (17.6) の経済成長の基本方程式に対応するものであるが，ここでの消費は (17.3) の一定の平均貯蓄性向を前提とした残りとして与えられるものではなく，(17.25) と (17.28) の連立方程式体系から決まるが，形の上では，t 期においては k_t を所与として，(17.25) から c_t が決定され，それを (17.28) に代入して次の期の k_{t+1} が決まる，という逐次決定パターンになって

いる。

　したがって，0期において k_0 が初期値として与えられているとして，いったん0期の消費 c_0 を決めれば，1期，2期，3期，…とすべての期の k_t と c_t の組合せの経路が決定される。換言するならば，この経済の最適成長経路は初期時点の1人当たり消費の最適水準の決定問題に帰着されることになったのである。これはどのように決めればよいのだろうか？　ここで，登場するのが動学的最適化問題の横断性条件である。この条件は，資本労働比率や1人当たり消費が将来的に発散したり負値になるのを回避することを要求し，第14章の14.4節でみたように，経済が定常状態に収束すれば満たされる[6]。

■位相図による分析

　さて，最適成長経路が資本労働比率が (17.27) に収束する経路であることは，図を用いて確かめられる。図17.7 では，横軸に資本労働比率，縦軸に1人当たり消費をとる。この平面上で，$t-1$ 期から t 期にかけての資本労働比率と1人当たり消費の変化分について，$\Delta k_t = k_t - k_{t-1} = 0$ となる (k_t, c_t) の組合せの軌跡を kk 曲線，$\Delta c_t = c_t - c_{t-1} = 0$ となる (k_t, c_t) の組合せの軌跡を cc 曲線としよう。

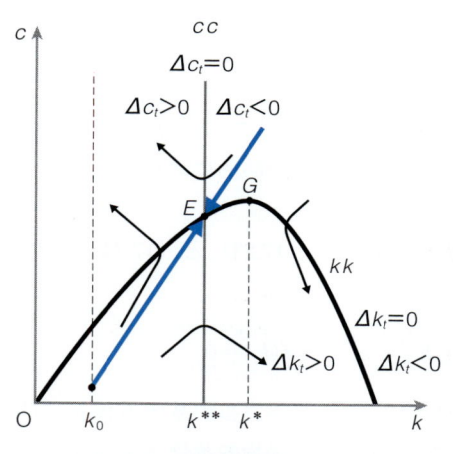

図 17.7　最適成長の位相図

---

[6]　数学的には，$t \to \infty$ のときに $U_c(c_t) k_t / (1+\beta)^t \to 0$ となることが要求される。ところで，$U_c(c_t) = 1/c_t$ であるから，c_t と k_t が定常状態に収束することが十分条件となる。

17.4 黄金律と最適成長

Δc_t=0 曲線の軌跡　まず，$\Delta c_t=0$ となるのは，(17.25) で $c_t=c_{t-1}$ となるときであるから，$\beta n \to 0$ と近似して (17.27) が成立する $k_t=k^{**}$ のときになる。すなわち，cc 直線は横軸に対して垂直線になる。(17.26) より，$k<k^{**}$ となる cc 直線の左側では $\Delta c_t>0$ となり消費は増加し続け，cc 直線の右側では $\Delta c_t<0$ となり消費は減少し続ける。

Δk_t=0 曲線の軌跡　$\Delta k_t=0$ となる kk 曲線については，(17.28) より

$$c_t=f(k_t)-nk_t$$

となるので，図 17.7 に描かれているように，黄金律の k^* までは右上がり，それを超えると右下がりの単峰形の曲線になる。(17.28) からは

$$(1+n)\Delta k_{t+1}+c_t-f(k_t)+nk_t=0$$

が得られることから，kk 曲線の上側では $\Delta k_t<0$，下側では $\Delta k_t>0$ となる。

位相図　したがって，図 17.7 は二つの曲線によって四つの領域に分割され，それぞれの領域では Δk_t と Δc_t の符号（および Δk_{t+1} と Δc_{t+1} の符号）が確定する。この符号の組合せをベクトルの矢印に見立てると，任意の起点 (k_t, c_t) に対して次の $t+1$ 期での位置が

$$k_{t+1}=k_t+\Delta k_{t+1}$$
$$c_{t+1}=c_t+\Delta c_{t+1}$$

として決まることになる。

こうした四つの領域での (k_t, c_t) の動学的な推移関係を描いた図を位相図 (phase diagram) と呼ぶが，動学体系のモデルの分析には視覚に訴えることから，非常に有用な分析ツールになっている。

位相図の分析からは，cc 曲線と kk 曲線の交点である定常状態に収束する経路としては，$k_t<k^{**}$ と $k_t>k^{**}$ の領域でそれぞれ 1 本の合計 2 本あることがわかる。初期条件として k_0 が与えられると，$t=0$ において最適成長経路上で c_0 を選択すれば，その後はケインズ=ラムゼイ・ルールと資本の蓄積式に従い続けることによって，最終的には横断性条件を満たす形で定常状態に収束するのである。

最適成長モデルの定常状態は図 17.7 の E 点であるが，黄金律となる G 点と比べて，資本労働比率は低く，当然ながら 1 人当たりの消費水準も黄金律の状

態よりは低くなる。この理由は，最大化する目的関数が将来効用を割引くことから，割引かない場合と比べて早めに消費するのが望ましく，その分資本蓄積に回す分が少なくなり，定常状態の資本労働比率にも反映されるのである。

■ターンパイク定理

最適成長経路に関して，ターンパイク定理と呼ばれる興味深い特性を紹介しよう。これは，最適成長問題で計画期間が無限先までではなく有限な場合に生じる。有限の T だけの計画期間の開始時点で k_0 であった資本労働比率を，終点時点で k_T にする制約がある中で，いままでと同様の計画期間中の効用の割引現在価値を最大化することを考える。

この際の最適成長経路は，図 17.8 において，k_0 から k_T までちょうど T 期間だけ要する A の経路にのるように，$t=0$ の消費は c^A に決定する必要がある。計画期間 T が十分長い場合，最適経路はいったん目標の k_T をオーバーシュートし，定常状態の k^{**} に近い水準で推移し，計画期間の終期が近づくころに目標である k_T に戻すのである。こうした特性が，遠く離れた目標地に向かう場合，必ずしも直線距離での最短道路を利用するのが最適ではなく，いったん目標方向とはずれても高速道路（ターンパイク）のインターに向かい，目標地の近くのインターで降りて一般道路を利用するのが最適になるといった特性に似ていることからターンパイク定理（turnpike theorem）というのである。

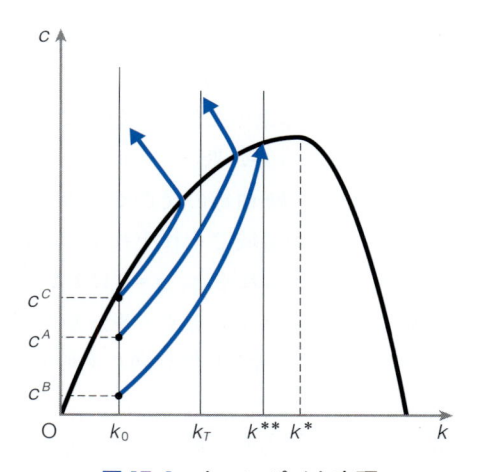

図 17.8 ターンパイク定理

念のため,ターンパイク経路でない経路の特性を確認しておこう。$t=0$ の消費を c^A よりも少ない無限期間での最適成長経路上の c^B にしてしまうと,T 期間後には k_T を上回った水準にある蓋然性(がいぜんせい)が高く,それを急激に k_T にジャンプさせるのは最適化条件であるケインズ=ラムゼイ・ルールに反してしまう。逆に,$t=0$ の消費を c^A よりも多い c^C にすると,計画期間の早い時期に資本労働比率を反転させる経路にのってしまい,目標水準の k_T に到達しなくなってしまうのである。

17.5 内生的成長モデル

いままで新古典派成長モデルを中心に経済成長の理論を説明してきたが,その含意として,長期をとると定常状態での均斉的成長経路にあることが示唆された。しかもこの定常状態は,初期値には依存しない。すると,もし国民経済によってディープ・パラメータの値は異なるとはいえ,仮に極端に異ならないとすれば,当初は格差が見られたとしてもやがて多くの国民経済での1人当たり GDP や1人当たりの消費水準などは大きく異ならない段階に達したと予想される。これを収束現象(convergence)という。

そうした問題意識の上で,多くの国での1人当たり GDP を比較した結果,確かに OECD 諸国など先進国の間では「収束が見られない」との帰無仮説が棄却され,その意味で新古典派成長モデルの予測通りであるとの評価が確立している。しかしながら,同時に,先進国と発展途上国の間には大きな格差があり,台湾,香港,シンガポールなどの NIEs(Newly Industrializing Economies)諸国や BRICs(ブラジル,ロシア,インド,中国)など急速にキャッチアップしている国々があるものの,多くの発展途上国との格差は開いたままか,あるいは逆に格差が拡大しているとの結果も得られている[7]。

---

7) 収束現象を検証する際には二つの収束の概念が考えられる。一つは経済成長が遅れている国が進んでいる国をキャッチアップしている段階にあるかを検証するための「基準とする初期段階での1人当たり GDP の水準が高いほど,経済成長率のスピードは遅くなる」との β 収束性であり,もう一つは,国々をプールしたクロスカントリー・データにおいて,「1人当たり GDP の分散などのばらつきの尺度が,時間とともに減少している」との σ 収束性の概念である。一定の想定のもとでは,β 収束性は σ 収束性の必要条件になる。

■内生的成長論

　先進諸国と発展途上国との間での収束現象の欠如は，発展途上国には新古典派成長モデルが前提する要件が欠如している（たとえば，市場経済の未発達）か，あるいは先進諸国でも，新古典派成長理論が想定しているメカニズム以外のメカニズムが働いている可能性がある。そうした問題意識の上で，新古典派成長理論を補完する成長理論の研究が進んだ。「補完する」という意味は，基本的には新古典派成長理論の土台部分は維持し，その上で，先進諸国と発展途上国の間に見られる相違をモデル化する姿勢を強調するものである。その際，第14章で説明した均衡景気循環理論と同様であるが，経済主体の最適化行動を前提とするミクロ的基礎付けをともなったものになっているのが重要である。

　このような形で新古典派成長モデルを補完・発展させた成長理論は新しい成長理論と呼ばれる。その特徴は，伝統的な新古典派成長理論が最終的に到達する定常状態での均斉的成長経路での成長率が，外生的に与えられたパラメータである人口成長率と技術進歩率の合計に制約される「外生的成長理論」であるのに対して，成長率が経済主体の主体的行動のあり様など内生的なメカニズムによって決定される内生的成長論（endogenous growth theory）となっていることである。

　具体的には，①技術進歩を享受するためにはR&D投資などの資源を投入する必要がある，あるいは技術進歩を体化した設備投資を稼働する際に学習過程が必要であるといったメカニズムにより技術進歩率を内生化するモデル，②労働に質的差異を導入し，教育や職業訓練（OJT）によって人的資本が形成されるとの資本ストック同様の蓄積過程を導入したモデル，③個々の企業の生産にとって，産業全体の生産活動が原材料の調達費用の低下を通じてプラスの外部効果（マーシャル的外部効果）をもたらすメカニズムや生産工程が細分化するにつれて利益が産業全体に及ぶという財の多様性（特化や分業の利益）を導入したモデル，④生産力効果をもつ社会資本（政府資本）を導入したモデル，等々の試みがある。ほかにも，人的資本蓄積のメカニズムを環境問題，医療・健康問題，教育問題など広範な問題に応用したモデルがある。

■AKモデル

　ここでは，内生的成長モデルの中で最も単純な構造をもつAKモデルを紹介しよう。これはマーシャル的外部効果をモデル化することによって，生産関数

が資本の限界生産性が逓減することなく，一定となる場合を想定するモデルである．

生産関数のミクロ的基礎　いま，ミクロのレベルでi番目の企業の生産関数が

$$Y_i = F^i(K_i, N_i, Z) = K_i^\alpha (B^i(Z) N_i)^{1-\alpha} \tag{17.29}$$

と書け，資本K_iと労働N_iについて一次同次，したがってすべての生産要素では規模に関して収穫逓増とする．ここで，第三の生産要素であるZは外部経済効果を及ぼす生産要素であり，各企業に共通に労働増大的技術進歩Bとしてかかわるが，各企業にとっては所与であり，産業レベルやマクロレベルでは内生的に決まるものと考える．社会資本（政府資本）であっても技術進歩をもたらす何らかの知識資本でもよいが，ここでは資本ストックの合計

$$Z = \Sigma K_i = K$$

であるとしよう．しかも，やや恣意的であるが，労働増大的技術進歩が各企業で共通で

$$B^i(Z) \propto \frac{Z}{N} \tag{17.30}$$

と経済全体での1人当たりのZに比例すると考える．

企業はまったく同質的な存在とすれば，第14章の14.5節と同様に代表的企業の想定を採用することにより，(17.29)を集計したマクロの生産関数は$\dot{A}$を(17.30)との関係で決まる比例定数として

$$Y = F(K, N, K) = K^\alpha (B(K) N)^{1-\alpha} = AK \tag{17.31}$$

と書けることになる．(17.31)の生産関数はKについて線形で表わされており，資本の平均生産性も限界生産性もAで一定となる．(17.31)の関数形が**AK モデル**の名の由縁である．

内生的成長の可能性　生産関数が(17.31)で線形になると，17.3節で展開したハロッド=ドーマー・モデルの枠組と類似点が生じる．新古典派成長モデルでの(17.6)の経済成長の基本方程式に(17.31)から導かれる$f(k) = Ak$を代入すると，

$$\Delta k = sAk - nk = (sA - n)k \tag{17.32}$$

となり，sA と n の大小関係により三通りの場合分けがなされるのである。

ハロッド=ドーマー・モデルとのアナロジーでは，(17.31) の生産関数での A は資本係数 v の逆数になっており，sA が保証成長率に相当する。アナロジーが成立しないのは，生産関数がレオンチェフ型生産関数ほど制約がないことである。AK モデルで内生的成長が起こるのは，$sA > n$ のケースであり，このとき (17.32) で $\Delta k > 0$ であり続け，定常状態に到達することなく成長が続くことになる。資本労働比率の成長率が $sA - n$ であるから，1人当たりの GDP も同率で成長し，GDP は sA で成長する。$sA > n$ であるが，労働がボトルネックになることなく，成長は続くのである。

AK モデルの拡張　　AK モデルの内生的成長は，資本労働比率が定常状態に収束することなく，無限大まで成長するメカニズムが内包されているところにある。(17.32) の関係でも，人口成長率 n は外生パラメータとしても，A は外部効果の内部化の方法次第で技術関係も変化する余地があり，貯蓄性向 s は経済主体が決定するパラメータである。この点で，成長のメカニズムそのものは内生的と考えるのである。

しかもここで説明した AK モデルは最も簡単なものといっても過言ではなく，技術の外部効果に加えて情報の非対称性，教育効果，あるいはインフラ整備の要因などを導入することによって，先進国での金融市場の整備と経済成長との相互作用の解明や，発展途上国が成長経済に離陸するヒントを与える可能性がある。

たとえば，新古典派成長モデルを踏襲して貯蓄と投資が等しいものと前提しているが，金融市場が非対称情報による逆選抜等によって機能不全に見舞われ貯蓄がスムースに投資に回らなくなるようならば，これは経済成長の基本方程式 (17.32) において貯蓄性向 s の低下と定性的には同様のインパクトを及ぼすことになり，経済成長にネガティブな影響を及ぼすことが理解される。そうだとすると，金融市場でのクレジットビュー（第 16 章の 16.1 節参照）を同時にモデル化すれば，金融市場の機能不全を緩和させることによって経済成長にとってプラスになる可能性もあるといえよう。

17.6 まとめ

　代表的な経済成長モデルには，新古典派成長モデルとハロッド=ドーマー型成長モデルがある。前者では均斉的成長が自動的に達成されるのに対し，後者ではナイフの刃の上を渡るように困難である。両者の差は，短期のマクロモデルでの，古典派経済学の体系とケインズ経済学の体系の差に通ずる面がある。第12章で両者を対比した際に，ケインズ経済学の体系は短期分析に，古典派経済学の体系は長期分析に適応されるべきであると考えた。それを踏襲すれば，経済成長の問題は新古典派成長モデルに沿って考えるのが，より適切ということになろう。

　本章では経済成長理論のいわば入門的内容を解説したに過ぎない。より複雑な成長パターンを描写するモデルとして，経済を消費財部門と投資財部門に分けた二部門成長モデル，多数の部門に分けた多部門成長モデル，貨幣の役割を導入した貨幣的成長モデルなどがある。最適成長モデルも経済発展モデルや地球温暖化問題，あるいは持続的経済発展モデルに応用されている。本章で紹介した AK モデルをはじめとして，人的資本の蓄積や収穫逓増の生産技術を取り込んだ内生的成長モデルが研究されていることは17.5節に記した。ほかにも，第14章の均衡景気循環論で説明したRBCモデルと同様にカリブレーションの手法を用いて，短期の景気循環の側面や国際マクロ経済の分野も取り入れた成長理論の研究も進められている。

練習問題

17.1　カルドア（N. Kaldor）は1958年に発表した論文で，主要先進国の経済成長に関連して六つの特徴を指摘し，それ以後「カルドアの六つの定型化された事実」として有名になった。以下であげるカルドアの六つの定型化された事実は，ハロッド中立的な技術進歩を考慮した新古典派成長モデルの均斉的成長経路の特徴としてすべて説明できる。このことを確かめよ。

① 実質 GNP も，1 人当たり実質 GNP もともにほぼ一定の率で，長期間にわたって上昇し続けてきた。
② 労働 1 人当たりの資本ストック（資本労働比率）は年々増加し続けている。
③ 資本の収益率である利潤率は，ほぼ一定に保たれている。
④ 資本産出比率（資本係数）は安定的である。
⑤ 労働および資本の分配シェアはほぼ一定である。
⑥ 実質 GNP や 1 人当たり実質 GNP の成長率は，国民経済によって異なる。
なお，ここでの GNP は GDP と同じものと解釈せよ。

17.2 次の問に答えよ。
(1) 生産関数を $Y = F(K, N) = \sqrt{KN}$，貯蓄性向を 0.2，労働成長率を 0.05 とするとき，長期の定常状態での資本労働比率 $k = K/N$ を求めよ。
(2) (1) と同じ生産関数と労働成長率を前提とするとき，黄金律を達成する資本労働比率を求めよ。このときの貯蓄率はいくらか。

17.3 新古典派成長モデルとハロッド゠ドーマーの成長モデルの根本的な相違を説明せよ。

17.4 生産関数を，第 14 章の (14.9) で登場した，コブ゠ダグラス型とする。これが稲田条件を満足することを証明せよ。次の CES 型の場合はどうか。
$$F(K, N) = (K^{1-\mu} + N^{1-\mu})^{1/(1-\mu)}$$

17.5 一次同次生産関数について (17.10) を導出せよ。

17.6 生産関数をコブ゠ダグラス型とする。このとき，ヒックス中立的技術進歩はハロッド中立的技術進歩でもあり，ソロー中立的技術進歩でもあることを説明せよ。

17.7 次の問に答えよ。
(1) ケインズ゠ラムゼイ・ルールとは何か。
(2) ターンパイク定理とは何か。
(3) AK モデルの特徴を述べよ。

18

開放マクロ経済

　本章では，開放マクロ経済の諸問題について考察する。そのためにまず，国際収支と為替相場制について説明し，経常収支と資本収支の背景で行われる経済取引について整理する。次いで，国際間の資本移動がある場合の利子裁定と為替投機について考える。これらの知識によって，大まかとはいえ，国内経済と海外部門がどのようにリンクしているかが理解されるだろう。

　これらの理解の上に立って，開放経済のマクロモデルが展開される。ここで展開されるのは，第11章で考察した IS–LM 分析を開放経済の世界に拡張したモデルである。すなわち，生産物市場と貨幣市場の同時均衡に加えて，国際間の資本移動によって，国内の利子率が海外利子率に等しく固定される状況を想定するマンデル=フレミング・モデルを導入する。開放経済下での財政・金融政策の効果の分析が，ここでの主たる目的になる。

　開放経済下では，財政・金融政策を，二つの政策目標である国内バランス（国内経済の安定化）と対外バランス（国際収支の均衡）にどのように割当てるべきかという政策割当の問題が生ずる。この問題は，第15章で検討したマンデルの定理の応用になる。

18.1　国際収支

　海外部門との取引は国際収支（balance of payments）に記録される。国際収支には経常収支，資本収支，外貨準備増減の三つの大項目がある。
　かつての経常収支は，財の輸出と輸入の差である貿易収支に貿易外収支（旅

行収支や投資収益の収支）と援助等の移転収支に細分され，資本収支には資産・負債の満期が１年未満か否かで短期資本収支と長期資本収支の区別があった。しかしながら，国際間取引の対象となる財サービスの変遷や海外直接投資・再投資，あるいは国際間の証券投資の活発化が進み，区分の見直しが行われた。

国際収支の分類　現在の経常収支は，財の輸出と輸入の差である貿易収支，輸送・旅行・保険・特許使用料などの収支であるサービス収支，投資収益や雇用者報酬など海外との要素移転である所得収支，および国際機関拠出金・消費財の無償援助・労働者送金などの収支である経常移転収支の４項目に分類される。ちなみに，資本財の無償援助や債務免除による移転等は資本移転であり，経常収支でなく資本収支に計上される。なお，貿易収支とサービス収支を合わせたものは貿易・サービス収支と呼ぶ。他方，資本収支は投資収支とその他資本収支に二分され，投資収支はさらに直接投資，証券投資，その他の投資に細分される。資本収支では満期による区分はない。

外貨準備は，金保有，米国ドルなどの外貨，SDR（IMFの特別引出権）と通常のIMFポジションからなっている。経常収支，資本収支，外貨準備の増減の三つの収支の合計は，交換に関する二重記帳（複式計上方式）の原則から，理論的には常にゼロとなるはずである。しかし実際には統計上の誤差からゼロとはならず誤差脱漏として表示されるが，国や時期によってはこの部分は必ずしも小さくはない。

■IS バランス論

第４章で学んだGDPの三面等価の概念を開放経済に通用すると，

$$Y = C + I + G + X - M$$

の関係を得る。ここで，Xは輸出，Mは輸入，残りの記号は第４章と同じである。さらに，所得から税金Tを控除した可処分所得は，消費と貯蓄の和に等しいことから，

$$Y = C + S + T$$

が成立する。この関係を用いると，

$$Y = (Y - S - T) + I + G + X - M$$

となり，これから，

$$(S-I) \quad + \quad (T-G) \quad = \quad (X-M)$$
民間部門の貯蓄超過　　政府部門の黒字　　経済収支黒字

という関係が導かれる。

このように，経常収支の黒字は民間部門の貯蓄超過と財政黒字の和に等しい。経常収支が0でないという意味で不均衡が存在するならば，民間部門の貯蓄超過は政府部門の財政赤字によって完全には相殺されないのである。この関係を強調する見方を *IS バランス論*という
が，これからも，国内経済と海外部門の密接な関係が理解されよう。

18.2　為替相場制と資本移動

海外部門との取引を考える際には，異なる通貨間の交換比率である為替レートがどのように決まるかが重要な鍵となる。代表的な為替レート制度には固定相場制と変動相場制がある。

固定相場制　　基本的には為替レートが一定に保たれ，変動しない制度を固定相場制という。第二次世界大戦後，世界の主要国間の為替レートは基本的に固定され，国内経済の基礎的条件（ファンダメンタルズ）が変化し，もはやその為替レートの水準を維持できない場合に限って，平価の切下げや切上げを認める体制（アジャスタブル・ペッグ＝調整可能な釘付け制度）ができ上がった。実際に平価の調整が認められたのは，経常収支の不均衡が累積してゆくような状況に陥った場合であった。こうした体制はIMF（国際通貨基金）の設立によって確立されたために，IMF体制，あるいはそうした合意が成立した地名にちなんでブレトン・ウッズ体制と呼ばれた。

時間の経過とともに，各国の基礎的条件は変わるため，当初設定された固定レートが不適切になるのはやむをえない。ブレトン・ウッズ体制のもとでも，イギリスやフランスは切下げ，西ドイツは切上げといった何回かの調整によって，20年近くは固定相場制がどうにか維持されたものの，1960年代後半にいたって基軸国アメリカに次々と問題が累積していった。アメリカの国際収支は

慢性的な赤字に陥り，1968年には金の二重価格制の導入などによってアメリカからの金流出を抑える方策がとられたが，1971年8月のニクソン・ショックをきっかけとして固定相場制体制にヒビが入った。その後，スミソニアン体制（1ドル308円時代）によって固定相場制の延命がはかられたが長つづきせず，1973年2月になってドルが切り下げられ，ここに固定相場制（ブレトン・ウッズ体制）は完全に終焉を迎えた。

変動相場制　為替レートの決定を外国為替の需要と供給に委ねる制度が変動相場制である。固定相場制の時代には，為替レートの決定を市場に委ねることによって，経常収支の均衡が達成されるのではないか，との大きな期待があった。しかし，1973年に変動相場制に移行した後の経験によると，変動相場制は必ずしも経常収支の均衡をもたらさない。変動相場制下の為替レートは，過剰と思われるほど激しく変動し，価格のシグナル機能を十分に果たしていないのではないか，との危惧を与えている。

変動相場制が経常収支の均衡をもたらさない原因の一つは，資本収支の動向にある。為替レートが資本収支の動向に敏感に反応するため，必ずしも経常収支は均衡しないのである。「金融革命」の進行によって，各国間の資本移動のコストが下がったため，資本は有利な運用先を求めて自由に国際移動するようになった。資本収支が大きな不安定要因の一つとなったのは，国際間の資本移動が活発化したところに原因の一つがある。

18.3　利子裁定

国際間の資本移動が自由になると，利子裁定が強く働くため，内外の金利は連動するようになる。国際間の利子裁定は，たとえば次のような形態をとる。

日本とアメリカでの運用　一定の投資額100万円を日本国内で運用する場合と，国外（アメリカとしよう）で運用する場合を比較してみよう。ある期間，たとえば1年間，国内債券に投資するとrだけの収益率が，国外で運用するとr^*の収益率が獲得できる。変動相場制のもとでは，両者の単純な比較だけではどちらが有利な投資対象かは判断できず，為替レートの変動可能性を考慮しなければならない。

現在の為替レート（円建てドル価格）をe，将来の為替レートをe^+としよう。仮定によって，100万円を国内で運用すれば1年後の元利合計は$A_J = 100(1+r)$

万円となる。100万円は $100/e$ 万ドルであるから，アメリカの債券で運用すると，1年後には $100(1+r^*)/e$ 万ドルが獲得できる。それを，再び円に転換すれば $A_U = 100(1+r^*)e^+/e$ 万円になるだろう。A_J と A_U のどちらが大きいかは，

$$1 + r \gtreqless \frac{(1+r^*)e^+}{e} \tag{18.1}$$

に依存する。相対的に小さな項 $r^*(e^+ - e)/e$ を無視すると，(18.1) の不等式は，

$$r \gtreqless r^* + \frac{e^+ - e}{e} \tag{18.2}$$

と書き改められる。(18.2) から明らかなように，日本の投資家にとって，日本で運用するのとアメリカで運用するのとでどちらが有利かは，アメリカの利子率と為替レートの上昇率（したがって円の減価率）の和と日本の利子率の大きさに依存する。

　両者を比較する際に問題になるのは，将来の為替レート e^+ がいくらになるかが確実にはわからない点である。この取扱いの違いによって，投資行動は二つに分けられる。一つは将来の為替レート e^+ を先物市場での取引を通じて現在時点で確定してしまうリスクから自由なヘッジ戦略に基づく投資であり，いま一つは e^+ の予想をもとにした積極的な投機ポジションを厭わない投資行動である。これらを多少くわしく説明しよう。

■先物取引による利子裁定

　為替市場では，先物取引が活発である。あらかじめ決められた将来の時点での取引価格を現在確定してしまう取引を先物取引という。外国為替の先物取引は，貿易を円滑に進める上での方策の一つとして発達した。輸出や輸入をする際，商品の発送（契約）と代金の支払い（決済）が時期的にずれるのが普通であり，その間の為替レートの変動が大きなリスク要因となる。そうしたリスクを回避したいと望む輸出業者や輸入業者が，将来時点での外国為替の取引をはじめた。これが先物市場 (foward market) である。先物取引によってリスクをヘッジ (hedge＝保険つなぎ) でき，互いの厚生が高められる。

　先物市場が創設されると，裁定を目的とする投資家も市場に参加するようになる。リスクなしで収益をあげうる投資行動を裁定という。利子裁定を理解するには，先の議論の e^+ を先物市場で成立している先物為替レート（f で表わす）で置き換えればよい。f は確定しており，変動リスクはない。このため，

$$r = r^* + \frac{f-e}{e} \tag{18.3}$$

が成立していないときには裁定の機会が存在する。すなわち，リスクなしで収益をあげられるのである。これを理解するのはそれほど難しくはない。

(18.3)の左辺が右辺よりも大きかったとしよう。このとき，どのような投資家も保有している100万円を日本の債券で運用するはずである。逆に右辺が大きければ，すべてアメリカで運用するだろう。しかし，こうした行動は（裁定の要素をもつけれども）厳密な意味での裁定行動では必ずしもない。一方で借入れ他方で運用するという行動を考えると裁定がわかりやすいだろう。

借入れによる裁定　(18.3)の左辺が大きければ，アメリカで資金を借入れ，日本で運用すればよい。（1円当たり）左辺と右辺の差に等しい利益が獲得できる。逆に，右辺が大きいときには，日本で借入れてアメリカの債券で運用するのである。これが典型的な利子裁定取引である。裁定取引にはリスクがないから，裁定の機会が存在するかぎり合理的な投資家は積極的に裁定行動をとるであろう。そのため，均衡においては裁定による利益があげられないはずである。そうなるように利子率や為替レートが調整されてしまう。

裁定の余地のない状況を，裁定条件が成立している状態と呼ぼう。裁定条件が成立していれば，(18.3)が成立しなければならないのは，これまでの説明から明らかだろう。(18.3)は，利子裁定の均衡式ないし単純に利子裁定式と呼ばれる。

(18.3)の右辺第2項の $(f-e)/e$ を直先スプレッドといい，プラス（すなわち $f > e$）のとき，ドルにとって先物プレミアム，マイナス（すなわち $f < e$）のとき，ドルにとって先物ディスカウントと表現する（なお，ドルにとっての先物プレミアムは，円にとっての先物ディスカウントである）。

利子裁定式は，国内利子率，外国利子率，直先スプレッドのあいだの関係を示すに過ぎない。しかし，考察の対象によっては，国内利子率と外国利子率を所与として扱い，直先スプレッドが利子裁定式が成立するように決まるとの解釈もできるだろう。換言すると，利子裁定式は，先物為替レートとの関連において直物為替レートがどの水準に決定されるかを示しているのである。

■アンカヴァード利子裁定式

次に投機ポジションの選択を考えよう。一般に投機行動には，投資家のリス

クに対する態度が大きく関係する。しかしここでは，もっぱら収益率の平均だけに注目し，収益率のばらつき具合などは特別考慮しない投資家を考えよう。このような投資家は，危険中立的な投資家と呼ばれる。危険中立的な投資家とは投資収益率の平均値だけに関心をもち，リスクはいっさい気にしない投資家と考えればよい。これに対し，収益率の平均値が等しければリスクが小さい（大きい）ほうを選好する投資家を危険回避者（危険愛好家）と呼んでいる。世の中の多くの投資家は危険回避者と考えられるが，ここではもっぱら説明の簡単化のため危険中立者を仮定しよう。

危険中立性を前提にすれば，(18.2)において，将来の為替レート e^+ をその予想値（$E(e^+)$ で表わす）で置き換えた式，

$$r \gtreqless r^* + \frac{E(e^+)-e}{e} \tag{18.4}$$

を用いて，為替市場での投機行動を分析できる。予想変化率 $[E(e^+)-e]/e$ が正ならば円安予想，負ならば円高予想を意味する。国内の投機家は，(18.4)の左辺が大きいと予想すれば国内債券に投資し，右辺のほうが大きいと予想すれば外国債券に投資する。アメリカの投機家にとっても事情は同様である。さらに，裁定の場合と同様，一方の国で借入れて，それを他国で資産運用してもよい。こうした投機が活発に見られるならば，(18.4)も等号で成立する可能性がある。(18.4)が等号で結ばれるとき，それを(18.3)と区別してアンカヴァード利子裁定式と呼ぶ。アンカヴァード（uncovered）とは「リスクがヘッジされていない」という意味であり，この用語法に従えば，(18.3)はカヴァード利子裁定式である。

■実証研究

先物レートを用いた（カヴァード）利子裁定式は，現実にも成立していると見てよい。このため，アンカヴァード利子裁定式が成立するのは，(18.3)の直先スプレッドと(18.4)の為替レートの予想変化率が等しい場合，すなわち，

$$f = E(e^+) \tag{18.5}$$

が成立している場合である。はたして，この関係は成立しているのであろうか。
予想為替レートがデータとして観察されえないため，これに答えるのは容易でない。実証的な分析を進めるには，投機家の予想がどのように形成されるか

を考えなければならない。最近の実証研究では，「予想形成に当たっては，システマティックな誤りをおかすことはない」という合理的期待形成仮説を前提とすることが多い（第13章参照）。合理的期待形成は，「予想は平均的に的中する」ことを意味する。これを式で表現すれば，

$$e^+ = E(e^+) + u \tag{18.6}$$

となる。ここで，u はランダムな予測誤差である。(18.5) と (18.6) から，

$$e^+ = f + u \tag{18.7}$$

が導かれる。将来の直物為替レートは平均的には先物為替レートに等しく，両者の乖離はランダムな予測誤差に基づく。これが (18.7) の意味であり，(18.7) の成立は，データによって検証可能である。

先物為替レートと将来の直物為替レートの関係　円/ドル・レートを含むさまざまな通貨間の為替レートについて，(18.7) に基づいた実証研究が進められてきた。データの採り方やモデルの細部の違いによって，結果には多少の違いがあるが，(18.7) の関係はおおむね棄却されると判断してよさそうである。すなわち，先物為替レートからは将来の直物為替レートの動向を正確に予測できない，との結果が得られている。この原因として，予想形成が合理的でない可能性とともに，単純化のために導入した危険中立性の前提が誤っている可能性を指摘できるだろう。もし投機家が危険回避的ならば，(18.4) の右辺にはリスク負担に対する見返りとしてのプレミアムが付加されなければならない。これをふまえて，次の段階としてリスク・プレミアム自体の計測を目的とした実証研究も進められている[1]。

18.4　開放経済のマクロ・モデル

第11章の *IS-LM* 分析のフレームワークに海外部門を導入した，開放経済のマクロモデルを考えてみよう。このモデルは，2人の経済学者マンデル（R. Mundell）とフレミング（M. Fleming）の名をとってマンデル=フレミング・

---

[1]　こうした方向の研究でも，合理的期待形成仮説に疑問があるという結論が導かれることが多い。

モデルと呼ばれる。

■マンデル=フレミング・モデル

説明を簡単にするために，物価水準を一定，期待インフレ率をゼロ（したがって，名目利子率と実質利子率に差はない）としよう。さらに，アンカヴァードな利子裁定式が成立する，という意味で「資本移動は完全に自由」であると仮定する。

このとき，マンデル=フレミング・モデルは，基本的には次の三つの方程式で構成される[2]。

《IS 曲線》
$$Y = C\left(Y, \frac{A}{P}\right) + I(r) + G + T(e, Y) \quad (18.8)$$
$$\quad\quad (+)(+) \quad\quad (-) \quad\quad\quad (+)(-)$$

《LM 曲線》
$$M = L(r, PY) \quad (18.9)$$
$$\quad\quad (-)(+)$$

《利子裁定式》
$$r = r^* + \frac{E(e^+) - e}{e} \quad (18.10)$$

IS 曲線と LM 曲線は，基本的には第 11 章で展開した閉鎖経済の場合と同様である。ただし，IS 曲線の $T(e, Y)$ は経常収支を表わし，仮定 $T_e > 0$ は，為替レートの切下げ（円安）が経常収支を改善することを意味する（この条件はマーシャル=ラーナー条件と呼ばれる）。

先にも触れたように，(18.10) は，資本移動が完全に自由であることの反映である。自国の経済規模が相対的に小さいため，経済活動が外国の経済活動に大きな影響を与えることはない，との小国の仮定を導入しよう。小国の仮定によって，外国の利子率 r^* は一定水準に与えられる。固定相場制と変動相場制のそれぞれについて，このモデルの性質を調べてみよう。

■固定相場制の場合

最初に固定相場制を考えよう。固定相場制では為替レート e は一定（$e = e_0$）

---

[2] もともとのマンデル=フレミング・モデルでは，利子裁定式に為替レートの予想変化率は入ってこない。ここでのモデルは，その意味では拡張されたモデルになっている。

の水準に固定される。このため，予想為替レート $E(e^+)$ も e_0 に一致し，(18.10) は $r=r^*$ となるだろう。r^* は一定水準に与えられているため，(18.10) によって r が決まる。(18.10) のほかに (18.8)，(18.9) の 2 本の方程式があり，残る内生変数を Y だけと考えると，形式上，方程式が 1 本多くなる。このため，G と M を独立に決定することはできず，どちらかを内生変数として取り扱わなければならない。この意味を簡単に説明しておこう。

固定相場制での金融政策　固定相場制では外国為替の需給にかかわりなく，為替レートを一定に保たなければならない。そのために，財政政策か金融政策のどちらかを割当てなければならないのである。財政政策を割当てれば G が，金融政策を割当てれば M が，それぞれ内生変数となる。理論上はどちらを割当ててもよいが，実際には G を調整して固定相場を維持するのは不可能であろう。こうした理由から，ここでは M を内生変数と考えたい。貨幣供給量 M は固定相場を維持するために用いられるため自由には変更できず，その意味で自由度のある金融政策は存在しない。

政府支出の増大　固定相場制での均衡状態を財政政策の効果とからめて説明しよう。図 18.1 を見ていただきたい。政府支出 G が増大すると，IS 曲線は右方へシフトする。国内利子率は外国利子率の水準で一定であるから，新しい均衡は IS 曲線と $r=r^*$ が交わる点 E_1 でなければならない。均衡では貨幣市場の需給の一致も要求される。点 E_1 が均衡になるには，LM 曲線も点 E_1 を通る必要があり，そのためには右方へシフトしなければならない。どのような理由

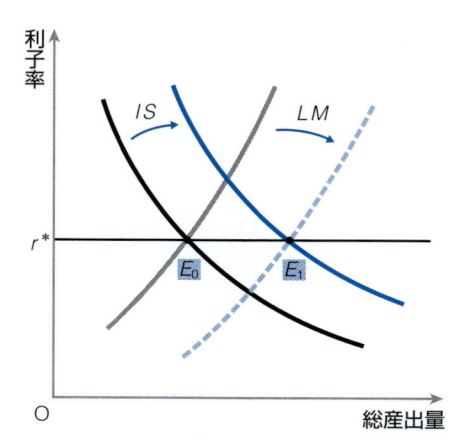

図 18.1　固定相場制下の財政政策

によって LM 曲線が右方へシフトするのであろうか。

　G の増加によって国内利子率に上昇圧力が働く。その結果，利子裁定による国内への資本移動が起こり，資本収支が黒字となる。資本収支（一般には国際収支）の黒字は，マネーストックを増加させるため，LM 曲線は右へシフトするのである。国内利子率に上昇圧力が働く限り資本移動は続き，LM 曲線もシフトし続けるであろう。LM 曲線が点 E_1 を通るところまでシフトすると国内利子率の上昇圧力は消滅し，それ以上 LM 曲線はシフトしない。こうして，点 E_1 で均衡が達成される。図から明らかなように，G の増加は Y を増加させる。これが財政政策の効果である。

M の増加の効果？　　すでに説明したように，ここでのモデルを前提にすれば，固定為替相場を維持するために金融政策を用いており，M の自由な変更は不可能である。このため，M の変更の効果を論ずる意味はない。しかし，多くの教科書では M の変更の効果が説明されている。読者の混乱を避けるため，M の増加の効果がどのように説明されているかを明らかにしておこう（図18.2）。

　M の増加は貨幣市場に超過供給をもたらし，LM 曲線を右方にシフトさせる。しかし，G が一定である限り IS 曲線はシフトしないから，$r=r^*$ のもとでは，新しい均衡はもとの点 E_0 でなければならない。そのためには，LM 曲線が再び左方にシフトする必要がある。何が LM 曲線を左方へシフトさせるのだろうか。財政政策の場合とは逆に，当初のマネーストックの増加は国内の利子率を

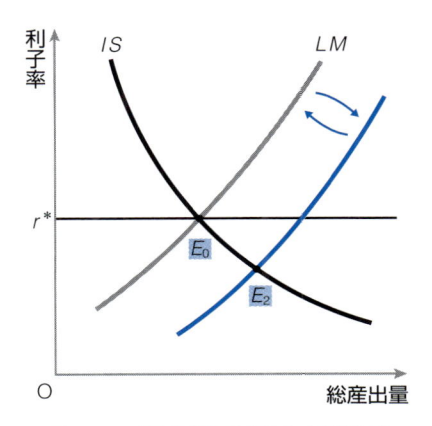

図 18.2　固定相場制下の金融政策

下落させる。その結果,資本の流出が起こり,マネーストックは減少する。こうして LM 曲線は左へシフトするのである。均衡は点 E_0 で変わらず,国内経済には何の変化もない。

これがよくある説明であり,これをもとに固定相場制のもとでは金融政策は無効である,と主張されることも少なくない。しかしこうした説明は,固定相場制を維持するために金融政策が使われているため,M を自由に変更できないことを言葉を変えて説明しているに過ぎない。この議論をもとに金融政策の無効性を論じても何の意味もない[3]。

もっとも,理論的には財政政策を固定相場制の維持に用いることができる。このように仮定すれば,M を自由に変更できるため,金融政策の効果が論じられるだろう。くわしい説明は省略するが,そうした状況で M を増加させると,Y も増加する。その意味では金融政策もまた有効なのである。しかし,財政政策を固定相場制の維持に割当てるのは非現実的であり,こうした議論に大きな意味はない。

■変動相場制の場合

変動相場制のもとでは,(18.10) を満たすように為替レート e と利子率 r が決まらなくてはならない。変動相場制の場合,(18.10) の利子裁定式において将来の為替レートに対する予想 $E(e^+)$ がどのように形成されるかが基本的に重要である。予想形成次第で,経済政策の効果は異なるであろう。固定相場制のときと同様 $E(e^+)=e$ との想定も可能ではあるが,為替レートが自由に変動する変動相場制のもとでの想定(第7章で考察した静的期待形成仮説に対応)としてはいかにも不自然である。ほんらい,予想形成のあり方をきちんと議論すべきであるが,本書のような入門書のレベルでは,さしあたり外生的に一定値に決まる,と考えておけば十分であろう。ここではどのような水準に決まるかは問わずに,一定の値に外生的に決まっていると仮定しよう。

変動相場制下の均衡 予想為替レートと外国の利子率を一定とすれば,(18.10) から利子率 r と為替レート e の関係は図 18.3 のようになる。いいかえると,利子率 r と為替レート e は負の関係をもつ。この関係を

---

3) 苦肉の策として,固定為替レートが信頼によって維持されているために,金融政策に自由度が残されているとの解釈があろう。しかし,これも「信頼を維持するためにはどうしなければならないか」を突き詰めると,結局もとに戻ってしまうのである。

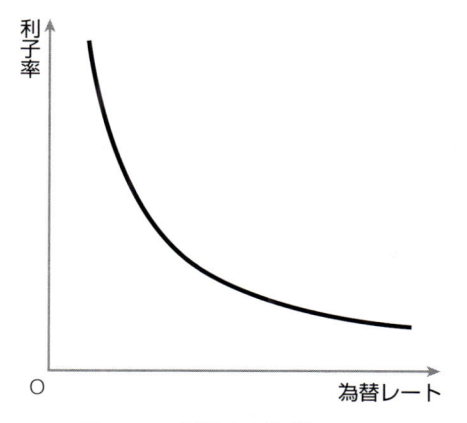

図 18.3 利子率と為替レート

$$r = r(e) \quad r'(e) < 0 \tag{18.11}$$

で表わそう。(18.11) を (18.8), (18.9) の r に代入すれば，(18.8), (18.9) を為替レート e と総産出量 Y を内生変数とする連立方程式体系として理解できる。図 18.4 には，生産物市場の均衡 (18.8) を満たす為替レートと総産出量の関係を IS 曲線として，貨幣市場の均衡 (18.9) を満たす為替レートと総産出量の関係を LM 曲線として描いた。縦軸には（利子率ではなくて）為替レートがとられているため，右上がりの曲線が IS 曲線，右下がりの曲線が LM 曲線になっている点に注意したい。これまで説明してきた IS-LM 分析と同様に，マクロの均衡は図 18.4 の IS 曲線と LM 曲線の交点 E によって与えられる。そこで決まる為替レートを (18.11) に代入すれば，均衡での利子率が求まるであろう。

経常収支の不均衡と長期の均衡　ただし，点 E において経常収支が均衡していない限り，点 E は短期的な均衡にすぎない。たとえば，点 E で経常収支が黒字であったとしよう。変動相場制のもとでは，経常収支の黒字は資本収支の赤字を意味する。換言すると，経常収支の黒字が続く限り，対外純資産の増加が続く。外国債券は民間部門が保有する資産の一部を構成する。さらに，ここでは暗黙のうちに，外国債券は国内債券と完全に代替的と仮定されている（(18.10) の利子裁定式は，外国債券と国内債券が完全に代替的であるとの仮定のもとに成り立つ）。このため，対外純資産の増加は，債券市場に超過供給を，貨幣市場に超過需要をもたらし，LM 曲線を左下方にシフトさせるであろ

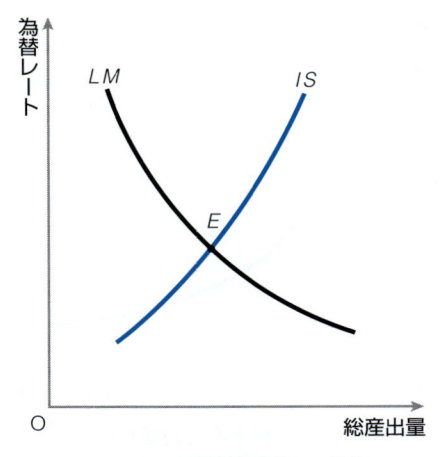

図 18.4　変動相場制下の均衡

う。LM 曲線のシフトは，経常収支が均衡するまで続く。こうして，長期の均衡は，IS 曲線と LM 曲線の交点において経常収支が均衡するときに達成されるのである。

財政・金融政策の効果　図 18.4 を用いれば，変動相場制下での財政政策・金融政策の効果の分析は容易である。ここでは点 E で経常収支が均衡していると仮定しよう。政府支出 G の増大は IS 曲線を右下にシフトさせるため（なぜか？），為替レートは増価（e は下落）し，総産出量は増加する。図 18.3 から為替レートの増価（e の下落）は，国内の利子率を上昇させるであろう。これに対して貨幣供給量の増加は LM 曲線を右上方にシフトさせる（なぜか？）。このため，円安（e の上昇）と総産出量の増加が生ずると同時に利子率は下落する。

しかし，こうした分析はあくまでも短期の分析効果である。新しい均衡で経常収支が均衡しない限り，長期的な均衡にはなりえない。経常収支が均衡していない状況では，LM 曲線がシフトを続ける。このため，長期的にみると，財政政策は有効であるが，金融政策は無効になる。

18.5　国内バランスと対外バランス

国際収支の均衡の達成が，ただちに望ましい GDP（あるいは失業率）の水

準の達成を意味するわけではない。国際収支の均衡と望ましい所得水準の達成とは別問題である。このため，国内経済目標と対外バランスの二つの目標を同時に考えなければならないが，第 15 章で学んだティンバーゲンの定理から，政策目標が二つある場合には，独立な政策手段が少なくとも二つ必要になる。ここでは，固定相場制を考えるが，前節で説明したように固定相場制のもとでは財政政策と金融政策が独立な政策手段とはならない。このため，二つの目標を達成するには少なくともあと一つ政策手段が必要である。ここでは，貨幣供給量 M のほかに利子率 r を直接コントロールできると考えよう。

　貨幣供給量 M を固定相場の維持のために割当てるならば，独立の手段として政府支出 G（これを従来通り財政政策と呼ぶ）と利子率 r（これをここでは金融政策と呼ぶ）が利用できる。ただし，(18.10) の利子裁定の成立を前提とすれば，利子率 r は自由に変更できない。この問題を回避するために，資本移動量は国内利子率 r と海外の利子率 r^* の相対的な大きさに依存して決まると仮定する。国内利子率が相対的に低下すれば資本流出が大きくなることはいうまでもない。こうした状況をもとにして，どちらの政策をどちらの目標に割当てるかを考える[4]。すでに説明したように，政策目標としてインフレ圧力がなく完全雇用が達成されている状況と国際収支が均衡している状況を考えよう。前者を国内バランス，後者を対外バランスの達成と呼ぶ[5]。

マクロ経済の均衡　マクロ経済の均衡は IS 曲線と LM 曲線の交点で決まる。Y を完全雇用水準に保とうとするならば，G と r を独立には選択できない。G を減少させるならば，それによる有効需要の減少を相殺するために利子率 r を引き下げねばならず，国内バランスを保つ上では，両者間には図 18.5 の曲線 AA で表わされるように正の関係が存在する。曲線 AA の左側では，国内経済にインフレ圧力が生じ，逆に右側ではデフレ圧力が生じる。

　一方，利子率 r を一定として G を増大させると，所得は増加し，経常収支

---

[4]　前節で説明したように，固定相場制のもとでは，国際収支が均衡しないかぎり，貨幣供給量は変化し，LM 曲線はシフトを続ける。ここでは，こうした調整が政府支出 G や利子率 r の変更によってもたらされる調整に比較して相対的に長い時間を要すると仮定し，それを無視する。この仮定は多少不自然だが，以下の議論の本質であるマンデルの定理の理解にとって大きな影響はない。

[5]　異時点間の資源配分を問題とする立場では，ある時点で対外均衡を達成しなければならない経済学的根拠は薄い。それにもかかわらずしばしば対外均衡が政策目標となるのもまた事実である。

は悪化する。国際収支の均衡を維持するためには，利子率を引き上げ資本流入を促すとともに，有効需要を抑制しなければならない。こうして，対外バランスを達成する G と r の組合せは右上がりの曲線 BB で表わされる。曲線 BB の左側では，国際収支は赤字，逆に右側では黒字になる。これを確かめるのは容易である。たとえば曲線 BB の右側の点 C を考えてみよう。国際収支の均衡をもたらす G と r を組合せた点 D と比較すると，点 C では，G は一定で r は大きい。G は一定として r を増加させれば国際収支が黒字になるのは明らかであろう。

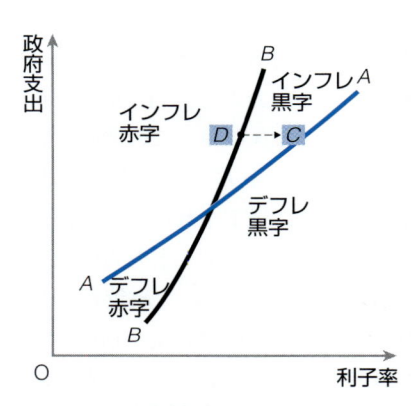

図 18.5　国内バランスと対外バランス

■政策割当

政策の割当がどのような帰結を生むかは，曲線 AA と曲線 BB の傾きの大きさに依存する。

いま経済が図 18.6 の点 D にあったとしよう。点 D では国内バランスが達成されているが，国際収支の黒字が発生している。対外バランスに金融政策を割当てるならば，国際収支の黒字を削減するために r を引き下げなければならない。その結果，経済は 1 の点に移るであろう。1 の点ではインフレ圧力が働く。それを抑制するために財政政策を用いるならば，政府支出 G を減少させねばならず，G の減少は経済を曲線 AA 上の 2 の点に移行させる……。こうして最終的には点 E に収束することが確かめられるだろう。

逆に，対外バランスに対して財政政策を，国内バランスに対して金融政策を割当ててみよう。点 D では対外バランスを達成させるために，G を増加させ

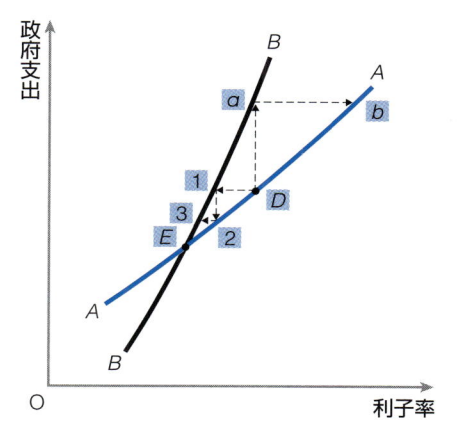

図 18.6　政策割当と安定性

なくてはならない。この結果，経済は曲線 BB 上の点 a に移行する。そこでは国内バランスを達成するために利子率 r の引き上げが要求され，経済は点 b に移る。こうした政策をくり返すならば，明らかに両方の目標を達成する点 E からは乖離していくであろう。

こうした結論は曲線 AA と曲線 BB の相対的傾きに依存している。図 18.6 では，曲線 AA の傾きのほうが曲線 BB の傾きより緩やかである。すなわち，曲線 AA を $A(r, G) = 0$，曲線 BB を $B(r, G) = 0$ で表わすと，

$$\left|\frac{B_r}{B_G}\right| > \left|\frac{A_r}{A_G}\right| \tag{18.12}$$

という関係にある。ここで，たとえば B_r は，r による B の偏微分を表わす。ここでの偏微分の具体的意味は，金融政策が対外バランスに及ぼす効果の大きさ，と理解すべきものである。他の変数についても同様に考えればよい。

マンデルの定理　(18.12) の条件は，

$$\left|\frac{B_r}{A_r}\right| > \left|\frac{B_G}{A_G}\right|$$

と変形できる。つまり，図 18.6 では，

$$\frac{\text{金融政策の対外バランスへの効果}}{\text{金融政策の国内バランスへの効果}} > \frac{\text{財政政策の対外バランスへの効果}}{\text{財政政策の国内バランスへの効果}}$$

が成立しており，金融政策は国内バランスより対外バランスに相対的に大きな効果を，財政政策は対外バランスよりも国内バランスに相対的に大きな効果を発揮する状況にある。つまり，金融政策は対外バランスに，財政政策は国内バランスに比較優位をもつ。こうした状況では，金融政策を対外バランスに，財政政策を国内バランスに割当てなければならない。これがマンデルの定理から導かれる結論である。

曲線 AA と曲線 BB の傾きの大きさが逆転すると，金融政策は国内バランスに財政政策は対外バランスに比較優位をもつ。この場合にも，それぞれの政策手段を比較優位をもつ政策目標に割当てることによって，両目標の同時達成が可能である。

18.6 まとめ

本章の前半では，国際収支，為替相場制，利子裁定，為替投機といった諸概念を説明した。これらによって，国内経済と海外部門がどのような側面でリンクしているかが理解されたと思う。とくに，経常収支の黒字は，民間部門の貯蓄超過と政府部門の財政黒字を足した額に恒等的に等しいという大切な関係（IS バランス）が導かれた。

これらの説明の後で，IS-LM 分析を開放経済の世界に拡張したマクロ・モデルを展開した。マンデル=フレミング・モデルと呼ばれるこのモデルは，さまざまな分析に利用できるが，ここでは一例として開放経済下での財政・金融政策の効果の分析を説明した。

開放経済下での財政・金融政策に関連しては，二つの政策目標である国内バランスと対外バランスに対して，どちらにどれを割当てるべきかという政策割当の問題もある。その答えはマンデルの定理の応用によって与えられた。

練習問題

18.1 ISバランス論を念頭に置いて，以下の会話にコメントせよ。

A「民間部門が貯蓄超過だったり政府部門に黒字があれば，経常収支が黒字になるのは当然だ。」

B「いや，経常収支が黒字だから，民間部門で貯蓄超過になったり政府部門の黒字が生じたりするのだ。」

18.2 以下の問に答えよ。

(1) ブレトン・ウッズ体制の時代には，1ドルが360円であった。1992年には1ドル＝120円を割り，3分の1程度になり，さらに95年には一時的にせよ1ドル＝80円を割った。なぜ，これほど円高が進んだのであろうか。

(2) 実証研究によると，アンカヴァード金利裁定式は厳密には成立しない。これはなぜであろうか。

(3) どのような場合に，正しい政策割当がなされるであろうか。

18.3 変動相場制のもとで，予想為替レートが現在の為替レートの水準に一致するとき，財政・金融政策の効果はどうなるか。ただし，為替レートは国際収支を均衡させるように決まるものとする。

18.4 次の語句を簡潔に説明せよ。

(1) 経常収支
(2) 資本移動
(3) アジャスタブル・ペッグ
(4) 直先スプレッド
(5) マーシャル＝ラーナー条件

19

経常収支と為替レート

　本章では，経常収支の調整メカニズムと為替レートの決定メカニズムについて多少くわしく検討する。これらについては，さまざまなアプローチが提唱されており，それらの紹介が，本章の最初の目的である。

　次いで，現行の変動相場制に焦点をあわせ，その問題点を指摘する。とくに，変動相場制に期待された雇用隔離効果が働かず，海外の景気循環の影響がそのまま国内経済にもたらされるなど，国際間の連動性が高まっている事実に触れる。これについてはさまざまな原因が考えられるが，その際に資本移動の高まりや供給サイドのショックの重要性が指摘される。現行の変動相場制の欠点を是正するため，国際間の政策協調の必要性が叫ばれている。後半では，そうした政策協調による打開策について検討し，政策協調万能論に対して警鐘を発する意味で，政策協調にも限界があることを指摘する。

19.1　経常収支の調整

　固定相場制のもとで経常収支がどのように調整されるかを考えよう。この問題については，さまざまなアプローチがある。以下では，これらを順に紹介する。

■弾力性アプローチ

　国内製品に比べて外国製品のほうが相対的に安くなると輸入が増える。逆の場合は輸出が増える。どちらが高いか安いかは，内外での需要や供給だけでなく為替レートにも依存する。為替レートが減価すれば，外国製品に比べて国内

製品が相対的に安くなるため，輸出が増え，輸入は減少するだろう。どのくらい輸出の増加や輸入の減少が見られるかは，輸出や輸入が価格の変化にどれくらい反応するか，すなわち，価格弾力性に依存する。価格弾力性に基づいて経常収支の調整を考察する分析方法を弾力性アプローチと呼ぶ。

弾力性アプローチは貿易収支を念頭においた考え方であり，歴史的にかなり古くからある。しかし，輸出や輸入の弾力性はあまり大きくないとの認識が高まるにつれて（弾力性悲観論），この考え方の有用性は低下してしまった。為替レートの変化によって貿易収支が期待される方向へ調整されるには，輸出と輸入の価格弾力性の和が1よりも大きくなければならない。これは，前章でも登場したマーシャル=ラーナー条件である。

■アブソープション・アプローチ

前章の IS バランス論で学んだ関係式

$$Y = C + I + G + X - M$$

をもう一度考えてみよう。これを，

$$X - M = Y - A \tag{19.1}$$

と変形できる。ただし，A は国内の総支出，

$$A = C + I + G$$

を表わし，国内アブソープション（absorption）と呼ばれる。(19.1) から明らかなように，経常収支が黒字になるか赤字になるかは，総産出量（GDP）Y とアブソープション A の大小で決定される。アブソープションは，一般に総産出量 Y の関数と考えてよい。このため，経常収支は総産出量の水準に左右されるのである。

アブソープション・アプローチによれば，経常収支が均衡しない状況を次のように解釈できる。すなわち，経常収支の赤字とは，所得以上に支出している状態であり，その分だけ海外部門に対する負債が増加する（対外純資産が減少する）。逆に，経常収支の黒字は，自国の生産量以下しか支出していない状況を意味し，その差は対外資産の増加となる。このように，アブソープション・アプローチでは，経常収支の黒字は国内総生産のうち国内総支出として「吸

収」されなかった部分として表わされるのである。

■マネタリー・アプローチ

　経常収支（厳密には，資本収支も含めた国際収支）の黒字は，国内経済にどのようなインパクトを与えるであろうか。経常収支が黒字ならば，ネットで見て国内には外国為替（たとえばアメリカのドル）が流入し，それが国内で国内通貨に変換される。中央銀行がこうした要求にそのまま応えるとしよう。この結果，中央銀行の手元には外国為替が外貨準備（中央銀行のバランスシート上は資産となる）として増えるため，ハイパワード・マネー（バランスシート上負債となる）が増加する。すなわち，

$$\Delta H = 経常収支の黒字$$

となる。ここで ΔH はハイパワード・マネーの変化分である。もちろん，経常収支が赤字ならば，国内のハイパワード・マネーは減少する。

　以上を準備として，国内での貨幣市場の動向を見てみよう。貨幣供給量を M，貨幣需要を L とすると，貨幣市場では，

$$M = L$$

が成立している。貨幣乗数を m とすれば $M = mH$ が成立するため（第8章参照），経常収支の不均衡によってハイパワード・マネーが変化したとき，それに応じてマネーストック（マネーサプライ）も変化することになる。マネーストックの増加は，利子率や所得水準に少なくない影響を及ぼすであろう。

　このように，国内の貨幣市場と経常収支を結びつけて考えるのが，マネタリー・アプローチと呼ばれる分析方法である。マネタリー・アプローチを理解するには，先に説明した因果関係を逆転させて考えてみればよい。国内の貨幣市場での需要と供給の不均衡が生じれば，それが経常収支の不均衡をもたらすと考えるのである。貨幣の超過需要があれば，供給の不足分だけ外国から貨幣が流入してくる必要があり，そのために経常収支が黒字になる。逆に貨幣の超過供給があれば，貨幣の流出が起こり，経常収支は赤字になるだろう。このように，マネタリー・アプローチでは，国内貨幣と外国為替（外国の貨幣）との間の資産としての代替性に注目し，為替レートを異なる貨幣間の交換比率として理解する。つまり資産の相対価格としての側面が重要視されるのである。

中央銀行は外国為替の増減による外貨準備やハイパワード・マネーの変動を公開市場操作によって相殺する政策をとることがある。このような政策を不胎化政策（sterilization policy）と呼ぶ。マネタリー・アプローチでは，中央銀行が不胎化政策をとらないことが条件となっている。

■アセット・アプローチ

マネタリー・アプローチをより一般化し，貨幣市場だけではなく，その他の資産（アセット）の需要と供給も同時に考慮するのがアセット・アプローチといわれる考え方である。アセット・アプローチはポートフォリオ・アプローチともいわれる。

アセットとして，国内の貨幣と債券，外国の貨幣と債券の4種類を考えよう。アセット・アプローチにとってとりわけ重要なのは，外国の貨幣（すなわち外国為替）や外国の債券をアセットとして保有する可能性である。何らかの理由で外国の貨幣や債券に対する需要が増えると，それを確保するためには経常収支は黒字にならなければならない。4種類の資産の需要がどのようにして決まるかは，資産選択の理論を応用して理解できる。

■各アプローチの比較

弾力性アプローチ，アブソープション・アプローチ，マネタリー・アプローチ，アセット・アプローチについて簡単に説明してきたが，こうしたいろいろなアプローチの違いは，経常収支の調整を異なる側面から見るために生じるのであり，その意味では互いに矛盾するわけではない。弾力性アプローチやアブソープション・アプローチがもっぱら貿易収支や経常収支を議論の対象とするのに対して，マネタリー・アプローチやアセット・アプローチは資本収支を重視し，ストックの調整がいわば瞬時になされるような世界を前提としている。

ここでは，固定相場制のもとでの経常収支の調整のしくみを念頭において説明してきた。このようなアプローチは，見方を変えれば，変動相場制のもとでの為替レートの決定のしくみを説明するための考え方として理解できる。それを検討するのが次節の課題である。

19.2　為替レートの決定

　少なくとも理論的には変動相場制のもとで，国際収支が均衡するように為替レートが調整されると考えられてきた。資本移動が活発でないならば，経常収支の均衡が重要な問題となる。

　弾力性アプローチでは，輸出と輸入が均衡するように自国と外国間の相対価格が調整されると考える。為替レートは，この相対価格に対応する。相対価格としての為替レートという側面を一般化すると，購買力平価説（purchasing power parity，PPPと略記する）という考え方になる。購買力平価説によれば，各国の輸出財価格や輸入財価格が国内的要因（インフレ率の違い等）で変動したときには，それを相殺する形で為替レートが変動し，2国間の相対価格が不変に保たれる。しかし，PPPには，両国でのさまざまな財・サービスの需要構造が異なる場合に，どの財で物価水準をはかりPPPを考えるかで，均衡為替レートの水準が異ならざるをえないという問題が存在する。

　アブソープション・アプローチによると，変動相場制のもとでの為替レートは国内総生産（国内総所得）と国内総支出が等しくなるような水準に決定される。そのとき，経常収支が均衡するからである。為替レートの変動は，輸出や輸入の変動を通じて所得水準の変動をもたらし，国内総支出の変動をもたらす。こうしたメカニズムを通じて，経常収支が均衡することになる。

　フローの均衡を基礎とする弾力性アプローチやアブソープション・アプローチに対して，マネタリー・アプローチやアセット・アプローチでは，異なる資産の間の相対価格として為替レートをとらえる。

　こうしたアプローチをとれば，為替レートの水準は，さまざまな資産に対する需要がどのような要因によって決まるかに大きく依存する。資産需要については，第7章で簡単に説明した資産選択の議論が応用できるだろう。資産需要は，資産の期待収益率とリスクの程度に依存する。ここでリスクとは，外貨で資産を保有するために生ずるリスクであり，為替レートの変動によってもたらされる。前章で見たように，為替レートの変動リスクは先物予約で回避できるが，同時に期待収益率が低下する可能性がある。そのため，一部の投資家はリスクをヘッジしない投機的ポジションを選択するかもしれない。こうした状況では，為替レートの決定に当たって，将来の期待形成が重要な役割を演ずるの

である。

■ファンダメンタルズとバブル

基本的にはアセット・アプローチに基づき，t期の為替レートe_tが両国の経済状態と将来の為替レートの予想に依存して決まるとしよう。それを，

$$e_t = ae_{t+1} + g(X_t, X_t^*) \quad 0 < a < 1 \tag{19.2}$$

で表わす。e_{t+1}は$t+1$期の為替レートであり，将来の為替レートが完全に予見されうると仮定している。X_tとX_t^*は，それぞれ自国経済と外国経済のマクロ経済の基礎的条件（ファンダメンタルズ）を表わす諸変数のベクトルであり，$g(\cdot)$は為替レートが両国のファンダメンタルズに依存する部分を表わす。X_tやX_t^*として，たとえば経済成長率やインフレ率をイメージすればよい。$g(\cdot)$の具体的な関数形は背後にあるモデルに依存する。

ここでは，簡単化のために，X_tとX_t^*は時間を通じて一定，と仮定しよう。このように仮定すると，すべてのtについて$e_t = e_{t+1}$を満たす均衡為替レートは，

$$e = \frac{g(X, X^*)}{1-a} \tag{19.3}$$

となる。この為替レートの水準は，両国の基礎的条件によって決まるため，為替レートのファンダメンタルズと呼ばれる。

第13章の13.8節での資産価格のバブルの分析でも指摘したように，(19.3)で表わされる為替レートeは，(19.2)を満足する唯一の解ではない。b_tが次の関係,

$$b_t = ab_{t+1}$$

を満たすとき，

$$e_t = e + b_t$$

で表わされる為替レートも(19.2)を満足する。一般に，b_tは投機的バブルと呼ばれた。バブルの存在は，為替レートが均衡水準であるファンダメンタルズから乖離しうることを示している。

オーバー・シューティング

為替レートがファンダメンタルズから乖離する原因は，バブルだけではない。バブル以外の代表的な例が，いわゆるオー

バー・シューティングの考えである。オーバー・シューティングが生ずるのは，均衡為替レートに影響を与える外的ショックが起こったとき，一部の変数の調整が遅れるためである。一部の変数に調整の遅れがあるならば，市場均衡を回復するために他の変数が過剰に調整される必要があるだろう。たとえば，生産物市場と資産市場は物価水準と為替レートによって調整されるが，物価水準が相対的に硬直的であると仮定しよう。こうした状況を想定すると，何らかの外的ショックが生じたとき，二つの市場で同時に均衡が達成されるためには，物価水準の調整の遅れを為替レートの過剰反応で対応しなければならないのである。

19.3　マクロ経済の国際連動性

　変動相場制に対して期待されている役割の一つは，海外の景気循環の影響から国内経済を隔離することにある（これを雇用隔離効果と呼ぶ）。変動相場制のもとでは雇用隔離効果の存在のため，各国が独自の国内政策を発動できると考えられていた。しかし，変動相場制が導入された 1973 年以降，むしろ世界経済の連動性が高まっている傾向すらある。このため，むしろ政策の国際的協調の必要性が叫ばれているのが現実であろう。

　前章での変動相場制のモデルでは完全な雇用隔離効果は存在しない。海外の景気循環の影響は輸出に影響を与える。前章のモデルを使えば，輸出の変動は財政政策の変動と同じ結果をもたらす。財政政策の変更は所得水準に影響を与えるため，雇用隔離効果は存在しないのである[1]。

マンデル=フレミング・モデルでの国際連動性　　しかし，前章で展開したマンデル=フレミング・モデルは (1) 小国の仮定，(2) 物価水準が一定の仮定の二つを前提にしていたため，国際連動性を考えるには必ずしも適切ではない。

　第一に，(1) の小国の仮定によって，一面では国際間の連動性の問題がかなり捨象されている。すなわち，小国の仮定によって，自国でとった行動が外国にフィードバックする経路が無視されているのである。第二に，(2) の仮定によって，交易条件（輸出財 1 単位と交換できる輸入財の比率）は変化しない。

---

[1]　厳密にいうと，前章のマクロモデルの枠組でも，将来の為替レートに対する期待形成次第では，雇用隔離効果が存在するケースを考えることができる。前章の練習問題 18.3 を参照。

交易条件が変化する場合には，変動相場制のもとでの雇用隔離効果は一層小さくなるだろう。

■変動相場制の問題点

変動相場制が期待通りにうまく機能しない原因については，さまざまな指摘がある。現行の制度は真の変動相場制ではなく，為替レートの変動に制約が課されたいわば管理された変動相場制，すなわちいわゆるダーティフロート（dirty float）との評価である。これが第一の指摘であり，変動相場制の信奉者によって主張されてきた。彼らによれば，為替市場への介入などあらゆる管理を撤廃しない限り，変動相場制の真のメリットは期待できないのである。

第二に，為替レートの変動がもっぱら資本収支の動向に左右され，必ずしも経常収支を均衡させるようには決定されていない，との見方がある。1970年代以降に飛躍的に増大した国際間の資本移動が，かえって世界経済の不安定要因となってしまった，と主張されるのである。第三に，変動相場制に移行した後に，たまたま為替相場を不安定化させる出来事が重なり，これが各国経済にとって「共通の外的ショック」として働いたという見解がある。二度にわたる石油ショックとそれに続く逆石油ショック，世界的天候異常による農産物価格の変動や一次産品価格の変動，超長期的なコンドラチェフの景気循環の波などが，各国経済の総供給面にほぼ同時期に大きな影響を与えた。1997年のアジア通貨危機やそれに続いたロシアやブラジルなどでの同様の危機，そして21世紀に入ってからの原油価格の高騰やアメリカ発のサブプライムローン問題に端を発する世界同時金融危機も，国際金融にとっては大きなショックであった。

変動相場制の隔離効果はもともと総需要面の考察から導かれた理論的命題であり，サプライサイドの制約がある場合にはそのまま当てはまらない（マンデル=フレミング・モデルは不完全雇用経済を念頭においていることを想起されたい）。要するに，為替レートの調整機能を過大評価してはならない，という見方といってよいだろう。ただし，この考え方の問題は，何が外的ショックであるかが明らかでないところにある。石油ショックはOPEC諸国のカルテル的な行動によってもたらされたが，もともとOPEC諸国が原油価格を大幅に切り上げるに至った原因の一つは変動相場制に移行した後のドルの減価に求められる。こう考えると，世界経済全体にとっての悪循環は，外的ショックとしてばかり片付けることはできないのである。

19.4 政策協調

　世界経済全体としての悪循環を断ち切る目的で，政策協調の必要性が叫ばれており，自発的な政策協調は，原理的には好ましい結果をもたらすと考えられる。景気の反転に関連して第 14 章の 14.2 節でも考察したゲーム理論の用語を用いれば，非協力ゲームのペイオフ（報酬）が協調のあるゲームのペイオフより大きくなることはなく，しかも協力ゲームではゲームの参加者全員がベター・オフにもなりうる。非協力ゲームでは，第 14 章でも言及した囚人のジレンマのように，お互いにとって思いもよらない最悪事態が均衡解になってしまう場合もまれではない。

　政策協調としての世界機関　歴史上しばしばみられた報復関税のイタチごっこは，自由貿易による利益を損なうジレンマであった。貿易摩擦にからんで発動される制裁条項が，相手国の報復を誘い悪循環のジレンマを引き起こすかもしれない。こうした最悪の事態を回避するのが，政策協調の役割である。関税については，GATT（関税と貿易に関する一般協定）やそれを発展的に改組した WTO（世界貿易機関）体制が世界的レベルの政策協調の好例といえよう。もっとも WTO への加盟によって多くの特典が得られる反面，それまで保護のもとにあった分野の関税を引き下げざるをえなくなることも少なくない。

　先進諸国のマクロ安定化政策面での国際協調に話題を絞ろう。先進資本主義諸国は 1961 年に OECD（経済協力開発機構）を結成して，早くから加盟国の経済見通しや経済政策の動向などを調査し，各国の政策当局の参考資料として供してきた。また，従来から IMF や世界銀行あるいは BIS（国際決裁銀行）の定例総会などで，各国の大蔵大臣や中央銀行総裁など財政金融当局の代表が意見の交換をしている。しかし，政策の国際協調が本格的に議論されるようになったのは，1975 年に始まる日米欧間の主要 7 か国（当初は 6 か国）のサミット（先進国首脳会議）が恒例化したのが契機であろう（98 年以降はロシアも参加し，年々その他の国や国際機関も招待される）。

　サミットでは経済問題の討議が重要テーマとなっており，そこでの合意が政策の国際協調を方向づけてきた。より細部にわたる討論は，G5 や G7（それぞれ，5 か国，7 か国蔵相会議）あるいは OECD の場で行われ，なかには，1985 年 9 月のプラザ合意のように秘密裡に会議がもたれ，劇的な効果を発揮したこ

ともある。2008年の世界金融危機に際しては，中国やインド，ブラジルなど新興国も含めたG20の会議がもたれ，共同声明が発表された。

政策協調の目的と効果　先進諸国にとっての共通の目標は，インフレなき高雇用，高経済成長の達成であろう。対外不均衡が問題となるのは，そうした国内均衡の達成にとって不都合が生じるためである。変動相場制に対外不均衡を調整する機能を期待できない以上，より直接的な政策手段が必要になる。しかし，各国経済の連動性が高まっている状況下では，一国の国内政策が他国の経済に悪影響を及ぼし，それが他国の国内政策の発動を誘発し，それがまた元の国にはねかえってくる……という悪循環に陥る可能性を否定できない。

　たとえば，慢性的に経常収支が赤字でインフレが生じている国が，高金利政策として公定歩合や短期金融市場での政策金利を引上げたとしよう。政策金利の引上げは，当初，その国の国内経済に引締的に働き，経常収支の改善とインフレの沈静化が見られるだろう。同時に高金利政策は資本流入をもたらし，為替レートは増価する。これに対して，相手国では経常収支の悪化と資本流出とによって為替レートが減価する。その結果，相手国は，インフレ圧力と資本流出を抑えるために，やがて金利を高めに誘導せざるをえなくなるだろう。相手国が高金利政策をとると，国内経済は元の状態に逆もどりし，一層の利上げが必要となる。こうした悪循環は，金利の異常高をもたらし，両国の景気に悪影響を与えるだろう。

　こうした状況での政策協調の役割は，無意味な利上げ競争の抑制にある。そのためには，為替レートを適正水準に保たねばならず，為替市場への協調介入が必要となるだろう。しかし，為替市場での協調介入が効果をもつか否かは，市場参加者の期待形成次第という側面があり，期待形成には財政・金融政策のあり方が大きく関係する。経常収支の均衡には，為替レートの役割と同時に黒字国の内需拡大による輸出減・輸入増，赤字国の *IS* バランスの改善なども重要な課題となろう。

■政策協調の限界

　先に，マクロ安定化政策の国際協調は，協調がない場合と比べれば好ましい結果をもたらす，と説明した。しかし，最近の研究成果によると，国際協調は必ずしもそうしたバラ色の面をもつだけではないことが明らかになっている。

　第一に，国際協調がかえって政府の行動の歯止めをなくしてしまう可能性が

指摘される。たとえば，国際協調によって為替レートが安定化されると，輸入インフレがなくなるため，国内要因によるインフレを生じやすくする。第二に，各国が信ずる経済モデルが微妙に異なる場合には，政策協調の総論には合意しても各論レベルで調整がつかない可能性がある。各国政府は，第一段階としての国際協調と第二段階としての国内のさまざまな経済主体間の協調という二段階のゲームをうまく演じなければならないが，国内協調が必ずしもうまくいかないことがわかってきた。第三に，政権の交代があったり各国ごとの経済事情の変遷により，政策協調の合意事項を順守するインセンティブがなくなってしまう可能性があげられる。強制された国際協調は，その国の経済厚生にとって足かせとなる。こうしたことが頻繁に起こると，政策協調そのものの持続性に問題が生じるであろう。第四は，そもそも国際協調の利益そのものが理論的に考えられているほど大きくない，というシミュレーション結果の報告である。

　これらは政策の国際協調を全面的に否定するものでは必ずしもない。しかし，いずれも政策協調のマイナス面を指摘しており，協調のベネフィットとコストの定量的比較の重要性を示唆している。国際協調万能論に対する警鐘として受け止められるべきであろう。

19.5　まとめ

　本章では，経常収支の調整と為替レートの決定メカニズムを中心に説明した。その上で，現行の変動相場制の問題点を指摘し，政策協調の必要性について論じた。

　変動相場制にもかかわらず，経常収支の不均衡は一向に改善されない。しかも為替レートの変動には，投機的バブルも見られる。こうした事態をふまえ，再び固定相場制にもどるべきだとの声も決して小さくはない。しかし，固定相場制にも問題があり，それが積み重なって変動相場制へ移行したという経緯を忘れてはならないだろう。どちらをとるかは難しい選択である。読者は，両者のメリットとデメリットを再確認し，どちらが望ましいか，あるいは両者の折衷的な案がありうるのかなどを検討されたい。

練習問題

19.1 以下の問に簡潔に答えよ。
(1) 固定相場制下の経常収支の調整メカニズムと変動相場制下の為替レートの決定メカニズムが，コインの表と裏の関係にあるといわれるのはどうしてか。
(2) 変動相場制のもとで雇用隔離効果が働かないのは，どのような場合か。

19.2 以下の命題の正誤を，理由を付して答えよ。
(1) 弾力性アプローチ，アブソープション・アプローチ，マネタリー・アプローチ，アセット・アプローチは，互いに矛盾する結論を導く場合がある。
(2) 為替レートは，長期的にはファンダメンタルズのみを反映する。

19.3 政策協調について，以下の問に答えよ。
(1) 政策協調が行われる理由を述べよ。
(2) 政策協調の具体例をあげよ。
(3) 政策協調の限界をあげよ。

参考文献

　本書では，随所でミクロ経済学の知識を援用した議論がなされた。ミクロ経済学になじみのうすい読者は，

　倉澤資成『入門｜価格理論 第2版』日本評論社，1988年。初級者向け入門書。ミクロ経済学の考え方がよく説明されている。
　武隈愼一『ミクロ経済学 増補版』新世社，1999年。ややレベルの高い入門書。若干の数学的理解力が要求される。
　矢野誠『ミクロ経済学の基礎』岩波書店，2001年。丁寧に説明された入門書。

などを参照されたい。また，数式の展開が苦手の読者には，

　西村和雄『経済数学早わかり』日本評論社，1982年。経済学に必要な数学が簡明に説明されている。

がよい。
　本書を読了した読者に対しては，中級ないし上級のマクロ経済学のテキストとして，

　Blanchard, O. J., and S. Fischer, *Lectures on Macroeconomics*, MIT Press, 1989（高田聖治訳『マクロ経済学講義』多賀出版，1999年）。大学院レベルのテキスト。読みごたえがあるがやや古くなった。
　Romer, D., *Advanced Macroeconomics*, McGraw-Hill, 1996（堀雅博・南条隆・岩成博夫訳『上級マクロ経済学』日本評論社，1998年）。大学院レベルのテキスト。原著は2001年に改訂版が出た。
　脇田成『マクロ経済学のパースペクティブ』日本経済新聞社，1998年。マクロ経済学を理解する上で何が鍵となるかが伝わってくるテキスト。現実のデータにも言及。
　齊藤誠『新しいマクロ経済学［新版］』有斐閣，2006年。ミクロ的基礎付けを重視したマクロ経済学。副題は，クラシカルとケインジアンの邂逅。

がある。とくに，動学的経済分析や経済成長については

Barro, R.J., and X. Sala-i-Martin, *Economic Growth* 2nd ed., MIT Press, 2004（大住圭介訳『内生的経済成長論　第2版』九州大学出版会，2006年）。経済成長論中心の上級マクロ経済学。数学付録も充実している。

大瀧雅之『動学的一般均衡のマクロ経済学』東京大学出版会，2005年。動学的一般均衡分析の解説書であると同時に著者の経済観が述べられている。有効需要と貨幣の理論との副題がある。

西村和雄・矢野誠『マクロ経済動学』岩波書店，2007年。カオス理論などの非線形動学理論の基本的枠組みを解説。

がある。

さらに，マクロ経済学の古典およびその解説書としては，

Keynes, J. M., *The General Theory of Employment, Interest and Money*, Macmillan, 1936（間宮陽介訳『雇用，利子および貨幣の一般理論　（上）（下）』岩波文庫，2008年）。

Phelps, E. S., *Seven Schools of Macroeconomic Thought*, Oxford University Press, 1990（平山朝治訳『マクロ経済思想——七つの学派』新世社，1991年）。マクロ経済学のアプローチを七つの学派に分け，それぞれについて簡明に解説している。

Tobin, J., *Asset Accumulation and Economic Activity*, Basil Blackwell, 1980（浜田宏一・藪下史郎訳『マクロ経済学の再検討』日本経済新聞社，1981年）。ケインズ経済学の立場にたって，マクロ経済学を再検討する。

宇沢弘文『ケインズ「一般理論」を読む』岩波書店，1984年。ケインズの『一般理論』の入門的解説書。

があげられる。

本書では，理論的考え方の説明を重視したために，現実のデータについては一部を除いてほとんど言及しなかった。日本経済の現実を知るには，まず包括的入門書としては

浅子和美・石黒順子『グラフィック経済学』新世社，2007年。初心者向けに経済学の理論と日本経済の制度的側面や経済指標の実際のデータをバランスよく解説している。

浅子和美・篠原総一編『入門・日本経済　第3版』有斐閣，2006年。日本経済の全体像がわかる入門的テキスト。

三橋規宏・内田茂男・池田吉紀『ゼミナール日本経済入門　改訂版』日本経済新聞出版社，2008年。日本経済についての初歩的入門書。

がある。また，マクロ経済の各分野を掘り下げた分析としては，以下の諸文献が薦められる。

武野秀樹『国民経済計算入門』有斐閣，2001年。国民経済計算の実際にくわしい。
浅子和美・福田慎一編『景気循環と景気予測』東京大学出版会，2003年。景気循環の理論と日本経済の実証分析の総括的解説書。
浅子和美・宮川努編『日本経済の構造変化と景気循環』東京大学出版会，2007年。日本経済の構造変化が景気循環に及ぼした影響の実証分析。
林文夫編『経済制度の実証分析と設計』全3巻，勁草書房，2007年。失われた10年と呼ばれる日本経済の長期停滞についての実証分析。とくに，第1巻の『経済停滞の原因と制度』がTFP成長率低下の成長会計を試算している。
宮川努『長期停滞の経済学』東京大学出版会，2005年。設備投資行動を中心に，グローバル化と産業構造の変容に注目した日本経済の実証分析。
浅子和美『マクロ安定化政策と日本経済』岩波書店，2000年。マクロ安定化政策の理論と日本経済の実際についての研究書。
貝塚啓明・財務省財務総合研究所編『財政赤字と日本経済』有斐閣，2005年。日本の財政赤字に関しての包括的分析。
宮尾龍蔵『マクロ金融政策の時系列分析』日本経済新聞社，2006年。ゼロ金利政策や量的緩和政策の効果が限定的であったことを実証分析によって示す。
中村二朗・中村恵編『日本経済の構造調整と労働市場』日本評論社，1999年。バブル経済崩壊後の日本の労働市場についての，包括的な視点での分析。
阿部正浩『日本経済の環境変化と労働市場』東洋経済新報社，2005年。日本の労働市場での失業率の上昇の背後にあるミスマッチを分析。
黒田祥子・山本勲『デフレ下の賃金変動』東京大学出版会，2006年。副題（名目賃金の下方硬直性と金融政策）が示すように，名目賃金の下方硬直性について複数の視点から分析。
松本和幸編『経済成長と国際収支』日本評論社，2003年。貿易構造が変化する中での日本の国際収支の動向を探る。
加納悟『マクロ経済分析とサーベイデータ』岩波書店，2006年。サーベイデータからの情報を経済主体の期待形成を表わすものとしてマクロ経済分析に組み込む手法を解説し，日本経済のデータを基に各分野に応用している。

練習問題解答

1 マクロ経済学とは何か？

1.1 (1), (3), (5), (6), (9)

1.2 GDP に含まれるもの：(2), (4), (7), (8)　GDP に含まれないもの：(1) 値上がり益は付加価値でない。(3) 公害には市場がない。(5) 市場がない。(6) 最終生産物ではなく中間財である。なお，(4) 日本国内で稼いだ外国人（厳密には国内滞在が1年未満の非居住者）の所得は GDP には入るが GNP には入らない。

1.3 (1) ①0.572　②0.037　③0.155　④0.004　⑤0.177　⑥0.041　⑦0.000　⑧0.041　(2) 民間需要＝391兆円，公的需要＝111兆円。対 GDP 比は，それぞれ0.768と0.218。(3) 経常海外余剰＝0.041，輸出等＝0.204，輸入等＝0.163。経常海外余剰は約1,909億ドル。(4) 省略

1.4 ①24　②52　③19　④100　⑤73　⑥57　⑦6　⑧81

1.5 ①500　②40　③150

2 GDP の決定メカニズム

2.1 消費需要（民間最終消費支出）＝0.572，投資需要（民間住宅，民間企業設備，民間在庫品増加）＝0.196，政府支出（政府最終消費支出，公的固定資本形成，公的在庫品増加）＝0.218，輸出（輸出等）＝0.204，輸入（輸入等）＝0.163。

2.2 ケインズ経済学と古典派経済学の違いは，総需要の変化に対して生産量の変化による調整が起こるか，物価水準の変化による調整が起こるかにある（総供給曲線の形状の違い）。両者が併存しているのは，どちらがより現実を説明しうるかについて見解の相違があるため。

2.3 (1) マイナスの資産効果の存在，および貨幣需要の増大，金利の上昇を通じる投資抑制効果の存在。

(2) 企業が利潤最大化行動をとり，かつ労働サービスが一定の名目賃金率でいくらでも雇用できるとき。

(3) 企業が平均費用に一定のマージン率を上乗せして価格を決定し，かつ労働サービスが一定の名目賃金率でいくらでも雇用できるとき。

(4) 名目賃金率が伸縮的で，労働市場で需給均衡が達成されるとき。

(5) 消費意欲の高まり，投資環境の改善，拡張的な財政・金融政策の発動など。
(6) 技術進歩，労働者の勤労意欲の高まりなど。

3 労働市場と完全雇用

3.1 (1) 誤 (2) 誤 (3) 正 (4) 誤
3.2 (1) (a) $N^s = 168(W/P)/(W/P+1)$, (b) $N^s = 56$。図は省略。
(2) (a) |代替効果| > |所得効果| (b) |代替効果| = |所得効果|。
3.3 (1) $N^D = 84/(W/P)^2$ (2) $(W/P)^* = 1$, $N^* = 84$
3.4 (1) 労働供給曲線が左方へシフト (2) 労働需要曲線が右方へシフト (3) 労働供給曲線が右方へシフト (4) ロボットと労働が補完的（代替的）ならば労働需要曲線が右方（左方）へシフト (5) 労働供給曲線が右方へシフト (6) 労働供給曲線が左方へシフト

4 不完全雇用経済と有効需要原理

4.1 (1) 正 (2) 正 (3) 誤 (4) 正 (5) 誤 (6) 誤
4.2 (1) 輸出ドライブ係数 x だけ負で，残りのパラメータはすべて正。
(2) 一般化された乗数の値は $\dfrac{1}{1-c(1-t)-i-g-x+m}$。$c$, i, g の上昇は乗数を大きくし，t, m の上昇は乗数を小さくする。x は負なので，その絶対値が大きくなれば，乗数は小さくなる。(3) 2.5
4.3 (1) ① 900 ② 1000 ③ 130 ④ 0 ⑤ 同じになる
(2) ⑥ 300 ⑦ 15 ⑧ 赤 ⑨ 400 ⑩ 30 ⑪ 赤 ⑫ 0.2 ⑬ 0.3
4.4 (1) 省略。(2) 均衡財政による政府支出の増加でも，GDP に対して拡張的な効果をもつ。
4.5 (1) 自国の GDP に対する乗数 $= (s^* + m^*)/(ss^* + sm^* + s^*m)$，相手国の GDP に対する乗数 $= m/(ss^* + sm^* + s^*m)$。
(2) 大きくなっている。なぜならば，相手国のリパーカッションがある場合には，自国の輸出が増えるから。

5 家計の消費・貯蓄行動

5.1 (1) $Y = Y_1 + Y_2/(1+r)$ として，① $C_1 = Y/2$, $C_2 = (1+r)Y/2$, $S = Y_1/2 - Y_2/2(1+r)$ ② $C_1 = (1+\rho)Y/(2+\rho)$, $C_2 = (1+r)Y/(2+\rho)$, $S = Y_1/(2+\rho) - (1+\rho)Y_2/(2+\rho)(1+r)$
(2) $r = \rho$ の場合。
5.2 (1) $Y_P = 105$ (2) $Y_P = 104.76$ (3) $Y_P = 109.67$
5.3 (1) 将来の子供の生活費，教育費に備えて貯蓄を増やす。
(2) 将来の住宅取得に備えて，貯蓄を増やす。
(3) ボーナスのように一時的な大金が入ると生涯所得が増え消費が増えるので，貯

蓄が増えるか減るかは不明。

(4) 株価や地価の下落は，資産価値を下落させ，恒常所得を下げる。それによって消費は減少するが現在所得は不変のため，貯蓄は増える。

(5) 消費は減少する。貯蓄は効用関数の形状に依存する。

5.4 (1) 流動性制約があると，消費・貯蓄は生涯所得よりもむしろ期間ごとの所得に依存するため。

(2) 所得が増加（減少）すると，平均消費性向は下がる（上がる）。

(3) ケインズ型消費関数 $Y=\overline{C}+cY$ において，独立消費 $\overline{C}$ がゼロの場合。

(4) 人口成長がマイナスになったり経済成長が減速すると，マクロの貯蓄が負になることがありうる。

(5) 持続的な所得の変動があった場合。

(6) 経済主体の合理的な行動というよりは，社会心理的な要因に依拠している。

6 企業の投資行動

6.1 最適な投資率は $F_K=(r-z)\phi'(z)+\phi(z)$ の関係を満たすので，$r=0.1$，$F_K=0.1375$ を代入して整理すると，$5z^2-z+0.0375=0$ が得られる。この方程式の解は，$z=0.05$ と 0.15。(1) $r-z>0$ でなければならないから，5％。(2) $q=1.5$

6.2 (1) $aY=F(aK, aN)$ において $a=1/N$ とおくと $Y/N=F(k,1)$ となる。ここで，$F(k,1)=f(k)$ とすれば $Y=f(k)N$ と表わせる。

(2) 資本の限界生産力 $F_K=(\partial Y/\partial k)(\partial k/\partial K)=\{f'(k)N\}(1/N)=f'(k)$，労働の限界生産力 $F_N=\partial Y/\partial N+(\partial Y/\partial k)(\partial k/\partial N)=f(k)+\{f'(k)N\}\{-K/N^2\}=f(k)-kf'(k)$

(3) $F_K=f'(k)>0$，$F_{KK}=\partial^2 Y/\partial K^2=f''(k)/N<0$ より $f''(k)<0$。

(4) $F_N=W/P=f(k)-kf'(k)$，$F_K=R/P=f'(k)$ より，$\omega=W/R=f(k)/f'(k)-k$。これを解けば，k は ω の関数となる。

(5) どのような資本ストックの規模に対しても，労働を調整することによって最適条件が満たされるから。

6.3 (1)，(3)，(6)

6.4 省略。

7 貨幣需要

7.1 たとえ持ち運びできない石貨でも，一般受容性があれば貨幣の役目を果たす。

7.2 (1) 価格上昇によって取引価格が2倍になると，T ばかりでなく b も2倍になると考えられるため，貨幣需要も2倍となる。貨幣需要に規模の利益があるのは，b を一定にしたまま T が大きくなったときの話。(2) 貨幣需要関数は同じ。

7.3 (1) $N-1$ の相対価格。

(2) 人々の将来のコンソル価格についての予想が一致し，貨幣需要の利子弾力性が無限大になる状況。

(3) 将来のコンソル価格に対する期待が静的に形成される場合。
(4) 経済の取引慣行に影響を及ぼす要因が大きく変動しない場合。
(5) たとえば安全資産の流動性が高いなど，収益とは別の利益が存在するため。

8 貨幣供給
8.1 (1) ① 本源的預金 ② 20 ③ 1900 (2) ④ 75 ⑤ 30 ⑥ 2.5
(3) ⑦ シーニョレッジ ⑧ 5

8.2 (1) マーシャルの k の計算値は省略。M_1 についてのマーシャルの k は，1990年までは 0.28 前後で安定していたが，95 年以降大幅に上昇し出し 05 年には 3 倍近い値の 0.78 に達した。M_2+CD についてのマーシャルの k にも，1995 年に下落したのを例外として，上昇トレンドが見られる。ただし，M_1 についてのマーシャルの k と比べると，相対的には安定的な値で推移している。

(2) 貨幣乗数の計算値は省略。M_1 についての貨幣乗数は，1990 年に大幅に低下したが，それ以外の年は 3.2〜3.4 の値で安定している。M_2+CD についての貨幣乗数は 1990 年の 11.5 を頂点として上昇トレンドから下降トレンドに転じ，05 年には 6.3 の水準まで低下している。量的緩和政策のもとでのハイパワード・マネーの増加に対して，M_2+CD の増加が相対的に抑制されたのが原因。

9 マクロ経済の一般均衡
9.1 (1) フロー変数はある期間を区切った場合にはじめて定義される変数。ストック変数は特定の時点ごとに定義される変数。

(2) 古典派の第一公準は，労働の限界生産力が実質賃金率に等しいところで労働需要が決まるという考え方。古典派の第二公準は，最適な労働供給量の決定が，やはり実質賃金率に依存するという考え方。

(3) ライフ・サイクル仮説をふまえ，流動性制約の存在も前提すると，現在所得と実質総資産に依存する。

(4) 企業の実質市場価値（民間部門が保有する株式の市場価値），実質貨幣供給量，人的資本。

(5) トービンの q 理論に依拠するが，短期的には F_K や K の値は所与なので，結局投資は実質利子率に依存して決まる。

(6) 各経済主体は，予算制約式を満たしながら行動するので，すべての資産の超過需要を足したものは恒等的にゼロとなる。各人の超過需要を合計した経済全体の超過需要についても同様のことがいえる。したがって，n 個の資産市場のうち $n-1$ 個の市場が均衡すれば，残りの市場でも均衡が達成される。これがワルラス法則である。

(7) 生産物市場と貨幣市場（資産市場）が均衡すれば，マクロ経済の一般均衡と考える。労働市場での不完全雇用の存在を強調するときには，とくに不完全雇用均衡と呼ぶ。

9.2 労働市場の調整変数は名目賃金率で，超過需要（供給）があれば名目賃金率が上昇（下落）する．生産物市場の調整変数は物価水準と所得水準で，超過需要（供給）があれば物価水準は上昇（下落）し，所得水準は増大（減少）する．貨幣市場での調整変数は名目利子率であり，超過需要（供給）があれば名目利子率は上がる（下がる）．

10 古典派経済学の体系

10.1 本文を参照．

10.2 (1) 誤．文意そのものは間違いではないが，物価水準の変動によって実質賃金率が変動するとしても，それは必ずしも完全雇用が達成される方向には調整されない．(2) 正　(3) 正　(4) 正　(5) 誤．貯蓄が実質利子率の増加関数になっている場合には，クラウディング・アウト効果は部分的になる．

10.3 (1) $N_f = 125$, $Y_f = 500$　(2) $P = 1$, $W = 2.5$　(3) $r = 10\%$　(4) $P = 2$, $W = 5$　(5) $r = 5\%$, $I = 125$　(6) 消費がケインズ型の消費関数で表わされ，実質資産からの影響が除かれている．また，貨幣市場の均衡条件が数量方程式で表わされている．

11 ケインズ経済学の体系

11.1 ①相対賃金仮説：労働者は他の労働者と比較して名目賃金率が相対的に低下することに抵抗を示す．②賃金のもつシグナル効果：賃金の切り下げは労働意欲を阻害し，企業の評判も悪くなる．③暗黙の契約仮説：企業と労働者には，好不景気にかかわらず賃金を平均化するインセンティブがある．④メニューコスト：賃金の切り下げに有形無形の費用がかかる．⑤労働組合の市場支配力：労働者側が団体行動を通じて賃金の切り下げに抵抗する．⑥社会的な公正感覚：社会的公正の観点から妥当な賃金水準が合意される．最低賃金法の存在はその例．

11.2 (1) GDPが不変のもとで物価水準が上昇すると，実質資産残高効果により消費が減少する．また，貨幣市場で利子率が上昇するため，消費や投資が減少する．したがって，生産物市場で超過供給が発生し，再び生産物市場が均衡するためには，限界消費性向が1より小さい限りGDPが減少しなければならない．すなわち，総需要関数は右下がりとなる．

(2) 労働市場で需要がショートサイドのとき，所与の名目賃金率のもとで物価水準が上昇すると実質賃金率が下落して労働需要が増大し，総供給は増大する．

(3) 古典派の第一公準を放棄し，マークアップ原理による価格付けを前提にする場合．あるいは，古典派の第一公準のもとで，労働の限界生産力が一定となるような生産関数を前提とする場合．いずれの場合も，一定の名目賃金率が前提となる．

(4) 消費意欲の高まり，投資環境の改善，拡張的な財政・金融政策の発動など．

(5) 技術進歩，労働者の勤労意欲の高まりなど．

11.3 本文を参照．

練習問題解答　　　　　　　　　**443**

11.4　① 25　② 1.8　③ 12.5　④ 3.5　⑤ 9　⑥ 20　⑦ −2.2　⑧ 7.5　⑨ 国債の償還費　⑩ 125/7　⑪ 50/7　⑫ 18/35　⑬ 下

11.5　(1) $Y^* = 560$, $r^* = 0.05$　(2) 200　(3) マネーストックを 200/3 だけ増やす。$r^* = 0.03$　(4) $G = T = 240$, $M = 640$

12　マクロモデルの比較

12.1　(1) 古典派経済学では価格の調整によって需給均衡が達成されるのに対し，ケインズ経済学では（いくつかの市場における）不均衡が数量によって調整される。

(2) 古典派経済学では，労働市場の機能によって総供給が完全雇用 GDP の水準に決まり，総需要がこれに見合うように調整される（セイ法則）。ケインズ経済学では，有効需要が GDP の水準を左右する（有効需要原理）。

(3) 古典派経済学では，貨幣のもつ機能のうち支払手段・価値尺度としての機能が重視され，貨幣は経済取引の単なる潤滑油にすぎないと考えられているため，実物経済にとっては中立的となる。ケインズ経済学では，価値保蔵手段としての側面が重視され，貨幣錯覚の存在も加わって，貨幣は非中立的となる。

(4) 古典派経済学では，完全雇用 GDP のもとでの貯蓄と投資が等しくなるように，つまりフローとしての貸付資金に対する供給と需要が等しくなるように利子率が決定される（貸付資金説）。ケインズ経済学では，ストックとしての貨幣保有が重要になり，その需給均衡によって利子率が決定される（流動性選好説）。

12.2　ケインズ経済学では政府のマクロ安定化政策が支持されるのに対し，古典派経済学では政府の介入は市場機構に攪乱を導入するだけと考えられており，そのため自由放任が支持される。こうした違いが生じるのは，非自発的な失業が存在するか否か，あるいは生産物市場で有効需要が不足しているか否か，に対する見方が異なるからである。

12.3　(1) ケインズ経済学では，マクロ経済にとって非自発的失業が存在する不完全雇用均衡が一般的な状態であり，完全雇用状態は特殊な状態であると考えられている。そのためケインズ経済学こそが「一般的な状態」を説明する理論と主張される。これに対して，古典派経済学は自らの体系を「普遍性をもつ理論体系」として考えている。

(2) ケインズ経済学が対象とする不完全雇用経済も，適切なマクロ安定化政策により完全雇用を実現すれば，古典派経済学の体系が経済を描写できるとの考え方。

(3) ケインズ経済学の体系が賃金・物価が硬直性を示す短期のマクロ経済現象を対象としているのに対し，古典派経済学の体系は賃金・物価も市場の不均衡に応じて調整される長期の状態を対象としている。

(4) ケインズ経済学が理論的精緻性よりも現実経済の制度的・歴史的側面を重視する傾向があるのに対し，古典派経済学は主体行動の合理性を前提としたミクロ的基礎付けを重視している。

13 インフレーション

13.1 ①インフレによって相対価格体系に攪乱が生じ，資源配分に悪影響が及ぶ。②実質利子率への影響を通じて異時点間の資源配分に影響を与える。③実質的な増税効果（インフレ税）があったり，所得分配に非対称的な影響を及ぼす。

13.2 (1) 投資の利子弾力性がマイナス無限大になり，IS 曲線が水平となるとき。
(2) 貨幣需要の利子弾力性がマイナス無限大になり，LM 曲線が水平となるとき。

13.3 (1) 一度かぎりの物価上昇であるから，インフレではない。

(2) 総産出量（GDP）の動向でチェックする。ディマンドプル・インフレならば総産出量は増加し，コストプッシュ・インフレならば総産出量は減少している。

(3) 未充足求人率が高いのは労働市場が逼迫しているときであるから，失業率は低くなる。逆の場合は逆。

(4) 労働市場の構造的要因。具体的には，労働者の年齢構成や性別構成，パートタイム労働者や外国人労働者の比率，求人求職のための情報収集の容易さ，転職の容易さ，通勤の容易さ，職業訓練制度の充実度，失業保険の完備度，等々。

(5) オークン係数の大小は，失業率の変動がどれだけの産出量の変動に対応するかを表わしている。オークン係数の大きい日本では，産出量が変動しても失業率はあまり変動しない。

(6) 平均的には，期待が的中する。

13.4 $a = -6$, $b = 30$ （失業率とインフレ率を小数で考えると，$a = -0.06$, $b = 0.003$）

13.5 (1) $\beta = 0$ とすると，(13.16) の $\pi^e = \pi^e_{-1}$ から，期待インフレ率は経時的に一定となる。この場合，期待インフレ率が 0 でないとすると，(13.14) から自然失業率のもとでは現実のインフレ率も 0 でなくなる。このように，物価水準は上昇ないし下落を続けるが，そのとき (13.11)〜(13.13) を同時に満たす均衡解が存在し続けることはない。換言すると，特定の P の経路のもとではじめて (13.11)〜(13.13) で $Y = Y_n$ を満たす均衡解は存在するが，その P の経路と整合的なインフレ率の経路が (13.14) で決まる経路と一致する保証はないのである。ただし，$\pi^e = 0$ とすると，$\pi = 0$ となるため，自然失業率仮説が成立する可能性がある。

(2) $\beta = 1$ の場合には (13.16) で $\pi^e = \pi$ となり，(13.14)，(13.15) から $U = U_n$，$Y = Y_n$ が達成される。この自然産出量の水準において，(13.11)〜(13.13) を同時に満たす P ないし π （一方が決まれば他方も決まる），i, r のユニークな均衡解が存在する（三つの未知数に対して三つの方程式があるので）。このため，物価水準は特定の値に決定される。

13.6 デフレ期待の発生によって Y^* は減少，i^* は低下，r^* は上昇する。

13.7 当初，原油高などによって生産コストが高まった分を企業が価格に転嫁したとする。これによって，総供給曲線が上方にシフトし，総産出量の減少とコストプッシュ型の物価上昇が起こり，スタグフレーションとなる。これに続いて名目賃金の上

昇が続けば，さらなる物価高が起こりスタグフレーションが拡大する．

13.8 合理的バブルとするならば，基本的には実体経済には中立的となる．合理的でない場合には，資産効果，エクイティ・ファイナンス効果，担保価値効果などを通じて実体経済に影響を及ぼす．

13.9 満期時点の価格が決定している資産は，代替資産の収益率が所与とすれば，その前の取引がされる時点での価格も決まる．そしてその前も，…という連鎖から現時点での理論価格も決定され，バブルが発生・持続する余地がない．ただし，満期時点が相当先のことであったり，何らかの不確実性が強い場合には，しばらくバブルが持続することもありえよう．

14 景気循環

14.1 (1) 外生的ショックが絶え間なく発生するため景気循環が持続する，と考えるのが外生的景気循環理論．経済システムそれ自体の内部に景気循環を持続させる仕組みが内包されている，と考えるのが内生的景気循環理論．

(2) 実物的ショックを重視する理論の多くは古典派経済学を基礎としており，技術革新，家計の選好シフト，人口成長率のシフトなどが議論の対象となる．これに対して，貨幣的ショックを重視する理論の多くはケインズ経済学を基礎としており，銀行部門による信用供与の過不足が問題として取り上げられる．

(3) 線形モデルは簡単な線形定差方程式や線形微分方程式で表現される景気循環モデルである．これに対し，非線形モデルには複雑な定差・微分方程式で表現されるモデルや，線形モデルに非線形制約が付くモデルがある．

(4) 一見複雑な景気循環のメカニズムも，経済主体の行動に戻って記述可能であると考えるのが決定論的理論．次々に発生するランダムなショックが蓄積されると，全体として規則的な景気循環が生じるという統計学上の性質を応用するのが確率論的理論．

(5) 一見不均衡にみえる景気循環も，外生的ショックに対して最適な行動をとろうとする経済主体の反応の表われであり，常に市場均衡も達成されていると考えるのが景気循環を均衡現象とみる立場．他方，景気循環の過程では明らかにマクロ的不均衡が存在すると考えるのが，景気循環を不均衡現象とみる立場．古典派経済学の体系が前者，ケインズ経済学の体系が後者．

14.2 (1) 在庫投資や設備投資など経済活動の種類によって，引き起こされる循環の波長が異なるから．

(2) 不景気を回避し好景気を持続させようとするマクロ安定化政策の結果，拡張期の方が後退期よりも長くなる．

(3) 天井の存在は完全雇用の達成，床の存在は粗投資がゼロ以下にならないという制約のため．

(4) 企業の生産技術の変化（技術進歩）や家計の選好の変化，あるいは政府の政策

介入．
(5) 価格改定に要するメニューコストの存在や時間依存型の価格改定機会．
14.3 (1) 証明問題 (2) $1/v$ (3) $1/v$ (4) 解析的には計算できない．

15 政府の経済活動
15.1 (1) 政府は社会の秩序を維持してゆく上で最小限のサービスを提供するにとどめるべきである，という主張．
(2) マクロ経済の安定化，所得分配への介入，地方政府間の財政の平等化，社会資本の供給，等．
(3) 租税政策，支出政策．
(4) マクロ経済の安定化（とくにインフレ管理），金融市場の安定性維持．
(5) 公定歩合操作，預金準備率操作，公開市場操作，およびプルーデンス政策の手段．
(6) コントロールが容易なこと，最終目標と密接な関係（とくに先行性）をもっていること．
(7) 予想したよりも政策規模が小さかったことによる，事前的に発生していたアナウンスメント効果の消失分．
15.2 ① (3), (4) ② (2), (5) ③ (1)
15.3 ラッファー曲線の図は省略．$\tau = 0.5$ を頂点とする放物線になる．最適税率 $\tau^* = 0.5$．
15.4 政策のアナウンスメントの直接効果がまったく見られないとすれば，当初から政策発動がすべて正しく織込まれていたことを意味する．アナウンスメント効果と長期的効果は同じものになる．政策のアナウンスメントの長期的効果がゼロの場合には，政策発動の直接効果がアナウンスメント効果を100％相殺する．

16 マクロ安定化政策
16.1 (1) ポートフォリオ効果，資産効果，流動性制約，アナウンスメント効果．
(2) 金融政策が実体経済に影響を及ぼす伝播経路として，銀行等の金融仲介機関が関与しているか否かで，関与を前提としないのがマネービュー，関与を前提とするのがクレジットビュー．
(3) ケインジアンの主張は，①深刻な不況時には財政政策，②小幅で循環的なマクロ経済の変動にはファイン・チューニング，③金融政策では利子率重視，④裁量的政策運営，にまとめられるのに対して，マネタリストの主張は，①安定的な金融政策と均衡財政，②金融政策としては経済成長率と同率の貨幣供給量増加，③ルールに従った政策運営，となる．さらに，政策のタイムラグの長短，ショックの発生源の違い，閉鎖経済か開放経済か，等論点は多数．
(4) 直接的クラウディング・アウト，取引に基づくクラウディング・アウト，ポー

トフォリオ・クラウディング・アウト。

16.2 (1) 生涯所得は減税される前と同じで，総需要は不変。
(2) 増税も公債発行も同じだけ生涯所得を減少させ，総需要は同じだけ減少する。

16.3 自然失業率仮説に基づくフィリップス曲線は第13章の（13.8）で $\kappa=1$ とおいて得られるが，（13.7）のオークンの法則をふまえると，

$$(Y_t - Y_n)/Y_n = \alpha\{(\Delta P/P)_t - (\Delta P/P)^e_t\}, \quad \alpha > 0$$

のように変形される。便宜上自然産出量 Y_n を 1 と基準化すると，左辺は $(Y_t - Y_n)/Y_n = \log(Y_t) - \log(Y_n) = y^s_t$ になる。また，$(\Delta P/P)_t = p_t - p_{t-1}$，$(\Delta P/P)^e_t = E_{t-1}p_t - p_{t-1}$ であるから，右辺は，$\alpha(p_t - E_{t-1}p_t)$ となる。これに攪乱項を付け加えれば，（16.1）のルーカス型総供給関数が導かれる。

16.4 (1) 政府支出増により乗数効果が働き所得が増加すると，取引動機に基づく貨幣需要が増大し利子率が上昇する。この利子率の上昇が投資を抑制し乗数効果を弱める働きをヒックス効果と呼ぶ。
(2) 租税政策と公債政策の同等性（公債の中立命題）を主張する人々。
(3) 合理的に予知された政策の非有効性を唱えた命題。
(4) 財政・金融政策による有効需要の積極的な管理。
(5) 政策分析の際に，異なる政策のもとでは構造方程式体系のパラメータが変化するが，従来その変化が考慮されてこなかったことへの批判。
(6) 事前には最適政策であったとしても，実際に実行される段階になると必ずしも最適ではなくなってしまい，動学的観点から矛盾が生じること。

16.5 ヒントを参照。

16.6 1930年代の世界的大不況に匹敵する状況との認識のもとで，「勃発してしまった危機」に対しては大規模な公的介入による鎮静化が先決との判断がある。鎮静化後は，危機を発生させてしまった仕組みの解明と再発防止策が導入されよう。

17 資本蓄積と経済成長

17.1 $L=AN$ において，技術進歩率 $\Delta A/A = a$，労働（人口）成長率 $\Delta N/N = n$。定常状態では Y/L，K/L が一定となる。①実質GDP（Y）の成長率は $a+n$，1人当たり実質GDP（Y/N）の成長率は a。②労働1人当たりの資本ストック（K/N）の伸び率は a。③利潤率は資本の限界生産力に等しい。定常状態では一定。④資本産出比率（K/Y）の伸び率は 0 で一定。⑤資本の分配シェアは利潤率と資本産出比率を掛けた値に等しい。したがって，③，④から一定。資本の分配シェアが一定ならば労働の分配シェアも一定。⑥国民経済によって a や n の値は異なる。

17.2 (1) 16
(2) 資本労働比率：100，貯蓄率：0.5

17.3 直接的には，生産関数における資本と労働の代替性の想定が異なる。根本的には，プライス・メカニズムに則って生産要素の効率的な資源配分が達成されている

か否かが関係する。新古典派成長モデルでは均斉的成長経路が安定的に達成されるのに対し，ハロッド=ドーマーの成長モデルではナイフエッジの原理が当てはまる。

17.4 コブ=ダグラス型のときの証明問題部分は省略。CES 型の場合は，たとえば $\mu=1/2$ のとき $f(0)\neq 0$, $f'(\infty)\neq 0$ で稲田条件を満たさない。

17.5 生産関数を一般に K と N について λ 次同次と仮定する。すなわち，任意の $a>0$ に対して $a^\lambda Y=F(aK, aN)$. この式の両辺を a で微分すると

$$\lambda a^{\lambda-1} Y = \frac{\partial F}{\partial (aK)}K + \frac{\partial F}{\partial (aN)}N$$

であるが，ここで $a=1$ とおくと，同次式に関するオイラーの公式

$$\lambda Y = \frac{\partial F}{\partial K}K + \frac{\partial F}{\partial N}N$$

となり，$\lambda=1$ とすれば (17.10) が得られる。

17.6 $Y=K^\alpha N^\beta$ ($\alpha+\beta=1$) とすると a%のヒックス中立的技術進歩は，(a/β)%のハロッド中立的技術進歩でもあり，(a/α)%のソロー中立的技術進歩でもある。

17.7 (1) 異時点間の消費配分に関する効用最大化条件。消費量は実質利子率（＝資本の限界生産性）と割引率（＋人口成長率）の差に応じて増減させるのが望ましいというもの。

(2) 有限で十分長い計画期間の最適成長問題では，初期状態にかかわらず計画期間の相当期間を，必ずしも計画終点とは同一でない，ほんらいの定常状態の近傍での成長率で推移するのが望ましいという性質。

(3) AK モデルでは資本の限界生産性が逓減することなく，資本労働比率（したがって 1 人当たりの消費も）が永遠に成長する可能性がある経済成長モデル。モデルを拡張すると，経済成長率が内生化された内生的成長メカニズムが説明できる。

18 開放マクロ経済

18.1 IS バランス論における関係はあくまでも事後的なものであり，因果性については何も語ってくれない。その意味では，A，B の発言には決着をつけられない。

18.2 (1) 当初 1 ドル 360 円というのがそもそも過小評価だったという議論もあるが，基本的には良好な日本経済のマクロ・パフォーマンスが円高をもたらしたと考えられる。

(2) 危険回避的な行動をとる投機家を前提とする必要があるにもかかわらず，危険中立的な投機家ばかりを前提にしているから。

(3) マンデルの定理にあるように，比較優位の原理に則った場合。

18.3 変動相場制のもとでは国際収支が均衡するためマネーストック M は一定となり，LM 曲線はシフトしない。その結果，LM 曲線と $r=r^*$ が交わる点が均衡になり，財政政策として G を増加させても，いずれもとに戻らなければならない。そこでは，次のようなメカニズムが働く。G の増加は IS 曲線を右方向にシフトさせるため利子

率が高くなる。その結果資本流入が起こり，円高になる。為替レートの増価は経常収支の赤字をもたらすため IS 曲線はもとに戻る。

他方，金融政策によって国内のマネーストックを増加させると，貨幣市場は超過供給となり，LM 曲線が右下方にシフトする。この結果，国内利子率が下落し，資本流出が引き起こされる。すると為替レートの減価がもたらされ経常収支が黒字になる。この経常収支の黒字が，IS 曲線を右方にシフトさせるのである。

18.4 (1) 貿易収支，貿易外収支，移転収支を合わせると経常収支になる。

(2) 資本取引（債券投資や直接投資）にともなって資本が移動すること。

(3) 固定相場制のもとで国内経済の基礎的条件が変化し，もはや決められた為替レートの水準をどうしても維持できないときに平価の変更を認める体制。

(4) 先物為替レートと直物為替レートの差額を直物為替レートで除した値。

(5) 為替レートの切り下げが貿易収支を改善し，切り上げが貿易収支を悪化させる条件。具体的には，輸出の価格弾力性と輸入の価格弾力性の和が 1 よりも大きい，という条件。

19 経常収支と為替レート

19.1 (1) 変動相場制もとでは，経常収支の動向に応じて為替レートが調整されるため。

(2) 予想為替レートがどのように決まるかが重要であるが，基本的には，交易条件が変化する場合や自国が大国である場合である。為替レートの決定に投機的バブルが関与する場合，サプライサイドの制約がある場合にも，雇用隔離効果が消失する可能性がある。

19.2 (1) 誤。各アプローチは経常収支の調整を異なる側面から捉えただけであり，互いに矛盾することはない。(2) 誤。投機的バブルが永続する可能性を否定できない。

19.3 (1) 原理的には，自動的な政策協調は協調がない場合と比べて好ましい結果をもたらすから。

(2) 現在政策協調の場としては，首脳サミット，G5，G7，IMF，OECD などの国際会議がある。たとえば 1985 年の G5 におけるプラザ合意では，為替レートの適正化（ドル安介入），国際収支の不均衡調整，保護主義圧力への抵抗，等が合意された。

(3) ①国際協調がかえって政府の行動の歯止めをなくしてしまう。②各国の経済モデルに差がある場合，総論は別として各論の調整がつかない。③政権の交替などにより，政策協調を順守するインセンティブがなくなってしまう。④国際協調の利益そのものがあまり大きくない可能性がある。

索　引

あ 行

アヴェイラビリティ効果　342
アジア通貨危機　430
アジャスタブル・ペッグ　405
アセット・アプローチ　426
新しい古典派　232, 238, 262, 339
新しい成長理論　398
アトラクター　286
アナウンスメント効果　320, 321, 329, 333, 345, 352
アニマル・スピリッツ　131
アブソープション・アプローチ　424
アメリカン・ケインジアン　226
アロー=デブリュー証券　287
アンカヴァード利子裁定式　409
安価な政府論　322
安全資産　155
安全性　42
安全な資産　17
暗黙の契約仮説　200, 308

遺産動機　106, 295
異時点間消費の代替の弾力性　306
異時点間の予算制約線　101
位相図　395
一時所得　105
一次同次　11, 121, 132, 295, 378
一致変数　282
一般受容性　137, 138
一般物価水準の逆数　228
移動平均過程　285
稲田献一　380
稲田条件　380
因果性分析　305
インカム・ゲイン　20
インパルス応答関係　305
インプリシット・デフレーター　15
インプリメンテーション　339
インフレ圧力　417
インフレーション　237
インフレ過程　235, 237, 257
インフレ期待　235, 237, 254
インフレギャップ　85
インフレ税　169, 243
インフレ・ターゲット政策　335
インフレの管理　321
インフレ率　1

ヴェブレン, T.　111
ウォレス, N.　358
後ろ向きの推理　273
売りオペ　24
売りオペレーション　24, 329
売り手価格　224

永久公債　149
エイジェンシー・コスト　344
エクイティ・ファイナンス　273

オイラー方程式　298
黄金律　378, 391
横断性条件　271, 302, 394
王朝モデル　295, 357
大きな政府　322
オークン, A.　254
オークン法則　254
オーバー・シューティング　428
オッカムの剃刀　77, 283

か 行

買いオペ　24, 216
買いオペレーション　24, 216, 329
海外部門　19, 24
外貨準備　404, 425

索　引　**451**

――増減　403
外債　18
外生景気循環理論　289, 293
外生的景気循環理論　283
買い手価格　224
外部貨幣　159, 163, 344
外部ラグ　352
カヴァード利子裁定式　409
カオス　286
　　――現象　285
価格機構　240
価格弾力性　424
価格調整と数量調整　221
価格のシグナル機能　140, 240
価格の伸縮的調整機能　234
価格の粘着性　201
価格メカニズム　381
限られた範囲での合理性　233
学習過程　398
拡張期　280
確率の定常状態　285
確率論的景気循環論　292
確率論的理論　285
家計　19
　　――の生産関数　56
　　――の予算制約線　101
貸渋り　345
貸出制約　224
貸付資金　229
貸付資金説　187, 193, 230
　　――と流動性選好説　221
貸剥がし　345
加速度係数　131
加速度原理　289
　　――の投資関数　131
価値尺度　139, 228
　　――ないし計算単位　135, 137
価値の保蔵手段　135, 137, 140
価値保蔵手段　228
合併・買収　24
過渡期の経路　304
蚊柱理論　285
株式保有の収益率　123
貨幣　17, 18
　　――ヴェール観　187, 192, 228
　　――の価格　228
　　――の供給　23
　　――の中立性　192, 248, 311, 339
　　――の中立性と貨幣錯覚　221
　　――の超中立性　303

――のもつ三つの機能　137
――の流通速度　145
貨幣供給　135
――の内生性　228
貨幣供給量　24, 159, 160, 330
――を一定とする政策　349
貨幣経済のパラドックス　141
貨幣錯覚　198, 229
貨幣市場　18
――が均衡する　154
貨幣主義　320
貨幣需要　135
――の利子弾力性　154, 205, 342
貨幣乗数　167, 330
――アプローチ　168
貨幣数量説　144, 248
貨幣的成長モデル　401
下方硬直性　198
カリブレーション　288, 293, 305
カルドア, N.　401
カルドアの六つの定型化された事実　382, 401
カルボ型　313
為替相場制　347, 403
為替投機　403
為替レート制度　405
為替レートのファンダメンタルズ　428
間接効用関数　200
完全競争　311, 359
完全雇用　53, 223
　　――経済　173, 177
　　――水準　66, 178, 188
　　――GDP　71, 173, 177, 178, 187, 189, 227, 253
　　――量　3, 177
完全代替性　181
完全予見　262, 269, 296
管理された変動相場制　430

機会費用　56, 309
企業　19
　　――価値　116, 117
　　――財務　22
　　――の市場価値　116, 117
　　――物価指数　14, 239
危険愛好家　409
危険回避者　409
危険回避行動　144
危険資産　155
危険資産プレミアム・パズル　306

索引

危険中立的な投資家　409
擬似誘導形　332
技術革新　284
技術進歩　70, 284
基礎的財政収支　327
基礎的条件　405, 428
期待インフレ率　241
期待均衡　237, 255, 369
期待収益率　18, 42
期待の自己実現　287
期待理論　345
キチン循環　282
規範分析　389
規模に関して収穫一定　11, 121, 132, 295, 378
規模の利益　148
逆資産効果　179
逆選抜　199
逆相関　307
キャッシュ・フロー　343
キャピタル・ゲイン　20, 150
キャピタル・ロス　20, 150
ギャロッピング・インフレ　239
給与所得　20
狭義の貨幣　161
供給サイド　227
　──と需要サイド　221
強制貯蓄　356
協調介入　432
協調の失敗　287
均衡　35
　──景気循環理論　293
　──景気循環論　279, 292, 316, 340, 362, 398
　──現象　286
　──国内所得　80, 214
　──国内所得水準　83
　──雇用水準　66
　──財政　327
　──財政の乗数　354
　──実質GDP　214
　──実質賃金率　66, 188
　──GDP　35, 80
　──GDP水準　83
　──総産出量　35, 209
　──物価水準　35, 209
　──利子率　214
銀行　19
　──主義　344
　──の情報生産機能　344

　──離れ　345
　──部門　18
均斉的成長　381
均斉的成長状態　378
金融革命　161, 328
金融資産　17
金融政策　23, 182
金融仲介中断　345
金融調節　168
金融ビッグバン　328
クーポン　20, 149
クズネッツ循環　282
クライン, L.　226
クラウディング・アウト　187, 216, 354
　──効果　194
　　直接的な──　355
　　取引に基づく──　355
クラウディング・イン　355
クリーピング・インフレ　239
クレジット・パラダイム　343
クレジットビュー　343, 400
グレシャムの法則　142
計画経済　293, 296
景気拡張期　281
景気基準日付　281
景気後退期　281
景気循環　280
景気循環会計　305
景気動向指数　281
景気の跛行性　280
景気変動の循環的側面　279
経済活動水準　5
　──の決定　2
経済主体　19
経済政策　321
経済成長　375
　──の基本方程式　380, 393, 399
経済成長のメカニズム　5
計算単位　139
経常移転収支　404
経常収支　403, 404
ケインジアン　339
ケインズ, J.　198, 225, 226
ケインズの経済学　226
ケインズの美人投票　272
ケインズ革命　226
ケインズ型消費関数　289
ケインズ型消費・貯蓄関数　107

索　引　453

ケインズ型の消費関数　77
ケインズ経済学　2, 16, 31, 226
　　──の考え方　38
　　──の体系　173
ケインズ＝トービン効果　217, 342
ケインズ＝ラムゼイ・ルール　297, 378, 393
ゲーム理論　371, 431
決定論的景気循環理論　289
決定論的理論　285
月例経済報告　281
ケネー，F.　391
限界効用の弾力性　305
限界収益率　116
限界収入　63
限界消費性向　78
限界生産物　62
限界生産力原理　11, 378, 381, 384
限界生産力逓減の法則　45
限界代替率　298
限界貯蓄性向　87
限界費用　63
現金残高方程式　145
現金通貨　17, 160
現在価値　99
健全財政　327
建築・建設循環　282
限定合理性　233
ケンブリッジ方程式　145, 192

コアインフレ指数　239
交易条件　429
公開市場操作　328, 329, 426
交換　138
　　──手段　42
　　──の媒体　139
恒久的政策変更　332
好況期　280
広義流動性　161, 162
公債　23
　　──の中立命題　356
恒常所得　105
　　──仮説　97, 105, 111, 356
更新投資　299
合成の誤謬　90
構造的失業　223
　　──失業率　251
後退期　280
公定歩合　328
　　──操作　328
公的資金の投入　328

行動ラグ　352
購買力　228
　　──平価説　427
効用関数内貨幣アプローチ　296
効率賃金　198
　　──仮説　198, 308, 325
合理的期待革命　320
合理的期待形成仮説　238, 260, 261, 290, 296, 358, 410
合理的バブル　271
国債　18
国際収支　403
国債発行　22
国際マクロ経済学　375
国内アブソープション　424
国内所得　10
国内総支出　11, 178
国内総所得　10
国内総生産　7
国内バランス　417
国民経済　5, 15
　　──計算　8
国民総所得　8
国民総生産　8
誤差脱漏　404
誇示効果　111
コストプッシュ・インフレ　237, 247
固定係数の生産関数　386
固定相場制　405
古典派経済学　2, 16, 31
　　──の考え方　40
　　──の体系　173
　　──の二分法　187, 192, 237
古典派の第一公準　63, 178, 203, 384
古典派の第二公準　59, 177, 203
コブ＝ダグラス型生産関数　295
固有方程式　290
雇用隔離効果　429
混合経済　321
コンソル　149
コンドラチェフの波　282

さ　行

サージェント，T.　358
サービス収支　404
債権　18
債券　17, 18, 181
　　──市場　19

在庫循環　282
在庫投資　12
在庫理論アプローチ　146
財・サービス市場　16
財産所得　20
最終財　8
最終目標　321, 335
財政　322
　　——政策　22, 180, 322
　　——問題　22
最大値原理　296
裁定　346, 407
　　——が働く　152
　　——の機会　242
裁定株価　269
裁定条件が成立している状態　408
最低賃金法の存在　201
裁定取引　241
最適改定価格　313
最適政策の動学的不整合性　320, 334
最適成長モデル　401
最適成長論　389
財の多様性　398
債務　18
裁量的政策運営　370
先物為替レート　407
先物市場　407
先物ディスカウント　408
先物取引　407
先物プレミアム　408
サブプライムローン問題　286, 430
サプライサイド・エコノミクス　326
サプライサイドの制約　430
サミット　431
サミュエルソン, P.　226, 232, 348
サンクコスト　273
産出量ギャップ　86

シーニョレッジ　159, 169
死荷重　311
時間依存型粘着性　313
時間軸効果　347
時間不整合性　366
直先スプレッド　408
資金移動　24
資金市場　193
　　——の均衡　89
資金調達方法の違い　215
資源配分機能　323
資源配分上の社会的損失　311

自己回帰過程　285
自己相関　285
事後的な労働雇用量　202
資産インフレ　236, 238, 268
資産価値の安定性　149
資産効果　41, 112, 179, 273, 342
資産市場の均衡条件　125
資産所得　20
資産選択の問題　41
資産選択の理論　135, 155
資産蓄積式　294
資産の相対価格　425
資産の流動性　148
事実解明的分析　389
支出政策　326
市場均衡　231
市場全体の労働供給曲線　60
市場との対話　328, 347
市場メカニズム　234
自然産出量　253
自然失業率　238, 251
　　——仮説　238, 256, 339, 369
自然成長率　388
事前的な超過需要量　250
自然利子率　187, 192, 229
市中銀行　23
実質GDP　9
実質資産残高効果　218
実質所得　54
実質賃金率　54
　　——W/Pの伸縮的な調整　188
実物景気循環理論　289, 293
実物経済との二分法　228
実物資本　18, 21
失望効果　334, 345
自動安定化装置　362, 370
自発的失業　54, 223
支払手段　135, 137, 138, 140, 228
資本移動　347
資本係数　130, 290, 386
資本減耗　119
資本コスト　118
資本財　124
資本収支　403
資本主義経済の不安定性　388
資本ストック　21
　　——調整原理　130
資本増大的技術進歩　382
資本の深化　383
資本のレンタルコスト　118

索　引　　**455**

資本労働比率　121, 378
島国の寓話　359
シミュレーション分析　305
社会的な公正感覚　201
社会保障基金　22
若年期　98
収穫逓減の法則　295
習慣形成仮説　111
周期性　279
囚人のジレンマ　287
収束現象　397
住宅投資　20
自由放任　231
ジュグラー循環　282
主体均衡　95, 231
　　——の状態　176
シュムペーターの二局面法　280
需要サイド　227
需要シフト・インフレ　237, 248
需要と供給の法則　224
主要取引銀行　344
準貨幣　161
順循環　351
順相関　307
純投資　299
商業銀行　23
小国の仮定　411
使用者費用　118
小循環　282
乗数　80
乗数・加速度型モデル　283, 291
乗数過程　92, 224
　　——のメカニズム　215
乗数不確実性　364
消費・資本資産評価モデル　306
消費者物価指数　14, 239
消費需要　32
消費と貯蓄の決定　95
情報収集費用　140
情報の粘着性　316
情報の非対称性　199
ショートサイドの仮定　202
ショートサイドの原則　224
所得効果　58, 103
所得再分配機能　323
所得・支出ラグ　289
所得収支　404
所得の限界効用　201
ジョルゲンソン, D.　129
ジョルゲンソンの投資理論　129

自律的消費　78
新規の公債発行　322
新古典派　263
新古典派生産関数　380
新古典派成長モデル　377, 381
新古典派成長論　381
新古典派総合　232
新古典派投資理論　121
真正インフレ　246
人的資本　21, 179, 398
信認　335, 345, 367
信用乗数　329
信用創造　136, 159, 163
信用割当　224, 342

垂直な総供給曲線　67
数量調整　224
数量方程式　144, 187
スタグハント・ゲーム　287
スタグフレーション　236, 238, 264
ストック・インフレ　268
ストック市場　173
ストック変数　175, 176
スミソニアン体制　406
スワン, T.　381

政策運営　330
　　ルールに則った——　370
政策協調　320
　　——の役割　431
政策金利　335
政策効果ラグ　332, 352, 364
政策手段の制御可能性　351
政策手段不安定化　353
政策遂行上の進め方　320, 362
政策の機動性　351
政策発動の積極主義　351
政策反応関数　367
政策論争　231
政策割当　403
生産可能性集合　56
生産関数　10, 61
生産物市場　16
　　——の均衡条件　180
　　——の需要と供給の法則　253
生産量の増加による調整　37
成長会計　378, 383
静的期待形成仮説　153
静的均衡状態　381
セイの販路法則　71

政府　19
政府支出　32
政府の介入　230
政府の予算制約式　326
セイ法則　71, 75, 181, 187
世界的大不況　266
世界同時金融危機　430
石油ショック　430
世代重複モデル　296
積極主義　320, 339, 362, 364
絶対的有効性　340
設備投資循環　282
設備投資水準の決定　96
節約のパラドックス　89
ゼロ金利政策　168
先行変数　282
潜在産出量　253
先進国首脳会議　431
全要素生産性　295, 378, 382
　　──の上昇　70
戦略的代替　288
戦略的補完　288

総供給　33
　　──関数　197, 208
　　──曲線　34
総合経済対策　352
操作目標　335
総産出量　31, 35
総需要　32, 76
　　──外部性　312
　　──関数　197, 206
　　──曲線　33
　　──の変化に対する調整の違い　36
総需要・総供給分析　197, 209, 219, 227, 354
相対価格体系　139
相対所得仮説　111
相対賃金仮説　198, 229, 308
相対的危険回避度　305
相対的有効性　320, 339, 348
造幣益　169
総要素生産性　382
底　281
租税　22
租税政策　326
粗投資　299
ソフトバジェット　327
ソフトバジェット問題　327
ソロー, R.　198, 348, 381

ソロー残差　385
ソロー＝スワン・モデル　381
ソロー中立的技術進歩　382
ソロー・モデル　381
損失関数　367

た 行

ダーティフロート　430
ターンパイク定理　396
対外バランス　417
耐久消費財　21
大恐慌　266
貸借対照表　166, 343
代替効果　57
代替効果　103
ダイナミック・プログラミング　296
代表的個人　293
太陽黒点論　293
谷　281
多部門成長モデル　401
玉突台モデル　291
段階的アプローチ　335
短期　21, 44, 232
　　──のフィリップス曲線　237
短期循環　282
短期フィリップス曲線　255
単純再生産　391
弾力性アプローチ　424
弾力性悲観論　424
ダンロップ＝ターシス批判　307

小さな政府　322
遅行変数　282
知識資本　399
地方政府　22
中央銀行　23
中央政府　22
中間財　8
中間段階での経済指標　335
中間目標　321, 335
長期　232
　　──のフィリップス曲線　237
長期的効果　321, 333
長期デフレ　2
長期デフレ不況　266
長期フィリップス曲線　255
調整変数　182
直接効果　321, 333

索　引

直接的なクラウディング・アウト　354
直接利回り　150
直利　150
貯蓄　20, 86
貯蓄関数　87
賃金　54
　——のもつシグナル効果　199
賃金インフレ　250
賃金所得　20
賃金デフレ　250
賃金率　16, 54

通貨主義　343
通貨乗数　167
通貨発行による利益　169
通貨・預金比率　167

ディープ・パラメータ　284, 362
定期性預金　161
定型化された事実　288, 377
定常状態　380
定常的期待形成仮説　238, 260
ディスインフレーション　239
ディマンドプル・インフレ　237, 246
テイラー型　312
テイラー展開　309
テイラー・ルール　370
ティンバーゲンの定理　320, 321, 330
適応的期待形成仮説　255
適合的期待形成仮説　255, 258
デット・デフレーション　268
デノミ　240
デフレ　236, 239, 265
デフレ圧力　417
デフレーション　238, 239, 265
デフレギャップ　85, 266
デフレ・スパイラル　268
デフレ脱却宣言　267
デモンストレーション効果　111
デューゼンベリー, J.　111
天井　281
天井・床型景気循環論　279
伝統的なインフレ理論　245
伝播経路　340
伝播メカニズム　340

動学的一般均衡理論　296
動学的調整過程　226
動学的不整合性　340, 366
動学的予算制約式　294

投機行動　408
投機的泡　229
投機的動機　137, 144
投機的バブル　428
投機的ポジション　427
投機の泡　271
投機ポジション　407
等産出量曲線　386
投資可能性曲線　116
投資財　124
投資資金の調達　96
投資収支　404
投資需要　32
投資の限界効率　118
投資の調整コスト　115, 122
投資の調整速度　129
投資の利子弾力性　342
投資率　125
動的計画法　296
道徳的説得　327
トービン, J.　111, 124, 146, 348
トービンの q　124, 179, 217
トービンの q 理論　115, 180
　——に基づく投資関数　128
ドーマー, E.　388
特性方程式　290
独占的競争　308
独立支出　80
独立消費　78
独立投資　78
特許政策　366
富効果　41, 122, 179
取引コスト　138, 140, 148
取引動機　137, 143
取引に基づくクラウディング・アウト　355
取引の手段　17

な 行

内生的景気循環理論　283
内生的成長モデル　401
内生的成長論　377, 398
ナイフエッジの原理　388
内部貨幣　159, 163, 344
内部ラグ　352
内部留保　21

二段階のゲーム　433
日銀信用　168

日銀当座預金残高　335
日銀理論　168
二部門成長モデル　401
二分法　284
日本銀行　23
ニューエコノミー論　286
ニュー・ケインジアンの景気循環論　201, 279, 308, 316, 340, 362
ニュー・ケインジアンのフィリップス曲線　276, 315
ニューメレール　143
認知ラグ　352

ネオ・リカーディアン　357

は 行

ハイパー・インフレーション　239
ハイパワード・マネー　159, 166, 330, 425
派生預金　164
バタフライ効果　286
バックワード・ベンディングの労働供給曲線　59
バックワードルッキング　315
発生・持続メカニズム　283
歯止め効果　112
バブル　229, 238, 271
バランスシート　166, 343
バランスシート調整効果　343
パレート最適　231
パレート最適性　287
ハロッド, R.　388
ハロッド中立的技術進歩　382
ハロッド＝ドーマー型成長モデル　377, 388
ハンセン, A.　348

比較静学　226, 245
比較優位の原理　331
非協力ゲーム　287, 431
ピグー, A.　146, 218, 225, 226
ピグー効果　218
非ケインズ効果　357
非自発的失業　2, 54, 177, 223
非線形景気循環理論　289, 293
非線形動学体系　284
微調整　362, 371
ヒックス, J.　216
ヒックス効果　216, 355
ヒックス中立的技術進歩　382

日々の金融調節　335
非負制約　285
ビリヤード・モデル　291
ファイナンシャル・アクセラレーター・モデル　283, 284, 343
ファイン・チューニング　348, 362, 371
ファクト・ファインディング　288
ファンダメンタルズ　405, 428
ファンダメンタルズ価値　229
フィードバック政策　370
フィッシャー, I.　145
フィッシャー式　145, 241
フィッシャーの2期間モデル　145
フィッシャーの交換方程式　145
フィリップス, W.　249
フィリップス曲線　235, 237, 249
　短期の——　237
　長期の——　237
　ニュー・ケインジアンの——　276, 315
フェルプス, E.　359
プール, W.　349
フォワードルッキング　315
付加価値　10
不完全雇用均衡　197, 204, 219
不完全雇用経済　174, 177
　——の需給調整　82
不況期　280, 281
不均衡下の動学的安定性　226
不均衡景気循環理論　289
不均衡現象　286
複雑系の経済学　285
複式簿記の原則　145
福祉政策　322
負債　18
負債デフレーション　268
不胎化政策　331, 426
物価指数　7
物価上昇　5
　——の過程　245
物価水準　31
　——の上昇による調整　37
物価版フィリップス曲線　252
物々交換　138
部分準備制度　164
プライスメカニズム　234, 240, 381
プライマリー・バランス　327
ブラケット・クリープ　242
プラザ合意　431
フリードマン, M.　105, 228, 248, 341, 348

プルーデンス政策　327
ブルンナー，K.　348
ブレトン・ウッズ体制　405
フレミング，M.　410
フロー・インフレ　268
フロー市場　173
フロー変数　175, 176
プロパゲーション・メカニズム　283
分配国内所得　10
ベースマネー　159, 166
ヘッジ　407
ヘッジ戦略　407
ベバリッジ曲線　250
ヘリコプター・マネー　300
変動相場制　406
変分法　296
ペンローズ，E.　122
ペンローズ曲線　122

貿易・サービス収支　404
貿易収支　404
法定準備率　164, 329
法定通貨　160
ポートフォリオ　42, 155
　——・アプローチ　426
　——・クラウディング・アウト　355
　——効果　355
　——・セレクション　135
　——調整　342
　——理論　155
ボーモル，W.　146
保守主義　364
保証成長率　388, 400
ホワイト・ノイズ　285
本源的預金　165
ポンジ・ゲーム排除条件　271, 302
本来的価値　148

ま　行

マークアップ原理　45, 211, 225, 252
マーケット・ファンダメンタルズ　270
マーシャル，A.　146, 226
マーシャルの k　143, 146, 192
マーシャル的外部効果　398
マーシャル的調整過程　224
マーシャル＝ラーナー条件　411, 424
マージン率　45
埋没費用　273

前払い制約　112, 144, 224, 296
マクロ安定化政策　230, 320, 321, 322, 324
マクロ経済の安定化機能　323
マクロ経済の一般均衡モデル　175
マクロ合理的期待学派　262, 339, 360
マクロ合理派　339, 360
マクロの労働供給曲線　60
マクロの労働需要曲線　65
マクロモデル　173
摩擦的失業　223, 251
窓口指導　327
マネーサプライ　135, 159, 160
マネーサプライ統計　163
マネーストック　24, 135, 159, 160
マネーストック統計　163
マネー・パラダイム　343
マネービュー　343
マネタリー・アプローチ　425
マネタリー・ベース　159, 166
マネタリスト　231, 319, 339
マネタリスト・ケインジアン論争　231, 319, 348
マネタリズム　319
マネタリズム・マークⅡ　339, 360
真水論争　353
マルクス，K.　391
マンデル，R.　331, 410
マンデルの定理　320, 321, 351, 403, 420
マンデル＝フレミング・モデル　333, 347, 376, 403, 410, 420

ミクロ的基礎付け　95, 233, 398
見せびらかしの消費　111
ミッチェルの二局面法　280
民間銀行　23
民間非銀行部門　22
民間部門　22

無差別曲線　56, 99
無担保コール翌日物　335

名声　371
名目GDP　9
名目所得　54
名目賃金率　16
名目賃金論争　210, 226, 266
メインバンク制　344
メニューコスト　201, 309
メニューコスト・モデル　308
メルツァー，A.　348

460　　　　　　　　　　　索　引

モディリアーニ, F.　104, 341, 348
モデル分析　6
モニタリング・コスト　344
漏れ　165
モンテカルロ実験　305

や 行

夜警国家論　322
山　281

有効需要　3, 39, 76, 227
有効需要管理政策　230, 321, 323
有効需要原理　177, 266
有効需要の原理　39, 75, 76, 174
誘導形モデル　364
誘発投資　90
床　281
輸出　32

要求払い預金　160
要素相対価格　121
預金準備率操作　328, 329
欲望の二重の一致　138
予算制約線　56
予想収益率　150
予備的動機　137, 144

ら 行

ライフサイクル仮説　97, 105, 111, 179, 356
ライフサイクル予算制約線　101
ラッファー, A.　326
ラッファー曲線　325
ラプラスの悪魔　289

リカード, D.　331, 357
　——の等価定理　356
利子　99
利子裁定　25, 403, 406
利子裁定式　408
利子裁定の均衡式　408
利子率の期間構造　345
利子率を一定とする政策　349
利潤　21
リスクプレミアム　152, 269
利付債券　149
リフレーション　239

利回り曲線　346
流動資産仮説　112
流動性制約　107, 179, 224, 342
　——がある　97
流動性選好説　154, 217, 230
流動性の罠　154, 205, 328
量的緩和政策　168, 347
履歴現象　273

累進課税　242
ルーカス, R.　358, 361
ルーカス型総供給関数　358
ルーカス批判　340, 361
ルールと裁量　340
ルールに則った政策運営　370

レーガノミクス　325
レオンチェフ, W.　386
レオンチェフ型生産関数　386
レンタル・プライス　118

労働供給曲線　59
　マクロの——　60
労働供給の決定　95
労働組合の市場支配力　201
労働サービス　21
労働市場の構造　250
労働市場の需要と供給の法則　250
労働需要関数　64
労働需要曲線　64
　マクロの——　65
労働所得　20
労働増大的技術進歩　382
労働に対する需要の決定　118
労働の限界生産性　62
労働の限界生産力　62
労働の限界生産力逓減の法則　62
労働の努力の賃金弾力性　200
労働の平均生産性　382
労働報酬の分配シェア　385
老年期　98
ローレンツ, E.　286
ロバートソン・ラグ　289

わ 行

ワーク・シェアリング　201
割引債　151
ワルラス, L.　181

ワルラスの法則　341
ワルラス的調整過程　224
ワルラス法則　175, 181

欧　字

AD–AS 分析　209, 219, 354
AK モデル　399
BRICs　265
Calvo 型　313
CD　161
CGPI　14
CI　281
CPI　14
DI　281
GDE　11
GDI　10
GDP　7
　──ギャップ　86, 315
　──ギャップ率　253
　──で代表される経済活動水準　31
　──デフレーター　15, 239
　──の決定メカニズム　31
　──の三面等価　13, 404
GNI　8

GNP　8
greater fool 仮説　271
IMF 体制　405
IS–LM 分析　197, 211, 219, 227, 349
IS–LM モデル　211
IS 曲線　219
IS バランス論　405
IT（情報通信）革命　265
k% ルール　348, 353, 363, 370
LM 曲線　213, 219
LSW 命題　358
M&A　24
M_1　160, 162
M_2　160, 162
M_3　162
M_3+CD　161
MM 理論　22
NAIRU　257
OLG モデル　296
Ponzi game　271
PPP　427
RBC モデル　293, 340
TFP　295, 382
UV アプローチ　250, 312
β 収束性　397
σ 収束性　397

著者紹介

浅子和美（あさこ　かずみ）
1951年　埼玉県に生まれる
1974年　東京大学経済学部卒業
現　在　立正大学経済学部教授，一橋大学名誉教授
主要編著書　『マクロ安定化政策と日本経済』（岩波書店，2000年）
"Studies on the Japanese Business Cycle"（Maruzen Publishing, 2012年）
『グラフィック経済学　第2版』（共著，新世社，2013年）

加納　悟（かのう　さとる）
1950年　金沢市に生まれる
1973年　京都大学工学部数理工学科卒業
2000年　一橋大学経済研究所教授
2007年　逝去
主要著訳書　『新・涙なしの統計学』（訳，新世社，2001年）
『マクロ経済分析とサーベイデータ』（岩波書店，2006年）

倉澤資成（くらさわ　もとなり）
1946年　宮崎県に生まれる
1969年　早稲田大学理工学部数学科卒業
現　在　横浜国立大学名誉教授
主要編著書　『入門｜価格理論　第2版』（日本評論社，1988年）
『構造変化と企業行動』（共編著，日本評論社，1995年）
『市場競争と市場価格』（編著，日本評論社，2005年）

新経済学ライブラリ＝3

マクロ経済学　第2版

1993年2月25日Ⓒ	初　版　発　行	
2006年4月25日	初版第16刷発行	
2009年2月10日Ⓒ	第　2　版　発　行	
2020年3月10日	第2版第5刷発行	

著　者	浅子和美	発行者	森平敏孝
	加納　悟	印刷者	馬場信幸
	倉澤資成	製本者	米良孝司

【発行】　　　　　株式会社　新世社
〒151-0051　東京都渋谷区千駄ヶ谷1丁目3番25号
☎(03)5474-8818㈹　　サイエンスビル

【発売】　　　　　株式会社　サイエンス社
〒151-0051　東京都渋谷区千駄ヶ谷1丁目3番25号
営業☎(03)5474-8500㈹　　振替00170-7-2387
FAX☎(03)5474-8900

印刷　三美印刷　　　製本　ブックアート
《検印省略》

本書の内容を無断で複写複製することは，著作者および出版者の権利を侵害することがありますので，その場合にはあらかじめ小社あて許諾をお求め下さい．

ISBN 978-4-88384-131-8
PRINTED IN JAPAN

サイエンス社・新世社のホームページのご案内
http://www.saiensu.co.jp
ご意見・ご要望は
shin@saiensu.co.jp まで．